U0134809

圖版1　伏羲女媧

圖版2　漢代雜技藝人

出其言善千里應之苟違斯義
同衾以疑

圖版3　宮女爲帝妃梳頭

圖版4　臥室

圖版5
古代日本的床架

圖版6　撫琴的女子

圖版7　宮女戲犬

圖版8　唐騎馬官員像

圖版9　山西太原晉祠宋塑道士像

圖版10　山西太原晉祠宋塑女子像

圖版11　公元九八三年的北宋女子

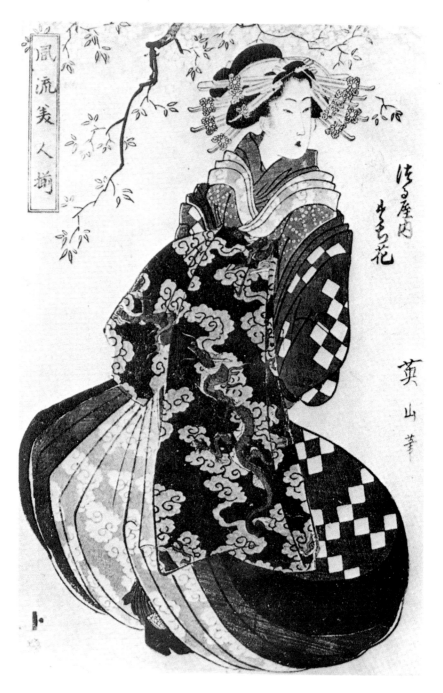

圖版12　日本藝妓

圖版13　公元九六八年的北宋男子和女子

圖版14　狎戲

圖版15　象牙環

圖版16　臥室，一男子在正冠

圖版17　兩女子在逗弄睡著的丈夫

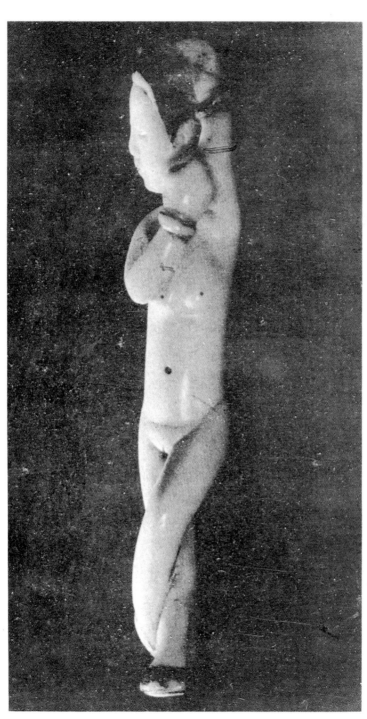

圖版18
醫用牙雕人像

圖版19　喚莊生

圖版20　雲散雨收

圖版21　六穴

圖版22　時母在濕婆身上跳舞

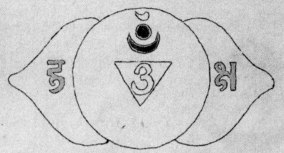

Detailed picture of the 6th Center
(Sketch after "The Serpent Power", Pl. VII)

षट्चक्र :।
"The Six Centers"
(Bengal drawing)

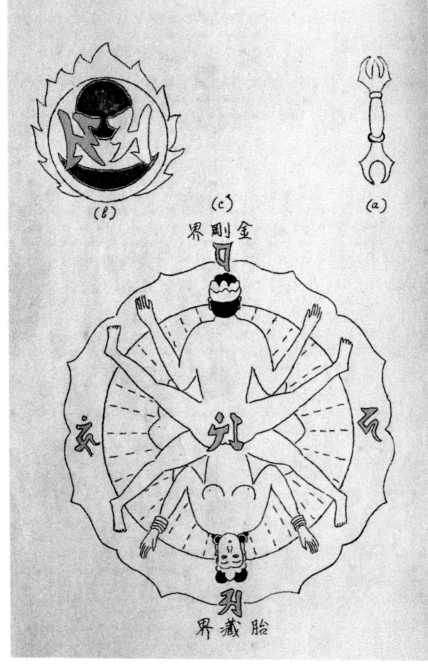

(b)　　　(c)　　　(a)

金剛界

胎藏界

桂冠叢刊 17

中國古代房內考

中國古代的性與社會

（荷）高羅佩著

李零 郭曉惠等譯

Sexual Life In Ancient China
A Preliminary Survey of Chinese
Sex and Society

作 者 序

　　關於本書寫作緣起的簡介，再好不過地說明了它的寫作計劃和討論範圍。每本書的寫成都各有機緣，本書的寫成，起因也異常複雜。

　　一九四九年我在荷蘭駐東京大使館任參贊，偶然在一家古董店發現一套名為《花營錦陣》的中國明代春宮版畫集的印版。這套印版是從日本西部一個古老封建家族的收藏散出（十八世紀時日本西部與對華貿易有密切關係）。由於此種畫冊現已罕覯，無論從藝術的或社會學的角度看都很重要，我認為自己有責任使其他研究者也能利用這批材料。最初我的計劃是想據這套印版少量複製，限額出版，再加上一篇前言，對論春宮畫的歷史背景。

　　為寫這篇前言，我需要有關中國古代性生活和性習俗的知識。在這以前，我在漢學研究中總是避開這一題目，原因是我覺得最好還是這一領域把留給合格的性學家去研究，特別是西方有關中國的新老著作信口雌黃，使我有此印象，誤以為性變態在中國廣泛存在。可是當我已經不得不選定這一題目時，我卻發現不論是從正經八百的中文史料還是西方有關中國的論著都根本找不到像樣的記錄。

　　中文著作對性的避而不談，無疑是假裝正經。這種虛情矯飾在清代（1644～1912年）一直束縛著中國人。清代編纂的汗牛充

棟的書面材料對人類生活的各個方面幾乎巨細無遺，但唯獨就是不提性。當然希望在文學藝術中儘量迴避愛情中過分肉慾的一面本身是值得稱讚的。這的確給人一種好印象，特別是當前，無論在東方還是西方，肉慾的一面在文字和圖畫上都被強調得太過分，以至掩蓋了性行為基本的精神意義。但清代的中國人是墮入另一極端。他們表現出一種近乎瘋狂的願望，極力想使他們的性生活祕不示人。

西方關於中國性生活的出版物之所以十分貧乏，原因之一是在華的西方觀察者在設法獲取有關資料時遇到了不可避免的困難。我沒有發現任何一部西方有關出版物是值得認真對待的，它們簡直是一堆地地道道的廢物。

正是因為通常可以接觸到的中文史料和外國文獻都不能滿足我的課題所需，所以，我不得不設法弄清是否在中國或日本再也找不到意外的材料。調查結果是，雖然在中國本土由於查禁太嚴，清代文獻實際上沒有留下任何記載；但在日本，中國有關性問題的重要古本卻保存了下來。這些古本早在公元七世紀就已傳入日本。它們啟發我去做進一步搜集，使我在古老的中醫學和道教文獻中查出不少材料。這些材料印證和補充了日本保存的資料。

另外，由於某些中日私人版畫收藏家的慷慨相助，使我得以研究他們收藏的一些明代春宮版畫和房中書。所有這些畫冊和書都極為罕見，其中有些已成孤本。

驗以上述材料，使我確信，外界認為古代中國人性習俗墮落反常的流俗之見是完全錯誤的。正如人們可以想見的那樣，像中國人這樣有高度文化教養和長於思考的民族，其實是從很早就很重視性問題。他們對性問題的觀察體現在「房中書」，即指導一家之長如何調協夫婦的書籍當中。這些書在兩千年前就已存在，並且直到十三世紀前後仍被廣泛傳習。此後儒家禁慾主義逐漸限

制這類文獻的流傳。到公元一六四四年清建立後，這種受政治和
感情因素影響而變本加厲的禁慾主義，終於導致出上述對性問題
的諱莫如深。從那以後，這種諱莫如深一直困擾著中國人。清代
學者斷言，這種諱莫如深始終存在，並且兩性的嚴格隔離在兩千
年前就已盛行。本書的主要論點之一，就是要反駁這種武斷的說
法，說明直到十三世紀兩性的隔離仍未嚴格執行，性關係仍可自
由談論和形之文字。

　　古代的中國人確實沒有理由要掩蓋其性生活。他們的房中書
清楚地表明，從一夫多妻制（這種制度從已知最古老的時期到不
久前一直流行於中國）的標準看，總的說來，他們的性行為是健
康和正常的。

　　選定這一課題帶來的後果是，出版上述春宮版畫集將意味著
我要履行雙重職責：除去使人們得到這些稀有的藝術材料之外，
還必須糾正外界對中國古代性生活的誤解。

　　複製出版春宮版畫集的前言後來竟變成一部二百多頁的著
作。當我於一九五一年終於以《秘戲圖考》，附論漢至清代（公
元前206年～公元1644年）的中國性生活為題出版該書時，它已
長達三卷。由於該書中有複製的春宮版畫及其他不應落入不宜讀
者手中的資料，我只印了五十冊，並把它們全部送給東西方各大
學、博物館及其他研究單位❶。

　　我本以為隨著該書的出版，我在這一領域內的工作即可告結
束。對這一課題的各個專門領域做進一步研究，那最好還是留給
合格的性學家去研究。

　　然而當我出版此書時，劍橋大學研究生物化學的高級講師李
約瑟（Joseph　Needham）博士為收集材料寫他的名世之
作：《中國科學技術史》，已經相當獨立地開始研究道家採補
術。他參考了我贈給他們學校圖書館的書，感到無法同意我對道
教性原則的反對看法。坦率地說，道家的作法最初的確曾使我大

爲震驚，因此我稱之爲「性榨取」（Sexual vampirism）。雖
然以一個外行來研究這類問題很難做到允執厥中，但我認爲道教
思想對中國古代婦女的待遇和地位只具壞影響是太過分了。李約
瑟在給我的信中指出，與我的說法相反，道教從總體上來說是有
益於兩性關係的發展和提高婦女的地位。並且他還向我指出，我
對道教資料的解釋過於狹隘，而他那種比較通融的觀點才恰如其
分。讀者可參看當時正在付印的李約瑟所著該書第二卷一四六頁
的腳註f。

　　其後漢學同行在他們對本書的評論當中又提出了其他一些訂
正和補充❷，而我從閱讀中也發現一些新資料。雖然這些發現並
未影響該書的主要論點（李約瑟的研究反倒加強了這些論點），
但我覺得還是應當把它們記錄下來，並期望出版一部上述套色版
畫集的補編。一九五六年，該書出版商建議我寫一本討論中國古
代性與社會的書，我認定這是改寫該書歷史部分的好機會。我增
加了西漢的資料，刪去了討論春宮畫的細節，並擴充了其他部
分，以便爲廣大人類學界和性學界研究中國的性生活提供更宏闊
的總體面貌。

　　正是以這種方式，這本題爲《中國古代房內考》（*Sexual
Life in Ancient China*）的書終於問世。

　　從成書結果看，我的這兩本書是互爲補充的。它們是從同樣
的中文文獻出發，但《秘戲圖考》側重於套色版畫和中國色情藝
術的一般發展，而《中國古代房內考》則採用一種視野開闊的歷
史透視，力求使論述更接近一般社會學的方法❸。

　　　　　　　　＊　　　　　＊　　　　　＊

　　至於說到本書涉及的時間範圍，我發現必須對本書題目
中「古代的」（ancient）這個形容詞做出比中國人通常所用含
義更寬泛的解釋。通常他們都是以這一術語指他們歷史的前半

段，即從約公元前一五〇〇年到約公元二〇〇年這段時間。不過中國文明此後並未中斷其發展而一直綿延至今。為了給進一步研究更加晚近的性生活提供全面的歷史背景，我不得不把視野擴展到公元一六四四年。這時，滿族征服了中國，中國人對性問題的態度發生了深刻變化。所以這個時間提供了一個既合乎邏輯也方便使用的結束點。

同樣本書題目中的「性生活」（sexual life）一詞也有更寬泛的含義。特別是鑑於中國文化是在與我們的文化有許多不同的環境中發展起來的，只講性關係是不夠的。為了正確估價中國人的性關係，讀者至少要對中國的社會文化背景有一般瞭解。故我想儘量簡要地提供一些有關情況，特別是那些與主題密切相關的細節，諸如室內陳設和穿戴打扮。

所有這些性的、文化的、經濟的、藝術的和文學的資料只有納入歷史的框架才能說明它們的演變。因此，我把有關歷史時期分為四大段。第一段的大體時間範圍是公元前一五〇〇年～紀元初，第二段是紀元初～公元六〇〇年，第三段是公元六〇〇～一二〇〇年，第四段是公元一二〇〇～一六四四年。這四大段又分為十章，每一章各討論一個範圍相對確定的歷史時期。

要想在一本概論性質的書中反映出上述十個歷史時期中每一期性關係的總體面貌，這當然不可能。況且我們對中國社會史的現有知識是否已經達到足以做詳細論述的地步也是大可懷疑的。

只是在與早期中國歷史有關的第一章和第二章中，我嘗試以儘量簡短的方式勾勒出一個概括性較強的畫面。同時我們可以把這兩章看作全書的導言。接下來的每一章則側重於性生活的某些特定方面。

第三章（秦和西漢）側重講性與社會生活，第四章（東漢）側重講性與道教，第五章（三國和六朝）側重講性與家庭生活。

第六章（隋）重點放在房中術上，第七章（唐）主要是講上

等妓女，宮闈秘史以及醫學的和色情的文獻，而第八章（五代和宋）是論纏足習俗、上等和下等妓女以及理學對性關係的影響。

最後，第九章（元）是據喇嘛教的特殊材料描寫蒙古佔領下的性關係，而第十章（明）重點是講文學藝術中的性描寫。

只想研究某一特定問題的讀者可從總索引中找到有關段落的出處。

＊　　　＊　　　＊

本書只是一個提綱挈領的東西，它首次嘗試綜合現存材料，將其納入歷史序列，目的是想爲不能參考原始中文材料的研究者提供他們所需瞭解的一般情況。我希望他們能從中找到自己所需的東西，或至少懂得從何處找到這些東西。鑑於後一點，我增加了引據西方漢學文獻的腳註。在像本書這樣一部用幾百頁篇幅去囊括三千年歷史的書中，當然可以逐段加上漢學出版物的出處。但我想，這些出處對一般讀者用處不大，而漢學家們又知道從何處查找有關書目。因此，我對西方漢學文獻的引用只限於那些對讀者做進一步研究最有用的書籍和論文。

不過，由於這是第一部研究本課題的書，並且爲使漢學同行對書中僅屬初步涉獵的問題能做進一步探討，我必須在比較關鍵的地方註明有關中文史料的準確出處，因此有些頁上充滿了中文的人名、書名、術語和年代。希望一般讀者能對此諒解。同時我還要請漢學同行們體諒，由於篇幅所限，我不得不大大簡化某些歷史敍述，甚至往往不得不把某些複雜問題一筆帶過。

讀者會注意到本書很少引用民俗學材料。正如在其他地方一樣，民間傳說在中國也是性學研究的豐富源泉，而且葛蘭言（M. Granet）和艾伯哈德（W. Eberhard）等學者在這方面已做過出色的工作。但這一領域是如此廣闊，儘管他們有開創之功，但將中國的民間傳說令人信服地用於歷史學和比較研究的目

的，這樣的時刻卻尚未到來。在沒有搜集到更多的材料並加以篩選之前，偶然的事實極易被誤認爲標誌著普遍趨勢。中文文獻無論從數量上，還是從時間和地理範圍上看都是如此的浩瀚，以至我們若想從孤立的事實下結論，那將很容易證明比較人類學所知道的每種現象或習俗其實都存在於中國的這一時期或那一時期。我們在本書中只使用明確屬於中國文化範圍的資料，即被新老文獻中的大量引文證明，一直是中國人所確認代表他們思想習慣的資料。這意味著我應排除非漢化土著（納西、苗、彝等）和信奉非漢化外國教義的中國人的性習俗不談。

出於同樣的理由，我竭力避免詳細引述馬可·波羅（Marco Polo）關於元代性生活的說法。這個偉大的威尼斯旅行家懂蒙古語和突厥語，但不懂漢語，完全把自己和那些蒙古王公看作一類人。他不過是從旁觀的角度看中國人的生活。他對中國性習俗的觀察似乎主要只同當地的外國居民有關，但例外的是，他對妓院制度的準確評論還是符合中國史料的。同時，我們還必須估計到魯思梯謙（Rustichello）和其他編譯者主觀文飾的可能性❶。

正如上面所解釋，我是由於偶然的機會才接觸到中國古代性生活這一課題，並且只配以一個對人類學有一般興趣的東方學家來發表見解。當我進行這方面的調查時，常常感到自己缺乏專業性學知識猶如殘疾人。正是因爲意識到自己在這一方面不夠內行，我採取了在關鍵處用中文文獻本身說話的辦法，只是當靠常情推理或憑我三十餘年博覽中文讀物之印象看來是正確的時候才做出結論。希望從事醫學和性學研究的讀者，能從譯文中發現足夠的原始材料，使他們的結論系統化。另外，本書中所有散文和詩歌的譯文都是出自我手，即使是在腳註中已提到有相應西方譯本的情況下也是如此。

對醫學知識的缺乏也提醒我必須儘量避免對諸如產科學、藥物學等純醫學問題進行討論，儘管它們對性生活還是有某種影響

的。有興趣的讀者可參看現有西方論中醫學的著作❺。只有性病是例外，因爲性病的傳入中國對中國性習俗是有影響的。

　　我在此謹向倫敦的不列顛博物館（The British Museum），華盛頓的弗利爾美術館（The Freer Gallery of Art）和國會圖書館（The Library of Congress），巴黎的基梅博物館（The Muess Guimet），以及萊頓的國家民族博物館（The National Museum of Ethnography in Leyden）敬致謝忱。感謝他們一如旣往，再次惠借其精美收藏中的許多圖書資料。

高羅佩
一九六〇年夏於吉隆坡

註 釋

❶想參考其書者，可參看本書附錄二所列之收藏單位。

❷特別應感謝的是Herbert Franke教授在*Zeitschrift der Deutschen Mor-genländischen Gresellscheft* vol. 105（1955）pp.380-387和Rolf Stein 教授在*Journal Asiatique*（1952）pp.532-536 提出的詳盡而富有建設性 的意見。

❸在本書中，《秘戲圖考》中的錯誤得到訂正，批評家的多數建議被採納。 它還收有我對道家採補術的重新評價，故請讀者注意，《秘戲圖考》一書 中所有關於「道家性榨取」（Taoist vampirism）和「妖術」（black magic）的引文均應取消。又本書將可隨便買到，故所有逼真描寫都已譯 成拉丁文。

❹繼Moule和Pelliot（見下253頁）所編《馬可·波羅遊記》的範本之後，我 要提到R.E.Latham之《馬可·波羅遊記》的英語新譯本（*The Travels of Marco Polo*,Penguin Classics, London 1958）。該書 pp.143-144 描寫 了西藏邊緣地區的性習俗，pp.146-147 描寫了四川土著用女子招待客人 的習俗，pp.152-153 描寫了雲南土著實行的產翁制（the couvade),p.168 提到穆斯林社會實行的處女檢查（見下12頁收藏註釋［8］所引 岩井大惠文所引有關資料）。作者在p.100正確描述了元大都的妓院制 度，p.198描述了京師（杭州）南宋宮廷中的裸浴，p.187並述及外國人對 該城名妓的看法：「這種女人手段高明，擅長賣弄風騷，幾句話便能引 任何男人上鉤，以至外國人只要一親芳澤，便會忘乎所以，被她們的千 姿百媚弄得銷魂奪魄，及至回到家中，還會說到過京師，如上天堂，指 望有朝一日能舊地重遊」。

❺例如K. Wong 和L. Wu的*History of Chiness Medicine*（2nd edition 1936）,J.P. Kleiweg de Zwaan *Völkerkundliches und Geschichtli-*

ches über die Heilkunde der Chinesen und Japaner (Haarlem 1917)。關於中國的避孕藥和墮胎藥，材料見於 Norman E. Hime的 *Medical History of Contraception* (London 1936) pp.108-113。關於系統的中國藥物學則見於Dr. B. E. Read的一系列傑作所論。

譯者前言

　　這本書的內容對中國讀者已經太陌生，簡直好像是講另一個國度。然而，這卻是一部道道地地的漢學著作：由一個外國人講中國，講我們自己的事情。

　　作者高羅佩（R. H. van Gulik, 1910～1967年），是荷蘭著名漢學家，曾在荷蘭萊頓大學和烏得勒支大學攻讀法律和東方語言，一九三五年以研究印度、中國西藏和遠東馬祭的論文而獲博士學位。之後，他一直在荷蘭駐外機構中擔任外交官，先後就職於東京、重慶、南京、華盛頓、新德里、貝魯特和吉隆坡，最後職務爲駐日本大使。

　　作者漢學功力深厚，發表過不少研究中國古代歷史文化的譯作和專著，如米芾《硯史》譯本（1938）、《中國古琴學》（1940）、嵇康《琴賦》（1941）、《明末義僧東皋禪師集刊》（1944）、《狄公案》譯本（1949）、《春夢瑣言》（1950）、《秘戲圖考》（1951）、《棠陰比事》譯本（1956）、《書畫說鈐》譯本（1958）、《中國繪畫鑑賞》（1958）、《中國長臂猿》（1967）及本書。這些書中，尤以《狄公案》譯本和本書名氣最大。《狄公案》譯本在西方有「中國的福爾摩斯小說」之稱（作者後來還寫有自己構思的續作），非常風靡。而本書則取材鴻富，研精慮深，在研究中國古代性生活這一問題上，被西方漢學界公認是一部具有開創性的權威之作。美國學者坦納希爾（Reay　Tannahill）

在其《歷史中的性》（Sex in History）一書中遍論世界各古老文明的性生活，述及中國，幾乎全取此書。她說，此書「無論自取材或立意言之，皆爲無價之寶」（455頁），洵非虛譽。雖然此書主要是寫給西方讀者，是爲了糾正西方人對中國古代性生活的偏見，但它的內容對中國讀者也同樣有耳目一新之感。因爲作者所講的許多事情即使對中國人來說，似乎也已十分隔膜。

＊　　　＊　　　＊

　　本書英文原名，直譯過來是「中國古代的性生活」，副標題是「公元前一五○○年至公元一六四四年中國性與社會的初步考察」，另外還有中文名稱，叫《中國古代房內考》。現在我們的譯本是沿用作者的中文書名。

　　此書從性質上講是一部從社會史和文化史的角度研究中國古代性生活的學術專著。就作者的經歷和學術背景而言，我們不難看出，作者對中國歷史文化的研究，過去多偏重於琴棋書畫和詩賦小說，很有點中國傳統知識分子的「儒雅之風」或「玩古董氣」。他怎麼會想到現在這樣一個題目上來呢？這就要說到他對中國明代春宮版畫的蒐集。

　　在本書序言中，作者很坦白地說，他對中國古代的性問題過去一直是繞著走，覺得自己缺乏性學知識有如殘疾人，不敢去碰。但是有一次，他偶然買到一套明代套色春宮版畫的印板，即《花營錦陣》，想把它印出來供有關學者研究，由此引發興趣，才終於一發而不可收，先是寫了《秘戲圖考》，後又寫了本書。所以講到本書，是不能不提到《秘戲圖考》的。

　　《秘戲圖考》是一部研究明代春宮版畫的專著。該書最初是從藝術鑑賞的角度來寫，只想在前面加一個帶有歷史研究性質的導言，後來逐漸擴大開來，竟成爲一部三卷本的大書。其中第一卷是正文，係用英文寫成。該卷分三部分，第一部分是《色情文

獻簡史》，內容是討論房中秘書和色情、淫穢小說，時間範圍從漢一直到明，就是本書的雛型。第二部分是《春宮畫簡史》，重點介紹八部春宮畫册。第三部分是《花營錦陣》，包括畫面說明、題辭譯文和註釋。卷後附錄《中國性詞匯》及索引。第二卷是《秘書十種》，係書中引用的重要中文參考文獻，用中文抄錄，包括《洞玄子》、《房內記》、《房中補益》、《大樂賦》、《某氏家訓》、《旣濟眞經》、《修眞演義》、《素女妙論》、《風流絕暢圖》題辭、《花營錦陣》題辭。卷後有附錄，分「舊籍選錄」和「說部撮抄」兩類。第三卷是影印的「花營錦陣」原圖。全書前面有英文導言和中文序（用文言文寫成）。所有中、英文皆手寫影印。作者認爲該書不宜公開出版，所以只印了五十部，分贈世界各大學、博物館和研究單位（參看本書**附錄二**）。近聞香港已將該書影印出版。

＊　　　＊　　　＊

此書初版於一九六一年，與《秘戲圖考》是姊妹篇，但二者有幾點不同。第一，此書側重社會史和文化史的研究，而不是藝術鑑賞，與前者有分工，敍述歷史部分加詳，而講春宮版畫反略，只占第十章的一小部分。第二，此書後出，距前書有十年之久，講歷史的部分不但獨立出來，而且內容上有增補，觀點上有修正。如作者增加了講西周和西周以前、東周和秦的部分，其他原有各部分也補充了許多新引文，修改了許多舊引文的譯文，並採納李約瑟的意見，修正了前書對道家性房中的評價，放棄了所謂道家進行「性榨取」的說法，因此顯得更加完備。第三，此書是用來公開出版，面向廣大讀者，作者一貫強調愛情的高尙精神意義（參看書中對趙明誠、李清照愛情故事的描寫），反對過分突出純肉慾之愛，對正常的性爲行與變態反常的性行爲（施虐與受虐，排糞尿狂，獸奸）做有嚴格區分，故對本書行文、圖版和

插圖的選擇極爲愼重。如作者把某些引文中涉及性行爲的段落用
拉丁文的生理學詞匯翻譯，使具嚴肅性；圖版、挿圖完全沒有表
現全裸或性交的畫面。其中唯一兩幅選自春宮畫册的圖版，也是
爲了說明其藝術表現手法而專門挑出，一幅全身著裝，一幅只裸
露上身。全書沒有超過這一限度的。

＊　　　　　　＊　　　　　　＊

　　對性問題的研究，在現代西方已經形成專門的學科（Sexolo
gy），中國古代則叫做「房中術」。從研究文化史的角度講，「
房中術」是中國古代「實用文化」中的一個重要側面。這裡我們
所說的中國古代「實用文化」，主要包括以天文歷算爲中心的「
數術之學」、以醫學和養生術爲主的「方技之學」以及兵學、農
學和手工藝等等。戰國以來的私學，即帶有一定自由學術性的諸
子之學實際上是在這種「實用文化」的基礎上發展起來。中國古
代的房中術本屬於「方技」四門之一（其他三門是「醫經」、「
經方」和「神仙」）。現在馬王堆出土的西漢帛書表明，這種研
究在古代是被視爲上至於合天人、下至於合夫婦，關係到飲食起
居一切養生方法的「天下至道」，在當時影響很大。過去我國思
想史的研究者往往囿於諸子之學，對中國古代實用文化的影響和
作用認識不足，特別是對其中涉於「迷信」、「淫穢」的東西避
忌太深。與此形成對照的是，國外漢學界往往恰好是對這些方面
抱有十分濃厚的興趣。例如一九七四年在美國伯克利加州大學舉
行的馬王堆帛書工作會議上反映出來的情況就是如此。他們之所
以重視這些東西，原因可能是多方面的，但有一點很清楚，就是
他們顯然注意到，這些材料對於研究中國文化的獨特內心理解是
不可缺少的。關於這一點，我們不妨拿諸子書中很有名的《老子
》做一個例子。《老子》書中最重要的概念是「道」。「道」是
什麼意思，長期以來人們一直爭論不休，其實原書講得很清楚，

「道」是不死的「谷神」，「谷神」就是「玄牝」，即一個「玄之又玄」的女性生殖器，天地萬物所出的「衆妙之門」。這顯然是一種與房中術密切有關的「地母」（earth-womb）概念。還有書中的另一重要概念「德」，核心是「守雌」，作「天下之牝」。爲什麼說要作「天下之牝」，就是因爲「牝恆以靜勝牡。爲其靜也，故宜爲下」，凡是熟悉古代房中術內容的人都不難明白，這些話正是來源於對性爲行的觀察。至於其他譬喻，如「嬰兒」、「赤子」、「天下之溪」等等，無不由此引申。

西方漢學家利用我們忽略的材料而在某些研究領域裡比我們先行一步，李約瑟《中國科學技術史》是一個例子，高羅佩氏的此書是又一個例子。

*　　　　*　　　　*

本書爲讀者展開了一幅中國古代性生活的巨幅畫卷。作者在書中運用了大批中文史料，有些是海外珍本秘籍，有些是從浩如煙海的中國舊籍中細心鈎稽出來，工程龐大，作爲一個外國人，實屬難能。

從這些引書，我們可以窺見作者的基本寫作思路和內容安排的「虛實」。它們主要包括以下幾類：

(1)一般舊籍　如講西周和西周以前的第一章主要引用了《詩經》，講東周的第二章主要引用了《左傳》，講秦和西漢的第三章主要引用了《禮記》。早期階段史料缺乏，作者只好利用這類材料。另外，本書每章開頭作爲引子的歷史概述，大多是據一般正史記載，針對的是西方讀者，帶有介紹性；各章中穿插了一些文學作品，如漢代歌賦、唐詩及宋詞，除少數是直接關係到本題的史料，很多只是用來「渲染氣氛」。

(2)房中書及有關醫書　房中書是古代指導夫婦性生活的實用書籍，最早見於《漢書·藝文志》著錄，在初本是極爲嚴肅的書籍

，並無消遣娛樂的性質。古代希臘、羅馬、印度和現今西方國家
都有這種書。作者對歷代史志著錄房中書，皆考其撰人、書旨、
篇帙和存佚之迹，一直窮追至明，然搜輯所得不過數種，只有日
本古醫書《醫心方》所引《洞玄子》及《素女經》等書引文、《大
樂賦》、《房中補益》、《旣濟眞經》、《修眞演義》、《素女妙論
》。這些書，《醫心方》引書年代最早，收入第六章。過去國內
只有葉德輝輯本，收入《雙梅景闇叢書》中。葉氏所輯有遺漏，
且打亂原書引用順序，此書則是按《醫心方》原書進行引述。《
大樂賦》是法國伯希和藏敦煌卷子本，過去國內有羅振玉《敦煌
石室遺書》影印本和葉德輝《雙梅景闇叢書》刻印本。《房中補益
》出孫思邈《千金要方》，有《四庫全書》本。這兩種屬於唐代，
收入第七章。其他三種都是流入日本的珍稀之本，屬於明代，收
入第十章。由於這類材料比較少，所以顯得特別珍貴，作者又自
稱對性學外行，想用史料本身說話，所以往往大段大段引用，有
的甚至全篇抄入（如《洞玄子》）。

　　(3)與道家內丹派房中術有關的書籍　書中反覆強調道家原則
的重性，但由於明《道藏》對這類書大加刪略，作者實際引用的
材料並不多，主要只有《周易參同契》、《抱朴子》、《雲笈七籤
》和《性命圭旨》等幾種。這種書與前一種書有密切關係，如《
醫心方》引抱朴子、沖和子之說，就屬於道家言，故作者每每把
二者視同一類。但此種書已從一般所謂的「合夫婦」、「養性命
」發展爲專以得道成仙爲目的的秘術修煉，把女人當煉丹的「寶
鼎」，而把「合氣」、「採補」看作點化的手段，更加神秘化，
也更加技術化。

　　(4)唐代色情傳奇　見於第七章如《遊仙窟》、《神女傳》、《
志許生奇遇》。這類材料書中引用不多，但有一定重要性。它們
不僅反映了當時的性習慣和婚俗，還可視爲後世色情小說的濫觴
。

　　(5)野史筆記　這類材料非常零散，尋找不易，但常常包含許多意想不到的信息，如本書第六章講中國的變態性行為，引用朱彧《萍洲可談》述沈括妻之虐待狂，引用趙翼《陔餘叢考》述南宋時期的男妓行會，引用陶宗儀《輟耕錄》述春藥「鎖陽」，引用趙翼《簷曝雜記》、談遷《棗林雜俎》述淫具「緬鈴」。第八章講「龜」字的由尊而諱，引用王士禎《池北偶談》、趙翼《陔餘叢考》、兪樾《茶香室四鈔》；講宋代三等妓院，引用周密《武林舊事》、耐得翁《都城紀勝》、吳子牧《夢梁錄》。第九章講元代宮廷中的喇嘛教密教儀式和所謂「歡喜佛」，引用鄭思肖《心史》、田藝蘅《留青日札》、沈德符《敝帚齋餘談》。

　　(6)明代色情、淫穢小說　作者把包含大量性描寫的小說區分為兩類，一類是 erotic　novels，即色情小說，指並不專以淫猥取樂，而是平心靜氣狀寫世情的小說，代表作是《金瓶梅》；另一類是porngraphic novels，即淫穢小說，指專以淫猥取樂，故意尋求性刺激的下流小說，代表作是《肉蒲團》，此外，書中還介紹了《繡榻野史》、《株林野史》和《昭陽趣史》三書。這兩類小說雖然都有大量性描寫，但性質不同。前者在文學史和社會史的研究上佔有很高地位，這是大家都公認的；而後者則從內容上講是庸俗的，在藝術形式上也沒有多少可取之處，是享樂過度、厭倦已極的心理表現，有時情節反而是為性描寫而設計。不過，儘管如此，我們應當承認，即使是後一類作品，對於文學史的研究、語言史的研究、社會史的研究、性學的研究，也仍然是一種重要史料。

　　(7)春宮版畫　作者曾經寓目的春宮畫册共有十二部，《秘戲圖考》中介紹了其中的八部，即《勝蓬萊》、《風流絕暢》、《花營錦陣》、《風月機關》、《鴛鴦秘譜》、《靑樓剟景》《繁華雨錦》、《江南銷夏》。本書只選擇代表其各個發展階段的五部，沒有講《花營錦陣》、《風月機關》、《靑樓剟景》。作者在此書中

對春宮畫的起源、工藝手法和類型、分期做了簡短概述，指出春宮畫最初是起源於房中書的插圖，後來才單獨流行，在形式上分手卷和冊頁兩種，並且在上述小說興起後，還以小說插圖的形式出現。作者指出，春宮版畫的流行主要是在明末的江南，時間很短，只有八十年左右，但在唐寅、仇英的圖樣設計和胡正言《十竹齋畫譜》和《十竹齋箋譜》刻版技術的影響下，卻達到了中國版畫史上登峰造極的地步。作者在《秘戲圖考》中文序言中說，這些畫「實爲明代套版之精粹，勝《十竹齋》等畫譜強半，存六如、十洲之筆意，與淸代坊間流傳之穢跡不可同日而語。外國鑑賞家多謂中國歷史畫人不嫻描寫肉體，據此冊可知其謬也」。

(8)其他繪畫和藝術品　爲了使西方讀者對中國古代的「房內」生活有一種直觀和親切的瞭解，作者在每一章中還專門闢有討論各時期服飾、家具和室內陳設的段落。書中許多圖版和插圖即爲此而安排。它們當中有些是作者的私人藏品。

另外，作者還利用了許多西方漢學家、日本漢學家的有關論著，對他們的譯本和研究在註釋中作了扼要的介紹和評價。在本書附錄一中還引用了許多西方和印度本國研究密教的論著。

對以上這些材料的討論往往被分配在每一章中，各自成爲獨立的片斷，可以互相對照，但因各章討論的重點不同而欹輕欹重，如房中書的討論重點是在第六章，而色情、淫穢小說和春宮畫的討論，重點是在第十章。爲了眉目淸晰，我們在這些片斷的前面加了提示性的小標題，這些材料以性問題爲中心構成了一個很大的畫面。從中我們可以看出，性問題是一個涉及到醫學、宗教、家庭婚姻、倫理道德和文學藝術等許多領域，從生理到心理，從個體到家庭，從家庭到社會，觸及面極廣，敏感度極高的問題。我想，每個稍具正常心理的人都不難想像，如果我們把這一側面從每個有關領域中一一抽去，那麼我們對中國文化的理解將會是何等片面和膚淺。

　　　　　　＊　　　　　＊　　　　　＊

　　此書對於開展同類性質的研究,不僅提供了大量資料,而且更重要的是,作者開闊的視野和敏銳的目光,對我們也很有啓發。

　　下面是比較突出的幾點。

　　首先,雖然正如上文所說,本書前幾章從材料上講很薄弱,如果讓我們來寫,往往就會感到無處下手。然而正是在這種地方,卻充分顯示出作者的洞察力。他能從晚期房中秘書的字裡行間體味到它有一種淵源古老、始終一貫的原則,開卷一上來就講中國人的基本性觀念,指出它是以陰陽天道觀爲基礎,這可以說是抓住了綱領。現代文化人類學的知識告訴我們,一切原始民族都遠比現代人與自然界有更密切、更敏感的接觸。他們總是把生命現象與宇宙生生不已的造化過程緊密相聯,並從與自然更爲接近的動物「學習」,求得與自然的溝通與協調。他們把自然、人與自然的媒介(動物)和人看作是一個交感互動的大系統,對它們進行了漫長而又細緻入微的觀察。所以中國的傳統醫學理論和有關的巫術、方術總是把服食(特殊飲食法)、行乞(氣功)、導引(形體鍛錬)和房中(性交技巧)作爲一個整體來看待,從中發展出一種日益神秘化和技術化的體系,既帶有一切原始思維的幼稚性,也帶有它的天然合理成分。正是以此爲基礎,中國古代房中術才一再強調,夫婦之道乃是天地陰陽之道的精巧複製。這一點,我們從近年湖南長沙馬王堆出土的漢代帛書《養生方》、《十問》、《合陰陽》、《天下至道談》等書可以看得更清楚。在本書中,作者曾經猜測「假如《漢書》所載房中書得以保存下來,它們的内容肯定應與《醫心方》所引内容是一致的。」上述馬王堆帛書,抄寫年代在漢文帝以前,成書當在更早,其術語和敍述方式與《醫心方》引書極爲相似,可以證明作者的猜測是正確的。

　　其次，過去許多研究領域都對性問題避而不談，搞醫學的不講房中術，搞宗教的不講密教，搞小說史的頂多提一下《金瓶梅》，搞版畫史的也不理春宮版畫，致使這一問題的研究成為「被人遺忘的角落」。很多材料都在圖書館中塵封蠹蝕，無人知曉。不但「隔行如隔山」，就連本行都兩眼一摸黑。與這種作法相反，在本書中，作者不但把各方面的材料集中起來，而且能夠注意各種問題的相互照應，比如一般房中術與道家內丹派房中術的關係，道家內丹派房中術與印度密教的關係，春宮版畫與色情、淫穢小說的關係，把有關線索串連起來，非常注意問題的整體關聯，使後來的研究者可以循此做進一步探索。

　　第三，我們還應提到的是，作者對他所研究的課題非常講求科學認真的態度。例如在討論中國古代的性觀念時，作者總是一再強調，要從一夫多妻制的歷史前提去理解。指出當時人們對兩性關係、男女在婚姻中的地位以及他們對婚姻的義**務**，**還有其他**許多問題，都有特定的歷史標準；中國古代房中術**強調**「一男御數女」的技巧掌握並不是隨便提出來的，而是考慮到這種歷史前提下男女雙方的身體健康、家庭和諧和子孫繁育等**實際**問題。還有有些很小的細節，如《兒女英雄傳》中男主人公安驥和女主人公何玉鳳「陰陽顛倒」，這一現象在性心理的研究上很典型。作者為了說明何玉鳳的「男子化」，就連書中講何玉鳳站著撒尿這樣一個細節都未放過，觀察是很細心的。再比如作者對「回精術」的評價，一方面作者指出，沒有射出的精沿脊柱上行是不符合生理學的，它們只會進入膀胱，而不會進入脊柱，但同時，作者又很慎重，說這也許是古代中國人對相關心理過程的一種模糊表達。書中涉及專門的醫學知識，作者總是儘量引用現代科學的研究成果，如對「春藥」，作者指出，它們大多並不含有有害成分，但亦無特殊效力，只有一般的滋補作用，中國人對春藥的迷信往往帶有性聯想的誇大成分，個別藥物甚且對人體有害。這些說

法就是有可靠根據的。而作者在其知識不足以作出判斷的情況下，總是把問題提出來，留給專家去解決，這也很有「多聞闕疑」的精神。

第四，作者學識淵博，除精通中文史料，還對印度和日本的文化有相當深入的瞭解，因此有可能對三種文化的有關材料進行比較研究。如作者提到中國房中書、春宮版畫、婚俗、服飾、家具、室內陳設對日本的各種影響及其遺留痕跡，把許多現象，如中國的「顫聲嬌」與日本的「琳之玉」、中國的春宮版畫與日本的浮世繪等等做了有趣的對比。特別是本書附錄一很重要，提出了一個範圍更大的問題，即中國房中術與印度的佛教金剛乘和印度教性力派密教經咒的關係問題。這個問題還牽涉到西藏喇嘛教和日本東密。隋唐時代的房中書與印度密教有幾乎完全相同的「回精術」，這種相似很容易使人以為中國的房中術是外來的。特別是元代以來，人們往往把房中術的傳授歸之於「蕃僧」（參看《金瓶梅》），更使這種印象得到加強。作者不囿於成說，利用大量史料論證，中國的房中術遠在漢代以前就已形成完整體系，在年代上早於印度密教經咒，應是獨立起源，而非外來；相反，印度密教經咒卻可能是在中國房中術的影響下發展起來，以後又回傳中國，影響到隋唐以來的中國房中術。雖然作者也承認，他所提出的僅僅是一個假說。但這個假說至少有一半是可以成立的：即中國房中術應當有其獨立的起源，出土馬王堆帛書就是一個很好的證據。

＊　　　　＊　　　　＊

此書對中國古代性生活的研究有開創之功，但既然是開創，當然也就僅僅是開了個頭。正如作者在序言中所說：「要想在一本概論性質的書中反映出上述十個歷史時期每一期性關係的總體面貌，這當然不可能。況且我們對中國社會史的現有知識是否已

經達到足以做詳細論述的地步也是大可懷疑的。」此書僅僅是鈎勒出一個大致的輪廓，以國內學術界的要求去衡量肯定還相當粗糙。很多有關領域的研究者可能會提出非議。

從材料上看，本書前五章顯得比較薄弱，特別是前兩章，涉及的是先秦時期，顯得就更薄弱。先秦時期，不僅文字史料少，而且是個需要綜合考古學、銘刻學等許多專門研究的特殊領域，作者似乎在這一方面並不擅長，只能利用西方漢學界的某些現成著作。可是這些著作，從書中引用的情況看，大多比較陳舊，比如作者對古文字材料的運用基本上就是靠不住的。另外，作者引用《左傳》，紀年推算亦往往錯後一年，這些我們都加了訂正性的譯者註。

除去材料上的不足，作者還坦率地承認，自己對專業的性學知識是外行，所以作者經常說把問題留給性學家去討論。作者明確聲明，他在本書中對產科學和藥物學等純醫學問題不做討論。這種不足，我們無法苛求作者。但本書對避孕問題幾乎完全沒有談到，這卻未免令人遺憾。因為這個問題對中國性關係的研究確實太重要了。我們只要從避孕技術在西方「性解放」運動中所起的作用加以反觀，便可想見這一點。

還有，作者在對中國性觀念的評價上使用了「正常」與「不正常」的概念，強調中國人比其他古老文明更少的反常行為；在對中國性觀念發展的估計上也有「一向開放而突變為壓抑」之說。這些提法，作為一種總體性的和趨勢性的估計也許是可以成立的，但對具體情況的複雜性似乎缺乏充份的估計，線條就顯得比較簡單些。

此外，還可順便說一下，作者在第四章結尾把我國建國初期對「一貫道」的鎮壓與東漢政府對黃巾軍的鎮壓相比不妥當。他在第六章中說葉德輝因刊印古房中書而為士林不恥，雖遭土匪殺害也無人同情，這種說法也與歷史事實不符。他的死，並不是被

土匪殺害，而是在湖南農民運動中遭鎮壓。讀者可參看杜邁之、張承宗《葉德輝評傳》（岳麓出版社1985年）。

＊　　　　＊　　　　＊

　　本書寫作的一個基本目的是想糾正西方人認爲「古代中國人性習俗墮落反常的流俗之見」（見本書序）。這一工作正像李約瑟的《中國科學技術史》，不僅對中國文化的研究有填補空白之功，而且也爲增進東西方文化的相互理解做出了很大的貢獻。作者說，「正如人們可以想見的那樣，像中國人這樣有高度文化敎養和長於思考的民族，其實從很早就很重視性問題」，他們不僅遠在兩千多年前就已形成極具系統的房中術理論，而且一直到淸代以前，性問題仍可自由談論和形之文字。這些書「淸楚地表明，從一夫多妻制的標準看，他們的性行爲是健康和正常的」（見本書序）。

　　可是，這卻產生了一個問題：即爲什麼長期以來中國人對性問題一直保持著一種相當開放的態度，而淸朝卻突然急轉之下，一下子變得緘默不言、諱莫如深了呢？對於這個問題，作者並沒有回答，而是留給了讀者去思考。

　　我們都知道，淸代的禁毀之厄在歷史上是空前的。當時統治當局禁毀書籍主要有兩類，一類是講明亡史實，被視爲政治上的最大危險；另一類是所謂「淫詞小說」，罪名則是有害「人心風俗」。淸人以一個朝氣蓬勃的民族入主中國，力挽明代末年侈靡淫濫的亡國之風，的確顯得很有魄力，但其禁書宗旨乃是「嚴絕非聖之書」（康熙五十三年諭），不僅把上述色情、淫穢小說、「淫詞唱片」禁絕在內，就連《水滸》、《西廂》這樣的書也不肯放過，卻也暴露了他們在文化上和心理上的極端脆弱。前一種書的禁止，是非早有定論，但後一種呢？大家卻看得不大淸楚，很少體會到這種「一乾二淨」，竟在我們民族的精神深處留下了無

形的「暗傷」，這種精神上的「閹割」，其慘毒酷烈實不下於前者。

　　作者說，清代的禁毀之厄造成了中國人假裝正經的淫猥心理，他們虛情矯飾，遏力把自己的私生活弄得壁壘森嚴，陷於自己編製的網羅而不能自拔。這種遮遮掩掩曾使當時來華訪問的西方人大惑不解，以爲其中必有污穢不可告人之處，輾轉傳說，愈演愈奇。因此作者發出浩嘆：「一則徒事匿藏，一則肆口誣蔑，果誰之罪歟！」（《秘戲圖考》中文序言）

　　這的確是本書留下的一個惹人深思的問題。

　　作者在《秘戲圖考》中文序言的結尾曾說，「海內識者，如有補其闕遺，並續之以明末以後之作，固所企盼」。

　　現在作者已經逝世二十年了，我們仍在等待著這樣偉大的著作問世。

李零

一九八七年八月十日

目　錄

第一編　封建王國

第二編　成長中的帝國

第四編　蒙古統治與明的復興

附　　錄

圖版目錄

IX

16.臥室，一男子在正冠（據北京故宮博物院藏明畫家仇英彩繪絹畫集）

17.兩女子在逗弄睡著的丈夫（出處同16）

18.醫用牙雕人像（作者藏）

19.喚莊生（據明代套色春宮版畫集《風流絕暢》）

20.雲散雨收（出處同19）

21.六穴（作者藏印度北部彩繪紙畫）

22.時母在濕婆身上跳舞（作者藏印度北部彩繪紙畫）

插圖目錄　　　　VII

第一編

封建王國

殷周，約公元前一五〇〇～前二二二年，
中國人對性與社會的基本觀念

[注意：作者所用「封建」一詞，是與「帝國」相對
而言，與我國史學界所用含義不同——譯者]

第一章
西周和西周以前
（公元1500～771年）

殷文字與母權制殘餘・西周天道觀與
「德」・《詩經》中的性與社會

　　儘量從頭說起總是有益的，即便這個開端還籠罩在一片神秘之中，就像研究中國文化起源所碰到的那樣。

　　據晚出中國傳說，公元前三千年，中國北方曾有一個叫夏的王國存在，它的國都在今山西南部。約公元前一六〇〇年，夏被一個自稱殷或商的王朝取而代之。殷遷都於河南北部的安陽，直到約公元前一一〇〇年才被周所取代。

　　關於夏，我們掌握的只是一些相當晚才出現的傳說；而關於殷代，考古發現卻提供了雖然有限但卻相當可靠的資料。殷是一個擁有高度發達的青銅文化，而且組織嚴密的封建國家。殷人在青銅鑄造和石雕方面有高超的技藝，他們使用一種形音義結合的文字，這種文字是後來一切中國文字的基礎。祖先崇拜和占卜在他們的日常生活中起著支配作用。

　　多虧他們高度重視占卜，這才使人們至少對殷人的生活和思想有了某些切實瞭解。他們卜求神諭的方法之一是燒灼鹿的肩胛骨或龜的背甲和腹甲。然後根據坼裂的兆紋驗其所求。占辭和驗辭皆刻於所用甲骨之上，隨後埋入地下。晚近有大批帶字的甲骨

出土。正是這些甲骨，還有殷代的青銅禮器及其他器物，使我們能夠檢驗並補充後來中國文獻有關殷代的記載。

4　　　考古發現和文獻資料的比較研究雖是從本世紀初才開始，但現在已成績斐然。例如它證實了，近代歷史學家深表懷疑，但出自後起中國傳說的殷王世系基本上還是可靠的。不過，關於殷代宗教和社會的研究尚在初始階段。雖然大多數甲骨卜辭的一般含義現已被弄清，但許多文字的辨識及其確切含義在很大程度上還僅僅是一種猜測。主要的問題是，無論甲骨卜辭還是銅器銘文，它們都只反映了殷代文化的一個側面。我們發現，這正好像一個生活在五○○○年時的人想要復原我們現在的西方文明，但他手頭掌握的卻只不過是些散見於歐洲各地公墓中的墓碑。

　　另外，傳自於周（約公元前1100年克商）的商代史料用途也很有限。周起於西土，在尚武好戰方面長於殷人，但在文化方面卻劣於殷人。他們一方面接受了戰敗王朝的文化包括其文字，另一方面又儘量想使殷人的文化與自己的生活和思想方式相適應，並對殷人的許多概念做了不同的解釋。所以有些殷文字並不一定能用周文字去辨識。因為我們根本無法斷定殷人也是按同一意義使用它。還有，我們必須記住，周代傳說乃是以屢經改易的文本留傳至紀元初。這些困難不僅會在文字材料上碰到，也會在解釋殷禮器和其他遺物的紋飾主題時碰到。

　　東西方最能幹的學者都在致力於這些資料的研究，使我們的認識日趨深入❶。然而，儘管如此，我們還是無法對殷人的社會生活和性生活形成明確的判斷。

　　現在讀音為ch'ü，義為「男子娶妻」的象形文字可以說明一些問題。這個見於殷代甲骨的象形文字（**插圖1：A**）包括兩部分，左半從女，象形（參看**圖1：D**）〔原書誤作**圖2：D**——譯者〕，右半從動詞「取」，亦音chü像以手執耳。人們很容易把這個殷代象形文字解釋為一個男人手執一個女人的耳朵而與之成

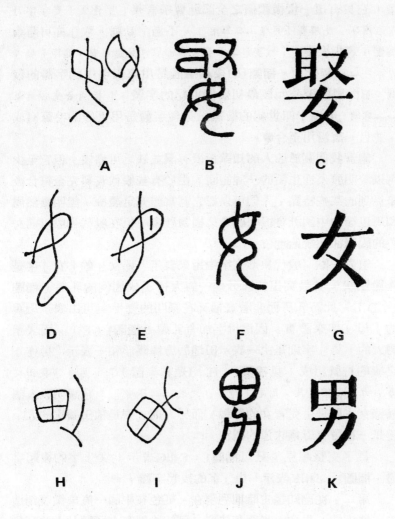

插圖1　中文「娶」、「女」、「男」三字的古今字體

婚，它具有這一蠻橫禮儀之全部社會學含義［甲骨文「娶」字乃人名用字，此解釋不可信——譯者］。不過，動詞「取」亦可藉讀爲娶，專指娶妻［「嫁娶」之「娶」作「取」見楚帛書，應即「娶」的本字——譯者］。**插圖**1的後起字體是用來表現中國字體的發展。B爲周朝至公元後最初幾個世紀的字體。〔指周金文和秦篆——譯者〕C爲十四世紀的楷體，這種字體是用更好的毛筆寫成，並且一直沿用至今❷。

　　儘管我們關於殷人的知識還很有限並缺乏可靠性，但它至少可以說明殷人性生活的一個側面。由於有些殷代資料完全符合後來見到的某些特點，人們可以把它們當作充足證據，證明雖然周和周以後的中國社會很明顯是父權制社會，但在殷代和殷以前女性的因素卻佔統治地位。

　　首先一點，殷代象形文字中用來表示「婦女」的「女」字是作跪跽狀，其最突出的部分是一對大得不成比例的乳房（**插圖**1：D）。此乃乳房而非著寬袖叉在腰間的雙手，可由表示母親的「母」字來證實，因爲母字加有乳頭（**插圖**1：E）。而表示男人的「男」字則是由一表示田地的方塊圖形和一表示「勞作」之義的符號組成（見**插圖**1：H，I是其異體）〔「男」字從田從力，力是一種農具，而非「勞作」之義——譯者〕。它說明殷人認爲婦女主要是生兒育女的母親，而男人則主要是種田養家的人，這是一種帶有母權味道的區別。

　　爲了完整起見，茲以**插圖**1：F和G表示「女」字的後起字體，**插圖**1：J和K表示「男」字的後起字體。

　　第二，從已知遠古時期到現在，紅色在中國一直象徵著創造力、性潛能、生命、光明和快樂。例如殷周有在隨葬品上塗紅色以防腐的習俗❸，近世吉慶場合要把禮品和裝飾物，特別是與婚禮有關的東西塗上紅色。婚禮叫「紅事」。用指出生的紅字舊亦稱「赤」。「赤」字的殷代字體像一堆燃燒的火。「赤」亦用來

指新生兒白裡透紅的顏色和赤身裸體。相反，白色總是象徵著消極影響、性能力的低下、死亡和悲傷。喪禮叫「白事」。「白」字的殷代字體和「土」字有關 [此說不可信——譯者]。一位現代學者把它認作男性生殖器是完全正確的❹。所有後世的煉丹書和色情書都有「男白女赤」之說（參見第82頁＊），而春宮畫也往往正好是按「男白女赤」來畫他們的裸體。這種顏色的聯想表明，在古代，人們認爲婦女在性方面要優越於男子。

第三，我要講一下「姓」這個字。東周以來，這個字包括兩部分，左半爲形符「女」字，右半爲表意的「生」字。這個字常常被用來證明中國古代社會是母權制社會。因爲它明顯地表現出孩子是從母親而得姓。但不幸的是，據我所知，在殷代甲骨上還沒有發現過這個字，而我知道的所有周代古文字也都是從「人」而非從「女」[甲骨卜辭有「多生」，西周銅器銘文有「百生」，皆藉「生」字爲「姓」。「姓」作「性」，這是東周時的字體——譯者] 不過即使我們把「姓」字從「女」是否起源於殷代撇開不談，也無法否認這一純粹的事實，即兩千多年來此字始終是作「姓」的含義來使用，它表明在中國人的潛意識當中頑強的母權制回憶始終綿綿不絕。

第四，古老王朝的傳說表明，曾經有過王（或氏族首領）的嗣統是由祖傳孫，因而在父系血統上隔了一代。社會學家將這一傳統解釋爲母系向父系轉變的一種殘餘，他們也許是對的。

最後，古老的神話傳說認爲婦女有著特殊的神力。而更重要的是，中國的房中書（據記載始見於公元初，但無疑在此之前早已存在）把婦女描繪成房中術的掌守人和一切性知識的所在。所有論述性關係的書都把女人當作偉大的傳授者，而把男人當作無知弟子❺。

＊凡在本書出現的「參見頁碼」、「上文頁碼」和「下文頁碼」等，均爲本書的原書頁碼（即邊碼）——編者

　　周和周以後的王朝實行嚴格的父權制，理所當然要將男女的位置顛倒過來。特別是儒家學派爲適應把社會建立於完美家庭制度之上的實際需要，竟吹捧男子爲當然的一家之長，說他們強大而積極，象徵光明，比弱小而消極、象徵黑暗的女人要優越。然而在儒家思想支配人們頭腦的時代裡，母親的形象卻並沒有從中國人的潛意識中消亡。通觀中國的思想史和宗教史，人們會發現一種始終存在的視消極勝於積極，無爲勝於有爲的逆流。這種逆流在道教中被有意識地加以疏浚開導。下面我們將看到，很久以來，中國人對性問題的思考，已不同於這樣一種看法，即認爲女人是偉大的母親，她們不僅養育自己的後代，而且也恩澤其配偶，使中國人在性行爲中仰賴女人無窮的供給而延年益壽。最後，母親的形象在後期道教中亦隨處可見。它既表現在神秘的「萬物之母」上，也表現在有形的肉體上。道教文獻中的神秘術語如「幽谷」和「玄關」，在道家講房事和方術的書中原意恰爲「子宮」和「陰門」。

　　所有這些術語似乎都是源自女人爲「大地子宮」（earth--womb）的概念。如我們將在下面看到的，人們認爲雲霧含有大量宇宙元氣。因此中國人習慣於登高以吸取這種元氣而強身健體。而且，人們也認爲大地蘊含著宇宙元氣，如果人類能夠儘量深入其中並停留足夠長的時間便可以分享到它。葛蘭言指出一個重要事實，周的統治者往往喜歡在地窟和洞穴中舉行重大慶典或進行關係到其統治地位的策劃，包括政治謀殺。他們爲了維護自己的聲望，還召聚徒衆在其中狂飲淫樂❻。另外，不僅人類，就連住在地下和洞穴中的動物也被認爲生活在有大量宇宙元氣的土地上。說狐狸、貛、龜、熊多壽和具有神力，很可能（至少部分）是因爲，人們相信這些動物的生活習性使它們總是與蘊含著大量宇宙元氣的大地緊密相聯。後世的道教史料說龜之長命在於「胎息」，也就是說，它在地下呼吸正像胎兒在母親的子宮內呼

吸。這些信念雖然含混不清，但卻證明了「婦女——子宮——地
——創造力」之聯想比「男人——男性生殖器——天——創造力
」之聯想要更古老。或許，前一種聯想可以追溯到人們還沒有認
識到性交是婦女懷孕的唯一途徑的時候。

　　基於上述考慮，我認爲中國社會最初是按母權制形式組成。

　　我們在此提到這一點，是因爲本書在描述後來的中國性生活
時常常有很多地方要提到這種綿綿不絕的母權制回憶。

　　現在讓我們把話題轉回到周代。周代大約從公元前一一〇〇
～前二二一年統治著中國，我們看到，這是一個封建的父權制國
家。它是中國歷史上第一個有足夠資料可以大致瞭解其社會狀況
的時期，特別是這一時期的後半段，即約公元前七〇〇～前二二
一年。我們先來討論周代的前半段。

　　周本是由世襲的「王」或「天子」實施統治權的封建國家。
周王皆追溯其祖先於傳說的「受命之君」。周代傳說謂殷的最後
一個在位者荒淫殘暴，把受命之君周文王囚禁起來。文王贖歸之
後，他的繼承人武王乃向殷王宣戰，打敗他，建立周朝。

　　正像大多數篡弒前王取得天下的人一樣，周的統治者也感到
需要援引歷史先例來證實他們克殷的合理性。故他們把當時關於
古代文化和英雄的神話加以潤色修改，以這些被改造了的神話爲
歷史，說什麼從前殷的統治者就是以天不授命於無道爲由廢黜了
夏的最後一王。強調他們取代殷和殷之取代夏是一樣的。有些近
代學者以爲這種說法不可信，說夏代根本不存在，從頭到尾純屬
周人捏造。確實，直到現在，在殷代甲骨上還未發現任何關於夏
的資料。但這類反證亦可用其他方法加以解釋，並不令人信服。

　　不論這究竟是怎樣的，在周代，不僅確有古老夏代的歷史被
記載下來，而且還有一些根據傳說是夏以前的國家的歷史也被記
載下來。它們開頭講的是創世神話，然後是一系列活了成千上萬
年非凡古帝。再下來是三個古帝：伏羲，敎人以寫字和婚配；神

10

農，敎人以耕稼；黃帝，敎人以技巧。而黃帝的敎化工作又由他的繼承人堯和舜接替。舜選擇大禹作他的繼承人。禹救民於洪水之中，建立夏朝。這些古帝被描繪成盛世之主，從此一直被當成一種理想，而被後來衰敗之世的人們追求不捨。由於這種信念是絕大多數古代文化通常都具有的，或許我們可以假定，殷人也相信從前有過黃金時代（ aetas aurea ），周王接受了這種觀念，並使之適應他們自己的政治需要。這裡特別需要注意的是非凡的黃帝、堯和舜，因爲在本書許多地方他們的名字將反覆出現。

周王國僅僅佔有今中國之一小部分，大致轄有今河北、山西、山東和河南北部。其核心地區是黃河彎曲處的兩岸。起初，它是個組織嚴密的國家，一切世俗的和宗教的權力都集中於天子一人手中，由他賜封族氏和土地給封建領主。這些領主是從王室庶支、周人的擁戴者或當地的古老氏族中挑選出來的。王畿之外住著「蠻夷」，周王及其領主與之不斷地發生戰爭。

11

周王國的經濟基礎是農業，主要栽種粟、麥及其他穀物。養蠶業也佔有重要地位。鐵只是到周末才爲人所知，但周人也像從前的殷人一樣具有鑄造靑銅的高超技藝。他們畜養的動物，包括豬、水牛、綿羊、家禽、狗和馬。馬被當做輓畜使用，特別是用來駕馭戰車。車兵是周代軍隊的中堅力量。

至於周代社會，領主和平民有明顯差別。領主代表王管理分封給他們的領土並爲王征戰，平民則爲領主耕種土地。統治階級成員有永久性住所，住所四周有夯築的城牆爲防。宅中住著封建領主和他的妻妾、隨從和隨從的家屬。平民在春秋兩季住在田中臨時搭成的廬舍中；冬天來臨時，則搬進簇擁在領主宅第周圍的半永久性住所。

上流社會和下層平民都席地而坐，鋪葦席和獸皮，用低矮的几案飲食。他們飲粟米糧造的酒。高的桌椅只是到大約一五〇〇年以後才使用。男人和女人同樣都穿一種酷似poncho〔 南美人穿

的一種中間開口套頭的披巾——譯者］的內衣，外面是套裝的外衣，上為帶長袖的上衣，下為又長又寬的裙子，兩者都帶花邊［古稱前者為「衣」，後者為「裳」——譯者］。上衣交襟於前，右襟掩左襟❼，並以一捲起的長條布帶在腰上把它繫緊。男人還打裹腿［古稱「邪幅」——譯者］，特別是穿禮服時用。不管居家還是外出皆戴冠。已婚婦女則用笄簪和辮繩束髮。帶襠的褲只是在周代的後半期才見於使用。

　　平民沒有姓氏，他們不能佔有土地，也沒有公認的權力。可是他們的命運顯然並不比我們西方封建時代的平民差，反而在許多方面要好得多。他們主人為著自身的地位和財富，在很大程度上要依靠他們。要把適於耕種的土地種好並防止水澇災害，需要很多勞力。加之領主需要這些平民在戰爭中充當步卒。所以當領土濫用權力時，人民可以移居其他采邑。由於領主間充滿猜忌和傾軋，移民肯定會受到歡迎。領主收稅和主持一些初級審判，但盡量不干涉平民的日常生活。在中國，人們根本不知道初夜權（ius primae noctis）❽。

　　雖然統治者和被統治者生活迥異，但他們的宗教信仰卻基本相同。他們把人僅僅看作是生機勃勃的自然界的一個方面。像許多其他古代民族一樣，中國人亦將日夜交替、季節變換與人的生活週期相比。然而，對於神奇的生命力，即「氣」的信念卻是中國人獨有的。氣充滿宇宙，它所包含的一切都處於一盈一虧、不斷循環往複之中，後來人們把它定義為陰陽兩種宇宙力量間的消長。據信這種生命力遵循一定的道路，這種道路代表著至上的自然秩序，所以後來便稱為「道」。那些遵循這種秩序生活、思想的人將幸福長壽，而背離者將不幸早夭。與自然秩序和諧一致的人因而得到大量的氣，這種氣會增厚其「德」。「德」按其本義應理解為超自然力。這種「德」非唯人所獨有，鳥獸木石亦應有之。例如龜鶴就是因長壽而被說成是有大量的「德」。松樹和靈

12

芝就是因從不凋萎而被認爲是「德」之所集，而玉也被認爲是特別富於「德」。

這一時期，婦女被認爲具有很多的「德」。在漢及漢以後的文獻中，「女德」的意思僅指「婦女的道德」，但在更早的書中卻有兩處提到「女德」是指「女人的誘惑力」，但在更早的書中卻有兩處提到「女德」是指「女人的誘惑力」。第一處見於一部漢代的歷史著作，它引用某人批評一位公子陷於愛情之中的話，說這位公子「懷女德」（見司馬遷《史記》卷三九關於晉公子重耳）。文章上下文表明，這裡「德」是指女人把男人同自己連在一起的力量，即主要不是靠其容貌，而是靠她的女性魅力征服男人。在同一意義上使用的「女德」一詞也見於《左傳》中的一段名言（參見26頁註〔1〕）：「女德無極，婦怨無終」（當公元前635年）〔見《左傳》僖公二十四年，當公元前636年，此係誤——譯者〕。這兩段引文還爲我們理解《左傳》的另一段話提供了背景。這段話是：「女子不祥，惑人之心」（當公元前531年）〔原文作「Woman is a sinister creature, capable of perverting man' heart」，查《左傳》無此句，這裡是用意譯——譯者〕。

爲了與這種自然秩序和諧一致，統治階級的成員要按禮儀行事。禮儀對公眾和私人生活的一切，事無巨細，皆有規定。這些規定體現爲神聖的社會秩序。這種秩序是由天，即一種非人格的、至高無上的控制力按宇宙秩序而建立。當人們不知應當如何行動，或欲舉大事時，就卜求神諭。除上述骨卜之術外，另一種流行的占卜方法是擺蓍草。人們還可以通過求問巫師來瞭解未來和天意。巫師可以降格神意。雖然人們以「男覡」、「女巫」併提，但有跡象表明，這種職責本來卻完全是屬於婦女的❾。

統治階級自認爲擁有很多繼祖傳後的「德」。這種「德」形成他們與祖先和後代之間的聯繫，它聯結著死人和活人。活人必須按時祭祀祖先，如果祭祀一旦中斷，祖先的「德」就會消失，

他們就會變成惡鬼或墮入地獄，給活著的子孫帶來災難。因此生個傳遞香火的男孩既是對列祖列宗也是對自己的神聖職責。這種考慮構成了多配偶家庭制度（這種家庭制度直到最近才在中國消失）的最有力的動機。因為如果一個妻子不能生子，男人就不得不讓其他配偶給他生子。祖先從旁參與活人的生活，他們保佑活著的後代，而活著的後代也必須讓祖先隨時知道自己的所做所為。祖先崇拜是中國宗教生活的核心，而且一直保留到相當晚。

　　人們認為，人有兩個靈魂，分別叫作「魄」和「魂」。「魄」通常譯做「animal soul」（肉體的靈魂），是從受孕時即有，死後還保存在屍體中直到腐爛。「魂」譯作「spirit soul」（精神的靈魂），則是從脫離母胎才進入孩子體內，死後升入天堂，先人的魂是靠地上的後人祭享。 14

　　為使魄盡可能長存，人們想設法讓屍體不腐爛。人們用有「德」的隨葬品陪葬屍體，如玉或貝殼，因為後者像陰門，象徵著生殖力和創造力。最初，有病的婦女和奴隸也被用來生殉，或入墓前殺死以陪葬，但後來則只陪葬他們的偶像。而刀劍、甲胄、個人飾物、馬匹和戰車則仍然用原物陪葬，因為人們指望這些東西可以繼續為亡靈服務。近世人們下葬時燒死者房屋、衣物的紙糊模型，這是周代古老的遺風。

　　由於平民沒有姓氏，因而也沒有祖先崇拜，所以他們只有微不足道的「德」。但是由於他們的生活習俗使他們不斷地和自然力緊密相聯，對他們來說最重要的是不違背自然秩序。正像他們的領主在這方面是求助於禮儀，平民則以習俗為指歸，它表現在四季燕饗和村社慶典當中。而且，儘管他們不能祭祀祖先，也不能參加貴族的大祭，但鄉間的禱祠卻使他們可以向土地、百穀、風、水和山川諸神奉獻其欽敬之意。

　　以上是一般的背景介紹，從這一背景，我們將竭盡所知對周代早期的性生活與社會狀況做一簡略描述。

　　早期階段，兩性隔離的原則還遠沒有像後來把儒家道德定爲
行爲規範之後所實行的那麼嚴格。在王宮和貴族宅第中，婦女住
在她們各自的閨房中，分別用餐，尤其是已婚婦女享有很大自
由。白天她們在宅中自由走動，同管家和男僕商量家務。她們也
參加家庭範圍內的某些祭祀和慶典，但不與男人同桌而食，而以
屏風爲隔。她們還被排斥在大多數男人的娛樂活動之外，如飲
酒、射箭和狩獵。享有自由最少的是未婚女子。由於處女的貞操
乃是將來作爲妻子的必要條件，所以她們在閨房中被嚴加監視。
而相反，平民女子卻可以和男人自由交往。下面我們將看到，那
些年輕男女如何在村社慶典中一起載歌載舞。

　　在父權制的家庭制度中，父親是無可爭議的一家之長，妻
子、孩子和僕人都無條件地服從他。家庭被視爲小社會，父親在
家中就像是國王，是所有宗教和世俗活動的領導者。女人被看作
低人一等。《詩經》中有一首詩講到了人們對待一個新生男孩和
女孩的不同習俗❿，它象徵著他們在未來生活中的不同身分。這
是《斯幹》中的一段：

　　　　乃生男子，
　　　　載寢之牀，
　　　　載衣之裳，
　　　　載弄之璋。
　　　　其泣喤喤，
　　　　朱芾斯皇，
　　　　室家君王。

　　　　乃生女子，
　　　　載寢之地，
　　　　載衣之裼，

　　載弄之瓦。

　　無非無儀，

　　唯酒食是議，

　　無父母貽罹。

　　　　　　　　　——《詩經》第一八九首

　　不過，女人比男人低下這一總原則絕不意味著每個女人都比每個男人低下。特別是夫人，乃是舉足輕重的人物，她在家庭事務中有著很大的權威。

　　十歲以前，男孩和女孩可以一起玩耍。十歲以後他們就開始走上不同的生活道路。男孩入學，女孩則被禁錮在閨房中學習縫紉和其他技巧。經典上說，女子「二七」月經初潮，男子「二八」精成而遺。男孩和女孩的這些變化都用同一個詞「天癸」來表示，它的意思似乎是指「天所規定」[此說無據——譯者]。表示行經的專門術語有「月事」、「經水」、「月經」、「姅」（來源不清）、「月客」和以後還要討論的許多華麗美稱。一直到紀元初，仍記載有婦女在月經期間不得參加儀典的規定，並提到她們的額上點有表示不潔的紅點，不過這種習俗是否在周代早期就已存在尚不得而知。

　　第一次行經後，女孩就被認為已達結婚年齡，在一次叫做「及笄」的簡單家庭慶祝儀式上，她們的頭髮要被束起來。男孩則接受更高的教養，到二十歲即要授予象徵男子的帽子，即冠。這件事要在全家進行隆重的慶祝。之後，為了履行他對家庭和社會的神聖職責，即獲得子嗣，他必須結婚。

　　值得注意的是，不論對男孩還是女孩都沒有任何痛苦的成丁禮，人們從未聽說給男孩割包皮和給女孩割陰蒂的習俗。

　　人是一個與宏觀世界功能相似的微觀世界。男女的性結合是二元自然力的相互作用的小型複製品。因而人類婚姻和天地的婚　17

姻基本一樣，天與地是在暴風雨中交媾。從荒古時代以來中國人
就認爲雲是地的卵子，它靠雨即天的精子而受孕。在人類範圍
內，國王和王后、男人和女人的結合，眞正地體現了世界上正、
負兩極的平衡。如果它們的結合不和諧，整個大地都會遭受旱澇
和其他自然災害之苦。因此，統治者和其配偶的性關係要按禮儀
做週密調節。我們先來描述這種性關係，然後進一步討論統治階
級成員和平民的婚姻。

　　由於王具有最大量的德，他需要大批配偶，通過性交，滋養
和永遠保有他的德。王有一后、三夫人、九嬪、二十七世婦、八
十一御妻。這些數字是據古老的數字巫術而定。奇數代表自然界
的正力，代表男性和男性的潛力；偶數代表自然界的負力，代表
女性和女性的潛力。三是一之後的第一個奇數，表示強大的男性
力量；九是三的三倍，代表極大。將這兩個數字相乘便得出二七
和八一這兩個數字。

　　被稱爲「女史」的特殊宮女安排和監督王與其妻妾們的行
房。她們儘量使國王按正確的時辰和禮儀爲每個級別所定的應有
的頻度與妻妾同房。她們用特製的叫做「彤管」的紅色毛筆爲房
事做詳細記錄，因此直到後來，中國文獻仍把統治者的性生活叫
「彤史」。

　　一般的規定是，低等級的配偶應在高等級的配偶之前先與王
行房交媾，並且次數也更多。而王后與王行房則是一月僅一次。
這一規定是根據這樣一種觀念，上面已稍微提到一下，即在性交
過程中，男人的元氣是經由女人的陰道分泌物滋養和補益。因此
只有在王和低等級的婦女頻繁交媾之後，當他的元氣臻於極限
時，而王后也最容易懷上一個結實聰明的王位繼承人時，他才與
王后交媾⑪。

18　　　這些女人是由女史帶進王的寢宮。帶到後，她給她們一隻銀
戒指戴在右手上，留下等待房事圓滿結束，然後記下結果。之

後，她將戒指從這些女人的右手換到左手，記下性交日期和時間。當以後證明那個女人已經懷孕，女史再給她戴上一隻金戒指。女史還不斷向王報告這些女人的身體狀況和經期。

只有高等級的配偶才能和君王共度通宵。妾則必須在天亮以前離開寢宮。《詩經》中有一首詩是描述妾對這些不平等的不滿。詩云：

> 嘒彼小星，
> 三五在東，
> 肅肅宵征，
> 夙夜在公，
> 寔命不同。

> 嘒彼小星，
> 維參與昴。
> 肅肅宵征，
> 抱衾與裯，
> 寔命不猶。

——《詩經》第二一首

這首題為《小星》的詩現已成為「妾」的通行文言用語。這裡不妨插入一段約公元前七五○年人們對絕代佳人的描寫。這一描寫見於《詩經》中一首叫《碩人》的詩，它讚美了一位美麗的著名諸侯夫人。

> 手如柔荑，
> 膚如凝脂，
> 領如蝤蠐，

齒如瓠犀，

蟒首蛾眉，

巧笑倩兮，

美目盼兮。

——《詩經》第五七首

「蟒首」指懸掛在頭飾兩邊的兩綹長髮，「蛾眉」指蛾子彎曲的觸鬚。這個句子後來成為形容美女的套語。

統治階級成員間的通婚嚴格遵守外婚制。娶同姓女子為夫人或姬妾純屬禁忌。人們認為「同姓亂倫」會使夫妻子嗣遭罹禍殃。經書皆認為此種禁忌對平民來說並不存在。這顯然不對。雖則名言有所謂「禮不下庶人」，但平民亦自有平民之俗。人類學告訴我們，一般古老的群體比文明水平高的群體有更複雜的性禁忌，所以恐怕在中國古代的農民當中，婚姻仍受到各種禁忌的限制，儘管它們並未見之於記載。後世的族姓禁忌適用於所有階級，直到今天仍然是如此。

統治階級的成員只能娶妻一次⓬。如果她死去或被休掉，則不能再娶，至少不能再行娶妻規格的結婚典禮。婚事由那些管說媒的機構去安排。正如《詩經》所說[出自《齊風·南山》——譯者]；

析薪如之何？

匪斧不克。

取妻如之何？

匪媒不得。

——《詩經》第一五八首

安排最初洽談的是媒人。媒人除須弄清計劃中的婚姻吉凶與

否，還須查明新娘確屬異族，確屬處女，嫁妝齊備。同時，他還
必須調察女方父母的社會地位和勢力。因爲統治階級有一整套崇
尙榮譽的禮敎習俗，如果雙方有一方認爲提出的婚事不可接受，
就可能引起流血衝突。按規矩，女子對丈夫的選擇沒有發言權，
事情完全要由父母和媒人商定。

當一切準備就序，新郎便帶著一隻雁去拜訪新娘的父母。後
世註者對這種雁做有各種解釋，但這一切都是次要的。然後，新
郎迎娶新娘回家，在例行宴會上慶祝婚禮，當夜圓房。採用這一
儀式也使新郎與新娘從娘家帶來的姊妹、侍女的結合合法化。她
們通常充當新郎的側室和妾。翌日晨，丈夫帶妻子見過父母，並
謁拜宅中祭堂裡祖先的靈魂。三月後，再行，但更爲鄭重。只是
在行過第二次儀式之後，妻子才算是確立了她作爲妻子的地位。

有時新娘並不喜歡由側室陪嫁。《詩經》中有一首詩叫《江
有汜》，表達了那些想隨新娘陪嫁而去的姑娘最終說服新娘帶她
們去時的滿意之情。

　　　　江有汜。
　　　　之子歸，
　　　　不我以；
　　　　不我以，
　　　　其後也悔。

　　　　江有渚。
　　　　之子歸，
　　　　不我與；
　　　　不我與，
　　　　其後也處。

21

江有沱。

之子歸，

不我過；

不我過，

其嘯也歌。

——《詩經》第二二首

描寫大河有許多分支似乎是指丈夫有權享有許多女性伴侶。

統治階級成員的婚姻叫做「婚」，這個神秘古老的字眼似乎意爲「黃昏的典禮」，指在晚上慶祝婚禮和完婚。

平民的婚姻叫做「奔」。當春天來臨，農家都從冬季住所遷至田野，村社組織春節的慶祝。屆時艾男少女乃一起跳舞、輪唱、踏歌。所有這些歌幾乎千篇一律都與生殖崇拜有關，並常常帶有不加掩飾的色情性質。每個青年男子都挑選姑娘，向她們求愛，並與她們交媾。以此作結的男歡女愛持續於整個夏季和秋季，並且在這些家庭搬回冬季住地之前，被人們（也許是村中長者）以某種手續使之合法化。合法的標準恐怕是看姑娘是否懷孕。

由於姑娘可以接受或拒絕求婚者，也可以接受之後又改變主意，而男青年也有同樣的自由，遂使平民女子通常比高等級的女子享有更充分的性生活。《詩經》中所保存的關於求婚、愛情和婚姻的民歌對鄉村愛情生活做有出色的描寫。《詩經》中的詩歌，其形式內容都與其他地區和其他時代的民歌有著驚人的相似，它們以動人的手法表達了求婚和愛情的全部悲歡。這裡我們首先抄錄一首描述在河岸上舉行村社慶典的詩歌。青年男女在河岸上相互求愛，競爭角逐，然後進行性交。在後來的色情文獻中，「芍藥」常常用來指女子的生殖器。

溱與洧，

方渙渙兮。

士與女，

方秉蕑兮。

女曰觀乎？

士曰既且。

且往觀乎？

洧之外，

洵訏且樂。

維士與女，

伊其相謔，

贈之以勺藥。

溱與洧，

瀏其清矣。

士與女，

殷其盈矣。

女曰觀乎？

士曰既且。

且往觀乎？

洧之外，

洵訏且樂。

維士與女，

伊其將謔，

贈之以勺藥。

——《詩經》第九五首

　　還有一首詩描寫青年男女在城門外相會。這首詩的題目
是《出其東門》，詩云：

　　　　出其東門，
　　　　有女如雲。
　　　　雖則如雲，
　　　　匪我思存。
　　　　縞衣綦巾，
　　　　聊樂我員。

　　　　出其闉闍，
　　　　有女如荼。
　　　　雖則如荼，
　　　　匪我思且。
　　　　縞衣茹藘，
　　　　聊可與娛。

　　　　　　　　　　　　　　　　——《詩經》第九三首

　　還有一首詩描寫的顯然是一個男子與他心愛之人成婚時的得
意心情。這首詩的題目是《東方之日》，詩云：

　　　　東方之日兮。
　　　　彼姝者子，
　　　　在我室兮。
　　　　在我室兮，
　　　　履我即兮。

　　　　東方之日兮。

彼姝者子，

在我闈兮。

在我闈兮，

履我發兮。

——《詩經》第九九首

一首名爲《遵大路》的感人詩篇生動地描述了一個被人遺棄的姑娘的悲哀：

遵大路兮，

摻執子之袪兮。

無我惡兮，

不寁故也。

遵大路兮，

摻執子之手兮。

無我魗兮，

不寁好也。

——《詩經》第八一首

最後我要引用三首具有特殊社會學意義的詩。首先是一首名爲《氓》的長詩中的一段，它說明在農民中也存在著的雙重道德。詩曰：

于嗟女兮

無與士耽！

士之耽兮，

猶可説也；

24

女之耽兮，

不可說也。

——《詩經》第五八首

第二首詩名為《甫田》，它警告姑娘不要愛上比自己社會等級高的年輕男子。因為當這些年輕人成年後，社會差別將變得更為明顯，他們將只與本階級的女子通婚。「遠」在詩中是指社會地位的差距而不是空間的距離。詩中提出這種警告似乎表明這種不同等級間的私通確實經常發生。

無田甫田，

維莠驕驕。

無思遠人，

勞心忉忉。

無田甫田，

維莠桀桀。

無思遠人，

勞心怛怛。

婉兮孌兮，

總角丱兮。

未幾見兮，

突而弁兮。

——《詩經》第一〇二首

第三首詩似乎暗示，一個求婚者要在夜間去看姑娘多少是可以容忍的。要想確定《詩經》中許多詩的社會背景是很難的。不

過，人們得出的印象是此詩並非出自農民而是出自諸如領主的低
級侍從一類人。此詩名爲《將仲子》。

> 將仲子兮，
> 無踰我裡！
> 無折我樹杞！
> 豈敢愛之，
> 畏我父母。
> 仲可懷也，
> 父母之言，
> 亦可畏也。

> 將仲子兮，
> 無踰我牆！
> 無折我樹桑！
> 豈敢愛之，
> 畏我諸兄。
> 仲可懷也，
> 諸兄之言，
> 亦可畏也。

> 將仲子兮，
> 無踰我圓！
> 無折我樹檀！
> 豈敢愛之，
> 畏人之多言。
> 仲可懷也，
> 人之多言，

亦可畏也。

——《詩經》第七六首

在對周代前半期的婚姻和性生活做一簡短考察之後，現在我們再來談談周代的後半期。

註 釋

❶泛論中國遠古歷史一般性質的書有J. G. Anderson的*Children of the Yellow Earth*（ London 1934 ）和H. G. Greel的*The Birth of China*（ 2 nd ed. London 1958 ）。兩書之後的新發現現在只能從專門的漢學出版物中瞭解。

相當專門，但又令不熟悉漢學的讀者仍有興趣的書有H. Maspér的*La Chine Antique*（ Paris 1927, reprinted 1958 ）和M. Granet的*La Civilisation Chinoise*（ Paris 1929；英文版題目爲*Chinese Civilization*, London 1930。後者專門討論社會學方面。不過必須說明的是，它們對許多與中國歷史和社會有關的問題未做討論，並有不少可商榷之處。

有一本關於中國通史的好書是L. Carrington Goodrich的*A Short History of the Chinese People*（ revised edition, London 1957 ），該書還說明了物質文化的發展。還有K.S. Latourette的*The Chinese, their history and culture*（ New York 1946，new edition New York 1958 ），其描述簡要而公允，並註有大量書目。

❷有心於中國文學及其歷史和有關問題的讀者，可參看B. Karlgren的*Sound and Symbol in Chinese*（ Stoekholm 1930 ）。

❸不過，在漢代，人們似以白色爲殷人所尚，紅色爲周人所尚。參看《禮記·檀弓》：「殷人尚白，周人尚赤」。漢代哲學家王充（ 27～97年 ）在《論衡》一書中提到一個傳說，謂太公《姜子牙，周文王之師）在殷周之爭中使用過下述計策：他養了一個帶朱砂痣的小孩，直到他長大成人，遍體通紅，使其當街而呼殷將亡。殷人大恐，因爲它暗示著體現強大光明的「赤」周將打敗象徵衰弱晦暗的「白」殷。但也許此說是漢代儒生爲美化他們奉爲典範的周代先王而假託其事，參看本書第三章開頭所述。

❹參看B.Karlgren的*Some Fecundity Symbols in Ancient China*（ 收入*Bulletin of the Museum of Far Eastern Antiquities* no. 2,

Stockholm 1930）。該書所發揮的理論只有一部分獲得普遍承認。

❺我不敢肯定是否應當在這一討論中列入某些中文書的説法，例如法家商君的著作説上古民知其母不知其父（J. J. L. Duyvendak的*The Book of Lord Shang*, *Probsthin's Oriental Series* vol. XVⅡ, London 1928, p.225）。因爲這一特點似出後世學者託言，而非眞正對母權制的回憶。

❻參看R. A. Stein的*Présentation de l' oeuvre Posthume de Marcel Granet Le Roi Boit*（*Année Sociologique*, Paris 1952 p.64-65）。

❼中國人認爲這種習俗乃是他們區別於「蠻夷」的一個特點。見Eberhard的*Lokalkulturen in alten China* p.229所論。這一看法至今在中國和日本仍然是一種定論。十九世紀中國和日本興起過一股帶有強烈民族情緒的反西方化潮流，「左袒」仍被認爲是西方劣等民族的象徵。

❽沒有跡象表明中國人也像其他許多民族一樣相信破身充滿神奇的危險。約一三〇〇年，當中國旅行家在柬埔寨發現處女在婚前要由僧侶破身的習俗，並注意到這種習俗或類似的習俗也見於穆斯林國家的人民當中時，他們大爲驚訝，有關論據見Iwai Hirosato（岩井大慧）的文章（The Buddhist Priest and the Ceremony of Attaining Woman hood during the Yüan Dynasty）（in Memoirs of the Reseach Department of the Tōkyō Bunko,no.7, Tōkyō 1935）。

❾J. Needham在其*Science and Civilizationin China*（Cambridge University Press 1956）vol. Ⅱ, p.132 sq充分討論了巫這個題目。關於薩滿教的一般情況見Mircea Eliade的傑出著作*Le Chamanisme et le techniques archaiques de l' extase*（Paris 1951），該書pp.393-404是討論中國，其中也提到婦女的神奇力量。

❿《詩經》是五經之一。其他四經是《易經》（講占卜）、《書經》（各種歷史文件的匯編）、《禮經》（三禮：《周禮》、《禮記》、《儀禮》）和《春秋》（歷史大事年表）。這五部書舊説以爲皆出於周或更早。但後來的研究卻證明，除《詩經》和《春秋》，其他各書在最初的幾百年有過很大的改動和增益（見下56頁）。

《詩經》是一部採自各封建國的頌詩、讚歌和民歌的匯集，後人篡改最

少；但由於它是「口頭文學」，所以有許多文本方面的問題。此書之得以保存原貌主要是因爲它有助於一種間接的出於政治需要的解釋，所以可以引證來做道德風化的宣傳和政治諷刺。

S. Couvreur出版過一本名爲*Cheu King*的法文譯本（Ho-kien-fu 1913）。這本書完全沿用公元十二世紀理學的武斷解釋。要想復原許多地方的本義，請參看B. Karlgren的優秀學術譯文*The Book of Odes*（Stockholm 1950）。我譯文的編號就是參照該譯本。還有M. Granet做有社會學和民族學解釋的*Fêtes et Chansons anciennes de la Chine*（Paris 1929）。A. Waley 在他的 *The Book of Songs*（latest edition, London 1954）中出版了一個帶文學註釋的優秀選本。

⓫後起箋注都沒有意識到這一事實。他們認爲，由於王后象徵月亮，國王象徵太陽，國王必須在月滿時，即所謂男女兩性（兩種宇宙力量的象徵物）完全一致時才能交媾。M. Granet在他的*La polygynie sororale et le sororat dans la Chine féodale*（Paris 1920）pp.39-40中詳細介紹過整個理論。雖然也許人們一般用象徵月亮說來解釋王室交媾的禮儀，但無疑有一個基本考慮已經指出過，即只有當王通過與王后以外的其他婦女性交使其性能力達到極點時，才與王后性交。

⓬對中國古代婚禮這個非常複雜的問題，在這裡只是粗略地涉及了一下，因爲有關這一問題的大量文獻沒有爲性生活的研究提供什麼重要資料。有興趣的讀者可參看《儀禮》的有關章節（見本章註釋［10］，J. Steele的英譯本（*The I-li or Book of Etiquette and Ceremonial*, London 1917）和S. Couvreur的法譯本*Cérémonial*,Ho-kien-fu 1916,reprinted Paris 1951）。書中對儀式的開頭和每一步驟描寫得極其詳盡。這個問題與親屬制度的問題緊密相連，例如關於男子與妻成婚，而以其侄娣媵嫁，這些在前已註明的M. Granet 的 *La Polygynie sororale*ete一書中已經做過徹底討論。而且在他的*Catégories matrimoniales et relations de proximité dans la Chine ancienne*（Paris 1939）中也討論過。馮漢驥（Feng Han-Chi）在他的*The Chinese Kinship System*（見*Harvard Journal of Asiatic Studies, vol. II 1937*）中對此也有很好的研究。

第二章　東　周

（公元770～222年）

26

社會狀況和性生活·《左傳》的有關記錄

公元前七世紀，政治的、社會的和經濟的重大變化正在發生。隨著周天子中央權力的衰落，封建諸侯變得更加獨立。他們名義上仍奉周天子爲天下共主，而實際上卻各自割據稱雄。他們自立朝廷，僭用天子的禮樂和官制；並擁有純爲私屬而並不效忠天子的軍隊。正因爲如此，所以西方學者把東周的諸侯稱爲princes（王公），把他們的封地稱爲states（國）。東周時期，天下分裂，諸侯日事於縱橫捭闔，攻奪變詐，爲了擴大自己的勢力，不僅以鄰爲壑，同時還常常與境外的蠻夷作戰。後者正日趨「漢化」，在中原各國的戰爭和政治活動中作用越來越大。

自公元前七二二年起，當時的文獻記載爲研究這一時期的社會狀況提供了更爲可靠的材料❶。

這一時期似乎在貴族和平民之外出現了一個介於二者之間的第三等級，即可稱之爲士的等級。他們雖然出身貴族，有自己的姓氏，可以參加車戰，但沒有封地。他們給諸侯充當軍吏或文官、書吏、謀士和管家。後來由於對知識的要求越來越高，士開始專門研究學問。當時中國的許多傑出政治家、哲學家正是從這一階層當中產生，其中包括孔子。他們被視爲「文人士大夫」的

原型。從紀元初到現在，這些文人士大夫是中國行政管理的主要
承擔者。

書法藝術主要用於記錄官方的檔案、儀典和編年史。周的書
吏是用毛筆蘸墨在竹簡和木簡上書寫。墨是用炭或漆研磨而成。
書簡是用皮條編連在一起。純文學多屬口頭文學，最初並不書於
竹帛。燕饗或其他聚會，詩文吟誦皆由與會者當場向其親朋好友
再三重複，直到人所共知。這一事實也說明了爲什麼許多周代的
哲學著作顯然缺乏聯貫性。這些書本非出自一人之手，而是由門
弟子雜錄師說，匯集成書。

商業發展和貨幣制度，使上述等級之外又增加了一個等級，
即商人等級。同時各種技巧和手藝的進步，以及對產品需求的增
長，也加強了專業手工業者的地位。因此除王公之外，現在就有
了四個社會等級：士、農、工、商。它們通常按這一順序排列，
以士、農爲國家中堅，在理論上比工商地位要優越。

工商迎合了諸侯宮廷中盛行的竟尙豪奢之風。男女穿著華
麗，開始在長袍裡面穿可能是西方鄰國傳入的寬褲❷。爲使人們
的服裝符合月令的規定，似乎每個季節都要改易服色❸。女人往
往衣錦綉，用做工精巧的筆笄和綢帶裝飾頭髮，戴戒指和手鐲。
爲了梳妝打扮，她們還使用背面帶紐、可以穿繫綬帶供手執的磨
光靑銅圓鏡（見圖4）。

動蕩的政治局勢和強宗大族的暴起暴滅助長了道德鬆弛和性
放縱。王公和達官貴人除妻室外還擁有成群的女樂。她們在正式
宴會和私人酒席上表演歌舞。這些姑娘和她們的主人、主人的左
右以及賓客亂交。她們常常被易手，一賣再賣，或當作亂物饋贈
他人。饋贈女樂是諸侯宮廷外交活動的一項內容。我們從《左
傳》上讀到，公元前五一三年，有位官吏涉於訟事，曾以一群女
樂賄賂法官（《左傳》譯本卷三，445頁）、［本書引用《左傳》推算
年代多誤。此事見《左傳》昭公二十八年，當公元前514年──譯者］

。這些姑娘是從什麼等級徵選尙不淸楚。可能她們大部分是家中養大的女奴，在歌舞方面表現出天才，但也有可能把女戰俘收編其中。這些女樂是官妓的前身，官妓在後來的中國社會生活中佔有相當重要的位置。

一些荒淫的國君還畜養孌童，或與成年男子搞同性戀。漢代和漢以後的史料證明，有些所謂嬖臣即與國君有同性戀關係。不過「嬖」這個詞的一般含義是指靠阿諛奉承、助紂爲虐而邀寵的男女。當嬖臣爲男性時，是否爲同性戀關係是很難斷定的。古書文略，給各種不同的解釋留下了餘地。不過有個叫龍陽君的人卻是個例外。他在公元前四世紀曾事於魏侯。公元前三世紀的史料《戰國策》中有段話證明，他確實和國君有同性戀關係〔見《戰國策·魏四》——譯者〕。龍陽君在歷史上臭名昭著，以至「龍陽」成了男子同性戀的通用文言表達。

此時婚姻成了一種政治因素。許多諸侯都認爲只有迎娶強鄰之女才能確保其位，國君與妻子爭吵而得罪其母國的親戚，政治聯盟往往就會破裂。因爲所娶之女及其親戚的影響非同小可，妻子的地位大大加強，給她帶來更大的自由。人們認爲婦女應三從：未婚從父，已婚從夫，夫死從子。但實際上已婚婦女常常完全是獨立行事，只有未婚女子才與外界嚴格隔離，沒有行動自由或發揮其創造性的自由。已婚婦女享有相當的行動自由，只要樂意，她們有充分的機會和家裡家外的人私通。在家裡，她們可以見丈夫的朋友和客人，甚至參加他們的討論——盡管她們總是躲在屏風後邊不露面。她們就是以這種方式經常對政治施加很大的影響。《詩經》中有一首名《瞻卬》的悲歌。詩中有一章對婦女和閹人干政流露出怨悱之情，雖然這首詩是批評幽王（公元前八世紀）的苛政。幽王深受聲名狼藉的妃子褒姒（《中國傳記詞典》1624）影響。但這段文字無疑反映了一般人對婦女參加公衆事務的看法。詩云：

29

> 哲夫成城，哲婦傾城。
>
> 懿厥哲婦，爲梟爲鴟。
>
> 婦有長舌，維厲之階。
>
> 亂匪降自天，生自婦人。
>
> 匪教匪誨，時維婦寺。
>
> 鞫人忮忒，譖使竟背。
>
> 豈曰不極，伊胡爲慝？
>
> 如賈三倍，君子是識。
>
> 婦無公事，休其蠶織。

——《詩經》第二六四首

　　婦女躲在屏風後邊，還可以聽音樂看舞蹈。一些國君甚至讓他們的妻子參加田獵和宴飲。據說公元前五七三年靈公就有這種習慣。他的行爲受到一位臣僚的批評（《左傳》譯本卷二，161頁）〔此「靈公」是晉厲公之誤，見《左傳》成公十七年，當公元前574年——譯者〕。婦女戴面紗則未聞，但外出要乘門窗低垂的馬車，只有歌女和放蕩的女人乘車外出才不垂窗。

30　　諸侯的後宮是仿天子之制而組成，並受保姆和宦官的監督。後者是用什麼辦法殘毀身體而入宮尚不清楚。閹割是刑罰之一。《左傳》中曾提到一位因政治問題而獲罪的人就是因受這種刑罰致殘而成爲宦官，他和國君談話時自稱爲「刑臣」（《左傳》譯本卷一，351頁）、〔見《左傳》僖公二十四年——譯者〕。似乎也有窮人或鋌而走之徒爲了在朝廷之中謀取肥缺而甘受閹割。後世宦官往往就是如此。

　　雖然有保姆和宦官的監督，已婚婦女仍可以找到充分的機會私通。況且寡婦，雖然叫做「未亡人」❹，卻常常再嫁，雖然守寡，卻過得相當自在。下面引用一些歷史事件，用以說明當時的

性生活。

公元前七〇八年，宋國出身公族的華父督道遇宋國高官孔父之妻而一見鐘情。次年華父督攻打孔父的宅第，殺死孔父而奪其妻（《左傳》譯本卷一，67頁）、［見《左傳》桓公元年和二年，當公元前711、710年——譯者］。

數年後，公元前六九五年，衛宣公與其父之妾私通，生子，取名急子。急子後來娶了齊國一位美麗的公女爲妻。宣公愛之而據爲己有，與之生有二子。故宣公之父的妾因嫉妒自己的兒媳乃懸梁自盡。急子之妻欲爲急子之父的嫡夫人，遂設計陷害自己的丈夫。她對宣公說自己丈夫的壞話，宣公遂派強盜將自己的兒子殺死（《左傳》譯本卷一，120頁）、［見《左傳》桓公十六年，當公元前696年——譯者］。兒子與自己父親的妻子通奸並不少見。公元前六六五年，晉獻公在染指他父親之妾以前一直無子，他父親之妾爲他生有一子一女（《左傳》譯本卷一，194頁）、［見《左傳》莊公二十八年，當公元前666年——譯者］。

公元前五七三年齊國慶克和齊國國君靈公之母私通。他常常扮成婦人潛入後宮與她幽會。他被兩位官史發現，受到他們的譴責。慶克把此事告訴他的情婦。靈公之母讒害二人，致使其中一人受刖刑，一人被放逐（《左傳》譯本卷二，154頁）、［見《左傳》成公十七年，當公元前574年——譯者］。

一個人的妻子易手他人並不妨礙他重新奪回她。公元前五四八年，鄭國的游販在途中遇見一人正迎娶新娘回家成親。游販用武力奪走那人的未婚妻，並把她安置在私邑的一座館舍中。後來此人攻打游販，殺之，將妻子奪回（《左傳》譯本卷二，384頁）、［見《左傳》襄公二十二年，當公元前551年——譯者］。

淫蕩的婦人詭計多端。公元前五一六年，一位國君的寡婦與饔人私通。由於害怕一位管理宮中事務的大臣向亡君的家族告發她，她讓妾鞭打她。然後展示身上的鞭痕，控告這位大臣企圖奸

污她，說當她拒絕他的求愛時，這位大臣就用鞭子抽打她（《左傳》譯本卷三，385頁）、〔見《左傳》昭公二十五年，當公元517年——譯者〕。

此外，我們還讀到，公元前五九九年陳靈公和另外兩位大臣同本國一位官員的寡婦夏姬通奸。三人在朝中穿著寡婦的內衣，拿他們同她的性關係開玩笑。當另一位官員向靈公指出這樣做很不體面時，惱怒的靈公竟處死了他（《左傳》譯本卷一，599頁）、〔見《左傳》宣公九年，當公元前600年——譯者〕。

公元前四九四年，衛靈公娶南子爲妻，南子因與自己的兄弟亂倫而聲名狼藉。爲了取悅南子，衛靈公竟召南子的兄弟朝見。她們的亂倫應爲人知，甚至連農民在田裡幹活都編唱歌曲戲謔他們（《左傳》譯本卷三，587頁）、〔見《左傳》定公十四年，當公元前496年——譯者〕。也許應當補充一點，孔夫子曾因與南子會面而受到指責，但他拒不接受這些批評，理由是他和南子會面期間南子一直站在屏風後邊，這完全符合當時已婚婦女與非血親關係或婚姻關係的男人交談時所須遵守的規矩（《論語》卷六，二十六章）〔見《論語·雍也》——譯者〕。

記載公元前五三七年史事的下述材料證實，出身高貴的男女有許多機會相見。一位叫穆子的官員與他的族長發生口角而出奔齊國。到達庚宗城時，他遇見一婦人，用食物款待他並留他過夜。第二天一早還送他上路。後來這位婦人帶著她爲他生的兒子找到穆子的宮廷，被他接納爲妻，受到寵遇。文中沒有跡象表明此婦人出身低賤（《左傳》譯本卷三，89頁）〔見《左傳》昭公四年，當公元前538年——譯者〕。同樣的情況也見於公元前五二二年，楚國國君在蔡時，鄰陽封人之女自願做他的妾，被他接受，後來爲他生了一個兒子（《左傳》譯本卷三，295頁）〔見《左傳》昭公十九年，當公元前523年——譯者〕。我們還讀到，公元前五三〇年，魯國有一位姑娘夢見她爲孟氏之廟搭一帷幕，於是和她的

一位女友自願做孟僖子的妾，也被接受（《左傳》譯本卷三，184頁）〔見《左傳》昭公十一年，當公元前531年——譯者〕。儘管這三個女人的動機也許完全不同，第一、第二例可能表明性交是出於好客的義務，而第三例則表明必須遵照夢中的神諭。不管屬於哪種情況，這些材料都表明男女相見是自由的。這些事實還證明，在這類事情上，婦女常常可以按自己的意願行事。

32

公元前五四〇年，有個公女自擇夫婿的有趣例子。鄭國國君有一位美貌的妹妹，兩位勢力雄厚的貴族子晳和子南都想娶她爲妻。鄭國的國君不願拒絕其中的任何一位求婚者，以免得罪他們，所以告訴他們說，一切由他妹妹自己定奪。於是子晳盛服而見，而子南則戎服而見，向左右射箭。公女在屛風後觀看這兩位男子，說：「子晳信美矣，抑子南，夫也。夫夫婦婦，所謂順也」（《左傳》譯本卷三，22頁）〔見《左傳昭公元年，當公元前541年——譯者〕。不過，這種情況在中國似乎一直是一種例外，它使人不能不想起古代印度宮廷中普遍存在的 svayainvara 自擇）。

除去許多描寫淫婦的段落，也有不少關於婦女嚴守禮儀、忠貞不二的例子。當楚王和其家族在途中遭受攻擊不得不逃跑時，有個叫鐘建的楚國地方官背著王女季華追隨楚王。後來楚王欲將此女許人，此女拒絕，說：「所以爲女子，遠丈夫也。鐘建負我矣。」於是楚王將她嫁給鐘建（《左傳》譯本卷三，525頁）〔見《左傳》定公五年——譯者〕。她此番話的用意主要並不是因爲感謝鐘建，而是因爲鐘建和她有過身體接觸，按禮儀規定不能再嫁他人。

公元前五七九年，晉國有名的卻犨訪問魯國，求婦於魯國的一位官員。這位官員用武力奪走一位低級官員施孝叔的妻子而嫁與卻犨。施氏之妻對她的丈夫說：「鳥獸猶不失其儷，子將若

何？」施氏回答說：「吾不能死亡。」於是他的妻子便和卻犨去了晉國並且爲卻犨生了兩個孩子。卻犨死後，晉將她送還魯國的前夫，施氏一直到黃河去遠迎，把她與卻犨生的兩個孩子淹死在黃河裡。他的妻子大怒說：「己不能疪其伉儷而亡之，又不能字人之孤而殺之，將何以終？」乃發誓從此再也不見他（《左傳》譯本卷二，88頁）〔見《左傳》成公十一年，當公元前580年——譯者〕。

公元前六六一年，據載，魯國國君曾在一個高官的宅第附近築一高台，從台上觀看那位官員的女兒。國君想見她，但她閉門不納。只是當國君保證讓她做夫人時，她才應允此事，後來爲他生了一個兒子（《左傳》譯本卷一，205頁）〔見《左傳》莊公三十二年，當公元前662年——譯者〕。

還有公元前六六五年，楚國令尹子元渴慕他兄弟的寡妻，故意搬到她的隔壁去住。他在自己的宅第中跳方舞，以誘惑她。王后流淚說：「先君以是舞也，習戎備也。今令尹不尋諸仇讐，而於未亡人之側，不亦異乎！」子元乃後悔（《左傳》譯本卷一，196頁）〔見《左傳》莊公二十八年，當公元前666年——譯者〕

公元前六六七年，楚王滅息，並虜息君之妻爲妻。她堅不與他說話，直到她爲他生了兩個孩子。當楚王問她爲什麼一直沉默不語，她回答說：「吾一婦人而事二夫，縱弗能死，其又奚言？」（《左傳》譯本卷一，162頁）〔見《左傳》莊公十四年，當公元前680年——譯者〕

另一個妻子拒絕和丈夫說話而原因完全不同的例子是，有一其貌不揚的大官，娶一美女，三年不和他說一句話。有一天，他帶她乘車來到一座湖邊，射雉獲之，其妻始笑而言（《左傳》譯本卷三，443頁，時間不詳）〔見《左傳》昭公二十八年，當公元前514年——譯者〕。

丈夫有權出妻。不育、惡疾，皆被認爲是正當理由。但一個

男人眞的要想離異，尋找其他藉口，恐怕也很容易。最能制止離異發生的，莫過於害怕妻子親戚的報復。如果丈夫決定出妻，在送還妻子的同時，也必須把媵嫁的侄娣和其他女子一起送還。公元前四八五年，有一件趣事可以說明這一規定是怎樣使一個男子陷入使其毀滅的感情糾葛之中的。衛世叔齊不喜歡他的夫人，但喜歡她的侄女〔應爲姊妹——譯者〕，後者是媵嫁而來的。出於政治的原因，他必須出妻而娶一位高官的女兒，但不願和夫人的侄女分手。便說服她不要回娘家，把她安置在他的一所宅第中，待之如夫人。那位高官聞之大怒，要殺死世叔齊。雖經勸阻而作罷，但他還是把女兒從世叔齊處領走了。世叔齊因而身敗名裂，丟官棄職（《左傳》譯本卷三，674頁）〔見《左傳》哀公十一年，當公元前484年——譯者〕。 34

公元前五四〇年，有一件事可以證實面子在婚姻關係上也起了相當大的作用。一次齊侯攜夫人在宮廷園囿內的湖中泛舟。夫人蕩舟，齊侯害怕，「變色」，叫她停止，但夫人就是不聽。齊侯大怒把她送回娘家，但沒有正式休掉她。她的娘家遂將她改嫁他人❺（《左傳》譯本卷一，238頁）〔見《左傳》僖公三年，當公元前657年——譯者〕。

最後我想摘引一段話，用來說明人們對近親通婚及縱慾過度的深惡痛絕。公元前五四〇年，晉侯生病，多方醫治而無效。一位謀臣斷定，其病當是因爲他在後宮中蓄有四個同姓女子而引起。他說：「內官不及同姓，其生不殖，美先盡矣，則相生疾。」其後又請來一位醫生。醫生說此病是因房事過頻而引起。晉侯問：「女不可近乎？」醫生答：「節之。」他先論述了許多其他因過度而造成的危害，最後說「女，陽物而晦時，淫則生內熱、惑蠱之疾。今君不節、不時，能無及此乎」？（《左傳》譯本卷三，34、37頁）〔見《左傳》昭公元年，當公元前541年——譯者〕

這段話證明，古代中國人承認房事過度是有害的。但這並不

能進一步證明，按正確方式行房就會有益於男女雙方的健康，甚至可以治愈疾病。下面我們將看到後一觀點對理解後來中國人之性觀念是關鍵所在。

　　不過，在進一步討論這一問題之前，我們必須首先考察一下這一時期的宗教信仰，至少是那些與形成中國性觀念有關的信仰。雖然我將力求做到簡明扼要，往往要將大量文獻中講到的問題濃縮在一行之中，但我還是常常不得不去深入某些細節。務請讀者原諒我們的離題，因爲正是這些宗教信仰直到現在仍然是中國一切性觀念的基礎，它們在本書中將不斷被提到。

《易經》與陰陽五行

　　人們也許還記得古代中國人相信一種主宰宇宙萬物的二重作用力。這種起源古老而又從來含混不清的觀念是在東周時期才開始系統化的。這種系統化很可能正是由占卜所促成。

　　第一章開頭所說的龜卜只有「若」「否」兩種驗辭。然而，自從發展出蓍占之後，就有可能更加直截了當地獲知吉凶。實際上人們並不知道古代占筮者如何使用蓍草占筮，但一般推測占筮者是把蓍草隨意分成完整的和斷開的兩種，撒在地上，從它們的位置判驗吉凶。這些完整的和斷開的草棍代表宇宙二重作用力，分別用兩種卦畫來表示：

　　　　　　　　　　━━━━━　　　　━━　━━

　　完整的卦畫代表正和陽，與上述數字巫術以奇數表示正、陽是一致的。而斷開的卦畫則代表負與陰，可以用偶數來表示。

　　由這兩種卦畫便可構成八卦，每卦各有卦名、卦名含義及代表的方位。如下所示：

乾	天	南	☰
坤	地	北	☷
震	雷	東北	☳
坎	水	西	☵
艮	山	西北	☶
巽	風	西南	☴
離	火	東	☲
兌	澤	東南	☱

晚近傳說相信八卦是傳說中的伏羲（見上10頁）所作，並同樣武斷地認爲八卦是中國文字的起源。按方位排列四周的八卦從漢代以來大量出現於中國的實用美術中❻。

八卦兩兩相重構成六十四卦。下述第六十三卦叫「旣濟」，是由坎、離兩卦組成：

這六十四個神秘符號構成了古代筮書的基礎。筮者在每一個卦象下加上幾句占驗之辭。這些占驗之辭正像大多數占驗之辭一樣，簡短而往往模棱兩可。這種書被當作占筮指南。

《易經》作爲占筮的指南中的一種，很早就取代了所有其他占筮書。加上各種後來增補的和派生的解釋，它被中國和中國四周接受中國文化的國家沿用至今。《易經》和《詩經》在周人的生活中同樣佔有最重要的位置，它們似是唯一在公衆和私人生活的多數場合中經常被引用的書。

近代對《易經》彖辭、繫辭產生的看法不一。晚近傳說認爲彖辭〔應指卦辭——譯者〕出於上文提到的文王之手，斷言文王作彖是在殷代最後一王把他囚禁起來時。解說彖的繫辭〔應指爻辭之誤——譯者〕則被認爲是周朝的開國聖人周公所作。最後，

據說孔子寫了十翼。但近代大部分學者都認爲這些說法是出於僞托，除去卦、爻和卦辭、爻辭，今本是成書於東周並在漢代（公元前206～公元220）做過明顯修改。

《易經》將正、負兩種作用力分別稱爲陰和陽。從大約公元前六世紀起，這兩個字就代替了像天地、日月等表示宇宙雙重作用力的舊詞，而且一直沿用下來。但不幸的是陰陽二字的起源卻鮮爲人知。陰陽二字均由一「阜」旁和一聲符構成。陰指河之南岸、山之北坡，陽指河之北岸、山之南坡。但這兩個字的聲旁本來是單獨使用，自有其含義；前者當與陰影、雲彩有關，後者當與太陽、光明有關，疑像飄揚之旗。

《易經》把陰陽說成是使宇宙萬物生生不已的二重作用力。這一概念被製訂成一種哲學體系並爲儒道兩家所接受和利用（見索引Neo-Confucianism 理學條）。因而自公元後此書也就有了雙重作用：它一方面被當作實用的占筮指南❼，另一方面又被當作哲學書。這裡我們關心的只是那些用陰陽兩字把古已有之但表達不清的兩性關係歸結爲淸晰思想的有關段落。

《易經》強調性交是一切生命的基礎，它是陰、陽兩種宇宙作用力的體現。繫辭下第四章云：「天地絪緼，萬物化醇。男女構精，萬物化生。」上第五章云：「一陰一陽之謂道，生生之謂易。」《易經》的這兩段話常常被後來的房中書所引用。書中所謂的「一陰」、「一陽」則被用來指一女和一男。

上面所畫的第六十三卦象徵性交。它由上坎下離組成。坎卦代表「水」、「雲」和「女」，離卦代表「火」、「光」和「男」。通過上下兩卦相重，這一卦象陰陽交錯，排列有序，生動地表現了男女相成相益的高度和諧。人們認爲取得此種和諧乃是保證性生活健康的基礎。

幾乎後來所有的房中書都對這卦象從各個方面進行探討。插圖2是一幅木刻版畫，採自十七世紀的哲學著作《性命圭旨》，

坎像來填
離卦威乾
天地定位
返本還無位

插圖2　平衡男女雙方的道士

它表現的是一位道士正在研究離、坎二卦象徵的男女之均衡。雖然我們將在第四章對這些思想進行更爲詳盡的討論。但這裡值得注意的是，在這一卦象中像女之卦居上，正如在陰陽一詞中陰總是在前一樣，這肯定是我們在第一章開頭就已述及的母權制復古情緒的另一種殘餘。至於火和水兩種成份，值得注意的是醫學和性學的論著把男子的性體驗比作火，女人的性體驗比作水。火容易燃起，也容易被水澆滅。而相反，水在火上加熱需要很長時間，但冷卻下來也非常慢。這是男女性高潮前後不同體驗的眞實寫照中。中醫學雖疏於解剖學，但對心理因素卻總是體察入微。

如上所述，《易經》是用陰陽對立思想表現性交取代了以自然現象表現性交的較爲古老的象徵手法。不過必須指出的是，有一種經久不變的古老象徵保存下來，即天地在暴風雨中交媾。「雲雨」直到今天仍然是性交的標準文言表達。這一觀念本身可上溯至中國遠古。但在中國文獻中，這一典故卻是大約公元前三世紀的東西。它出現在大詩人宋玉《高唐賦》的序言中（見《文選》卷十九）。他在序言中說，從前先王曾遊高唐，「感而晝寢，夢見一婦人，曰：「妾巫山之女也，爲高唐之客，聞君遊高唐，願荐枕席」」王因與之交媾。分手時，她說：「妾在巫山之陽，高丘之阻，且爲朝雲，暮爲行雨，朝朝暮暮，陽台之下」⑧。這裡天地交媾的古老宇宙形象已經變成一個美麗的故事。不過應當注意的是這裡女人在性交中也是作爲指導者而出現。中國的性學和色情文獻都把「雲」解釋爲婦女的卵子和陰道分泌物，把「雨」解釋爲男子的射精。後來的小說也用「雲散雨收」之類的話描繪性交的完成。除「雲雨」外，後來的文獻也用「巫山」、「巫陽」、「高唐」和「陽台」這些詞彙來指性交。另外，像「翻雲覆雨」一類說法則用來指男子的性交。例如可參看本書第三章註釋⑤中提到的《斷袖篇》第十八頁上。

還可補充的是，人們一向認爲山頂飄蕩的霧聚集著大量

40

的「氣」。古代文獻常常認爲王「登高」是爲了吸取山頂飄蕩的
氣以增強他的「德」。後來的藝術評論家常說,山水畫家之所以
往往健康長壽是因爲他們在作畫時要不斷與山中的雲氣接觸。登
高的習俗也是基於同一觀念。每年陰曆九月九日,全國都要按這
一習俗登高,認爲登高可以延年益壽。人們爬山登高,在山上野
餐,也被認爲可以延年益壽。但人們很難斷定究竟作爲天地交媾
之氣的雲雨本身包含有大量的「氣」呢,還是氣本身就是元初之
物。

中國古代宗教思想的系統化一方面是得益於占筮書。另一方
面則受到將自然現象分類相聯趨勢的影響,這一趨勢產生了五行
說❾。

從很早的時候起,人們就分辨出五種不同的元素,即
水、火、木、金、土。這些元素逐漸和星辰、季節、顏色、方位
相聯,並與《易經》中的八卦相配。周末已有下述對應關係:

水————陰————月————水星————冬————北————玄武
火————陽————日————火星————夏————南————朱雀
木————少陽————風————木星————春————東————青龍
金————少陰————雲————金星————秋————西————白虎
土————半陰————雷————土星————中————黃龍
　　　　半陽

最後一樣列舉了五種神物。「玄武」是正在與一條大蛇交媾的
龜,「朱雀」是鳳、雉或鷹,「青龍」和「白虎」就是通常人們描述
的龍和虎。東周時期人們認爲這四種動物是守護四方的一組神靈。
但在很早的時候,這些動物就已各自出現過❿。黃龍是爲與五行全
部對應而加上去的。

我們關心的只是與本書主題有關的兩種動物,即代表「男

41

人」的靑龍和代表「女人」的白虎。從紀元初，這一對動物在講
巫術的書和煉丹術的文獻中就一直象徵著男女性關係及他們各自
的性能力。

　　如果看一下對照表，人們就會問，旣然朱雀象徵火和日，玄
武象徵水和月，用它們來代表男女似乎更合適，卻爲什麼偏偏選
中靑龍和白虎呢？假如對這些動物不明來歷便很難回答這個問
題。不過，我倒是覺得可以從這些動物的陰陽屬性來尋找答案，
儘管我也明白，這樣做其實就是用十一世紀才成熟和形成的概念
去解釋公元前二、三世紀時的詞匯。我的看法是，《易經》把陰
陽各分成老陰、少陰和老陽、少陽。前者代表兩者中最強的一
面，後者代表兩者中最弱的一面。按照陰陽循環、相生相益的理
論，陽極生陰，陰極生陽。陽中有陰，陰中有陽。十一世紀的理
學家用出名的圖案，即被一曲線分割的圓，形象地表達了這種概
念。圓的右半表示陽，內有一黑點表示陽中有陰；左半表示陰，
內有一白點表示陰中有陽❶。

　　不管這種特殊的圖示晚到什麼時候才產生，我相信中國人很
早就已意識到這個圖解隱含的原理，即每個男人都具有或隱或顯
的女性成份，而每個女人身上也都具有或隱或顯的男性成份。而
且正是因爲意識到這一心理學的眞理，中國人在選擇最能準確表
現男女性別的形象時，便選中了比較複雜而不確定的形象，而放
棄了先前那種簡單而確定的形象，如天地和日月等等。所以他們
寧用代表「少陽」的靑龍和代表「少陰」的白虎，而不用代
表「陽」的朱雀和代表「陰」的玄武。

　　以後我們還要詳細討論象徵男人和女人的靑龍和白虎。讀者
可查索引Chou　Tun　I（周敦頤）Ts'an-tung-chi（《參同契》）

和Yellow Turbans（《黃書》）。我在這裡預先提到它們，是爲了給上述概念提供適當的歷史背景。

道家和儒家

這裡之所以對《易經》和五行作比較詳細的描述，是因爲由此發展而來的理論對中國性觀念的發展起著決定性影響。不過東周時期，在這兩種體系之外，並與這兩種體系相雜糅的，還有一種眼界更開闊、對中國宗教史和文化史以及一般的人類思想更爲重要的思潮出現了。這就是以《道德經》爲基礎的道教思潮⓬。

道家從生活於原始自然力的和諧之中這一信念，順理成章地把他們所普遍遵循的道路稱爲「道」。他們論證說，人類的大多數人爲活動，都只會使人與自然分離，導致一種人爲的社會及其相應的家庭、國家和禮儀，和武斷的善惡標準。他們提倡返樸歸眞，重歸福壽康寧、無惡無善的黃金時代。因爲人人都生活在自然完美的和諧之中，所以人人都不爲不善。他們宣揚消極勝於積極，無爲勝於有爲。他們中有些人棄絕塵世生活，想靠冥思苦想達到與原始自然力的溝通。他們崇拜婦女，因爲他們認爲婦女比男人在本質上更接近這種原始自然力，在婦女的子宮裡孕育著新生命。正是道家學派發展了包含在《道德經》中的高超玄妙的神秘主義，而且出色地完成了道家第二部著名經典《莊子》的編寫⓭。與此相反，另一些人歸隱，只是爲了通過服食等其他修行，最終達到長生不老，肉體不朽。爲了求長生不老藥，他們熱衷於各種煉丹術和性實驗。他們也崇拜婦女，但主要是因爲他們認爲女人身體內含有煉就仙丹不可缺少的元素。這兩批人都叫道家，因爲盡管他們的方法不同，但目的是一樣的，都是爲了得「道」。前者以它的傑出著作豐富了世界文獻，而後者則對中國和中國以外的科學發展作出了貢獻。

43

　　儘管這兩派道家在東周時期都很流行，當時卻不大符合統治者的興趣。統治者滿腦袋裝的是各種實際問題，只關心如何保持、擴大和鞏固他們的政治權力。在那種政治風雲變幻莫測的混亂時代，治國之術和外交已變得和軍事實力同等重要。為了商討這類事情，諸侯要依靠主要選自於士（即官吏中的中間等級）的謀士。許多士發展了他們關於行政管理和社會改革的學問。這些學問使國君能更有效地治理國家，取信於民，追隨古代的聖賢帝王。這些人竭力想使大國之君相信他們的主張，因而聘用他們作為謀士。如果他們的計謀不被採納，他們就改換門庭，另外去申述他們的主張。孔子即是這種「遊士」之一。

　　孔子的學說歸根結底可以說是對他所生活的那個時代的一種抗爭。由於看到道德不行於世，所以他強調以「仁」為本，認為如果統治者和他的官吏有了這種道德，其國就會大治，其民就會富足。由於看到綱常廢弛，所以他提倡「孝」，鼓吹用關係緊密、秩序井然的家庭作為立國之本。由於看到文臣武將朝秦暮楚，所以他強調「忠」。由於禮崩樂壞，所以他想克己復禮。同時他還強調說，所有這些觀點都不是別出新裁，他只不過是在宏揚古代聖賢黃帝、堯、舜的理想之治。

　　與超脫凡俗和帶有濃厚母權制色彩的道教相反，孔子的教義在本質上是一種適應父權制的實用哲學。孔子不理會神秘主義和我們所謂的宗教問題。但是他的觀點倫理色彩太濃，很難迎合當時統治者的需要，他的道德運動總觀說來是失敗的。不過，他的人生觀被證明還是符合中國人心理的某些方面。他的忠實弟子繼承並完善了他的教義，這些教義得到了漢朝統治者的支持。後來他被尊為「聖人」，在若干世紀後被奉為「萬世師表」。以他的名字命名的教義也成了一種國家教義。儒教經受住了道教和佛教的攻擊，甚至倖免於近年來中華人民共和國所實行的急風暴雨般的改革，直到今天，孔子仍被官方承認為中國歷史的偉人。一九

五七年在曲阜孔廟還恢復了一年一度的慶典❹。

關於孔子個人對待婦女的態度，我們幾乎一無所知。唯一的線索是《論語》中的一段話。他說：「唯女子與小人爲難養也。近之則不孫，遠之則怨」（《論語》卷十七）〔見《論語·陽貨》──譯者〕。話講得機智卻相當刻薄。無論如何，在他的思想體系中，正如在其後學所進一步完善的思想體系中一樣，婦女的地位非常低下。儒家宣稱婦女絕對要比男人低劣。她們的首要職責，就是侍候丈夫、公婆並服從他們，把家務料理好，養育健康的男孩。他們首先強調婦女要循規蹈矩。爲了守節，儒家倡導兩性的嚴格隔離，並將此發展到荒謬絕倫的地步，比如夫妻不可將袍子掛在同一衣架上等等。理想的婦女把一切心思都用在家裡的事情上，所以她也被叫作「內人」。婦女參加外界事務特別是公共事務是遭人討厭的，並被看作是萬惡之根源以及大王朝滅亡的原因。

45

以上是對道教和儒教的高度概括。這是兩種不同的思想方法，它們共同塑造了中國人的生活方式和行爲模式。由於這兩種思想相互影響，除去目標不同，仍有許多共同點，所以人們常常可以而且通常也在實際上同時信奉這兩種教義。大多數中國人的世界觀和生活方式確實是這兩種思想結合的產物。

至於男女之間的關係，也許應當說，儘管男人和女人的社會地位與他們在家庭中的位置和職責是由孔教決定的，但他們的性關係卻主要是受道教觀念的支配。在臥室外，妻子常常不過是一個不可缺少但在感情上不受重視的家庭成員；而在臥室內，她又常常是偉大的指導者和性秘術的守護人。

東周時期，除了道教和儒教外還出現了許多其他思想體系。這個時代堪稱是中國思想史上的黃金時代，通常叫做諸子百家時期。不過，由於他們的理論對當時和以後的性生活沒有直接影響，所以這裡對他們的著作也就略去不提。

中國人的基本性觀念

　　本書第一部分可以概述中國人的基本性觀念來作爲結束。爲
了給讀者提供全貌，我們不得不提前使用一些只能由周以後的資
料所證實的事實，如「房中書」。雖然在周代史料中此種概念尚
未得到明確表達，但我們儘可相信，它們在當時就已存在。

　　最初，古代中國人對女性生殖器的生理功能並沒有明確概
念。他們不懂受精是男子的精子和女子的卵子相結合的結果。他
們分不清陰道分泌物和卵子，把卵子和所有子宮、陰道的分泌物
和液體都當作陰氣，即男子精液長成胚胎所必須的子宮內含物。
以後「精」一詞幾乎專門是指男子的精子，而卵子則指「氣」
、「血」⑮。進而古代中國人甚至還得出錯誤的結論，認爲男子
的精液數量有限，而女子是陰氣取之不竭的容器。

　　人們認爲：性交有雙重目的。首先，性交是爲了使婦女受孕
生子，綿延種族。這不僅是爲了合乎天地陰陽之道，而且也是履
行對祖先應盡的神聖職責。因爲死者來世的幸福全靠地上的後人
以時奉享。其次，性交又是爲了讓男人探陰以壯其陽，而同時女
人也可以因激發其陰氣而達到強身健體。

　　當然，實際上，這兩個目的是緊密交織在一起的。爲了得到
健康的男孩，男子射精之時，陰氣應達到最盛，而爲了使陽氣充
沛，男子應經常和不同的女子同居而並不射精，用女子的陰氣來
補充他的陽氣。

　　可見男人應在女人最可能受孕時行房射精，或按中國人的說
法，在女人的子宮陰氣最盛、最易著床時行房射精。古代中國人
認爲月經之後的五天是最可能受孕的時間。而在其他日子裡，男
人應設法使女人達到性高潮而自己卻並不射精。男人因這種方式
從每一次性交都得到好處，因爲女人的陰氣在性高潮達到最盛時

增強了男人的元氣，而女人的陰氣被激發和強化，伴隨著男人達到性高潮也增加了受孕的機會。這一原理的含義是，男人必須學會儘量延長性交過程而不達到高潮。因為陰莖在裡邊停留的時間越長，男人吸取的陰氣就越多，從而使其元氣大長⑯。

因此，後來的房中書教導人們，在達到性高潮之前，男人應當克制自己。他應當用控制意念修煉方法或用手指壓迫輸精管的生理學方法防止射精。然後，他的陽氣因與女人的陰氣相結合而增強，就會順著脊柱上升，補腦安神⑰。如果男人能控制自己直到女子容易受孕的日子才射精，那麼以前他所失去的陽氣就會因獲得身心健康的孩子而得到補償。因此，這些理論並非只與夫婦的健康密切相關，而且也與後代的健康密切相關。這就是中國優生思想的基礎。

由於千百年來上述理論已構成中國性關係的根本原則，所以奇怪的是，儘管兩千多年來止精法在中國廣泛實行，但它卻沒有給人口繁衍和種族健康帶來明顯不利的影響。

一夫多妻制的家庭制度也對這一原則經久不衰、終於保存下來起了一定作用。習慣採用止精法的男性家長能夠滿足妻妾的性慾而不致弄壞身體，損傷元氣。

因此在中國性文獻中人們一再強調下述兩個基本事實。第一，男人的精液是他最寶貴的東西，不僅是他健康的泉源，而且也是他生命的泉源。每次射精都會損傷元氣，除非從女人那裡得到等量的陰氣才能彌補。第二，男人與女人性交，每次都要使女方充分滿足，但男子則只應在特定情況下使自己達到高潮。

正如古代和後世的有關著作所述，上述基本思想充分說明了古代中國人對所有性現象的態度。下面我們就來粗略地討論一下這些現象。

手淫對男人來說是不允許的，因為這意味著會使元氣盡失。只有當男人沒有女人為伴的特殊情況下和當「敗精」（即精液在

體內生成時間過長）可能會妨害他的生理機能時，醫書才對這種現象表示諒解。

48　　　人們對睡眠中的遺精很重視。認爲遺精不僅會大傷元氣，而且還很可能是鬼魅所爲。它們想削弱男人抵御它們作祟的能力。更壞的是遺精還可能是由夢魔（絕大多數是狐狸精）造成⑱，它們想通過與男人在夢中交媾偷走他們的元氣。因此如果遺精是由於夢見女人而引起，那麼當他眞的遇見那個女人時就要小心提防，因爲她也許是個吸血鬼或狐狸精。

　　　　人們對女子手淫持寬容態度，因爲女人的陰氣被認爲取之不竭。但醫書告誡切勿過分使用人爲手段，如淫具，因爲它們容易損傷子宮內壁。出於同一原因，人們對女子同性戀也非常寬容。人們也意識到，當一定數量的婦女被迫長期地親密生活在一起，女子同性戀的發生是很難避免的。

　　　　房中書沒有提到男子同性戀。因爲它們與婚姻關係完全無關。只要是成年人從事的同性戀，文獻史料一般都採取中立態度。人門認爲兩個男人密切接觸不會造成任何一方元氣受損。只有當同性戀中的一方濫用這種感情關係去謀求非份之財或挑唆同伴幹不義或違法的勾當時，這種行爲才受到遣責。按照中國歷史的記載，這種例子在宮廷中並不少見。如果這種同性戀關係導致了藝術成就的產生，人們還會讚揚它。還有，雖然女子同性戀廣爲流行，但男子同性戀在漢以前卻很少見。在漢代，同性戀肯定多次流行過，特別是在六朝早期似乎極爲興盛，並在北宋時期（960～1127年）也再度興盛過。從那時起直到明末（1644年），男子同性戀的發生並不比其他大多數正常的西方文明中更爲常見⑲。

49　　　關於性交的實際過程，預備的和輔助的活動被視爲必不可少，在這一方面，房中書爲男人提供了詳盡的指導。讓女人對性交有充分準備，使女人的陰氣喚起並不斷加強是很有必要的。用

唇和舌接吻在預備階段起著重要作用⑳。而且書中還進一步詳細
描寫了性交者在性交時所能採取的各種姿勢。必須強調指出的是
這種描述並無取悅讀者之意（房中書的目的是提供嚴肅的指導而
並非娛樂），而且是爲了以各種方式防止男子失去興趣，不盡夫
婦之道。因爲限制達到性高潮很容易引起這種現象。給男口
交（Penilinctio）是允許的，但只是作爲實際性交的預備手段和
輔助手段，絕不可使男人完全射精。人們認爲少量精液或分泌物
的喪失可以從女人的唾液中獲取陰氣作爲補充。基於同樣的理
由，給女肛門交（Introitus per anum feminae）也是允許的。
給女口交（Cunnilinctio）之所以被認可，則是因爲它既是女人
性交前的準備，又可同時爲男人引出陰氣。特別是在有道家色彩
的書中，這一點常常被提到。

與妓女交往被看做是單身男子和已婚男子都有權進行的戶外
娛樂。因爲這種交往並非旨在繁育子孫。人們認爲，它同男人與
妻妾之間的婚內性交截然不同。因此房中書並不涉及這一方面。
出於同樣的原因，一切婚內性交中的禁忌在與妓女性交中皆不復
存在。特別應當提到的是嚴禁同姓相婚的禁忌，即第一章中所說
的「同姓亂倫」。男人甚至不問偶然與之交往的妓女姓什麼，他
們一般只知道這些妓女入籍時起的新名字。只有當客人眞心打算
變露水之恩爲百年之好，把她娶回家中作妾時才會設法弄清楚她
的姓。

有些作者說與妓女交往並不意味著男人會過分付出精液。因
爲這類女人通過和許多男人頻繁地性交已產生了特別強烈和充沛
的陰氣，使客人得逾於失。但自從中國醫學開始把某些疾病與性
交聯繫起來之後，這種理論就遭到了摒棄。大約在公元一五〇〇
年，人們發現梅毒後，所有嚴肅的醫學著作都告誡說與妓女交媾
會引起危險。

嫖妓被認爲是男人的合法消遣，而妓女本身也不因其職業而

50

受歧視，因爲她們的職業在社會中被承認是一種合法的職業。相反，自願放棄性交和男女獨身倒深受鄙視和猜疑。每個中國人都無法理解竟有人會故意斷絕嗣統，殃及祖先，迴避自己的社會義務。女子獨身也受到尖銳的譴責。這種女人被懷疑爲吸血鬼或心懷叵測，常常遭受當局和民衆的迫害。這就是佛教徒以及後來的天主教會發現很難在持這種態度的中國人中間傳播其教義的原因。

最後，爲了得到至關重要的後代，古老的房中書和醫書都非常強調優生。它們對產前的護理包括飲食，討論得細緻入微，對婦女的產後護理也極爲重視。在東周時期就已有規定，丈夫在產前產後三個月內不能接近妻子，甚至連觸摸和撫弄都不允許。

上述所有觀點都將在下文詳加描述和闡發。此處我只想強調一點，即由於中國人認爲性行爲是自然秩序的一部分，而且性交是每個男人和女人的神聖職責，所以性行爲從來和罪惡感及道德敗壞不相干。性行爲只是家庭內的私事，並且被嚴格限制在後世儒家的禮教規定之內，這並不是因爲它是什麼見不得人的醜事，而只是因爲它是一種神聖的行爲，所以正像其他禮儀，如祭告祖先一樣，是並不在外人面前進行和談論的。

也許正是這種幾乎不存在任何壓抑的精神狀態，使中國古代性生活從總體上講是一種健康的性生活，它顯然沒有像其他許多偉大的古老文化那樣有著許多病理和心理的變態。

註　釋

❶我在下文大量引用了《春秋左傳》（見第一章註❿），記事起迄爲公元前
七二二～前四五〇年。雖然此書後來經過修改，但這些改動實際沒有影響
其真實內容，總的來看還是可以信據的。所有標有CC的引文均指 S. Cou-
vreur 的三卷本法文譯本Tchóuen Tsîou et Tso Tchouan（Hokien-fu
1916, reprinted Paris 1951）［譯文作《左傳》譯本——譯者］。

❷參看Eberhard的LAC，p.228。

❸細節規定見公元前三世紀的《呂氏春秋》。參看R.　Wilhelm的譯本Fru-
hling und Herbst der Lü Bu-we（Jena 1928）。

❹此古語在現在的中國口語中雖已廢棄，但在日本卻仍然用來稱呼寡婦，作
bibojin。

❺M. Granet在La Civilisation chinoise（pp.418-419）和Catégories ma-
trimoniales（p. 152）中都譯述過這段話和上面婦女拒絕說話的故事，用
來證明在中國古代也存在著標誌婚後頭三個月的「婚斗」（marital
jousts）。這只是 Granet 對中國古書穿鑿附會，常把偶然錯當一般的許
多例子之一。Granet是法國的偉大漢學家和富於創見的思想家。他的著
作雖然寫得痛快淋漓，並對學術有重要貢獻，但卻常常由於上述兩種毛病
而受到批評。
在這個特殊例子中，齊侯發怒顯然是由於他在其他女人和臣下的面前表現
出害怕，而他的妻子又拒不服從他，使他的面子受損。即所謂「丟面
子」。

❻我所知道，按此種方式布卦的最早實例是朝鮮出土的公元一世紀的一件式
盤。見原田淑人的《樂浪》（東京，1930）圖版112所印。

❼R. Wilhelm已出版過《易經》的德文全譯本，並附有說明，講後世如何用
筮占斷驗吉凶。（I Ging, das Buch der Wandlungen, Jena 1923）。
一九五〇年又有了Wilhelm譯本的英譯本（The I Ching or Book of
Changes, London, Routledge ＆ Kegan Paul）問世，書前有
C.G.Jung 的導言。近代有關這個令人著迷的題目的研究尚在初始階段，

關鍵的問題，即六十四卦卦名的來歷還没有最後解決。這裡我所引用有關
著草斷連的説明，在没有發現更多的考古證據之前，仍不失爲一種假説。

⑧又參看 Eberhard 在*LAC* p. 324 對巫山神女的詳細討論。

⑨對五行説的歷史、內涵的詳細説明，以及它與其他不同時期和地點的類似
理論的比較，見Needham *SCC* vol. II p. 232sq。

⑩關於這兩種動物作爲宗教象徵物和殷周紋飾藝術主題的歷史，有大量文獻
記載。W. Perceval Yetts 在他的*The Cull Chinese Bronzes*中對我們現
有的知識做了總結（London 1939, under no. 28）。

⑪儘管這種哲學的解釋是十一世紀的，但圖案本身卻是來源於現存最早的中
國紋飾主題，即殷代青銅器上常見的渦紋。例如M. Loehr的*Chinese
Bronze Age Weapons*（University of Michigan Press，Ann Arbor
1956）p. 149。這種渦紋從很早起就代表某種宇宙概念，這並非不可能。
因此宋代理學家是無意之中重新賦予了它久已湮没的含義，這也是可能
的。

⑫没有一部中國畫像此書這樣頻繁地被翻譯成西方語言；一九四二年在加爾
各答已故荷蘭東方學家J. van Manen 的圖書館裡，我統計出87種不同的
譯本。使以往所有譯本都相形見絀的最新譯本和最好譯本是J. J. L. Duy-
vendak的*Tao Te Ching*（收入*The Wisdom of the East Series*, London
1954）。

⑬《莊子》的最好的完整譯本是 R. Wilhelm 的德譯本*Dschuang Dsi, das
Wahre Buch vom Sudlichen Blütenland*（Jena 1920）。

⑭對孔子本人及其觀點做有出色批評的著作有A. Waley 的*The Analects of
Confucius*（London 1949）。關於「官方」儒教，見J. K. Shryock的
Origin and Development of the State Cult of Confucianism（New
York 1932）。

⑮其實十七世紀的西方煉丹術士也有相同的觀念。他們也認爲卵子是血。例
如Albertus Magnus 的珍本小書*De Secertis Mulierum*（Amsterdam
1665）。

⑯還可以指出的是，通過性交，由女人施惠男人而長其元氣，這種概念絶非
中國僅有。例如《聖經》中大衛王和亞比煞的故事（《列王記》卷
I，1-4）。這種觀念還被十七世紀和十八世紀的歐洲煉丹術士加以進一步
發展。例如Cohausen的珍本*Hermippus Redivivus, or the Sage's triu-*

mphover old age and the grave, where in a method is laid down for
prolonging the life and vigour of man（3d edition, London 1771）。

⓱從純粹的生理學角度看，這種觀念是錯誤的，因爲止而未泄的精液將進入
膀胱。不過，也許會有神經系統的伴隨現象以這種方式表現出來。這裡我
們接觸到的是一個尚未充分開發的心理學和生理學領域。

⓲中國民間傳說認爲狐狸會用魔法變成美女勾引男人。見索引foxes（狐狸
）條。

⓳雖然本書並不涉及清代（公元1644～1912年）和清代以後，但我想補充的
是我發現許多西方觀察者的斷言很難令人相信，他們說十九世紀和二十世
紀初，男子同性戀和好淫兒童在中國極爲猖獗。我倒認爲這種錯誤印象是
因西方觀察者過份強調同性戀關係而造成。因爲當時的社會規矩對這些關
係的公開表現（男人手拉手在街上走，戲劇表演中出現孌童等）相當寬
容，反而把異性戀嚴格限定在私人生活的範圍內。還有許多外國研究者的
觀點是基於他們對中國移民社會的觀察。由於在這種地方中國婦女奇缺，
所以才有同性戀一類變態傾向。

⓴由於中國人認爲任何形式的接吻都是性行爲，所以不能想像在卧室之外有
此舉動。這使得十八、十九世紀到過中國的外國人從未見過他們接吻，並
使他們得出錯誤結論，以爲中國人根本不接吻。而中國人也一樣，當他們
看到西方婦女當衆與男人接吻，他們也錯誤地認爲所有這些女人都是妓
女，而且是最下等的妓女，因爲任何等級的中國妓女都只在私下裡與男人
接吻。

成長中的帝國

秦、漢和六朝，公元前二二一～
公元五八九年，性和三大宗教：儒、道、佛

第三章　秦和西漢

（公元前221～公元24年）

55

《禮記》與古老性原則•宮廷性生活的荒淫 •妓院的產生•房中書的流行

公元前三世紀，正當諸侯各國在爭霸戰爭中耗盡自己的軍事力量和經濟力量時，在周王朝的西部邊陲，即今陝西和甘肅境內，卻有一個叫做秦的新興國家崛起。秦國的國君是個能幹而果斷的人，他採用集權主義的法家原則❶，建立起一個組織嚴密、效率很高的軍事國家。秦廢黜了周朝的最後一個軟弱無能的國王——赧王，並征服了所有新老諸侯國家。公元前二二一年，這個重新統一並擴大了的國土上的第一位統治者自稱為始皇帝。

秦始皇推行了一系列徹底的政治改革和經濟改革，比如，以國家任命官吏取代了封建等級制，把土地重新分配給農民，把國土劃分為各級行政單位。他想把一切能令百姓回憶起舊秩序的東西都掃除乾淨，因此，下令銷毀醫卜農桑之外的一切書籍，以免人們「以古非今」。

他所倡導的許多改革卓有成效，但變化來得過於突兀。而且，他推翻舊的豪門強宗也為那些不堪凌辱、擢身草莽的梟傑掃清了障礙。正是這些人向始皇帝的軟弱繼承人造反，在公元前二〇六年打敗了他。在短暫而血腥的內戰之後，一位名叫劉邦的血

統低賤但足智多謀的將軍建立了漢朝。漢從公元前二〇六年到公元二二〇年，除了有過一次短暫的分裂之外，統治中國達四百餘年。

從總體上看，漢朝是中國歷史上最輝煌的時期之一。它處於新舊交替之際，正是在這一時期，中國作為一個國家有了確定的模式。

這是一個大規模擴張領土的時代。新帝國征服了今中國南方的全部地區，南至印度支那和緬甸，西至西藏。而在北方，帝國的軍隊征服了滿族和朝鮮；在西北，他們深入到中亞腹地。這種擴張留下了痕跡，說明中國與包括伊朗和羅馬帝國在內的外部世界之間有著活躍的文化交流。

漢代統治者在宮廷內主要尊崇道家。這是為了加強皇帝作為宇宙主宰的地位，使他具有超人的法力，並能長生不死。統治者被道教術士和巫師所包圍，和他們一起尋找長生不老藥和蓬萊仙境。正是在這一時期，道祠中增加了許多新的據說可以祐護帝王的特殊神祇，並設立了新的堂皇的宗教儀式。這一時期，宇宙中的男女兩性因素被擬人化為傳說的伏羲和女媧。這一對神像被表現為長著魚尾而不是腿的男人和女人，如**圖版**1所示。兩尾相交顯然是表示性交，但他們手中拿著的幾何形器物為何卻始終沒有圓滿解釋。

由於道教是漢代統治者私人的宗教，他們還必須找到一個能給龐大帝國提供穩固意識形態更加實用的思想體系。對秦朝興起有過許多貢獻的法家已被證明是太嚴酷，對統一帝國的管理來說過於簡單。為了尋找一個既可保障政治穩定又可適應新的社會經濟形勢的思想體系，他們選擇了儒家學說，而且決心按孔子設想的理想化的西周模式來塑造這個新帝國。

他們還下決心，要把被秦始皇下令禁毀的周代古書搜羅在一起。他們派學者去整理這些古書，通過編纂整理，使這些古書符

合儒家理想。這些重新編寫的周代古書成了儒家經典（見第一章註［10］）並且一直保存下來，直到十九世紀。以後，繼起的中國學者開始對這些著作的可靠性提出疑問，從此對這些古書的辨偽考信就成了東西方漢學家的主要任務之一。

對於那些特別是與性問題有關的古代材料，漢代的儒家學者不得不用許多特殊的處理方法以使周代史料能證實的情況符合儒家道德標準。他們對《詩經》中所描述的平民的婚姻習俗感到震驚，因此說春節期間發生的求愛和性交都是在叫做媒氏的特殊官員的監督之下，按他的命令進行的。媒氏詳細登錄所有男子和女子的年齡和姓名，監督前者三十而娶，後者二十而嫁。在每年春天，媒氏將適齡的青年男女集合在他的住地，命他們選擇配偶，不行婚禮而同房。那些不選擇配偶的人要受懲罰❷。所有這些說法顯然都不大可能。稱爲媒氏的官員肯定是漢代學者的僞托［此說無據──譯者］，他們想使普通人的性習俗至少具有某種官方色彩。不過，當儒學後來成爲國家宗教後，注疏者發現即使是這種淨化了的漢代說法也未免狂放，因而在上引這段話的上面再加說明，把它說成是王莽（一個合適的替罪羊）篡政時加進去的僞託之辭❸。

雖然漢代統治者作爲個人更傾向於道家，但他們仍庇護儒家學說。這不僅是因爲儒學給帝國的意識形態打下了基礎，而且也因爲根除封建制度伴隨著空前的領土擴張，產生了對行政管理人員的大量需求。他們保留了秦的行政區劃制度，郡由郡守管轄，國用以分封子弟和功臣。郡下設縣，由縣令管轄。所有這些官員都有大批下屬官吏。爲了給這個新的複雜的官僚機器配備人員，需要大批能讀會寫，熟悉法令的人。儒家學者是唯一可以提供足夠數量的合格人員的階層。從此以後，「文人士大夫」一直對中國的治國用兵起著極爲重要的作用。

儒家學者終於得以施行由孔門弟子發展起來的思想體系。他

57

們重申家庭是國家之本，男人是一家之長，女人雖爲不可缺少的
家庭成員，地位卻注定是卑賤低下的。婚姻制度受到讚揚，但妻
子的個人價值卻無足輕重。

這些原則明見於《禮記》之中。它是一部由成書時間不同、
來源各異的文章匯集起來討論禮儀的書。關於婚姻，它提到下述
孔子之言：

> 天地不合，萬物不生。大昏，萬世之嗣也。
>
> ——《禮記·哀公問》

這種婚姻概念使每個婦女，無論多窮、多笨、多醜，都有權
成家。上流社會的每個家長都有責任幫助他所僱用的每個女子成
家；在下層和農民當中，爲這一階層的每個單身女子擇偶也是一
種社會義務。並且正像上文提到有關媒氏之職時所論，這種義務
是得到官方認可的。

由於儒家學者意識到行爲放蕩會對家庭穩定和嗣統綿延構成
嚴重威脅，因此他們非常強調兩性隔離的古老原則。《禮記》又
云：

> 禮始於謹夫婦，爲宮室，辨外內。男子居外，女子居內
> ，深宮固門，閽寺守之。男不入，女不出。男女不同椸枷，
> 不敢縣於夫之楎椸，不敢藏於夫之篋笥，不敢共湢浴。夫不
> 在，斂枕篋簟席，襡器而藏之。少事長，賤事貴，咸如之。
> 夫婦之禮，唯及七十，同藏無間。
>
> ——《禮記·內則》

男不言內，女不言外。非祭非喪，不相授器。其相授，
則女授以篚。其無篚，則皆坐，奠之，而後取之。外內不共

井，不共湢浴，不通寢席，不通乞假。男女不通衣裳。內言
不出，外言不入。男子入內，不嘯不指，夜行以燭，無燭則
止。女子出門，必擁蔽其面，夜行以燭，無燭則止。道路，
男子由右，女子由左。

——《禮記·內則》

　　總括的原則是夫妻之間的肉體接觸應嚴格限制在婚床之上。
由於一旦離開婚床之上他們就應避免一切直接或間接的接觸，所
以必須注意在互相遞送東西時不可碰到對方的手；在取食物和飲
料時不可共用盤盞。不過，應當補充的是，他們所用的床並不僅
僅是個床，而是一種特殊的床架，儼然像個小屋。它有四根主
柱，由櫺格連接在一起，四周懸掛帳幔。在這個封閉的空間裡面
還有帶鏡子和梳妝用品的梳妝台和衣架等。**圖版4**描繪的床架雖
然是畫於幾世紀前，卻可從中窺見漢代所用之床的大體面貌。但
即使是在枕席間，夫妻也不可互稱其名。這條規定不僅適用於他
和妻子的關係，而且也適用於他和所有妃妾的關係。

　　不過所有這些規定都並不意味著儒家學者是像中世紀的基督
教會那樣，認為性行為是「罪惡」，女人是罪惡之源。「憎惡肉
慾」的概念與他們完全風馬牛不相及。儒家對性放縱的憎惡主要
是由於害怕淫亂會破壞神聖的家庭生活和崇尚象徵宇宙萬物生生
不已的人類繁衍。按他們的看法，這種嚴肅的事情絕不能因這種
內情不節而有所減損。因此，雖然儒家認為女比男低，正如地比
天低，這是天經地義的，但這種觀念絕不意味著他們像中世紀基
督教教士那樣憎惡女人。

　　而且女人自有女人的權利，其中之一就是滿足其性慾的權利
。雖然肉體接觸嚴格限於床第之間，在床上丈夫必須關心他的所
有女人，但據說，只要一離開床就不得進行這類活動。《禮記》
中提到男人在性問題上如果對這些女人中的任何一個有所疏忽都

60

是大錯，只有根據年齡而不是美貌，丈夫才可以不必遵守禮儀所
嚴格規定的與妻妾性交的順序和次數。《禮記》云：

> 故妾雖老，年未滿五十，必與五日之御。將御者，齋、
> 漱、澣、慎衣服，櫛、縰、笄、總角、拂髦、衿纓、綦屨。
> ──〔亦出《內則》──譯者〕

還有許多次要的規定，如妻不在，妾不得與夫通宵相守，必
須在性交完畢後即離去。

只是在爲近親服喪期間（三個月以上），丈夫才有正當理由
避免和妻妾性交。他的婚姻義務只有到七十歲時才完全停止（有
的書說是六十歲）。這時兩性隔離的規定才失效，夫妻之間才可
以在臥室之外相互接觸和把衣服放在同一個箱子裡。

從儒家典籍中所記載的有關男女大防的嚴格規定可以得出結
論，那時綱常廢弛已成司空見慣，而且至少在一定程度上，是出
於對漢代學者過分強調兩性隔離的一種反動。這種廢弛很容易解
釋。舊的封建忠誠已經土崩瓦解，新的中間等級正在興起，他們
旣富且貴，但沒有封建貴族的道德傳統和道德約束。並且新的道
德主張也還沒有深入人心。

這種道德上的缺乏穩定在諸侯王的宮廷性生活中表現尤爲突
出。在帝國宮廷中，漢朝的開國皇帝以天子之威和宮廷禮儀防止
了越軌行爲。但在諸侯王的宮廷中，淫亂放蕩卻一發而不可收。
周代的各國諸侯受古老傳統和禮儀的約束，他們的妻子是選自於
其他諸侯國的貴族家庭，和他們受同樣的薰陶，知道其地位有相
當保障，正如我們在第二章中所見，對她們來說，最壞也不過就
是被送回娘家。而現在實際上任何一個動人的女子都有資格作諸
侯王的配偶。而她和她的親屬的地位全都是靠得到丈夫的寵愛。
這正是諸侯王宮闈醜劇層出不窮的原因之一。

特別是孝景帝（公元前156～前140年）的親屬，盡是些墮落之徒和色情狂。他們與自己的姊妹和女性親屬發生亂倫關係，並誘姦所有他們中意的已婚婦女。他們的妻妾也往往好不了多少。《漢書》卷五三描述了諸侯王宮廷內性生活之黑暗。

膠西王端患有「陰瘻」症，只要接觸女人就會生病。不過他有自己寵愛的少年郎。當他發現此人與他的後宮淫亂，就親手殺了他。

江都王建是個墮落之極的色情狂。他姦污姊妹，讓人把少年郎和女子淹死在宮中的湖裡，以此取樂。他還讓犯有過失的後宮之女赤身裸體整天站在庭中敲擊辰鼓，把她們連續多日赤身裸體放在樹上，或者把她們活活餓死。還令宮女裸體趴在地上，與狗和公羊性交。

廣川王去有兩個寵姬，名叫王昭平和王地余。當他生病時，有個叫昭信的姬照顧他並獲得寵愛。一次，他和地余遊戲，從她袖中發現一把匕首。經答問，地余供認她和昭平出於嫉妒，謀欲共殺昭信。於是去又審問昭平，用鐵條烙她，結果她也供認了。然後去乃會諸姬，當著她們的面親手殺死地余，割下她的頭，並讓昭信殺死昭平。去立昭信為后。昭信又嫉妒一個叫陶望卿的姬，誣蔑中傷望卿曾在給她畫像的畫師面前赤身裸體。後來還指控她與人通姦。去令昭信笞望卿，並令諸姬用燒熱的鐵簽共灼之。望卿逃跑，投井自殺。但昭信叫人把她拉上來，用木棍捅入她的陰道。然後割下她的鼻子、舌頭和嘴唇。烹煮她的屍體。後來去又寵幸一個叫榮愛的姬，昭信又誣蔑中傷她。榮愛投井，想以此免受折磨，但昭信讓人把她拉上來笞問她，直到供認確有姦情。去把她綁在柱子上，用燒熱的刀灼爛她的雙目，生割她的雙股，把鉛熔化，灌入她的口中。昭信還殺了另外十四個女人。此外去還常常狂飲，使伎樂裸舞。

去的兒子海陽比他的父親也強不了多少，也有許多淫亂之

62

行。他讓人在四壁上畫滿裸體男女性交的圖畫，並讓他的男女親屬在此狂飲。爲此，後來的中國文獻硬把他說成是春宮畫的始作俑者。

當這些過分的舉動驚動了皇帝時，皇帝往往會竭力去制止。由於上述暴行，孝景帝竟廢黜王去，把他寵幸的昭信棄市。但皇帝本人作爲個人皆相當複雜的，他們的私生活與他們所維護的嚴格儒家教義肯定相去甚遠。

漢初的三個皇帝，漢朝的開國皇帝高祖劉邦（公元前206～前175年）、惠帝（公元前194～前188年）和文帝（公元前179～前157年），據說都過著雙重性生活，他們除通常與無數後宮之女同房之外，還與年輕男子有染。惠帝在位時，這些男子的穿戴儼若卿相，冠鵔鸃，貝帶，傅脂粉，經常住在宮寢之中。文帝對道教的研究也助長了他熱衷同性戀的癖好。有一次，他夢見一位船夫渡他上天。後來，他看見一個漂亮的年輕船夫名叫鄭通，頗像夢中所見之人，便尊幸以爲嬖臣，在他身上傾注了大量財富和榮譽。這位皇帝孜孜不倦地尋找長生不老藥，與道士一起進行各種煉丹試驗。

武帝（公元前140～前87年）從孩提時代就有一個同性戀朋友叫韓嫣，是個聰明能幹的人，一直伴隨武帝多年，直到遭人詆毀而被除去。武帝還有兩個長期的伙伴，其中一人與後宮女子通姦之後，被另一人殺死。武帝得悉大怒，但當後者說明殺人的理由之後，武帝泣下，對他更加寵愛。武帝喜歡的另一嬖臣是藝人李延年。李延年因犯罪而受腐刑。刑殘之後，他的嗓音變得很美，深得皇帝寵愛［見《漢書·佞幸列傳》——譯者］不過皇帝也深愛這位藝人的妹妹，即李夫人，當她死去時，武帝鬱鬱寡歡。因此他寫下這首著名的詩［此詩名《落葉哀蟬曲》，見王嘉《拾遺記》——譯者］：

羅袂兮無聲，

玉墀兮塵生。

虛房冷而寂寞，

落葉依於重扃。

望美之女兮，

安得感餘心之未寧❹。

63

武帝甚至讓一個名叫少翁的方士爲李夫人招魂，覺得曾在一瞬間看見李夫人閃現在羅幕之上。

西漢的最後一個皇帝——哀帝（公元前6～前2年）有許多嬖臣，其中最有名的是一個叫董賢的人。有一次哀帝與董賢共寢，董賢入睡後，身子壓住了哀帝的袖子。當帝被喚起出去接見時，他寧可拔劍把衣袖砍斷也不願驚動董賢。從此「斷袖」這個詞就成了男子同性戀的文言表達❺。

總的說來，人民的生活狀況發生了很大變化，特別是城市生活。對外貿易使中國人熟悉了許多奢侈品，這些東西不再是顯貴的專有之物，官僚商人之類富足的新的中上等階層這時也有能力購置它們。人們仍席地而坐，但房子比以前建得更好，也更寬敞。中等階層的房屋通常爲兩層，房頂以雕刻的柱子支撐，粉牆上裝飾著繪畫。家具仍限於低矮的几案和屏風。人們用屏風代替門，把房子分隔成許多小間。沒有碗櫥。衣服、書籍用箱篋收藏，往往髹漆、裝飾得很漂亮❻。

64

同從前一樣，男女衣著相同，但質地和色彩更多樣化。袍的上部用做工精巧的玉、銀或金的帶鈎束緊，腰帶爲長長的綢帶，兩端垂地。此時男子在袍內還著肥大的褲，這種風俗可能是由中亞傳入（見**版圖2**）。女人肩上披有寬大的披帛，出門時用以蓋頭。女人有削眉的習慣，削去的眉毛用藍墨或黑墨重新描畫❼，這種習俗直到十二世紀仍被沿用。畫眉的式樣隨風尙而改變。武

帝時，其式樣狀如中文的「八」字，和長重音符號〔作∧——譯
者〕一樣。但過了一個世紀，到明德皇後時（77年）畫眉的式樣
變得長而彎曲，當時有童謠云：

城中好高髻，
四方高一尺。
城中好大眉，
四方皆半額。
城中好廣袖，
四方用匹帛。

——見《玉台新詠》

65　　　　女人在臉上、脖子上和肩膀上擦粉，用胭脂在面頰上點上惹
人注目的紅點，在嘴兩邊和額上貼飾片❽，用紅色的唇膏塗抹嘴
唇。用象牙、金或銀的釵簪把頭髮盤起，釵簪帶有做工精美的圓
鈕。她們還佩帶耳環、項鏈和指環，這些東西多半是用碧玉製
成。

　　皇帝、諸侯王和高官仍多蓄有成群的伎樂，武帝且於軍中設
女營從征，叫「營妓」。

　　社會經濟狀況的改變導致了妓院的產生❾。一方面富足的商
人階層想尋歡作樂，但又無力蓄養伎樂，或害怕被統治階級視之
為僭越，不敢這樣做。另一方面，社會的變遷破壞了許多中等階
層和農民的家庭，造成大批遭遺棄、不得不尋求僱主的婦女。這
種情況促成了私營商業性妓院的產生。這種妓院叫做「倡家」或
「倡樓」，陳設豪華。後來人們也稱之為「青樓」，因為它們的
木製品多像殷富人家的宅第一樣漆成青色。

　　尋歡作樂的人可以到青樓宴飲，讓姑娘們跳舞唱歌，隨後在
那裡過夜。在十九世紀和二十世紀之前，有教養的男人僅為洩慾

而涉足妓院是罕見的，即此可見中國人之情趣。當時有一首名詩
是描寫倡女的悲哀。講一個倡女被一位有錢的浪蕩子弟納爲姬妾　66
旋又拋棄。這首詩之所以令人感興趣，還因爲它證明了，漢代有
財力蓄養姬妾的中等階層的男人常常從妓院買妾。這種習俗後來
一直相沿不改。詩文如下：

　　　青青河畔草，

　　　郁郁園中柳。

　　　盈盈樓上女，

　　　皎皎當牕牖。

　　　娥娥紅粉妝，

　　　纖纖出素手。

　　　昔爲倡家女，

　　　今爲蕩子婦。

　　　蕩子行不歸，

　　　空床獨難守。

　　　　　　　　　　　　　——見《玉台新詠》

　　有不少屬於這一時期的情詩傳下來，但很難確定它們的具體
創作時間，其中有些可能是後人擬作的古體。許多詩是詠嘆別離
之苦。武將常常離家一去不歸，而文臣也往往隨任而輾轉各地。
許多人無法攜帶妻室，通常把她們留在家鄉，在夫人的監督下，
只能帶一、兩個妾前往。這種習俗一直延續了許多世紀，由此而
引起的悲歡離合在唐宋和更晚的傳奇和小說中屢見不鮮❷。

　　雖然城市生活變化了，但鄉紳和農民的生活卻一如旣往。
《漢書》藉一位鄉紳（約公元前50年）自己的話描述過田園生活　67
的樂趣。這個鄉紳叫楊惲（見卷66），本是一位朝廷命官，因官
場失意而退隱鄉里。楊惲說：

臣之得罪，已三年矣。田家作苦，歲時優臘，亨羊炰羔
，斗酒自勞。家本秦也，能爲秦聲。婦，趙女也，雅善鼓
瑟。奴婢歌者數人，酒後耳熱，仰天拊缶而呼烏烏。其詩
曰：

田彼南山，
蕪穢不治，
種一頃豆，
落而爲萁。
人生行樂耳，
須富貴何時！

是日也，拂衣而喜，奮褎低卬，頓足起舞誠淫荒無
度，不知其不可也⓲。

儒家鼓吹的男女授受不親的嚴格規定此時尚沒有影響到人民
的日常生活。當時的文獻表明，男女有大量的機會見面，有關性
的事物亦可自由談論和形之文字。著名詩人司馬相如的經歷就是
當時生活狀況和生活方式的典型例子。

司馬相如是四川成都人，是個喜愛書籍、劍術和女人的浪漫
青年。他在一個諸侯王的宮廷中當了個小官，但並不得意。於是
他遠遊而歸，住在臨邛縣令家裡。縣令帶他參加一位富人舉行的
宴會，在宴會上他們飲酒唱歌，主人有個女兒，名叫文君，是一
個年輕寡婦。她從屏風後窺見這位詩人，愛上了他，並當夜與之
私奔。他們到了四川，但因沒錢又回到臨邛，在當地開了一家酒
肆。文君招待客人，相如的穿戴有如幹粗活的下作之人。相如的
岳父受不了這種辱沒家風的舉動，所以給了他們一大筆錢，想讓

他們在司馬相如的家鄉成都成家立業。後來司馬相如又被任命爲朝官。

　　傳世的司馬相如的少數幾篇賦中有一篇《美人賦》。他在序中說，梁王斥責他是好色之徒，過於沈迷女色。司馬相如則回答說，他比儒生在性行爲上更爲克制，因爲這些儒生拒不參加有女樂在場的聚會，只要一聽見歌聲和笑聲就逃走。他們不能證明他們不放蕩，原因很簡單，因爲他們躲避一切考驗。相反，當他還是單身漢時，曾與一位窈窕女子比鄰而居達三年，這個女子竭力勾引他，甚至登上垣頭，凝視長久，但他卻從來沒有與她說過一句話。因此他自認比那些不近人情的儒生更能克制⓬。不過，同時他又指出，避免性交是不健康的。然後他說，有一次，冬天他路過一所寬敞美麗的房屋，屋內好像空無一人。進入房內，他看見：

　　有女獨處，婉然在床。奇葩逸麗，淑質艷光。睹臣遷延，微笑而言曰：上客何國之公子，所從來無乃遠乎？遂設旨酒，進鳴琴。臣遂撫弦爲幽蘭白雪之曲⓭。女乃歌曰：

　　獨處室兮廓無依，
　　思佳人兮情傷悲。
　　有美人兮來何遲，
　　日既暮兮華色衰。
　　敢托身兮長自私。

69

　　玉釵掛臣冠，羅袖拂臣衣。時日西夕，元陰晦冥。流風慘冽，素雪飄零。閑房寂謐，不聞人聲。於是寢具既設，服玩珍奇。金鉔熏香，黼帳低垂。衽褥重陳，角枕橫施。女乃弛其上服，表其褻衣。皓體呈露，弱骨豐肌。時來

親臣，柔滑如脂。臣乃氣服於內，心正於懷。

這篇賦不僅具有文學價值，而且還是最早有意描寫色情題材的散文，在其他方面也很有啓發性。它表明當時儒家對性關係所做的嚴格規定受到了嘲弄。這一點不能不引起後世儒家學者的憤怒。有一位宋代文選家曾譏評說：「長卿有消渴疾⓮，作《美人賦》欲自刺，卒以此疾死……可不戒哉！」（見《四部叢刊》影印宋本《古文苑》卷三第十二頁）。文章還提供有關於當時床架的寶貴資料。床上的香爐即銅，爲一青銅盒，有一帶鏤孔的蓋，下可燃炭，上部可放粉狀的香料，既可熏被，又可取暖。關於角枕的確切含義，後世諸說不一。多數人都認爲角枕狀如半月，兩角尖尖似牛角。值得注意的是，性行爲竟被公開談及，儘管是用一個相當委婉的「親」字（chín）代指。由於一種奇怪的巧合，這個字(to be intimate)在英語的法律語言中也廣泛使用。

不過，此賦的最後兩行對本書主題至關重要。在以後的文獻中常見「定脈」一詞，用指性行爲的益處。「定情」是一個同義語。古代中國人意識到，圓滿的性行爲不僅有其他好處，而且還可調節血液循環，放鬆神經。

正是在這一系列觀念上，儒道兩家發生了衝突。它把我們引向房中書與道家對待性問題的態度。

當時人們廣泛使用帶插圖的房中書。這些書是專門爲一家之主提供指導的嚴肅書籍，從總體上講，根本沒有什麼下流含義。它們教男人怎樣與女人保持和諧的性關係而長壽多福，宜其子孫。同時研究長生不老的道士也把這些書當作房中修煉的指南。

像大部分史書一樣，《漢書》也有一個記載書目的部分，它按內容分類，列舉當時流行的重要書籍。《漢書·藝文志》以《六藝略》爲首，然後依次涉及到當時的各個學術領域。直到講醫學的部分，才碰到「房中」類，它意思是「房中的藝術」（其他術

語還有「房內」、「房中術」、「房事」）。這裡列舉了八種八十六卷。應當指出的是，當時書是寫在長而平的紙幅或帛幅上。一卷通常為一篇。這八部書是：

> 1.《容成陰道》二十六卷。
> 2.《務成子陰道》三十六卷。
> 3.《堯舜陰道》二十三卷。
> 4.《湯盤庚陰道》二十卷。
> 5.《天老雜子陰道》二十五卷。
> 6.《天一陰道》二十四卷。
> 7.《黃帝三王養陽方》二十卷。
> 8.《三家內房有子方》十七卷。

其下有編者小序：

> 房中者，情性之極，至道之際，是以聖王制外樂以禁內情，而為之節文。傳曰：「先王之作樂，所以節百事也。」樂而有節，則和平壽考。及迷者弗顧，以生疾而隕性命。

71

上述書籍今已無存。不過它們的書名和作者名為它們的內容提供了線索。

首先應當注意的是，1～6條使用的「陰道」一詞是指性交之法則。後來「陰」一詞雖專指女性和女性生殖器，但原先卻似乎既可指男性也可指女性，與我們所用的形容詞 sexual（性的）是一致的。典型的例子是，如「陰痿」一詞即被用來指上文提到的王端。「道」這裡指「原理、規則」。因此在這些書中，「陰道」是指性生活的原理。

歷史記載給我們提供了一些啟發我們去了解容成子的具體材料。容成子是上列第一部書的作者。《後漢書》卷一一二下〔卷

一一二下」應作「卷八二下」——譯者〕提到一位叫甘始的方士和
另外兩個方士，他們「率能行容成御婦人術」，註釋說他們三人
都活到很大年紀，並且看上去總是很年輕。《後漢書》同卷還收
有著名外科醫生華佗的傳，華佗主要活動於公元二〇〇年。《華
佗傳》末尾有一段說明，提到三個與華佗同時的道士。關於其中
一個叫冷壽光的道士，傳文說：「壽光年可百五六十歲，行容成
公御婦人法」，下註文引用《列仙傳》❺云：

> 容成公者，能善補導之事，取精於玄牝。其要穀神不死
> ，守生養氣者也。髮白復黑，齒落復生。御婦人之術，謂握
> 固不瀉，還精補腦也。
> 〔「謂握固不瀉」二句是《後漢書》注，非《列仙傳》
> 之文——譯者〕

正如我們在第二章中所討論過的，這段話講的是中國人對性
行為含義的基本看法。

第二種書的作者務成子傳為堯之師。正是堯及其繼承者舜被
題為第三種書的作者。

第四種書的作者題為兩位殷王，即湯和盤庚。

第五種書的題名作者天老，據說曾為黃帝之師。

第六種書提到的「天一」，在漢代文獻中，是一種司陰德的
星辰，既指「神秘的性能力」（參看上文第12頁所論「女德」），
也指死後獲得的榮譽。當然這裡是指第一種含義。

第七、八種書的書名本身已表明其作者。第七種的「三王」
很可能是指夏、商、周的開國之君。「三家」的含義不詳。

上文證明，在西漢時期曾流行過構成醫學文獻一個特殊分支
的房中書。下面我們要進一步看看，有關這些房中書的內容和用
途，在東漢時期到底有些什麼材料。

註 釋

❶法家學者倡導專制政體、由至高無上的君主統治的國家和極端功利主義的法規，人民的道德價值和利益都要服從於無情的政治目的。

❷參看《周禮》卷十三第43～46頁［《周禮·地官·媒氏》——譯者］。這部經典包含了許多重要資料，但在使用上必須慎重，因爲漢代儒家對此書的處理過於武斷。此書已有E. Biot的法文譯本，名爲 *Le Tcheou-liou Rites de Tcheou*（3 vls. Paris 1815, Peking reprint 1939）。

❸王莽在位只有短短幾年。見下文86頁。

❹多數西方人翻譯的中文詩集都收有此詩。它給人的一般印象是，武帝是個性格簡單率直的武夫，一心只痴情於李夫人。但上述資料卻表明，武帝的性格要更爲複雜的多。翻譯東方詩詞，很有必要加上對作者和寫作背景的介紹。但不幸的是，迄今西方譯者卻始終並未採納這一原則。他們出版的中國詩選，是按西方人的口味東拼西湊而成，甚至更爲糟糕的是，他們還把自己不喜歡或不懂的句子或段落刪去。這種做法不僅可悲地歪曲了偉大而古老的中國詩詞的藝術性，而且還使粗心的讀者對中國詩詞產生了完全錯誤的印象。因此，在西方讀者當中出現了各種誤解，如他們竟荒唐到認爲中國人不寫愛情詩。而情況正相反，這類愛情詩集卻數量驚人，它們涉及到這一題材的各個方面，上至高尚的精神戀愛，下至十足的色情描寫。中國詩人和西方詩人對愛情的處理，區別主要在於它們側重點有所不同：對我們來說，一個偉大詩人的作品幾乎總是圍繞著愛情這個主題；而對中國人來說，愛情卻只是許許多多同樣適於或比較更適於在詩中吟誦的主題之一。

向西方讀者介紹中國詩詞的最好方法，是把翻譯與介紹作者的職業和環境的生平記述結合起來。A. Waley在他的 *The Life and Times of Po Chü-i*（London 1949）、*The Poetry and Career of Li Po*（London 1950）

和*Yuan Mei, eighteen cuntury Chinese Poet*》（London 1956）中已成功地採用過這一方法。A. Hoffmann在他的成功之作*Die Lieder des Li Yü*（937-978）（Cologne 1950）中也這樣做過。

❺十七世紀出現過一篇無名氏之作，輯錄了男子同性戀的有關資料。其題目是《斷袖篇》，重印於《香豔叢書》第九集卷二。就我所知，這是唯一寫此類題目的一篇。它收錄了約五十個中國歷史上臭名昭著的例子，附有評註。

❻參看*Select Specimens of the remains found in the Tomb of the Painted Basket of Lo-lang*（Heijō 1936. text in English and Japanese）所印的器物。

❼欲知其詳情可參看Friedrich Hirth的*Chinesische Studien*（Leipzig 1890）中的（*Uber Augenbrauen und Brauenschminke beiden Chinesen*）Band I pp.243-258 以及 Eberhard *LAC* pp.219-220。

❽參看G. Schlegel的*Chinese mouches*（荷蘭文），收見*Tijdschrift voor Indische Taal-, Land-en Volkenkunde*, vol. XIV（Batavia 1864），pp.569-572。普通飾片叫「花子」，是用黑紙剪成的小圓片，但也有更漂亮的，是用五色彩紙剪成。這些東西在敦煌壁畫中女人的臉上尚可見到。

❾後起的傳說一向都認爲商業性妓院是從公元前七世紀出現，它是由著名的政治家和哲學家管夷吾（卒於公元前64年）所建立。他更爲人們熟悉的名字是叫管仲。管仲相齊桓公（公元前685～前642年），據説建有許多聲名狼籍的館舍，用以增加國家收入。不過據我所知，沒有任何周代史料足以肯定此種傳説。《戰國策》（公元前三世紀）所載正好相反，它説桓公「宮中七市，女閭七百」[見《戰國策·東周策》「周文君免工師籍」章——譯者]。這裡的「市」肯定是指專供君主享受的宮廷集市。這些婦女無疑全是供桓公一人享用的。書中還説齊桓公的忠臣管仲因此給自己娶了三個妻子，藉以分散公衆對齊桓公縱慾過度的注意。參看《四部叢刊》本卷二第十二頁背。還有，哲學家韓非子説：「昔者桓公宮中二市，婦閭二百，被髮而御婦人。得管仲爲五百長，得豎刁而身死。」（《四部叢刊》

本卷十五第八頁背）大約公元三〇〇年，此説也見於《抱樸子》。參看《四
部叢刊》本第四冊卷十二第一頁正。可見古書所説桓公宮中的「女市」只
能用來證明桓公縱慾過度，而不能用來證明管仲建立了聲名狼籍的館舍。

⑩在滿清帝國的後期，當中國政府嘗試推行現代化，打算組建外交機構時，
也出現過類似的問題。中國人也知道他們的大使和大臣在國外應有夫人陪
同，但中國的達官貴人們的舊式夫人不懂外語，也根本不熟悉西方生活方
式，他們的偏房和諸妾也是如此。因此當時的中國外交官不得不到港口城
市選娶一位對外國粗知一、二的歌女為妾，把她帶到外國首都，在那裡以
一個妻子，而且是唯一的妻子的身份出現。可想而知，這樣有時會引起麻
煩。不過沒過多久，他們就改變了主意，仍然攜帶他們的夫人出國，這些
夫人雖然不懂外語，但她們那種高雅而自持的素養卻在外交界留下了極好
的印象。

⑪這首詩暗指楊惲受貪官污吏的誣陷而遭貶黜。「田彼南山，蕪穢不治」指
朝廷（南山）為貪官污吏（蕪穢）所把持。如果正直的人（豆）反對昏庸
無道和任人唯親，他們就會陷入惡意構陷（萁）之中。

⑫他的這種構思是藉自於三世紀［應作「公元前三世紀」——譯者］詩人宋
玉的一篇名賦。當宋玉在楚王面前被誣毀為好色之徒時，宋玉説，他與一
位美麗的姑娘比鄰而居達三年，而沒有答應她的求愛。他拿自己的行為和
指控者登徒子作比較。登徒子雖然娶了一位醜陋的妻子，但卻和她生了五
個孩子。

⑬關於幽蘭調的詳細情況，請參看拙作 *The Lore of the Chinese Lute, an
Essay in Chin Ideology*（見 *Monumenta Nipponica Mono-
graphs*,Tokyō 1940, p.27）。 關於白雪調的詳細情況，請參看拙作 *Hsi
K'ang and his Poetical Essay on the Lute*（見 *Monumenta Nipponica
Monographs* Tokyo 1941, p.58）。

⑭《司馬相如傳》説他患有《消渴疾》。後世的文選家把它解釋為縱慾過度，
因此我把「疾」譯作「惡習」。但顯然他患的是糖尿病。

⑮我們現有的這個本子已經刪改過，關於與女子性交的句子不見了。見M.

Kaltenmark的*Le Lie-sien Tchouan, traduit et annoté,* (Publications du Centre d'Etudes sinologiques de Pékin, Peking 1953, pp.55-56 ）。

第四章 東 漢

（公元25～220年）

房中書的內容及應用・道家的性修煉

在東漢時期的文獻中我們找到三條材料，它們使我們對房中書的內容及其應用有了進一步了解。

我們要討論的第一條材料是漢代著名詩人張衡（78～139年）描寫新婚的優美詩篇《同聲歌》。詩歌是以新娘向丈夫傾訴的形式寫成，全文翻譯如下：

> 邂逅承際會，
> 得充君後房。
> 情好新交接，
> 恐栗若探湯。
> 不才勉自竭，
> 賤妾職所當。
> 綢繆主中饋，
> 奉禮助蒸嘗。
> 思為莞蒻席，
> 在下蔽匡床。
> 願為羅衾幬，

在上衛風霜。

灑掃清枕席，

鞮芬以狄香。

重戶結金扃，

高下華燈光。

衣解巾粉卸，

列圖陳枕張。

素女爲我師，

儀態盈萬方。

衆夫所希見，

天老敎軒皇。

樂莫斯夜樂，

沒齒焉可忘。

74　　　這裡，新娘提到了《漢書·藝文誌》所載的第五種房中書，說明它肯定是採用天老與他的弟子黃帝問答的形式寫成。實際上大部分古醫書都是採用這一形式，即由黃帝發問，而由某個大師來作答。

素女是房中秘術的守護者之一，常見於六世紀及六世紀以後的各種房中書。上文提到「素女」顯然是指《素女經》。此書不見於《漢書·藝文誌》著錄，但下文我們將看到，在公元三○○年的一本書中卻提到過它。關於素女，我們只知道，在漢以前，她被說成是黃帝時代的女神，擅長音樂。黃帝聽她彈奏一種有五十弦的瑟，感到心旌搖動，因而斷定這種樂器對男子太危險，讓人把瑟一分爲二，各爲二十五弦。文獻最早提到素女溯至公元前一世紀大詩人王褒（卒於公元前61年）的《九懷》中。王褒稱素女善歌（見《楚辭》，《四部叢刊》本第五冊，卷十五，第七頁正），素女亦見《山海經》注。《山海經》大體爲周代史料。其卷十八把谷

神後稷所葬之地說成有如天堂一般,「百谷自生,多夏播琴,鸞鳥自歌,鳳鳥自舞」(《四庫叢刊》本第二册,八十五頁正)。注曰:「蓋天下之中,素女所出也。」這意味著素女與祭祀後稷祈求豐年的崇拜有關另一種說法是把素女與祭祀川澤祈求豐年的崇拜聯繫在一起。這種崇拜在民間宗教,特別是在南方,占有重要地位。無名氏所作《搜神記》〔此是《搜神後記》──譯者〕是一部以古老的地方傳說爲素材講神仙故事的書❶。書中把素女說成一個叫「白水素女」的河神,其形爲螺❷。螺是中國最古老的多產象徵之一,這樣說,也許是因爲它形似陰門。該書卷六〔應作「卷五」,此誤──譯者〕講了一個故事,說的是一個叫謝端的男人。謝端爲福建人,雖然貧窮但心地善良,獨居白水之濱。有一次他在河邊發現一只形狀如斗的大螺。這使他感到很奇怪,所以他把螺帶回家,放入一大罈內。後來他發現,雖然每次出門他都隨手把門鎖好,可屋子卻打掃得乾乾淨淨,飯菜已準備妥當。村中長老說他家中必定藏有神仙,謝端立刻就想到了大螺。他又出門,但悄悄返回觀看。他看見從他放螺的罈中走出一位美麗的姑娘。姑娘回答他的詢問,說:「我是天漢中白水素女也。天帝哀卿少孤,恭慎自守,故使我權爲守舍炊烹。十年之中,使卿居富得婦,自當還去。而卿無故竊窺相窺掩。吾形已見,不宜復留,當相委去。雖然,爾後自當少差。勤於田作,漁採治生。留此殼去,以貯米谷,常可不乏。」〔原書乃譯其大意,這裡轉引原文──譯者〕說完就不見了。謝端用螺殼儲米,發現螺殼總也不空。

以素女題名的房中書《素女經》曾見於《列仙傳》。《列仙傳》是一部神仙傳,一向被認爲出自劉向(公元前77~前6年)之手。但現在一般卻認爲它是公元二~三世紀的作品❸。其中第六十三篇傳記爲《女幾傳》。女幾是靠研習素女之書(在《列仙傳》中簡稱《素書》)而成仙。書曰:

75

女幾者，陳市上酤酒婦人也。作酒常美，遇仙人過其家飲酒，以《素女》五卷爲質。幾開視其書，乃養性接之術。幾私寫其文要，更設房屋納諸年少，飲美酒與止宿，行文書之法。如此三十年，顏色更如二十時。仙人數歲復來過，笑謂幾曰：「盜道無私，有翅不飛。」遂棄家追仙人去，莫知所之云。

這裡還可補充一點，素女只是三女之一，房中書還提到另外兩位傳授房中秘術的婦女，即玄女和采女。據說玄女是黃帝之師。黃帝欲滅蚩尤，她曾爲黃帝作神鼓。由於這一古老的神話，玄女被當作三部兵書的作者。它們是《玄女戰經》一卷、《黃帝問玄女兵法》四卷、《玄女經要法》一卷。這一材料見於《全上古三代文》卷十六第九頁背，根據這些佚文，後來還有人輯出過上述第二種兵書的佚文，看來它們的確都是兵書，而不是借用軍事術語寫成的房中書。正如本書下文一五七頁所說，中國文獻常常把性交說成是「戰鬥」，而且在第十章中我們還會看到，後世的房中書和色情文學將性交過程講得繪聲繪色，如同戰場上的軍事行動一樣。上述第一種和第三種書恐怕也是這一性質的書。同樣的史料還說，人們或以玄女爲道教女神西王母。她主宰著長滿蟠桃的西方世界，在西漢時期受到廣泛的崇拜❶。

采女也是一個記載不詳的人物。「采女」這個名稱在漢代是指一種下等宮女。采字爲第一百二十部字，意爲「五彩」。因此，選用這個名字可能是因爲它與素女正好相對。後世房中書也把她說成是黃帝時代的女神。

現在言歸正傳，我們還是回到張衡的《同聲歌》上來。此詩證明，這些房中書都附有表現各種性交姿勢的插圖，人們可按這些姿勢使性交圓滿完成，它們顯然是新娘嫁妝的一部分。而且還可補充的是，在日本，直到十九世紀，還保存著這樣一種風俗，

即父母在新婚之夜要把一套這種圖畫送給他們的女兒，好讓他們的女兒對盡夫婦之道有所準備。

　　張衡在他的另一篇文章《七辨》中再次提到這些畫，該篇佚文被輯入《全上古三代秦漢三國六朝文》中《全後漢文》的卷五五第十頁正至第十一頁背。文章說有一位隱居山林的高士「無爲先生」，曾接受七位賢人的拜訪。他們各自描述一種塵世樂趣，輪番與他辨難。第一位描述的是宮室之麗，第二位描述的是滋味之麗，第三位描述的是音樂之麗，第四位說：

> 西施之徒❺，
> 姿容脩嫮。
> 弱顏回植，
> 妍誇閑暇。
> 形似削成，
> 腰如束素。
> 蝤蠐之領❻，
> 阿那宜顧。
> 淑性窈窕，
> 秀色美艷。
> 鬒髮玄髻，
> 光可以鑑。
> 靨輔巧笑，
> 清眸流眄。
> 皓齒朱唇，
> 的皪粲練。
> 於是紅華曼理，
> 遺芳酷烈。
> 侍夕先生，

77

同兹宴寢。
假明蘭燈，
指圖觀列。
蟬綿宜愧，
夭紹紆折。
此女色之麗也，
子盍歸而從之？

我們再次看到，這種帶插圖的房中書是放在床邊供作愛時查閱，並且常被用來幫助害羞的行房者提高勇氣。這首詩還使我們對當時女性美的標準有了充分了解。

有關房中書的第三條材料見於漢代學者邊讓的《章華賦》，他以志趣高雅而著稱，卒於約公元前二〇〇年。此賦是專寫與舞女交往之樂，保存在《後漢書·邊讓傳》中，《全上古三代秦漢三國六朝文》的《全後漢文》卷八四第十一頁背至十二頁正亦收之。邊讓先對舞蹈表演作了詳細的描寫。然後他說，當曲終舞罷之時，隨這些姑娘走進她們的房中：

歸乎生風之廣夏兮，脩黃軒之要道。攜西子之弱腕兮，援毛嬙之素肘❼。形便娟以嬋媛兮，若流風之靡草。美儀操之姣麗兮，忽遺生而忘老。爾乃清夜晨……

78　　　　下注云：

黃帝軒轅氏得房中之術於玄女，握固吸氣，還精補腦，可以長生。

由上述資料，可以得出以下結論：⑴漢代曾有許多以黃帝與

他的女老師問答的形式寫成的房中書。⑵這些書皆附有表現各種性交姿勢的插圖。⑶這些書非常出名，書中的方法被夫婦雙方（它們是新娘嫁妝的一部分）和與舞女交往的男人廣泛實行。⑷這些書不僅教男女如何在性關係中始終做到相互滿足，而且也教男人如何通過性交抑制達到強身健體，益壽延年。

雖然，房中書強調的主要是道家思想，但儒家也贊同它的原則。當然前提是絕對只能在寢室之中實行。儒道兩家對待這一問題的不同態度僅僅在於它們的側重點有所不同，儒家強調優生和得子，而道家強調以性修煉來延年益壽和獲取長生不老藥。

漢代儒家贊同房中書的基本原則，這點可由《白虎通》佚文來證實。該書是公元七九年由皇帝授意在漢代京城的白虎觀裡舉行經典討論的記錄❽。這次討論的結果是以問對的形式記錄下來。《嫁娶》節的最後一段說：

> 男子六十閉房，何所以輔衰也？故重性命也。又曰
> ：父子不同橢，為亂長幻之序也。《禮·內則》曰：「妾雖老
> 未滿五十，必與五日之御。滿五十不御，俱為助衰也。至七
> 十大衰，食非肉不飽，寢非人不暖，故七十復閉房也。」
>
> 　　　《白虎通》，《四部叢刊》本卷九，十六頁背

79

最後一句話的含義，通過對房中書內容之理解已經一清二楚。上了年紀的男人需要通過性交以獲取女人的陰氣，補充自己衰退的陽氣。

雖然，至少在當時儒家是贊同這一點的，但也仍有異議存在。在漢代文獻中有時人們也把房中術說成是「邪教」，例如哲學家王充在《論衡》中說：

> 素女對黃帝陳五女之法，非徒傷父母之身，乃又賊

男女之性。

——〔見《論衡·幸偶》——譯者〕

文中的「五」字或繫三字之訛，因爲沒有一處提到女老師是五個人。一般所說的二女是玄女、素女和採女。

這裡，應該對上面第二章第四三頁簡短提到的爲達到長生不老而進行修煉做更詳細的論述。

儒家追求生物學意義上的不朽，他們相信人是藉後代而綿延。所以經書說，結婚並不是在新房內歡慶的時機，三日之內不可舉樂。因爲它使新郎的父親想到兒子繼承他的時間不遠了（參看下304頁）〔見《禮記·曾子問》——譯者〕。而相反，道家追求的是肉體不朽，是個人在塵世上壽命的延長。

道家相信可以通過各種修煉來達到這一目的，其中最古老和最重要的修煉包括煉氣。他們力圖掌握「胎息」之術。「胎息」就是胎兒在母親子宮中的呼吸。另外他們還從事服食、日浴和導引⑲。

雖然這些旨在使肉體長存不朽的修煉要靠長期而緊張的鍛煉，但道家中也有派認爲有捷徑可走，就是服用長生不老丹。大部分漢代皇帝都相信這個辦法。長生不老丹也就是所謂「金丹」。這個詞雖指從朱砂、鉛和硫磺的混合物中提煉出來的「黃金」，但實際上是水銀。煉丹的主要設備是「鼎」，用它盛入上述混合物，放在「爐」上加熱。要想煉好金丹，必須知道鉛和朱砂的準確配方，並掌握好火候。

所以道家的煉丹術士，正如他們的西方同行一樣，也認爲他們旨在求取長生不老丹的試驗與旨在達到永生不朽的性修煉並行而不悖。由於人們把這兩種過程看作天地相生之道的兩個特殊方面，所以這是唯一合乎邏輯的解釋。煉丹術士把女人視如煉丹的鼎，把她們的赤精（即卵子）視同朱砂，把男子的白精視同鉛，

把性交視同朱砂、鉛、硫磺等不同成份的混合，把性交技術視如火候⑩。

這種相比為我們理解中國著名的煉丹經典《參同契》提供了一把鑰匙。該書凡九十卷，據說是道士魏伯陽作於公元一五〇年前後。書中把從朱砂和鉛中提取水銀與性行為相提並論。這種討論是以五行理論和《易經》卦象中所表達的天道運行為一般哲學背景。

後來由於儒家思想的箝制，房中書逐漸湮沒無聞，《參同契》和同類煉丹書中的性資料已無人解釋，也無人理解。例如十二世紀，理學的傑出代表朱熹輯注了《參同契》，它稱讚此書是一部論述《易經》哲學的重要著作，卻不理解或不願理解其中包含的性內容⑪。下面我們將看到同樣的注釋錯誤也常常出現在那些借用軍事術語的房中書中。這些房中書因此竟被當作真正的兵法教本。

由於在《參同契》中煉丹術的內容和性交的內容總是交糅雜錯在一起，大部分段落只有用覆譯的方法才能譯好，即用一種譯法翻譯煉丹術的內容，另一種譯法翻譯行房內容。許多段落甚至還要加上第三種譯法，以便把其中包含的天道觀及善於控制的概念翻譯出來。

這裡我們只翻譯了內容清晰、不煩解釋的幾卷。

《參同契》卷六七是有關煉丹術、性交和控制的總論。只要遵循正確的方法，要想在這三方面取得成功並不難。但一般人卻認為這種方法主要是靠掌握技巧，而沒有理會其中的深義，因而不能成功。至於性交，我們將在下文看到，後來的哲學家抱樸子也做過類似的警告。

世人好小術，不審道術淺深，棄正從邪迳，欲速閼
不通，猶盲者不任杖，聾者聽宮商，沒水捕雉兔，登山索魚

龍，植麥欲獲黍，運規以求方，竭力勞精神，終年無見功，
欲知服食法，事約而不煩。

《參同契》卷六二、六三、六四在講煉丹術的同時，也講了
交媾、受孕和生育。這裡是按照它們的性含義來翻譯。

將欲養性，延命卻期。審思後末，當應其先。人
所稟軀，體本一無。元精雲布，因氣托初。

陰陽爲度，魂魄所居⓬。陽神爲魂，陰神爲魄。魂
之與魄，互爲室宅。性主處內，立置鄞鄂。情主營外，築垣
城郭。城郭完全，人物乃安。於斯之時，情合乾坤。乾動而
直，氣布精流。坤靜而翕，爲道舍廬。剛施而退，柔化以
滋。九還七返，八歸六居。男白女赤，金火相拘。則水定
火，五行之初。上善若水，清而無瑕。

道之形象，真一難圖。變而分布，各自獨居。類如
雞子，白黑相扶。縱橫一寸，以爲始初。四肢五臟，筋骨乃
具。彌勵十月，脫出其胞。骨弱可卷，肉滑若鉛。

下邊我們將看到，房中書極重視性交過程中男人對戳刺次數
和頻率的正確掌握。按照書中所授，男爲奇數3、7、9，女爲偶
數4、6、8，至爲重要。另外，還應注意的是，書中所謂在性高
潮中男白女赤的說法。參看上文七頁所述。「方寸」在後世的性
文獻中往往用來指女陰，例如著名聯語：「古今豈有異，方寸亂
人心？」（Is it strange that from older times till the
present, one square inch has sufficed to lead man's heart
astray？）〔出處不詳，此據英文原文譯其大意——譯者〕。

如果我們把這些章節當作煉丹書來讀，那麼陰陽和諧即相當
於方劑配伍，室宅則爲坩堝，情慾則爲火，性交技術則爲火候，

男人則爲鉛，女人則爲朱砂，胎兒則爲汞，即長生不老丹。

　　作爲第二個例子，我在這裡翻譯了卷七三，它強調行房和煉丹過程的符合天道和順應自然。

　　　　物無陰陽，違天背原。牝雞自卵，其雛不全。夫何故乎？配合未連，三五不交❸，剛柔離分。施化之精，天地自然。猶火動而炎上，水流而潤下，非有師導，使其然者。資始統政，不可復改。觀夫雌雄交媾之時，剛柔相結而不可解。得其節符❹，非有工巧以制御之。男生而伏，女偃其軀，稟乎胞胎，受氣無初，非徒生時，著而見之；及其死也，亦復效之。此非父母教令其然，本在交媾，定刺始先。

　　男屍臉向下而女屍臉向上的說法，係指中國人認爲淹死的人的屍體總是按這種方式漂浮在水面上。參看本書下文一五九頁所引公元五世紀醫師褚澄所論。

　　以上所譯各卷也許能使讀者對這部奇書的風格和論旨有所瞭 84
解。從總體上看，《參同契》當是魏伯陽對自然現象細心觀察，刻意把這些自然現象納入一個綜合體系之中的結果。

　　值得注意的是卷八和卷二七把男人和女人、鉛和朱砂按下述方法，與白虎和青龍相配在一起：

　　　　白虎－　鉛　－火－氣－西－陽－男人
　　　　青龍－朱砂－水－卵－東－陰－女人

　　如果將此表與本書第四十頁上的表作對比，你就會注意到男女已經易位。現在女人是龍，象徵東方、光明和甘霖，她是紅色的朱砂，與男人的白鉛相合生汞，即太極。**插圖3**所印明版《性命圭旨》中的一幅畫，說明了後世煉丹方士是怎樣表達這一思想

龍虎交媾圖

85

白面郎君騎白虎
青衣女子跨青龍
鉛汞鼎邊相見後
一時閂鎖在其中

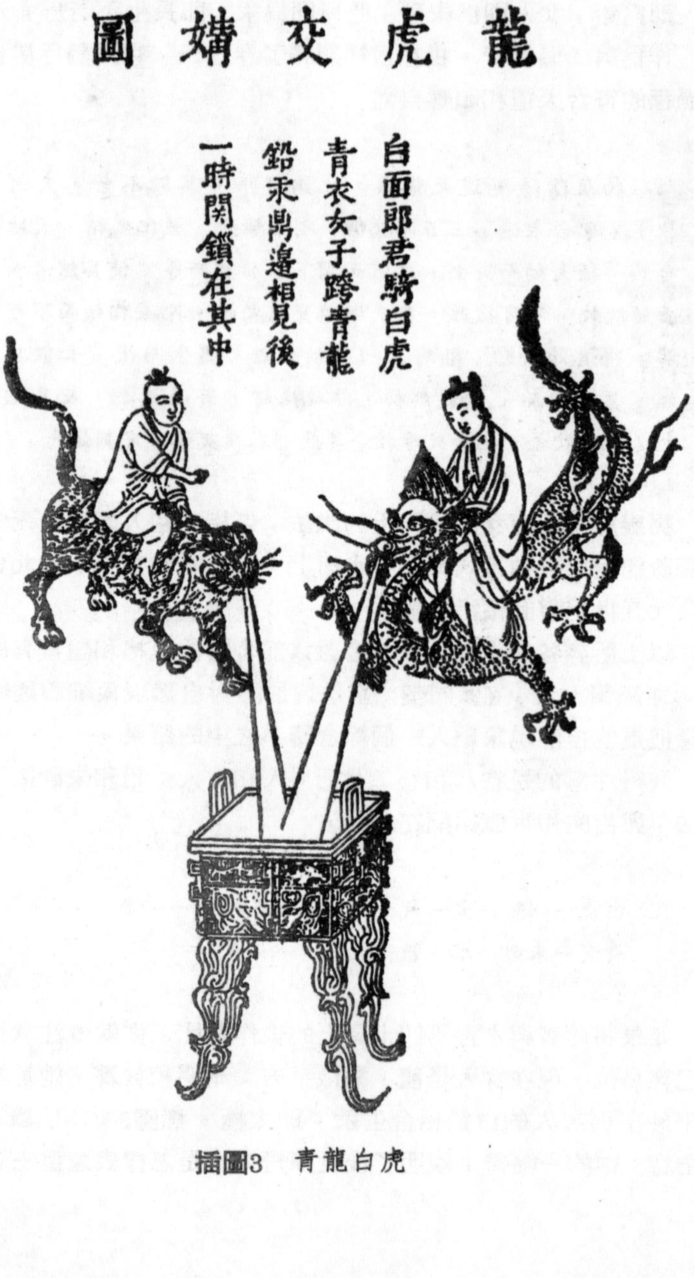

插圖3 青龍白虎

。男性因素和鉛被畫成一個騎在虎背上的青年男子，女性因素和朱砂被畫成一個騎在靑龍背上的姑娘，他們的氣射入一靑銅鼎內。上面題有：「龍虎交媾圖」，並有詩云：

> 白面郎君騎白虎，
>
> 青衣女子跨青龍。
>
> 鉛汞鼎邊相見後，
>
> 一時關鎖在其中。

　　對這種男女易位的解釋只能是潛在的母權制記憶在道家煉丹術中重新有所抬頭。

　　道家認爲性交對男人和女人都具有神奇的力量。雖然有些道士只是自顧自地一心榨取女方以增強自己的元氣，而不顧女方的健康，甚至損害她的健康，但大體上的原則卻是雙方應當分享性修煉帶來的益處。總之，道教確實更能體貼婦女，而且從來都比儒教更多地考慮婦女的生理需要和情感需要。

　　男女靠性交增強元氣的觀念造成群衆性神秘主義思潮的流行。這種思潮在許多不同時期對中國人極有煽動力，以致成爲許多全國範圍的宗教運動和政治叛亂的根源。有些鼓吹以群交方式進行性修煉的道教派別使參加者陷入一種神秘的狂熱⑯，竟然相信自己在戰鬥中會刀槍不入、戰無不勝。以道家性修煉爲基礎的全國性的宗教運動黃巾起義是最早的一例，它對推翻東漢王朝起過重要作用。 86

　　不過，在講這次起義之前，我們必須先大略地回顧一下東漢時期的主要歷史事件。

　　西漢的最後一位皇帝，即第三章開頭所說的哀帝軟弱無能。他是西漢中的最後一個皇帝，死後傳位給一個很小的孩子。因此由一個精明強幹但野心勃勃，名叫王莽的人出來攝政。不久，他

即篡位，宣布另立新朝。王莽推行了一些徹底的改革，其中包括土地國有化、將土地分配給佃農和廢除奴隸制。他尊崇儒敎，但本人更喜歡道敎。恰好在王莽臨被推翻之前，他身邊有許多從全國各地徵選而來的年輕美貌的姑娘，有一位近代學者說，王莽是想按上述採補術與許多年輕女子交媾以恢復他的「氣數」和政治聲望，這一解釋也許是對的⓰。

人們對漢室的效忠仍很強烈，而且由於土地被剝奪，一些強宗豪族也開始疏遠王莽。公元二〇年，勤王的軍隊重新聚合在一起，擊敗王莽的軍隊，恢復了漢朝。東漢的最初幾個皇帝也是一些強有力的人物。他們在這個被戰爭破壞的國家裡重建秩序，擴展並鞏固其疆域，尊崇儒術和提倡一般的文學藝術。不過，其後相繼在位的多爲幼主，遂使宮中女子的影響大增。皇后、嬪妃和寵姬常常操縱權柄，並將她們的親戚左右封官拜爵。忠君的文官一次又一次反對這種局面。有一篇抨擊婦女干政的演說保存下來。它大體上反映了儒家對婦女的態度。安帝在位期間（98～125年）他的乳母在朝中有很大影響，而乳母的女兒是個淫婦，縱情聲色，幫她收買官吏。於是著名的正統儒家政治家楊震（卒於124年）上疏曰：

87　　　　外交屬托，擾亂天下，損辱清朝，塵點日月。《書》誠牝雞牡鳴，《詩》刺哲婦喪國。夫女子小人，近之喜，遠之怨（用《論語》第十七篇孔子語，見上44頁引譯文）……言婦人不得與政事也。

　　　　　　　　　　　　　　　　　　——《後漢書·楊震傳》

但這種勸諫根本沒用。這兩個婦人得到宮中宦官的支持，不久這群腐敗之徒便實際操縱了朝廷事務。由於她們的亂政，中央權力再度衰落，王朝將衰落已初露端倪。

　　當時，道教已成爲按等級制度組織起來的教派。它的信徒，即道士和女冠被團結在一緊密的宗教團體內。這種有組織的道教派別之所以會發展起來，恐怕是一是種被迫反應。因爲儒家挾有強大的政治勢力，對它構成威脅；而佛教靠嚴格的戒律和嚴密的僧階，權力也大增。大約還在紀元初，佛教教義就已爲中國所知。從那時起，中亞和印度的傳教僧侶在佛教傳播上取得很大進展，在中國人當中擁有大批信徒。由於佛教也和道教一樣鼓吹濟世，並在信仰上視男女爲平等，道家知道，作爲對手，它比儒家還要危險，因而感到必須自強不息以對付它的競爭。

　　公元二世紀末，當時的道教是由一個名叫張角的天師所領導。他得到他的兩個兄弟張梁和張寶的輔佐。據說張角已煉成長生不老丹，並且法力無邊。

　　由於朝中閹黨亂政，致使國家經濟惡化，怨聲載道。又值時疫流行，張角及其衆徒以巫術爲民治病而名聲大噪。當無數的人都來投奔張角時，他決定舉行起義，推翻漢朝，建立新的道教帝國。一股神秘的激情抓住了廣大群衆，許多男女並肩戰鬥的強大道家軍隊在全國各地紛紛揭竿而起，於公元一八四年迅即佔領了　88中國的大部分地區。因爲他們用黃巾纏頭，所以被稱作黃巾軍，雖然起義最終遭到血腥鎮壓，但它卻標誌著漢朝的結束。那些鎮壓起義的將軍勢力大增，竟敢蔑視中央政權。他們先是除去了皇帝和他的宦官，然後又陷入自相殘殺之中，欲爭自立新朝。因此也就揭開了三國時期的帷幕。三國的得名是因爲最後有三位將軍各自建立了自己的王朝。這是下章所要討論的一段歷史時期的最初階段。在這一階段裡，中國分裂成許許多多小王朝，一直延續到公元五九〇年。

　　正史詳細記載了平定黃巾起義的軍事行動。但有關黃巾軍的組織狀況和信仰卻資料甚少。不過，即使是在被打敗之後，張角的弟子仍然繼續傳授其道術，而且因此引起佛教對手的注意。後

來正是後者記錄了一些有關黃巾軍活動的資料。這些資料證實，這些教派從事群交式的性修煉。他們把這種修煉稱爲「合氣」。

唐釋道宣編纂的佛教文集《廣弘明集》中收有一篇名爲《二教論》的文獻，作者爲唐釋道安，道安生活於公於元二九二～三六三年之間，上距黃巾起義僅一百年。在該書第九條中，道安引證並駁斥了道教創始人張道陵（約100年）的某些說法。關於「合氣釋罪」的說法〔原書作「或舍氣釋罪」——譯者〕，道安說：

> 妄造《黃書》，咒癲無端，乃開命門，抱真人，嬰兒回，龍虎戲。備如《黃書》所說，三五七九，天羅地網士女溷漫，不異禽獸，用消災禍，其可然乎？
>
> ——《四部叢刊》本卷八第十九頁背

《黃書》是黃巾軍的秘書之一。另一部佛教著作也概括地講到它的內容。這就是法琳的《辨證論》，也收入上述《廣弘明集》。書中說：

89
> 《黃書》云：開命門，抱真人，嬰兒回，龍虎戴（戲），三五七九，天羅地網。開朱門，進玉柱，陽思陰母曰如玉，陰思陽父手摩足。
>
> ——《四庫叢刊》本卷十三第二十九頁背

雖然「天羅地網」、「陰母陽父」這些術語含義不清，但讀過上述說法，其他內容就容易明白了。

另外，還有證據表明，這些性修煉也在「道觀」中進行。這一證據見於《笑道論》，也是從上述《廣弘明集》中發現。該文包括三十八條〔原書共三十六條，此誤——譯者〕，是道士甄鸞皈依

佛門後所作。此書作於公元五七〇年。其中第三十五條云：

> 臣年二十之時，好道術，就觀學。先教臣《黃書
> 》合氣，三五七九。男女交接之道，四目兩舌正對，行道在
> 於丹田⓱，有行者度厄延年。教夫易婦，唯色為初，父兄立
> 前，不知羞恥，自稱中氣真術。今道士常行此法，以之求
> 道，有所未淨。

——《四部叢刊》本卷九第三十頁背

　　在後來的許多世紀中，也多次興起過與黃巾起義方式相同的
房術修煉。在相當短的時間裡，成千上萬的男女加入此種教派，
組成秘密團體，舉行集會，並頑強抵制當局的禁止取締。直到清
代這樣的宗教運動仍時有發生，特別是在巫師術士的老巢，即周
代齊國故地的山東省。一八三九年有一道上諭說在山東高密有一
種男女組成的叫「滾單」的教派。只有成雙成對進行修煉的男女
才允許加入。「他們夜晚相聚，多集於一室，不點燈。然後在黑
暗中性交⓲。」清無名氏所著《大獄記》（印於《說庫》中）記述
了另一起同樣發生在山東省的起義。一八五二年有一個叫周星垣
的道士，素習《參同契》和其他論述性修煉的道書，聲稱可以祛
病延年。他聚合大批徒眾，包括某些鄉紳，男女雙修。當官府採
取鎮壓時，教徒們在周星垣的弟子張積中率領下，在肥城附近的
山裡構築要塞。當官府強迫他們投降時，成百上千的男女自願燒
死在燃燒的山寨裡。為了防止發生意外的政治後果，政府以「傷
風敗俗」為藉口，無情地消滅了這些教派。

　　這種道教房術修煉是如此根深蒂固，以至至今仍時有發生。
一九五〇年底，中華人民共和國鎮壓了一個叫「一貫道」的神秘
教派。其道徒反對政府，而政府也反對他們從事的性活動。一九
五〇年十一月二〇日的《光明日報》說：「下流無恥的一貫道

90

首」用女道徒「賽美」。並且在「講道時」讓道徒進行亂交，許
願他們可以長生不死，消災除病〔查＜光明日報＞1950年11月20日
無此文，疑作者所記有誤，此據英文譯——譯者〕。由此看來，一
家現代中國報紙又使我們想起了兩千多年前的思想。

註　釋

❶明代著名藏書家唐富春印於一五七三年。參看J. P. Dubosc在其*Exposition d'ouvrages illustrés de la Dynastie Ming*，（Peking 1944, p. 6）一書中對這部稀有插圖本的詳細描述。此書不可與公元四世紀的乾寶《搜神記》混爲一談。

❷關於螺變婦人的其他故事見J. J. M. de Groot的*Religious System of China*（vol. IV Book II,Leyden 1901, p. 242）。

❸參看71頁註〔1〕提到的Kaltenmark的出色校譯本。他在該書第181頁指出「女幾」是對的，而異文「女萬」則是錯字。

❹參看H. H. Dobs的《漢書》譯本*The History of the Former Han Dynasty* vol. III（Baltimore 1955）p. 8。

❺西施（《中國傳記詞典》679）是公元前五世紀時的一位著名美女。

❻參看上文18頁所引《詩經》中使用的同類比喻。

❼毛嬙是《莊子》所説女性美的典範〔原文作「毛嬙」，注云：「毛嬙，毛嬙也」，高羅佩直接譯爲「毛嬙」──譯者〕。

❽此書已由Tjan Tjoe−som節譯。譯本題目是*Po-hu-túng, the Comprehensive Discussions in the White Tiger Hall*，（見*Sinica Leidensia* vol. VI, Leiden 1949）。帶詳細註釋的《嫁娶》節的完整譯文見該書vol. I, pp. 244−263。

❾H. Maspéro在其傑作*Le Taoisme*（*Mélanges Posthumes sur les Religions et l'histoire de la Chine*）（publ. Musée Guimet, Paris 1950）中對所有這些技術做過詳儘描述。J. Needham在*SCC* vol. II（Cambridge 1956），p. 143 sq也從現代科學的觀點描述了這些修煉。

❿有關西方中世紀的同類情況見Mircea Eliade的傑作*Forgeronset Alchimistes*（Paris 1956）。

⓫朱熹的版本題爲《周易參同契考異》。我使用的是江戶德川理學院出版的

官版善本。

在許多世紀裡，有關《參同契》的研究已經形成一種內容豐富的特殊文獻。只要這類文獻還沒有經過篩選，並與其他早期和晚期的中國煉丹書進行比較，要想翻譯這本書便徒勞而無功。Tenney L. Davis和Wu Lu-chīang的*An Ancient Chinese treatise on alchemy entitled Tsán Túng chí*（發表於 *Isis* 周刊Vol. XVIII, 1932,p.p. 210−289）是一個不成熟的試作。Davis為該書加了一篇很好的導言和富有啟發性的註釋，注中引用了西方煉金術書中的許多對應資料，但正文本身，即Wu氏的英文譯文卻並不符合嚴肅譯文的最低要求。它只不過是一種逐字對譯，顯然並沒有借助基本的中文參考書，引文也沒有注明出處（除了引自《詩經》的一條外），道家術語不是沒有解釋就是翻譯錯誤，例如第250頁把「方諸」譯為「the shelled creature」（蛤殼），實應譯為「basin for collecting dew」（承露之鑒），並隨意划分章節。這個英文譯本不僅用處不大，而且還使譯文比原書更為晦澀難懂。我對此書下過一點功夫，希望將來有一天能出版一部更有文獻依據的譯本。就我所知，目前最好的版本是彭曉於公元九四七年所作《周易參同契真義》。此書印入《道藏》，一九二四年並重印於《續金華叢書》。彭氏生活於中國西部的蜀國，當時理學禁慾主義還未取得統治地位。我的譯文即參考該書，卷數亦同。

⑫見上文14頁對「魂魄」的描述。

⑬書中「三五」無疑是「三合五行」的略語。「三合」指陰氣、陽氣和天，只有三者相合才會得子。參看《春秋‧穀梁傳》和《左傳》莊公三年（公元前690年）〔《左傳》此年並未提到「三合」——譯者〕。

⑭中國古代的符節是由剖分為二的木片組成，定約雙方各執其一，有疑則驗其是否相合。

⑮H. Maspéro是第一位在他的著作*Les Procédés de Nourrir le Principe Vital dans la religion Taoiste ancienne(Journal Asiatique*, Paris 1937）中使人們注意到道家的這類性活動的漢學家。

⑯參看本章註⑮引用Maspéro書第410頁。

⑰　丹田在人體上有三處，一在頭，一在胸，一在臍下。正是後者在煉內丹

的書中經常出現。

⓯附中文原文的上諭見J. J. M. de Groot *Sectarianism and Religious Persecution in China*（Leiden 1902, Peking reprint 1940）vol.II, p.527。

第五章
三國和六朝
（公元221～589年）

91

嵇、阮之交・葛洪《抱朴子》・班昭《女誡》・房中書・佛教密宗的傳入

　　繼東漢之後的三國很快又分崩離析，通古斯人的後裔拓跋人侵入分裂的帝國。是爲六朝之始。六朝時期，中國北方受野蠻的拓跋人或北魏統治，南方則掌握在一些短命的漢族小王朝手中。雖然後者也叫王朝，但它們絕大部分只不過是由軍閥割據。這些國家都是由精明強悍的武人所建，他們在位期間雖控制著或大或小的疆域，但繼位者卻很快就失去國土和王位。有些小王朝的皇帝雄心勃勃，想要驅逐北方的蠻夷並統一中國，但他們充其量卻只不過是阻止了敵人入侵中國的南方。

　　三世紀時，混亂的局面引起了哲學領域的活躍。許多學者感到有必要重新檢討他們對待人生及人生問題的態度。儒道之優劣引起了熱烈的討論。因而產生清談。所謂清談就是傑出作家和思想家圈子裡進行的抽象討論，在討論中他們坦率地交換看法。

　　對於本書所要討論的題目來說，有兩個著名代表人物很重要，即偉大的音樂家、哲學家嵇康（223～262年）和其摯友詩人阮籍（210～263年）❶。他們的親密友誼成爲後世詩人和藝術家當中這類男性親密友情的典範，如唐代詩人李白（701～762年）

92　和孟浩然（689～740年），白居易（772～846年）和元稹
（779～831年）就是如此。這類友誼是否具有同性戀的性質是有
爭議的問題，還有待於進一步考察。

　　上述四位詩人無一是明顯的同性戀。因為我們知道，他們中
有三個人結過婚，並與歌女過從甚密。這雖不排除他們有可能是
雙性戀，但中國的性文獻，如前面（63頁）提到的《斷袖篇》，
就未把他們列入歷史上的男子同性戀之列。也許有人會說，像李
白、白居易這些以文學成就享譽甚高的人，人們恐怕不太會去記
載他們品行上的瑕疵。可是就連色情小說也沒有提到他們，而寫
這類題材的作家對發現古代名人的變態行為是很有興趣的。還
有，應當記住的是，男性友誼是經書頌揚的社會關係之一。而
且，在中國，男人常常用比西方國家所習慣的更親熱的字眼來表
達對朋友的傾慕之情。這種充滿深情的語言並不足以證明凡是使
用這種語言的人彼此都有同性戀關係。雖然對這樣微妙的問題做
出肯定判斷不言而喻是很困難的，但我相信，除非有更過硬的反
證，我們可以認為，一般說來，這些古代著名文學家的親密友誼
中並不包含同性戀關係。

　　不過，對嵇康和阮籍來說，卻的確有過硬的反證。這是我們
掌握具體資料的少數例子之一，所以這裡的討論比較詳細一點。

　　《世說新語》是劉義慶（402～444年）所編的一部筆記和野
史集。其卷十九＜賢媛＞中講了下述關於嵇康、阮籍和他們的朋
友山濤（205～283年）的故事。

　　　　山公與康、阮一面，契若金蘭（出自《易經》，
　　見下102頁）。山妻韓氏覺公與二人異於常交，問公。公
　　曰：「我當年可以為友者，唯此二生耳。」妻曰：「負羈之
　　妻，亦親觀狐趙，意欲窺之，可乎？」他日，二人來，妻勸
　　公止之宿，具酒肉，夜穿牖以視之。達旦忘反，公入

曰：「二人何如？」妻曰：「君才致殊不如，正當以識度相 93
友耳。」公曰：「伊輩亦常以我度爲勝。」

　　　　　　——見前引《四部叢刊》本卷十九第二十二頁背

　　「異於常交」幾字已經意味著同性戀關係，但這點是由山濤
夫人援引負覊之妻的例子來證實的。她講的是一個關於晉公子重
耳的古老故事。公元前六三六年，重耳及其隨從狐偃和趙衰避難
曹國。曹公聞其駢脅，想例看重耳裸體來證實這一點。於是曹公
和一個叫僖負覊的官員以及後者的妻子在重耳及其隨從洗澡的房
間的牆上開了一個洞。觀後，那位官員的妻子說，這兩位隨從皆
可以相國❷。顯然她是根據她所窺見的裸體男人的肉體動作而不
是他們的談話才這樣講。因此很明顯，山濤夫人選用這個典故是
想表明她想驗證嵇康和阮籍是否確有暧昧關係。

　　儘管甚至在動亂時期，特別是在東晉和梁朝，文學藝術仍然
繼續繁榮，但動盪不安的時代打亂了科舉制度，使儒學衰落。總
而言之，道德鬆弛、生活放蕩和政治謀殺已經蔚然成風，特別是
在那些短命王朝的宮廷內。

　　在這方面前宋（420～477年）是臭名昭著的。這裡稱爲「前
宋」。是爲了與後來的宋代相區別。在劉姓統治者之間的暗殺和
血洗中，前宋屢興屢亡。在這個「朝代」的五七年歷史中，踐祚
者不下九人，竟無一人壽終正寢。特別應當提到的是前廢帝劉子
業（449～465年），這位十五歲的小皇帝只在宋都南京亂哄哄地
當了一年皇帝。他是個腐化墮落而又迷信的年輕人，在許多方面
令人想起羅馬小皇帝埃拉伽巴（Heliogabalus,218～221年）。
他和女人和宦官淫亂無度，處處表現出帶有神經質的殘暴色情狂
味道。四五六年，他被自己的親屬暗殺。《宋書》提到下面一
事。有一天，小皇帝淫蕩的妹妹山陰公主對他說：「妾與陛下，
雖男女有殊，俱托體先帝。陛下六宮萬數，而妾唯駙馬一人。事 94

不均平，一何至此。」帝乃爲之置面首左右三十人（見上引卷七）。

這一時期最引人注目的人物是道家哲學家葛洪，人們更熟悉的是他的號「抱朴子」，他主要活動於約公元三〇〇年前後。葛洪是個學識淵博、富有創見的思想家，對中國科學思想的發展做出過巨大貢獻（參看《中國科學技術史》卷二第437頁以下）。他的學說主要收錄在一本長達七十卷的著作當中，書名爲《抱朴子》。此書並非全部出自葛洪之手，部分內容是門弟子記言，有些段落或爲後人竄入。不過，就今本而言，這部著作仍是一個寶藏，它不僅講了道家煉丹術，而且也講了當時流行的宗教信仰、社會習俗和生活方式。此處我們將引用與當時性關係有關的段落。

該書清楚地證明了，不僅是道家，而且普通百姓仍在實行古房中書中的傳授。在《內篇》卷六中，葛洪說：

> 或曰：「閒房中之事能盡其道者，可單行致神仙，並可以移災解罪，轉禍爲福，居官高遷，商賈倍利，信乎？」抱朴子曰：「此皆巫書妖妄過差之言，由於好事增加潤色，至令失實。或亦奸僞造作，虛妄以欺誑世人，隱藏端緒，以求奉事，招集弟子，以規世利耳。夫陰陽之術，高可以治疾，次可以免虛耗而已。其理自有極，安能致神仙而卻禍致福乎？」
>
> ——《抱朴子》，《四部叢刊》本九十頁背

儘管葛洪也承認房中術是延年益壽和治愈小疾的方法之一，但他否認它是達到長生不老的唯一手段。接下去，他繼續辨說道：

95

　　而俗人聞黃帝以千二百女升天，便謂黃帝單以上事致長生。而不知黃帝於荆山之下、鼎沽之上❸，飛九丹成，乃乘龍登天也。黃帝自可有千二百女耳，而非單行之所由也。凡服藥千種，三牲之養，而不知房中之術，亦無所益也。是以古人恐人輕恣情性，故美爲之說，亦不可盡信也。《玄》《素》諭之水火，水火煞人而又生人，在於能用與不能耳。大都知其要法，御女多多益善。如不知其道而用之，一兩人足以速死耳。彭祖之法最其要者，其他經多煩勞難行。而其爲益，不必如其書，人少有能爲之者。

（同上書，十頁正、背）

　　這兩段話特別有意思，因爲葛洪在此援引了他那個時代流行的有關房中術的不同觀點。令人奇怪的是有些人竟相信房中術能使人升官發財。而且看來在葛洪當時還有江湖騙子靠傳授此道騙錢。

　　在卷五當中，葛洪說：

　　漢丞相張蒼偶得小術，吮婦人乳汁，得二百八十歲。

——《四部叢刊》本六頁正

　　似乎這是第一次提到以女人的乳汁爲滋補男人元氣的藥物。正如我們將在下二八三頁看到的，這個觀點後來發展成一種所謂「三峰」藥的理論，「三峰」藥即女人的唾液、乳汁和陰道分泌物。認爲乳房中會有長生不老藥的理論似乎是起於葛洪的時代，因爲司馬遷《史記》卷四二《張蒼傳》並未提到這一理論。

關於上面提到的彭祖所授之術，葛洪在卷十三中講得更多：

> 按《彭祖經》云：其自帝嚳佐堯，歷夏至殷爲大夫
> 。殷王遣採女，從受房中之術，行之有效。欲殺彭祖以絕其
> 道，彭祖覺焉而逃去，去時年七八百餘。
>
> ——《四部叢刊》本卷十三第四頁背

彭祖是上古傳說中的人物，西方著作常把他叫做「中國的麥修徹拉（Methusalem）」[《聖經》中的長壽者——譯者]。由於人們都相信他是靠精通房中術而達到高齡，所以人們都把他說成是葛洪時代流代的一部房中書的作者。葛洪在其道書目錄（同上引卷十九）中錄有下列房中書，其中即提到此書：

《容成經》

《玄女經》

《素女經》

《彭祖經》

一至三種在前面已經討論過。而彭祖的理論，尙有一些東周或西漢時期署名彭祖的佚文保存下來。在其中一篇裡，彭祖列舉了所有會給人造成傷害的強烈情感。例如過分憤怒、過分期望、「陰陽失和」。所以他又說：

> 人所傷者甚衆，而獨責房室，不亦惑哉？男女相成
> ，猶天地相生也，所以導養神氣，使人不失其和。天地得交
> 接之道，故無終竟之限。人失交接之道，故有殘折之期。能
> 避衆傷之事，得陰陽之術，則不死之道也。
>
> ——《全上古三代文》卷十六第七頁背

97　前面我們已經說過，儒家也讚同房中書的原理，但條件是只

允許在房中行事，並以獲得子嗣爲目標。按照儒家的觀點，丈夫把妻子當作人而感興趣只限於在床上。因此不必奇怪，一般人們很少會讓女孩和婦女受文化教育，人們認爲她們只要知道如何滿足丈夫的慾望、如何照顧孩子和如何操持家務就足夠了。根本不用設想她們也能分享男子的高雅樂趣，她們被嚴格禁止干預男子在外邊的活動。即便是上等人家的女子也僅限於教給她們女紅，如織布，縫紉和理家，而不按常規教給她們一門讀寫的技能。雖然有不少女孩偶然靠自己也學會讀寫，但大部分體面的女人卻是文盲。特別令人奇怪的是，歌女倒把學習基本的讀寫技能當作她們職業訓練的一部分。

東漢早期曾經有一位婦女對這種狀況表示反對，她提倡女孩應與男孩受同樣的基礎教育。這就是班昭（卒於116年）。她是著名作家和行政官員班彪的女兒和更有名氣的史學家、《漢書》的作者班固的妹妹。班昭十四歲時嫁給一個姓曹的人，但她的丈夫卻年輕早夭。她從此不嫁，專心致志於文學研究，使她得以文體優美、博學多識而日益出名，當班固死後，和帝命她續成班固未能寫完的《漢書》，並且任命她爲皇后的教師。她死時年齡很大，以其貞操和學識而受到人們的高度敬仰，如果班昭沒有寫出中國文獻最偏執的一部書《女誡》，她是堪稱爲中國的第一個女權主義者的。她過於篤信儒學，故雖提倡婦女應受教育，但卻堅持認爲這種教育最終目的是使女人懂得男尊女卑，反復告誡女人要絕對服從丈夫。歷代都把她的《女誡》奉爲女性的光輝典範。它促使後世的作家去寫同類作品。這些作品和《女誡》受到歷代，（特別是清代），中國、朝鮮和日本的正統學者的歡迎❹。

98

這部文獻最能代表正統儒家對婦女的態度，值得在此全文譯出❺。我僅略去短序。班夫人在序中說，因她的兒子已長大成人，仕途順利，她唯一擔心的是自己的女兒。她希望她們出嫁後能記住她的箴誡。

《女誡》

卑弱第一：

古者生女三日，臥之床下，弄之瓦塼，而齋告焉。

臥之床下，明其卑弱，主下人也。弄之瓦塼，明其習勞，主執勤也。齋告先君，明當主繼祭祀也。

99　三者蓋女人之常道，禮法之典教矣。

謙讓恭敬，先人後己，有善莫名，有惡莫辭，忍辱含垢，常若畏懼，是謂卑弱下人也。

晚寢早作，勿憚夙夜，執務私事，不辭劇易，所作必成，手跡整理，是謂執勤也。

正色端操，以事夫主，清靜自守，無好戲笑，潔齋酒食，以供祖宗，是謂繼祭祀也。

三者苟備，而患名稱之不聞，黜辱之在身，未之見也。三者苟失之，何名稱之可聞，黜辱之可遠哉！

夫婦第二：

夫婦之道，參配陰陽，通達神明，信天地之弘義，人倫之大節也。是以《禮》貴男女之際，《詩》著關雎之義。由斯言之，不可不重也。

夫不賢，則無以御婦；婦不賢，則無以事夫。夫不御婦，則威儀廢缺；婦不事夫，則義理墮闕。方斯二事，其用一也。

察今之君子，徒知妻婦之不可不御，威儀之不可不整，故訓其男，檢以書傳，殊不知夫主之不可不事，禮義之不可不存也。但教男而不教女，不亦蔽於彼此之數乎！

《禮》，八歲始教之書，十五而至於學矣。獨不可依此以爲則哉！

敬慎第三：

陰陽殊性，男女異行。陽以剛爲德，陰以柔爲用，男以強爲貴，女以弱爲美。故鄙諺有云：「生男如狼，猶恐其尩；生女如鼠，猶恐其虎。」

然則修身莫若敬，避強莫若順。故曰敬順之道，婦人之大禮也。

夫敬非它，持久之謂也。夫順非它，寬裕之謂也。持久者，知止足也。寬裕者，尚恭下也。

夫婦之好，終身不離。房室周旋，遂生媟黷。媟黷既生，語言過矣。語言既過，縱恣必作。縱恣既作，則侮夫之心生矣。此由於不知止足者也。

夫事有曲直，言有是非。直者不能不爭，曲者不能不訟。訟爭既施，則有忿怒之事矣。此由於不尚恭下者也。

侮夫不節，譴訶從之；忿怒不止，楚撻從之。夫爲夫婦者，義以和親，恩以好合，楚撻既行，何義之存？譴訶既宣，何恩之有？恩義俱廢，夫婦離矣。

婦行第四：

女有四行，一曰婦德，二曰婦言，三曰婦容，四曰婦功。

夫云婦德，不必才明絕異也；婦言，不必辯口利辭也；婦容，不必顏色美麗也；婦功，不必工巧過人也。

清閑貞靜，守節整齊，行已有恥，動靜有法，是謂婦德。擇辭而說，不道惡語，時然後言，不厭於人，是謂婦言。盥浣塵穢，服飾鮮潔，沐浴以時，身不垢辱，是謂婦容。專心紡績，不好戲笑，潔齊酒食，以奉賓客，是謂婦功。

此四者，女人之大德，而不可乏之者也。然爲之甚易，唯在存心耳。古人有言：「仁遠乎哉？我欲仁，而仁斯至矣。」❻此之謂也。

專心第五：

　　《禮》，夫有再娶之義，婦無二適之文，故曰夫者天也
。天固不可逃，夫固不可離也。行違神祇，天則罰之；禮義
有愆，夫則薄之。故《女憲》曰❼：「得意一人，是謂永畢；
失意一人，是謂永訖。」由斯言之，夫不可不求其心。

　　然所求者，亦非謂佞媚苟親也，固莫若專心正色。

　　禮義居潔，耳無塗聽，目無邪視，出無冶容，入無廢飾
，無聚會群輩，無看視門戶，此則謂專心正色矣。

　　若夫動靜輕脫，視聽陝輸，入則亂髮壞形，出則窈窕作
態，說所不當道，觀所不當視，此謂不能專心正色矣。

曲從第六：

　　夫得意一人，是謂永畢；失意一人，是謂永訖。欲人定
志專心之言也。舅姑之心，豈當可失哉？

　　物有以恩自離者，亦有以義自破者也。夫雖云愛，舅
姑云非，此所謂以義自破者也。

　　然則姑舅之心奈何？固莫尚於曲從矣。姑云不爾而是，
因宜從令；姑云爾而非，猶宜順命。勿得違戾是非，爭分曲
直。此則所謂曲從矣。

　　故《女憲》曰：「婦如影響，焉不可賞。」

和叔妹第七：

　　婦人之得意於夫主，由舅姑之愛己也；舅姑之愛己，由
叔妹之譽己也。由此言之，我臧否譽毀，一由叔妹，叔妹之
心，復不可失也❽。皆莫知叔妹之不可失，而不能和之以求
親，其蔽也哉！

　　自非聖人，鮮能無過。故顏子貴於能改，仲尼嘉其不貳
❾，而況婦人者也？雖以賢女之行，聰哲之性，其能備乎！
是故室人和則謗掩，外內離則惡揚。此必然之熱也。《易》
曰：「二人同心，其利斷金。同心之言，其臭如蘭。」此之
謂也。

102

　　夫嫂妹者，體敵而尊，恩疏而義親。若淑媛謙順之人，
則能依義以篤好，崇恩以結援，使徽美顯章，而瑕過隱塞，
舅姑矜善，而夫主嘉美，聲譽耀於邑鄰，休光延於父母。

　　若夫蠢之人，於嫂則托名以自高，於妹則因寵以驕盈。
驕盈既施，何和之有！恩義既乖，何譽之臻！是以美隱而過
宣，姑忿而夫慍，毀訾布於中外，恥辱集於厥身，進增父母
之羞，退益君子之累。斯乃榮辱之本，而顯否之基也。可不
慎哉！

　　然則求叔妹之心，固莫尚於謙順矣。謙則德之柄，順則　　103
婦之行。凡斯二者，足以和矣。《詩》云：「在彼無惡，在此
無射。」其斯之謂也。

　　班昭《女誡》在她那個時代肯定沒有付諸實踐，在以後的
四、五個世紀裡也只是偶爾被人效法。班昭給理想妻子下的定義
仍然是後來許多世紀正統儒家家長的期望。這可由下述葛洪著作
的引文看得很清楚。葛洪是上文所說三世紀時的哲學家。在書中
他對當時男人和女人在日常生活中的行為做了生動描述。在這段
描述之前，他先追懷古昔，說他們應該如何如何按經書上的標准
行事。

　　《詩》美睢鳩，貴其有別。在《禮》，男女無行媒
不相見，不雜坐，不通問，不同方物，不得親授，姐妹出適
而反，兄弟不共席而坐，外言不入，內言不出，婦人送迎不
出門，行必擁蔽其面，道路男由左，女由右。此聖人重別杜
漸之明制也。且夫婦之間，可謂昵矣，而猶男子非疾病不晝
居於內，將終不死婦人之手，況於他乎！

　　　　　　　　　　　　　——《抱朴子》卷二五第五頁正、背

在引述了幾個由於違背規定而導致悲慘後果的歷史掌故之後，葛洪繼續說：

> 而今俗婦女，休其蠶織之業，廢其玄紞之務❶，不績其麻，市也婆娑。舍中饋之事，修周旋之好，更相從詣之適親戚。承星舉火，不已於行。多將侍從，曄曄盈路。婢使吏卒，錯雜如市。尋道褻謔，可憎可惡。或宿於他們，或冒夜而反。遊戲佛寺，觀視漁畋。登高臨水，出境慶弔。開車褰幃，周章城邑。杯觴路酌，弦歌行奏。
>
> ——同上書，第五頁背、第六頁正

葛洪把這種行為叫做家敗國亡的開端，警告明智的男人要相當嚴密地控制他們的女眷。不過，接著他也尖銳批評了當時許多男子的行為。說他們成群結伙，四處遊逛，聚飲戲謔，玩弄各種惡作劇。到已婚朋友家去，定要看人家的女眷，當這些女人露面時，又交頭接耳，大聲喧嘩，品評其美醜。如果有人拒絕讓其女眷露面，他們便會噓叫嘲笑他，直他們的願望得到滿足。然後他們便與這些女人雜坐，和她們交杯而飲，讓她們唱歌跳舞，和他們調笑。每個順隨世情的人都得附和這種放蕩習俗，反對這種習俗便會被視為笨伯蠢漢。葛洪認為，這些男人的放蕩正如女人的不端對家庭與國家是同樣有害的。

最後，在同一卷中有一段很重要的話，似為後世所謂「鬧房」或「戲婦」的最早資料之一。婚宴之後，客人們將一對新人領進洞房，在那裡隨便戲弄他們，玩弄各種惡作劇直到深更半夜。這種習俗也常常見於明清文獻。明清時代的許多作者都反對這種時有發生的過分舉動。現在這種習俗仍以程度較輕的形式存在。葛洪用下面的話來描述這一習俗：

俗間有戲婦之法，於稠衆之中，親戚之前，問以醜
言，責以慢對，其爲鄙黷，不可忍論。或蹙以楚撻，或繫腳
倒懸，酒客酗醟，不知限齊。致使有傷於流血，踒折支體
者。

——同上書，第八頁正

乍看你會覺得這種習俗是古老驅邪儀式的遺風。這是比較人
類學中常常見到的一種信仰，它認爲新郎和新娘在新婚之夜暴露
身體會有妖邪傷害。不過，如第一和第二章已解釋過的，古代中
國人認爲性交、包括新娘的破身都是天理人倫所規定的行爲，它
不會使做這種事的人受任何妖邪的傷害。相反，人們認爲避免性
行爲卻會陷入妖邪的包圍之中，包括落入夢魔（incubi）
〔incubi是incubus的複數形式。incubus是一種能在夢中與女人性交
的魔怪——譯者〕之手（見本書下152頁）。但這種情況與史前時期
可能有所不同。而且人們還必須估計到這種習俗有可能是起源於
居住在中國大陸東南和東部的不同種族的土著居民。他們只是在
公元前的最後幾個世紀裡才和華人融合。鬧房習俗的歷史和含義
是中國性生活有關的需要專門考察的問題之一。

班昭《女誡》對儒家關於家庭生活的看法作了理想化的描
寫，而葛洪所述他那個時代一些主要城市環境中普遍存在的實際
情況卻與這種理想相去甚遠。中國人的家庭生活所遵循的方式一
般是介於二者之間。

下面是對一般中國家庭生活的簡介，目的是想爲家庭內的性
關係提供背景。由於採用一般詞彙而且避免過細膩的描寫，這一
介紹也適用於以後的各個時期。由於在公元初的幾個世紀裡，中
國家庭內部的生活已經大體定型化，所以稍加變通，竟一直保存
至今。

　　古老傳說非常強調家庭作爲自我封閉的社會單位的重要性。經濟因素有助於這種單位的擴大和維持。作爲一個社會單位的家庭，它的力量全靠相互依賴和相互幫助。家庭人數愈多，就愈是便於相互支持，愈是有更多的機會增進彼此的利益。如果一個新婚的兒子分家另過，便失去了在父母家生活時答應給予他的支持和保護，同時也削弱了這個家庭的力量。如果這樣做，他還要冒忤逆孝道的危險，所以他和妻妾應當留在父母家侍奉父母和男性長輩。與西方不同，中國上等人家的已婚和未婚成員都想盡可能緊密地生活在一起，因而這些家庭的規模便日益增大。而那些手藝人和小商販，特別是農民的家庭卻相反，總是要分裂爲許多小單位。

　　事實上，中上等階層的家庭總是由許多分開的小家組成。每個小家各有各的屋子和僕人，總括起來形成一個緊密結合的共同體。

　　如果父親和兒子居官，他們每天大部分時間要在官府忙公務；如果是商人，他們便從早到晚待在店舖裡，大部分店舖離家都有一段距離。因此，婦女大部分時間都是待在家裡。

　　每個婦女在家庭等級制度中各有其位置。女僕服從妾，妾服從偏房，偏房服從正房。而她們全體無一例外都要服從太夫人。太夫人是父親的正房夫人，或者，如果她去世，就是長子的正房夫人。在她的勢力範圍內，如操辦家中的大小事務、教育孩子、管理奴僕，她有着幾乎與丈夫一樣大的權威。在家務方面每個婦女都有其指定的任務，這使她每天至少要花去一部分時間做家務。四時節慶則使她們有機會參加室內娛樂，如帶啞劇和音樂的家宴，或者不那麼經常地到戶外遠足，如逛寺廟，一年一度到郊外掃墓，並且常常進行野餐。她們也把大量時間消磨在慢條斯理地梳妝打扮上。**圖版3**爲《女史箴》畫卷的局部。有著名畫家顧愷之的題名。顧愷之主要活動於約公元四〇〇年。從圖上我們可以

看見一位宮女正在為帝妃梳頭。帝妃跪在一個座墊上，前面是一個懸有圓鏡的精巧梳妝台。請注意前面的地上還放著裝有梳妝用品的漆奩。

女眷們也一起玩各種半憑運氣的遊戲。後來也包括各種紙牌和骨牌。她們只有在吃飯時才能和丈夫見上一面；唯一能和丈夫說悄悄話的地方是在床上。正如上文所說，這種床本身就是一間小屋子。**圖版**4是顧愷之畫卷的另一局部，畫的是約公元四〇〇年時的這類床架。這是一種用木板做成的籠狀物，下半部分用硬木做成，上半部分為櫊格。前面的四塊木板有兩塊像門一樣朝外敞開，「籠子」立在一個約兩碼高的木制平台上。帳幔從頂上垂下，放下後完全看不見裡面。床前置一長條窄凳，顯然是用來放脫下的鞋子和衣衫的。圖中，那個做丈夫的人正坐在凳上，與床架內的妻子談話。

107

這種中國床架可與**圖版**5所示約公元一〇〇〇年時日本皇宮中使用的一種叫做幾帳（ki－chó）的古床相比較。此圖版是據《丹鶴圖譜》（一部表現古代服飾器物的精美套色版書集，一八四七年水野忠央印）複製。幾帳包括一個凸起的漆木台子，台子上舖有厚墊。圖版下半所示，為幾帳四周的框架，也是漆木的。帳幔舖蓋在框架上，四面下垂，有如華蓋。估計這種床的樣式當與六朝時期中國使用的床酷為相似。你會注意到，帳幔左右兩端各壓著一只青銅獅子。這些獅子是狻猊形的「地香爐」。狻猊是一種傳中半獅半龍的動物，據說喜歡煙。地香爐是用來散發香味，供經過香爐的人們潔淨衣衫。中國古文獻經常提到它。它的專門名稱是「香獸」，參看二一四頁李煜詞譯文。這裡它似乎還起著防止穿堂風把帳幔吹到一邊去的作用。在中國，地香爐已逐漸廢棄不用。但在日本卻還保留著象形的香爐，放在佛寺入口處的地板上，供朝拜者進入正堂前潔淨衣衫。

在這種單調乏味的生活中，流言蜚語、鉤心鬥角和爭吵不休

成了必不可少的消遣。女人之間的爭議大多是由太夫人裁奪。她可以命人鞭笞一個人或施以較輕的處罰。如果涉及到重大問題，就要由丈夫來出面處理。習慣法賦予他以審判權，在重大案件中，如他的妻子與男僕通奸，他可直接處死這兩個罪犯。如果他不能決斷，則可將事情提交族中長者，而如果事情發生在社會地位較低的階層，如商人和手藝人，就得求助於行會首領。

108

如果事情牽涉到其他家庭的成員，如離婚案，人們就得設法讓當事雙方的家長相互協商，妥善解決；或者，在更棘手的案子中，就得靠雙方家庭共同重的第三方從中調解。

當其他一切努力都歸於無效時，最後的辦法就是訴諸司法當局。法律是嚴苛的，訴訟程序亦如是，兩者對有可能判罪的人都有威懾力。事實上，不管一個人是原告還是被告、無罪還是有罪，只要去見官，這本身就很丟臉。人們一向認為，一個體面自尊的公民是絕不會和法律打什麼交道的⓭。

至於離婚，丈夫有權出妻，打發她回娘家。我們討論的這一時期裡，被休並不被人視為丟臉之事，當然前提是妻子沒犯大的過失。被休的妻子，或者哪怕的寡婦都常常可以改嫁。見上司馬相如一年輕寡婦私奔的例子。不過在十二世紀及以後，當儒家的道德標準確立之後，婦女離婚才被認為是恥辱，寡婦也不得改嫁。

妾會感到自己的處境更為艱難，因為她們大多出身於養不活多餘人口的窮苦家庭。因此被休的妾常常淪入那種最古老、也是當時唯一對婦女開放的營生。不過，只要她們還屬於家庭的一員，她們的地位和權利便會得到習慣法的保護，她們有充分的資格受主人保護和供養。她們的孩子也有權分得一份家產。

一個新婚妻子剛過門，難免會感到有些不自在，通常總要過一段時間才能適應新的環境。在最難適應的最初幾個月裡，丈夫不能事事袒護他，因為他不能站在她一邊來反對自己的親屬，更

不能反對父母。她也無法請娘家幫忙和出主意，因為一旦出嫁這
些關係就完全斷絕了。婚後第三天她照例回家看望一下父母（歸
寧），之後就再也不許去看他們。班昭在《女誡》中花了不少筆
墨講妻子與夫家的關係並不是憑白無故。然而，如此密切相處使
每個家庭成員都多少要懂得忍耐。在所有大家庭中通常都很講究
禮讓。這樣用不了多久，妻子就會發現自己已經完全和這個家庭
融為一體。以後當她生了孩子，特別是男孩之後，她的地位便確
保無虞。

此後，她還面臨著一種不斷進行感情調適的任務。她必須在
她對丈夫的愛與丈夫對妾的愛與責任之間找到一種雙方都能接受
的平衡；她還必須對家中女眷之間的各種好惡之情（常常帶有同
性戀色彩）拿出自己的看法。家中無疑經常會有尖銳的衝突發
生，往往釀成可怕的慘劇。但是對新老文獻的檢驗卻使我們得出
結論，有充分理由可以推斷，中國婦女一般並不比按一夫一妻制
生活的西方姐妹更為不幸。

另一方面，也沒有理由認為，中國的一般家長比只有一個妻
子的西方家長更幸福。我們按一般說法輕率談論一夫多妻制的傳
統習慣使公眾誤認後宮為男人的天堂。這對原始的不開化的社會
來說，在某種程度上也許是對的，因為在這種社會裡男人只圖肉
慾的滿足，視後宮女子如同籠中獸；但對像中國這樣高度發達的
文明來說就不適用了。在中國，妻妾都有由成文法和習慣法確定
的固定地位和法定的個人權力。家長必須尊重這些權力，並履行
對女眷的各種責任，不僅要滿足她們的性慾，經濟合理地贍養她
們，而且要在更敏感的方面，注意她們的個人感情、考慮每個人
的愛好和怪癖，並理解這些女人之間的關係。如果家長未能克盡
其責，就會發生爭吵。而家庭失和，則會使男人名聲掃地，前程
斷送。作為文官他會丟掉官職，因為不能治家者不堪委以重任的
古訓在上層統治者的頭腦中已經扎了根。而作為商人他會因此失

去信用，因爲人們都知道一個治理無方的家是資金短缺的根源。

　　我認爲房中書之所以如此經久不息地受到儒道兩家的歡迎，其主要原因是這些作愛之書滿足了眞實的需求。沒有這類書的指導，一個大家庭的家長很難應付衆多的女眷而不精疲力竭。因此公元六世紀知識界仍然公開提到這些書也就毫不足怪了。下邊我從大詩人徐陵（507～583年）答友人周弘讓（主要活動於約公元550年）書中摘引了一段：

> 　　仰披華翰甚慰，翹結承歸來天目，得肆閑居，差有弄玉之俱仙，非無孟光之同隱。優遊俯仰，極素女之經文；升降盈虛，儘軒皇之圖藝⓬，雖復考槃在阿，不爲獨宿。詎勞金液，唯飲玉泉。
>
> 　　　　　　——《徐孝穆集》，《四部叢刊》本卷七第一頁正

　　弄玉是傳說中音樂家蕭史之女友的名字，蕭史敎她吹笛子，後來雙雙乘鸞鳳仙升。孟光是漢隱士梁鴻之妻（參看《中國傳記詞典》1247）。這段文字再次證實房中書帶有插圖，並敎人們如何靠行房事而達到延年益壽等等。如下文將看到的，「飲玉泉」是一種在房事中從女子獲取陰氣的普遍說法。

　　在統治南方短命朝代的宮廷裡也有許多信奉性修煉的人。這裡我翻譯了一首當時著名詩人鮑照（約421～465年）的詩，詩中描寫了淮南王煉內丹的試驗。皇帝想從他那裡學到這些秘術，但他卻拒絕而且逃跑了。

> 　　淮南王，
> 　　好長生，
> 　　服食煉氣讀仙經。
> 　　琉璃作枕牙作盤，

金鼎玉匕合神丹。

戲紫房，

紫房彩女弄明璫，

鸞歌鳳舞斷君腸。

111

——《玉台新詠》

除了關於彩女的提法（這裡所用的彩字也是第120部字），金鼎玉匕可能也有性內涵。

應當注意的是「紫房」一詞在道家的專門術語中亦指把人體劃分為「九宮」的一部分。然而同時，它也指道士從事性修煉的地方。這同樣也適用於「玉房」和「洞房」。玉房常常見於房中書的標題中（如下文提到的《玉房秘訣》），而「洞房」則沿用至今，通常用來指新婚夫婦當夜完婚的房間。

這些房中書除教人以肉慾之愛以外，還教男人體貼女人的感情和理解女人在生活中所處的不同地位以及由此引起的各種問題。值得注意的是幾乎所有悲嘆婦女命運的詩都是出自男人之手。雖然漢代的班昭以一個女人在《女誡》中強調了女子的卑賤，可是這時卻有許多男人出來為之鳴不平。這裡我翻譯了著名文人士大夫傅玄（217～278年）作的一首詩，詩中的氣氛與班昭的《女誡》完全不同。

苦相身為女，

卑陋難再陳。

兒男當門戶，

墮地自生神。

雄心志四海，

萬里望風塵。

女育無欣愛，

　　　不爲家所珍。
　　　長大進深室，
　　　藏頭羞見人。
　　　垂沮適他鄉，
　　　忽如雨絕雲。
　　　低頭和顏色，
　　　素頰結朱唇。
　　　跪拜無複數，
　　　婢妾如嚴賓。
　　　情合雙雲漢，
　　　葵藿傾陽春。
　　　心乖甚水火，
　　　百惡集其身。
　　　玉顏隨年變，
　　　丈夫多好新。
　　　昔爲形與影，
　　　今爲胡與秦。
　　　胡秦時相見，
　　　一絕逾參辰。

　　　　　　　　　　　　　　　　　　——《玉台新詠》

　　三國和六朝時期的許多詩人喜歡以女子的口吻表達她們的痛苦，這裡我只舉出魏文帝曹丕（187～226年）。例如他寫了一首著名的離別詩〔此是劉勳妻王宋所作，非曹丕所作——譯者〕。詩中，將軍劉勳的妻子對床前的帷帳傾吐心曲。她與將軍夫妻二十載，但將軍卻愛上了另一女人，藉口她不生子將她遣送回娘家。

　　翩翩床前帳，

張以蔽光輝。

昔將爾同去，

今將爾同歸。

緘藏篋笥裡，

當復何時披。

——《玉台新詠》

　　有知識的女子還是屬於例外，一般只有藝妓才粗通文墨。這是爲什麼大部分描寫女子感情的詩仍然出於男子之手的第二個原因。《晉書》卷九六提到一位婦女，據說是個出色的詩人。她名叫蘇蕙，字若蘭，約公元三五〇年爲晉代州刺史竇滔的夫人。她的丈夫喜歡她是因她美貌而博學，但他也深愛一位能歌善舞、名叫趙陽台的妾。有一次，出於嫉妒，蘇蕙把這個妾痛笞了一頓，並且當丈夫調任時，她也拒不隨同前往。因此，她的丈夫只好帶著妾去赴任了。後來，蘇蕙悔悟了，作了一首八四一個字的回文詩，她用很小的字把詩繡好送給丈夫。他深爲這種情眞意切所感動，於是與她和解。

113

　　最後，儘管這一時期佛教對中國性生活並沒有眞正產生很大影響，我們還是不妨在這裡簡單談一下佛教。佛教於東漢初傳入中國，而大行於六朝時期。北方在拓跋人或北魏的統治下成爲佛教的中心，而在南方，先是道教佔統治地位，而後來在北方佛教宣傳不斷增長的壓力下，道教才不得不讓位。

　　佛教是大乘的形式傳入中國，其中也包括諸如曼陀羅咒語（the Mantrayāna）中帶有巫術性質的東西［曼陀羅，爲梵語思想工具之義，是印度教和佛教的咒語——譯者］。曼陀羅咒語對中國文人和老百姓都有吸引力，就好像一種改頭換面、煥然一新的道教。和尙擔任神媒、雨師、占卜師和除妖師，尼姑也從事這些活動。《晉書》卷九八中大將軍桓溫（312～373年）的傳記中

有一段很奇特的文字，描寫了一位以占卜師面目出現的尼姑。

> 時有遠方比丘尼名有道術，於別室浴，溫竊窺之。尼裸身先以刀自破腹，次斷兩足。浴竟出，溫問吉凶，尼云：「公若作天子，亦當如是（即最好放棄你的篡位之計）。」

　　此事約發生於公元三五〇年。但不幸的是，由於原書文字過於簡略，意思並不清楚，尼姑如此自殘未免矯情，但這也許是指她法力之大足以自殘而絲毫不受傷害。「遠方」的含義也不清楚。也許指印度。但她恐怕還是個中國尼姑。因為那一時期前後，洛陽和南京已建成最初的尼姑庵。舉行儀式前要沐浴淨身，然後袒露自殘，似為薩滿教的特點。

114　　中國學者對大乘密宗精心構造的哲學體係也深感興趣。這些哲學體係也包含對男女天道觀的探討。與中國的陰陽理論不無相似，它們在七、八世紀的印度發展為坦陀羅（Tantras）房中秘術［即密教房中術。坦陀羅，為梵語經咒之義，是印度教、佛教和耆那教密教派別的經文──譯者］。鑑於這一題目在本書附錄一中還要詳加討論，這裡不妨先說明一下，儘管中國的佛經研究者對中國的房中書很熟悉，但據我所知，他們卻從未提到在印度講房中秘術的書中發現過類似理論。在我看來，這一事實對證明密教在當時的印度還不存在是非常過硬的證據。

　　雖然傳入中國的佛經並未提到女人具有性秘術指導者的崇高地位，但這些書至少強調應視男女為平等。這是釋迦牟尼學說與印度教最基本的不同點一，而且正因為如此，把佛經譯成中文的人才不敢掩飾它。儘管他們也知道這種理論會激怒正統儒生。由於堅持男女平等，佛教正如道教一樣，也有利於婦女地位的提高。不過，應當注意的是，除了像婦女地位一類意識形態的重大

分歧之外，早期譯者（即截止到唐以前）儘可能不去傷害儒家的感情。例如他們掩蓋了有關作愛和娼妓的梵文段落❸。後來到了佛教鼎盛的唐代，當密教房中書從印度傳入中國，並逐漸爲中國人所接受後，這種顧忌也就沒有必要了。因此那個時期的譯文也就更能保持原文的面貌。直到南宋時期，理學大興，大肆刪改佛經才始開風氣。

現在讓我們回到本章所要討論的這一時期上來。應當補充的是，佛教的影響於六世紀衰落了。當時北周（557～581年）武帝宣布了三教是以儒教爲首，道教其次，佛教爲最後。而公元五七九年當他著手重新統一中國時，他取締了佛教，而把儒教立爲國教。

115

武帝死後，他手下的一個將軍名叫楊堅，即前面（本書第86頁）所說頑固儒生楊震的後裔，推翻北周，通過一系列戰爭，不斷擴大領土，於公元五九〇年稱帝，成爲隋朝的開國皇帝。隋朝自公元五九〇～六一八年統一著中國，朝代雖短，卻爲繼之而起的盛唐奠定了基礎。

註　釋

❶嵇康是「竹林七賢」的中心人物。有關這夥文人的詳細情況和他們的活動，可參看拙作*Hsi Káng and his Poetical Essay on the Lute*（*Monumenta Nipponica Monographs* Sophia University, Tōkyō 1941）。

❷這一事件見於兩周史料*CC* vol. I,p. 344［即《左傳》僖公二十三年——譯者］和《四部叢刊》本《國語》卷十第五頁正；後者認爲偷看裸體男人主要是負羈之妻。

❸司馬遷《史記‧封禪書》說黃帝在荆山（在陝西省）腳下鑄一銅鼎，而有一條龍從天而降，迎黃帝上天。荆山附近有一湖名鼎湖。

❹唐代有個陳夫人（娘家姓程）寫有《女孝經》（見《説郛》），明朝仁孝皇后寫有《內訓》（1405），蔣皇后寫有《女訓》（1406）。後書卷九講了產前護理的規則。《內訓》和《女訓》在日本也有很多人研究，一八三二年由德川書院出過官版。這類作品特別流行於清代。著名的有迂儒藍鼎元（1680～1733年）所作《女學》，另外， 這一時期還出現過爲數不少的《新婦譜》，所有這些書都散發著《女誡》偏執觀點的氣味。

還有一種有關的體裁，代表作是《列女傳》。《列女傳》的原書是漢代學者劉向（公元前77～前6年）所作。後來幾經擴充。書中包括許多帶有說教意味的故事，講的是爲丈夫犧牲自己的女人，寧死不肯再嫁的節婦，和爲丈夫出主意的女人，等等。大部分《左傳》中簡略記載和本書第二章中提到的古老故事，在此書皆被加以擴充改寫，賦予新的形式，以符合漢代的儒家理想。在此書後來的版本中，我要提到一部明善本，此書有著名畫家仇英所畫的大量插圖，曾由大村西崖在他的叢書《圖本叢刊會》（東京，約1923年）中逼真複製。此書有一個很好的英譯本，是A. R. O'Hara S. J.的*The position of women in early China, including translation of Lieh Nü Chuan*（ Hongkong 1955）。由於《列女傳》帶有漢代儒學的

痕跡，所以題目中的「early」（早期）如果換成「Han」（漢代）就更
好了。

❺我用的是《說郭》本。

❻引自《論語》卷七第二十九頁〔《論語・述而》──譯者〕。

❼《女憲》是一部與《女誡》性質相同、但更爲古老的書，現已失傳。

❽該文（五頁正最後一樣）有「夫」字，當屬「失」字之誤。

❾引自《論語》卷六第二頁〔見《論語・雍也》──譯者〕。

❿「玄紞」引自《國語》卷五（《四部叢刊》本十一頁背），書中說古代有德
的王后總是親織玄紞。

⓫關於古代中國的司法管理，可參看拙作 *Tángayinapishih,Parallel Cases
from under the Pear-tree, a 13th-century manual of Jurisprudence
and Detection*（ *Sinica Leidensia* vol. X, Leyden 1956）。

⓬「藝」，他本或讀屬「勢」。

⓭參看中村元的資料性論文（ The influence of Confucian ethics on the
Chinese translations of Buddhist sutras ）（ 載 *Liebenthal Festschrift,
Santiniketan 1957* ）。還有 Chou I－liang（ 周一良 ）Tantrism in Chi-
na（ 見 *Harvard Journal of Asiatic Studies* vol. VIII, 1945 ），該書附
錄R說明了菩薩作爲妓女降生的故事是怎樣變形的。

第三編

帝國的全盛時期

隋、唐和宋代，公元五九〇～一二七九年
房中書及其盛衰

第六章　隋

（公元590～618年）

隋朝的建立

短命的隋朝，其開國皇帝楊堅是個精明強幹的統治者，他在這個重歸統一的帝國中採用強有力的措施來恢復和平和秩序。他施行了一系列有效的行政改革，但對重建由讀書人擔任官職的文職部門卻建樹不大。因此，中國正史對他評價不高。

六〇四年繼位的他的兒子煬帝，和他一樣野心勃勃。但煬帝更加反覆無常，揮霍無度。他想靠恢復漢代從儒生取仕的制度來鞏固他的統治，在首都設立競爭性的考試，給成功的投考者授以「進士」。在以後的許多世紀裡，這個令人垂涎的頭銜為通往高官厚祿打開了大門。

煬帝興辦和改善了幾項龐大的公共工程，如運河網和航道。但是由於這些工程主要是靠強迫徵發勞役來完成，所以激起了人民的不滿。另外，他還修建了不少豪華宮殿和娛樂場所，也從另一方面消耗著這個尚未從動亂前朝的戰爭破壞中恢復起來的國家的經濟資源。對朝鮮進行的毫無成效而耗資巨大的遠征使得形勢更加惡化，全國各地都爆發叛亂。煬帝退居揚州宮中，縱情聲色。六一八年他被縊殺，不久叛亂的將軍之一李淵建立了唐朝。

關於煬帝的淫蕩生活流傳著許多故事。據說他讓人特製了僅

插圖4　煬帝寵妃吳絳仙畫眉圖

可睡臥一人的狹窄車廂，在裡面奸污處女。而且，他在和女人性交時，在臥榻四周設置了磨光的青銅鏡屏。堂上掛著表現裸體男女性交的繪畫❶。不過，煬帝在中國歷史學家眼中本來就聲名狼籍，所以他的淫蕩未免會被誇大。他是不止一部明代色情小說的主人公，它們淋漓盡致地描寫了他的種種風流韻事。

無論這一切究竟如何，也絕不能把腐敗宮廷中盛行的縱情聲色視為普通百姓的生活標準。我們沒有理由認為當時的道德比前朝更為敗壞。

佛教依然流行於宮廷的範圍內，但是隨著文職部門日益增長的重要性，儒學也開始重新發揮它的影響。道教則繼續風行於民間。

房中書：《洞玄子》、《房內記》

房中書仍像前幾個世紀一樣流行。與《漢書·藝文誌》不同，《隋書·經籍誌》沒有把房中術當作專門一類列出。在「醫方」類之末列有幾種房中書的書名。這裡講到的是以下八種：

1.《素女秘道經》，一卷。並《玄女經》。
2.《素女方》，一卷。
3.《彭祖養性》，一卷。
4.《序房內秘術》，一卷。葛氏撰。
5.《玉房秘訣》，八卷。
6.《新撰玉房秘訣》，九卷。
7.徐太山《房內秘要》，一卷。
8.《養生要集》，十卷。張湛撰。
〔此所引與原文順序不同。「並《玄女經》」、「葛氏撰」、「張湛撰」是原書注文——譯者〕

另外，卷三五「道經」類所列書中，有關於房中術的十三種

三十八卷，只是這些書並未列出具體書名。

122　　　上列八種，原書在中國均已失傳❷。但是，由於一個幸運的機會，第一、二、五種的較長片斷，第八種的一些段落及六朝、隋、唐房中書的大量引文卻在日本保存下來。因此，我們今天才可能根據實際的文獻對古代房中書進行討論。

　　這些片斷見於日本的《醫心方》，它是一部長達三十卷的醫學概要。這部書包括唐和更早時期幾百種中國書的摘要，由中國血統的著名醫師丹波康賴搜集分類。其書始作於九八二年，而成書於九八四年。許多世紀中，這本書僅有鈔本傳世。一八五四年，有一位供職幕府將軍後宮的日本醫師名叫多紀元堅（1857年卒），他根據最好的鈔本出版了一部考究的大開本雕版書。

　　這裡我們感興趣的是此書卷二八《房內》。該卷內容全是有關房中術的引文，它們摘自許多中國古書，其中包括房中書、古醫書、相書和醫方等。由於這些書大部分已無處可尋，所以此書具有無法估量的價值。

　　丹波康賴是個最認真的學者。他所選擇的段落完全是按購自中國的原本重印，即使是明顯的訛脫和重出之文也不加改動。日本後來的翻印者繼承了這種對於古代文獻的審慎態度（這與優秀的日本學術傳統是一致的）。他們用眉註說明訛誤之處，但保持原文的本來面目。因此，這一文本保存了唐代原本的所有特點。我們可以從這一文本與敦煌發現的同類文本如《大樂賦》（見下）的比較證明這一點，因為二者可以互證互釋。

　　研究《醫心方》的開山之作出自中國近代學者葉德輝（1864～1927年）之手，他用的是一八五四年版。葉德輝從該書卷二八中發現，有五種中國古代房中書被丹波到處引用，使他認為有可能根據這些片斷復原原書的主要部分。所以一九一四年，葉出版了《隋書》提到的以下四種：

123　　《素女經》，包括《玄女經》（上述第1種）

《素女方》（第2種）

《玉房秘訣》（第5、6種）

《玉房指要》（可能與第7種爲同書）

另外，葉德輝還輯出一種叫《洞玄子》的書。這一重要著作最早見於《唐書·經籍誌》〔此書《唐書·經籍誌》者著錄，此誤——譯者〕。馬伯樂（H. Maspéro）認爲「洞玄」就是學者李洞玄，他在七世紀中葉曾任太醫之職（參看上引《亞洲雜誌》*Journal Asiatique*馬伯樂文383頁）。如果此說不誤，則李不過是該書編者，因爲認文章風格和內容看它是出自六朝時期。

這五種房中書皆發表於葉德輝的《雙梅景闇叢書》（始編於1903年，1914年付梓）。他因此大大觸怒了當時的舊派人，使自己的學者名聲立刻掃地以盡。他是那樣不幸，甚至慘遭匪徒殺害也未能引起任何同情〔葉是1927年被長沙地區的革命群眾作為「反革命」而處決——譯者〕。這種偏執態度非常引人注目，因爲一般說來，中國學者對學術問題一向通情達理，令人讚賞。他們通常總是以文章的質量來評價一個人的學術水平，並不在意其道德上的缺點或政治上的錯誤。但唯獨性這個問題是例外。只要哪個學者膽敢就這個特殊題目寫東西，他立刻就會被嗤之以鼻。這些事實再好不過地證明了，清代的中國文人如何深深地被他們自己的性壓抑所困擾。

對於上述令人啼笑皆非的事實，值得說明的是，葉德輝也像這些敗壞他的中國文人一樣守舊。他在這本輯佚書的序言中說，他發表這些材料是爲了表明許多世紀以前中國人就知道現代西方著作中的一切。

除去對西方科學的蔑視，葉德輝的書證明，他是一個博學嚴謹的學者。這亦可從他對這五種書的處理方式得到證實。

他設想《醫心方》卷二八的三十個標題的排列順序大致表示某本古房中書的內容安排。因此，他的輯本是按這個順序排列引

文。看來幾乎所有的古房中書都被分爲六部分，即：

　　（一）開首語，論陰陽天地之道及其對雙方身體健康的重要
　　　　　性。

　　（二）描述性交前的撫摸動作。

124　　（三）性交本身。性交技術，包括可以採取的各種性交姿
　　　　　式。

　　（四）性交的治療作用。

　　（五）性伙伴的選擇、孕期護理和優生學。

　　（六）各種食譜和藥方。

　　在葉德輝的輯本中，出自同書的引文均按這一框架排列。當
然我們無法說這一輯本在多大程度上可以代表了完整的原
本。《洞玄子》讓人覺得是個足本，《素女經》和《素女方》除有
少數缺文，顯然也是完整的。這三種書著錄皆一卷，其篇帙規模
正與古書的一卷大略相當。《玉房秘訣》僅爲原本的一小部分，
因爲按《隋書》記載，它至少不下於八卷（新撰本爲九卷，《唐
書》所載爲十卷）。如果《玉房指要》與《隋書》所載的《房內秘
要》爲同書，則僅止一卷，但《醫心方》中的幾段引文卻連一卷
也不足。

　　儘管各書所錄偶書撰者名（葛氏、張湛、徐太山等），但這
些書絕非成於一人之手，所謂撰者更確切地說應是「編者」。它
們是由口訣組成。這些口訣常用詩的形式書寫，選自更早期的、
可能屬於漢代以前的作品。依我之見，假如《漢書》所載房中書
得以保存下來，它們的內容肯定應與《醫心方》所引內容是一致
的〔此說已由馬王堆帛書所證實──譯者〕。

　　除葉德輝所輯五書，《醫心方》還引有下述各書：

　　(1)《養生要集》，見《隋書》。參上一二一頁第八種。此書或
　　　　已佚失。但公元九七七年集宋代文獻大成的《太平御覽》
　　　　的引書目中卻提到了它。

(2)《千金方》，唐代醫書，參下文。

(3)《抱朴子》，即上所引葛洪之書。

(4)《太清經》，即《太清神鑑鑒》，著名古相書。

(5)《華佗針灸經》。華佗見上七一頁。

(6)《（黃帝）蝦蟆經》，討論題目同上條。

這些書被引用的很少。

　　下面是《洞玄子》的譯文〔下文是據高羅佩《秘戲圖考》卷二《秘書十種》所收《洞玄子》——譯者〕。細讀此書可令讀者對中國古代房中書的風格和內容有一大致了解。

《洞玄子》

一

　　洞玄子曰：夫天生萬物，唯人最貴。人之所以上〔葉德輝輯本無「以」字——譯者〕，莫過房慾，法天象地，規陰矩陽。悟其理者則養性延齡，慢其眞者則傷神夭壽。

二

　　至於玄女之法，傳之萬古，都具陳其梗概，仍未盡其機微。余每覽其條，思補其闕；綜習舊儀，纂此新經。雖不窮其純粹，抑得其糟粕。其坐臥舒卷之形，偃伏開張之勢，側背前卻之法，出入深淺之規，並會二儀之理，俱合五行之數。其導者則得保壽命，其違者則陷於危亡。既有利於凡人，豈無傳於萬葉？

三

洞玄子云：夫天左旋而地右回，春夏謝而秋冬襲，男唱而女和，上爲而下從，此物事之常理也。若男搖而女不應，女動而男不從，非直損於男子，亦乃害於女人，此由陰陽行很，上下了戾矣，以此合會，彼此不利。故必男左轉而女右回，男下沖女上接，以此合會，乃謂天平地成矣。

四

凡深淺遲速捌捘東西，理非一途，蓋有萬緒。若緩沖似鯽魚之弄釣，若急躉如群鳥之遇風，迸退牽引，上下隨迎，左右往還，出入疏密，此乃相持成務，臨事制宜，不可膠柱宮商，以取當時之用。

五

凡初交會之時，男坐女左，女坐男右。乃男箕坐，抱女於懷中，於是勒纖腰，撫玉體，伸燕婉，敍綢繆，同心同意，乍抱乍勤，兩形相薄，兩口相嗎。男含女下唇，女含男上唇，一時相吮，茹其津液。或緩齧其舌，或微齚其唇，或邀遣抱頭，或逼命拈耳，撫上拍下，嗎東嘔西，千嬌旣伸，百慮竟解。乃令女左手抱男玉莖，男以右手撫女玉門。於是男感陰氣，則玉莖振動，其狀也，峭然上聳，若孤峰之臨迥漢。女感陽氣，則丹穴津流，其狀也，涓然下逝，若幽泉之吐深谷。此乃陰陽感激使然，非人力之所致也。勢至於此，乃可交接。或男不感振，女無淫津，皆緣病發於內，疾形於外矣。

六

　　洞玄子云：凡初交接之時，先坐而後臥，女左男右。臥定後，令女正面仰臥，展足舒臂，男伏其上，跪於股內，即以玉莖豎拖於玉門之口，森森然，若偃松之當邃谷洞前。更拖磋勒，嗚口唧舌，或上觀玉面，下視金沟，撫拍肚乳之間，摩挲璿台之側。於是男情既惑，女意當迷，即以陽鋒縱橫攻擊，或下沖玉理，或上築金沟，擊刺於辟雍之旁，憩息於璿台之右。以上外遊，未內交也❸。

七

　　女當淫津湛於丹穴，即以陽鋒投入子宮，快泄其精，津液同流，上灌於神田，下漑於幽谷。使往來拼擊，進退揩磨，女必求死求生，乞性乞命。即以帛干拭之，後乃以玉莖深投丹穴，至於陽台，岩岩然，若巨石之擁深溪。乃行九淺一深之法，於是縱挂橫挑，傍牽側拔，乍緩乍急，或深或淺，經廿一息，候氣出入，女得快意。

128

八

　　男即疾縱急刺，磋勒高抬，候女動搖，取其緩急，即以陽鋒攻其谷實，捉入子宮，左右研磨，自不煩細細抽拔。女當津液流溢，男即須退。不可死還，必須生返。如死出大損於男，特宜慎之。

九

洞玄子云：考核交接之勢，更不出於三十法，其間有屈伸俯仰，出入淺深，大大是同，小小有異，可謂括囊都盡，採摭無遺。餘遂象其勢而錄其名，假其形而建其號。知音君子，窮其志之妙矣。

一、敍綢繆。

二、申繾綣（不離散也）〔括號內之文字，《秘書十種》本作大字，與正文同，葉德輝輯本作雙行夾注，下同——譯者〕。

三、曝鰓魚。

四、騏鰓角（已上四勢之外，遊戲皆是一等也）。

五、蚕纏綿（女仰臥，兩手向上抱男頸，以兩腳交於男背上。男以兩手抱女項，跪女股間，即內玉莖）。

六、龍宛轉（女仰臥，屈兩腳，男跪女股內，以左手推女兩腳向前，令過於乳，右手把玉莖內玉門中）。

七、魚比目❶（男女俱臥，女以一腳置男上，面相向，嗚口舌，男展兩腳，以手擔女上腳，進玉莖）。

八、鵁同心（令女仰臥，展其兩足，男騎女，伏肚上，以兩手抱女頸，女兩手抱男腰，以玉莖內於丹穴中）。

九、翡翠交（令女仰臥拳足，男胡跪，開著腳，坐女股中，以兩手抱女腰，進玉莖於琴弦中）。

十、鴛鴦合（令女側臥，拳兩腳，安男股上，男於女背後騎女下腳之上，豎一膝置女上股，內玉莖）。

十一、翻空蝶（男仰臥，展兩足，女坐男上正面，兩腳據床，乃以手助為力進陽鋒於玉門之中）。

十二、背飛鳧（男仰臥，展兩足，女背面坐於男上，女足據

床，低頭抱男玉莖，內於丹穴中）。

十三、偃蓋鬆（令女交腳向上，男以兩手抱女腰，女以兩手抱男腰，內玉莖於玉門中）。

十四、臨壇竹（男女俱相向立，嗚口相抱，以陽鋒深投於丹穴，沒至陽台中）。

十五、鸞雙舞（男女一仰一覆，仰者拳腳，覆者騎上，兩陰相向，男箕坐著玉物，攻擊上下）❺。

十六、鳳將雛（婦人肥大，用一小男共交接，大俊也）。

十七、海鷗翔（男臨床邊，擎女腳以令舉［《秘書十種》本「擎」字誤作「擊」，此據葉德輝輯本改正——譯者］，男以玉莖入於子宮之中）。

十八、野馬躍（令女仰臥，男擎女兩腳，登左右肩上，深內玉莖於玉門之中）。

十九、驥騁足（令女仰臥，男蹲，左手捧女項，右手擎女腳，即以玉莖內入於子宮中）。

二十、馬搖蹄（令女仰臥，男擎女一腳，置於肩上，一腳自擎之，深內玉莖，入於丹穴中，大興哉）。

二十一、白虎騰（令女伏面跪膝，男跪女後，兩手抱女腰，內玉莖於子宮中）。

二十二、玄蟬附（令女伏臥而展足，男居股內，屈其足，兩手抱女項，從後內玉莖；入玉門中）。

二十三、山羊對樹（男箕坐，令女背面坐男上，女自低頭視內玉莖，男急抱女腰　勒也）。

二十四、鵾雞臨場（男胡蹲床上坐，令一小女當抱玉莖，內女玉門，一女於後牽女衿裾，令其足快，大興哉）。

二十五、丹穴鳳遊（令女仰臥，以兩手自舉其足，男跪女後，以兩手據床，以內玉莖於丹穴，甚俊）。

二十六、玄溟鵬翥（令女仰臥，男取女兩腳，置左右膊上，

以手向下抱女腰，以內玉莖）。

二十七、吟猿抱樹（男箕坐，女騎男膣上，以兩手抱男，男以一手扶女尻，內玉莖，一手據床）。

二十八、貓鼠同穴（男仰臥，以展足，女伏男上，深內玉莖；又男伏女背上，以將玉莖，攻擊於玉門中）。

二十九、三春驢（女兩手兩腳俱據床，男立其後，以兩手抱女腰，即內玉莖於玉門中，甚大俊也）。

三十、秋狗❻〔原書脫「九」──譯者〕（男女相背，以兩手兩腳俱據床，兩尻相拄，男即低頭，以一手推玉物內玉門中）。

131

十

洞玄子云：凡玉莖或左擊右擊，若猛將之破陣，其狀一也。或緣上驀下，若野馬之跳澗，其狀二也。或出或沒，若游波之群鷗，其狀三也。或深築淺挑，若喙臼之鳴雀，其狀四也。或深衝淺刺，若大石之投海，其狀五也。或緩聳遲推，若凍蛇之入窟，甚狀六也。或疾縱急刺，若驚鼠之透穴，其狀七也。或抬頭拘足，若鶴鷹之揄狡兔，其狀八也。或抬上頓下，若大帆之遇狂風，其狀九也。

十一

洞玄子云：凡交接或下捺玉莖，往來，鋸其玉理，其勢若割蚌而取明珠，其勢一也。或下抬玉理，上衝金溝，其勢若剖石而尋美玉，其勢二也。或以陽鋒衝築璿台，其勢若鐵杵之投藥臼，其勢三也。或以玉莖出入，攻擊左右辟雍，其勢若五鎚之鍛鐵，其勢四也。或以陽鋒來往，研磨神田、幽谷之間，其勢如農夫之墾秋壤，其勢五也。或以玄圃、天庭兩相磨搏❼，其勢若兩崩岩

之相欽。其勢六也。

十二

　　洞玄子云：凡欲泄精之時，必須候女快，與精一時同泄。男須淺拔，游於琴弦、麥齒之間。陽鋒深淺，如孩兒含乳。即閉門內想，舌拄下顎，蹋脊引頭，張鼻歙肩，閉口吸氣，精便自上，節限多少，莫不由人。十分之中，只得泄二三矣。　132

十三

　　洞玄子云：凡欲求子，候女之月經斷後，則交接之。一日三日爲男，四日五日爲女，五日以後，徒損精力，終無益也。交接泄精之時，候女快來，須與一時同泄，泄必須盡。先令女正面仰臥，端心一意，閉目內想，受精氣。故老子曰◉：夜半得子爲上壽，夜半前得子爲中壽，夜半後得子爲下壽。

十四

　　凡女懷孕之後，須行善事，勿視惡色，勿聽惡語，省淫慾，勿咒詛，勿罵詈，勿驚恐，勿勞倦，勿妄語，勿憂愁，勿食生冷醋滑熱食，勿乘車馬，勿登高，勿臨深，勿下板，勿急行，勿服餌，勿針灸。皆須端心正念，常聽經書，遂令男女如是，聰明智慧，忠眞貞良，所謂敎胎者也。

十五

　　洞玄子云：男年倍女損女，女年倍男損男。

133　　交接所向，時日吉利，益損順時，效此大吉。

春首向東，夏首向南，秋首向西，冬首向北。

陽日益（只日是），陰日損（雙日是）。

陽日益（子時已後午前是），陰時損（午時已後子前是）。

春甲乙，夏丙丁，秋庚辛，冬壬癸❾。

十六

禿雞散，治男子五勞七傷，陰痿不起，爲事不能。蜀郡太守呂敬大年七十服藥，得生三男。長服之，夫人患多，玉門中疹，不能坐臥，即藥棄庭中，雄雞食之，即起上雌雞，連日不下，喙其冠，冠禿，世呼爲禿雞散，亦名禿雞丸方。

　　　　肉縱容三分

　　　　五味子三分

　　　　兔絲子三分

　　　　遠志三分

　　　　蛇床子四分

右五味物，搗篩爲散，每日空腹酒下，方寸匕，日再三，無敵不可服。六十日可御四十婦。又以白蜜和丸如梧子，服五九日，再以知爲度。

134　　鹿角散，治男子五勞七傷，陰痿不起，卒就婦人，臨事不成，中道痿死，精自引出，小便餘瀝，腰背疼冷方。

　　　　鹿角

　　　　柏子仁

　　　　兔絲子

　　　　蛇床子

　　　　車前子

　　　　遠志

　　五味子

　　縱容（各四分）

長陰方

　　肉縱容三分

　　海藻二分

　　右搗篩爲末，以和正月白犬肝汁，塗陰上三度，平旦新汲水洗卻，即長三寸，極驗。

　　療婦人陰寬，冷急小交接而快方。

　　石硫黃二分

　　靑木香二分

　　山茱黃二分 [葉德輝輯本「 山茱黃 」作「 山茱萸 」——譯者]

　　蛇床子二分

　　右四味搗篩爲末，臨交接，內玉門中少許，不得過多，恐撮孔合。

　　又方，取石硫黃末三指撮，內一升湯中，以洗陰，急如十二三女。

　　作爲上述《洞玄子》譯文的補充，現在讓我們考察一下《醫心方》卷二八的內容。下面讀者將看到此書的一些選段，它們是按卷二八所分的三十個標題排列。

　　在原書中，所有引文的前面都標有出處。它們大部分引自下列四種房中書：

　　《素女經》

　　《玉房秘訣》

　　《玉房指要》

　　《玄女經》

135

《房內記》

《醫心方》第二十八卷

一、至理

　　《素女經》：「黃帝問素女曰：『吾氣衰而不和，心內不樂，身常恐危，將如之何？』

　　「素女曰：『凡人之所以衰微者，皆傷於陰陽交接之道。夫女之勝男，猶水之滅火，知行之如釜鼎，能和五味以成羹臛。能知陰陽之道，悉成五樂；不知之者，身命將夭，何得歡樂，可不慎哉！』

　　「素女云：『有采女者，妙得道術。王使采女問彭祖延年益壽之法。彭祖曰：愛精養神，服食眾藥，可得長生。然不知交接之道，雖服藥無益也。男女相成，猶天地相生也。天地得交會之道，故無終竟之限；人失交接之道，故有夭折之漸。能避漸傷之事，而得陰陽之術，則不死之道也。』

　　「采女再拜曰：『願聞其教。』

　　「彭祖曰：『道甚易知，人不能信而行之耳。今君王御萬機治天下，必不能修爲眾道也。幸多後宮，宜知交接之法。法之要者，在於多御少女，而莫數泄精，使人身輕，百病清除也』。」

　　下面一段是講漢武帝。這段話並未被葉德輝收入他的輯本當中，也許是因爲他認爲這些文字是後人竄入。必須注意的是第五、六世紀中道家學者寫了不少東西，託言漢代，以顯其說。這些偽記之書大多都是講漢武帝（公元前140年～前87年）。正如我們在上第四章所述，這位皇帝醉心於道家煉丹和長生不老，曾延請一批自稱有御老之方和神奇之術的方士進宮。

　　這些偽書中最出名的是」漢武帝內傳》，其書傳爲漢代著名學者班男（32～92年）所作，但實際作於五、六世紀間。此書是

136

以典型六朝綺麗文風描寫武帝如何接受道家女神西王母的拜訪，及西王母如何向他傳授長壽之方，事在元封元年或公元前一一〇年。雖然此書沒有直接提到房中術，但常常間接提到它，並稱此類秘術在四千年裡一度只是由女人傳給女人。

在明朝末年（1644年）以前的許多世紀中，房中書一直把上述日期說成是性交秘術外泄、通過武帝傳給男人的日子。除西王母，房中書還提到武帝群臣中一位　授這些秘術的指導者。《醫心方》所引《素女經》的這段話與《神仙傳》（傳為葛洪所作，但實際作於唐代）卷五《巫炎》相似。《素女經》的引文是：

《素女經》：「漢駙馬都尉巫子都年百卅八，孝武巡狩，見子都於渭水之上，頭上有異氣，鬱鬱高丈餘。帝怪而問之東方朔，相對曰：『此君有氣通理天中，施行陰陽之術。』上屏左右問子都。子都曰：『陰陽之事，公中之秘，臣子所不言，又能行之者少，是以不敢告。臣受之陵陽子，時年六十五矣，行此術來七十二年。諸求生者當求所生，貪女之容色，極力強施，百脈皆傷，百病並發也』。」

在這段講歷史的話之後，書中有段話是引自《玉房指要》。這段話與本書第九五頁所譯葛洪關於黃帝御衆女的話極為相似。

《玉房指要》：「彭祖曰：『黃帝御千二百女而登仙，俗人以一女而伐命。知與不知，豈不遠耶？知其道者，御女苦不多耳，不必皆須有容色姸麗也，但卻得年少未生乳而多肌肉者耳。但能得七八人，便大有益也』。」

《素女經》：「黃帝問素女曰：『今欲長不交接，為之奈何？』素女曰：『不可。天地有開闔，陰陽有施化，人法陰陽，隨四時。今欲不交接，神氣不宣布，陰陽閉隔，何以自補？練氣數行，去故納新，以自助也。玉莖不動，則辟死其舍。所以常行以當導引也。能動而不施，所謂還精。還精補益，生道乃著』。」

接下去是一段本書第九五頁引用過的《抱朴子》之文然後是
《洞玄子》的第一、二條。

二、養性

這一題目下的引文主要是強調與許多女子性交以補益男子的
元氣。我只翻譯一段。

《玉房秘訣》：「青牛道士曰：『數數易女，則益多，一夕
易十人以上，尤佳。常御一女，精氣轉弱，不能大益人，亦使女
瘦瘁也』。」

上引馬伯樂書三九五頁註2，認爲「青牛道士」即三世紀的
封衡道人。

三、養陰

這一段很奇特，主要是講道家的房中秘術。例如它講到女人
如何通過性交，採男之陽而化爲男子。我們將在本章最後另外翻
譯和討論它。

四、和志

此段開頭爲《洞玄子》的第三、四、五條。接下去爲他書引
文：

《素女經》：「黃帝曰：『今欲強交接，玉莖不起，面慙意
羞，汗如珠子，心情貪欲，強助以手，何以強之，願聞其道。』
素女曰：『帝之所問，衆人所有，凡欲接女，固有經紀，必先和
氣，玉莖乃起。』」（接下去是一段關於性交前準備活動的說
明，類似《洞玄子》第三節。）

　　《玉房指要》：「道人劉京言：『凡御女之道，務欲先徐徐嬉戲，使神和意感，良久乃可交接。弱而內之，堅強急退，進退之間，欲令疏遲，亦勿高投擲，顛倒玉藏，傷絕絡脈，致生百病也。但接而勿施，能一日一夕數十交，而不失精者，諸病甚愈，年壽日益。』」

139

　　《玄女經》：「黃帝曰：『交接之時，女或不悅，其質不動，其液不出，玉莖不強，小而不勢，何以爾也？』玄女曰：『陰陽者，相感而應耳。故陽不得陰則不喜，陰不得陽則不起』。」

五、臨御

　　此節的大部分篇幅爲《洞玄子》的第六、七、八條，下面是一段《素女經》的引文，這裡未譯。

六、五常

　　這是一小篇美化男性生殖器的話，引自《玉房秘訣》。未譯。

七、五征

　　從本節開頭第一段話看來，此節與第八、九節是一個整體。這三段話是講性交過程中女性體驗的外在表現。全文翻譯如下。
　　《玉房秘訣》：「黃帝曰：『何以知女之快也？』素女曰：『有五征五慾，又有十動，以觀其變，而知其故。』夫五征之候：
　　「一曰面赤，則徐徐合之；二曰乳堅鼻汗，則徐徐內之；三

140

曰嗌乾咽唾，則徐徐搖之；四曰陰滑，則徐徐深之；五曰尻傳液，則徐徐引之。」

八、五慾

「素女曰：『五慾者以知其應：一曰意慾得之，則屏息屏氣；二曰陰慾得之，則鼻口兩張；三曰精慾煩者，則振掉而抱男；四曰心欲滿者，則汗流濕方裳；五曰其快慾之甚者，則身直目眠。』」

九、十動

「素女曰：『十動之效：一曰兩手抱男者，欲體相薄陰相當也；二曰伸其兩腿者，切磨其上方也；三曰張腹者，欲其淺也；四曰尻動者，快喜也；五曰舉兩腳拘男者，欲其深也；六曰交其兩股者，內痒淫淫也；七曰側搖者，欲深切左右也；八曰舉身迫男，淫樂甚也；九曰身布縱者，支體快也；十曰陰液滑者，精已泄也。見其效以知女之快也。』」

十、四至

《玄女經》：「黃帝曰：『意貪交接而莖不起，可以強用不？』玄女曰：『不可矣。夫欲交接之道，注四至，乃可致女九氣。』黃帝曰：『何謂四至？』玄女曰：『玉莖不怒，和氣不至；怒而不大，肌氣不至；大而不堅，骨氣不至；堅而不熱，神氣不至。故怒者精之明，大者精之關，堅者精之戶，熱者精之門。四氣至而節之以道，開機不妄開，精不泄矣。』」

十一、九氣

《玄女經》：「黃帝曰：『善哉！女之九氣，何以知之。』玄女曰：『伺其九氣以知之。女人大息而咽唾者，肺氣來至；鳴而吮男者，心氣來至；拘而持男者，脾氣來至；陰門滑澤者，腎氣來至；殷勤咋男者，骨氣來至；足拘男者，筋氣來至；撫弄玉莖者，血氣來至；持弄男乳者，肉氣來至。』」（原注：今檢諸本無一氣）

十二、九法

《玄女經》：「玄女曰：『九法第一曰龍翻，令女正偃臥向上，男伏其上，股隱於床，女舉其陰以受玉莖，刺其谷實，又攻其上，疏緩搖動，八淺二深，死往生返，勢壯且強，女則煩悅，其樂如倡，致自閉固，百病消亡。』

第二曰虎步，令女俯俛，尻仰首伏，男跪其後，抱其腹，乃內玉莖，刺其中極，務令深密，進退相薄，行五八之數，其度自得，女陰閉張，精神外溢，畢而休息，百病不發，男益盛。

第三曰猿搏，令女偃臥，男擔其股，膝還過胸，尻背俱舉，乃內玉莖，刺其臭鼠，女煩動搖，精液如雨，男深案之，極壯且怒，女快乃止，百病自愈。

第四曰蟬附，令女伏臥，直伸其軀，男伏其後，深內玉莖，小舉其尻，以扣其赤珠，行六九之數，女煩精流，陰裡動急，外爲開舒，女快乃止，七傷自除。

第五曰龜騰，令女正臥，屈其兩膝，男乃推之，其足至乳，深內玉莖刺嬰女，深淺以度，令中其實，女則感悅，軀自搖舉，精液充溢，乃深極內，女快乃止，行之勿失精力百倍。

第六曰鳳翔，令女正臥，自舉其腳，男跪其股間，兩手據

席，深內玉莖，刺其昆石，堅熱內率，令女動作，行三八之數，尻急相薄，女陰開舒，自吐精液，女快乃止，百病消滅。

第七曰兔吮毫，男正反臥，直伸腳，女跨其上，膝在外邊，女背頭向足，據席俛頭，乃內玉莖，刺其琴弦，女快，精液流出如泉，欣喜和樂，動其神形，女快乃止，百病不生。

第八曰魚接鱗，男正偃臥，女跨其上，兩股向前，女徐內之，微入便止，才授勿深，如兒含乳，使女獨搖，務令持久，女快男退，治諸結聚。

第九曰鶴交頸，男正箕坐，女跨其股，手抱男頸，內玉莖，刺麥齒，務中其實，男抱女尻，助其搖舉，女自感快，精液流溢，女快乃止，七傷自愈。』」

十三、三十法

此節全爲《洞玄子》第九條。

十四、九狀

此節全爲《洞玄子》第十條。

十五、六勢

《洞玄子》第十一條。

十六、八益

《玉房秘訣》：「素女曰：『陰陽有七損八益。一益曰固精。令女側臥張股，男側臥其中，行二九數，數卒止，令男固

精，又治女子漏血，日再行，十五日愈。

二益曰安氣。令女正臥高枕，伸張兩腿，男跪其股間刺之，行三九數，數畢止，令人氣和，又治女門寒，日三行，二十日愈。

三益曰利藏。令女人側臥，屈其兩股，男橫臥卻刺之，行四九數，數畢止，令人氣和，又治女門寒，日四行，二十日愈。

四益曰強骨。令女人側臥，屈左膝，伸其右腿，男伏刺之，行五九數，數畢止，令人關節調和，又治女閉血，日五行，十日愈。

五益曰調脈。令女側臥，屈其右膝，伸其左腿，男據地刺之，行六九數，數畢止，令人脈通利和，又治女門辟，日六行，二十日愈。

六益曰畜血。男正偃臥，令女戴尻跪其上，極內之，令女行七九數，數畢止，令人力強，又治女子月經不利，日七行，十日愈。

七益曰益液。令女人正伏舉後，男上往，行八九數，數畢止，令人骨塡。

八益曰導體。令女正臥，屈其腿，足迫尻下，男以腿跨之，以行九九數，數畢止，令人骨實，又治女陰臭，日九行，九日愈。』」

144

此段是道家數字巫術的一個極好例子。陽用奇數表示，故月經後一、三、五日懷胎爲子，月經後二、四日懷胎爲女。最能代表陽的數字是九，因爲它是十以下最大的奇數。十一或九九相乘，往往被稱爲「全陽」。

值得注意的是，在上譯這段話的中文原文中，戳刺的次數是用九的二倍、三倍，直到九的九倍或達到「全陽」來表示。另外，戳刺的次數還與每天交接的次數相應：每天兩次爲二九十八下，每天三次爲三九二十七下等。

十七、七損

此節大意略同上節。這裡譯出其中的第六條，略示其意。

《玉房秘訣》：「六損謂百閉。百閉者，淫佚於女，自用不節，數交失度，竭其精氣，用力強瀉，精盡不出，百病並生，消渴目冥冥。治之，令男正臥，女跨其上，前伏據席，令女內玉莖，自搖，精出止，男勿快，日九行，十日愈。」

145

十八、還精

《玉房秘訣》：「采女問曰：『交接以瀉精爲樂，今閉而不瀉，將何以爲樂乎？』彭祖答曰：『夫精出則身體怠倦，耳苦嘈嘈，目苦欲眠，喉咽乾枯，骨節解墮，雖復暫快，終於不樂也。若乃動而不瀉，氣力有餘，身體能便，耳目聰明，雖自抑靜，意愛更重，恆若不足，何以不樂耶？』」

「又云：黃帝曰：『願聞動而不施，其效何如？』素女曰『一動不瀉，則氣力強；再動不瀉，耳目聰明；三動不瀉，衆病消亡；四動不瀉，五神咸安；五動不瀉，血脈充長；六動不瀉，腰背堅強；七動不瀉，尻股益力；八動不瀉，身體生光；九動不瀉，壽命未央；十動不瀉，通於神明』。」

《玉房指要》：「能一日數十交而不失精者，諸病皆愈，年壽日益，又數數易女，則益多，一夕易十人以上，尤佳。」

「又云：《仙經》曰：『還精補腦之道，交接精大動欲出者，急以左手中央兩指，卻抑陰囊後大孔前，壯事抑之，長吐氣，並喙齒數十過，勿閉氣也，便施其精，精亦不得出，但從玉莖覆還上，入腦中也。此法仙人呂相授，皆欽血爲盟，不得妄傳，身受其殃。』」

此節以《千金方》所引膏火之喻作結，見本書第七章第一九五頁所譯。

十九、施瀉

146

《玉房秘訣》：「黃帝問素女曰：『道要不欲失精，宜愛液者也。即欲求子，何可得瀉？』素女曰：『人有強弱，年有老壯，各隨其氣力，不欲強快，強快即有所損。故男年十五。盛者可一日再施；瘦者可一日一施；年二十盛者，日再施，羸者可一日一施；年三十盛者，可一日一施，劣者二日一施；四十盛者，三日一施，虛者四日一施；五十盛者，可五日一施，虛者可十日一施；六十盛者，十日一施，虛者二十日一施；七十盛者，可三十日一施，虛者不瀉』。」

《養生要集》：「道人劉京云：『春天三日壹施精，夏及秋當一月再施精，各當閉精勿施。夫天道多藏其陽，人能法之，故得長生，各一施，當春百』。」

此節還引有下第七章所譯《千金方》的一段文字和《洞玄子》第十二條。

二十、治傷

《玉房秘訣》：「沖和子曰：『夫極情逞欲，必有損傷之病，斯乃交驗之著明者也。既以斯病，亦以斯愈，解醒以酒，足為喻也』。」

以下幾段是講因身體不佳進行性交引起疾病，如何按特定方式進行性交來治愈。原書訛誤較甚，故譯文頗多猜測。這裡譯出一段，略示其意。

「巫子都曰：『令人目明之道，臨動欲施時，仰頭閉氣，大

148

插圖5 母親和她的兩個孩子

呼嗔目左右視，縮腹還精氣，令人百脈中也』。」

　　到本節末，訛誤較少。這裡翻譯了其中的倒數第二段。　　147

　　《玉房秘訣》：「夫陰陽之道，精液爲珍，即能愛之，性命可保。凡施寫之後，當取女氣以自補，復建九者內息九也，厭一者以左手煞陰下，還精復液也。取氣者九淺一深也，以口當敵口，氣呼以口吸，如此三反複淺之，九淺一深。九九八十一，陽數滿矣。」

二十一、求子

　　此節以《千金方》的兩段引文開始。然後是同書第十五、十六和十七條，將在下第七章討論。這裡翻譯了《產經》的一段引文。

　　「黃帝曰：『人之始生，本在於胎合陰陽也。夫合陰陽之時，必避九殃。九殃者，日中之子生則歐逆，一也；夜半之子，天地閉塞，不瘖則聾盲，二也；日蝕之子，體戚毀傷，三也；雷電之子，天怒興威，必易服狂，四也；月蝕之子，與母俱凶，五也；虹霓之子，若作不祥，六也；冬夏日至之子生，害父母，七也；弦望之子，必爲亂兵風盲，八也；醉飽之子；必爲病癲疽痔有瘡，九也。』」

　　下面兩段還詳細論述了氣候條件和父母的身體狀況如何影響　　149
胎兒的發育。接下去的引文是論述應當採用什麼方式性交以受孕。

　　《玉房秘訣》：「素女曰：『求子法自有常體，清心遠慮，安定其襟抱，垂虛齋戒。婦人月經後三日，夜半之後，雞鳴之前，嬉戲令女盛動，乃往從之，適其道理，同其快樂，卻身施寫下精，欲得去玉門入半寸，不爾過子宮，千萬勿過遠至麥齒，遠則過子門，不入子戶。若依道術，有子賢良而老壽也。』」

「彭祖曰：『求子之法，當蓄養精氣，勿數施舍，以婦人月事斷絕潔淨三五日而交有子，則男聰明才智，老壽高貴，生女淸賢配貴人。』」

此節末尾為《洞玄子》第十三、十四節。

二十二、好女

此節開頭是一小段《玉房秘訣》的引文。然後是下述引文。

《玉房秘訣》：「欲御女須取少年，未生乳，多肌肉，絲發小眼，眼睛白黑分明者。面體濡滑，言語音聲和調，其四肢百節之骨皆欲令沒，肉多而骨不大者，其陰及腋下不欲令有毛，有毛當令細滑也。」

接下去是古相書《大淸經》的引文。

「黃帝曰：『入相女人云何謂其事？』素女曰：『入相女人，天性婉順，氣聲濡行，絲髮黑，弱肌細骨，不長不短，不大不小，鑿孔欲高，陰上無毛，多精液者，年五五以上，三十以還，未生產者。交接之時，精液流漾，身體搖動，不能治定，汗流四逶，隨人舉止，男子者雖不行法，得此人由不為損。』」

二十三、惡女

《玉房秘訣》：「若惡女之相，蓬頭䯾面，槌項結喉，麥齒雄聲，大口高鼻，目精渾濁，口及頷有毫毛似鬢髮者，骨節高大，黃髮少肉，陰毛大而且強，又多逆生，與之交會，皆賊損人。

「女子肌膚粗不御，身體瘰瘦不御，常從高就下不御，男聲氣高不御，年過四十不御，心腹不調不御，逆毛不御，身體常冷不御，骨強堅不御，卷髮結喉不御，腋偏臭不御，生淫水不

御。」

《大清經》：「相女之法，當詳察其陰及腋下毛，當令順而濡澤，而反上逆，臀脛毛粗不滑澤者，此皆傷男，雖一合而當百也。」

接下去是此書的另一條引文。講陰陽人。

「女子陰男形，隨月死生，陰雄之類，傷男尤劇，赤髮醋面，癃瘦固病無氣，如此之人，無益於男也。」

二十四、禁忌

《玉房秘訣》：「沖和子曰：『《易》云：天垂象見吉凶，聖人象人。《禮》云：雷將發聲，生子不成，必有凶突。斯聖人作誠，不可不深慎者也。若夫天變見於上，地窯作於下，人居其間，安得不畏而敬之？陰陽之合，尤是敬畏之大忌者也』。」

「彭祖云：『消息之情，不可不去，又當避之大寒大熱，大風大雨，日月蝕，地動雷電，此天忌也。

「醉飽喜怒，憂悲恐懼，此人之忌也。

山川神祇社稷井灶之處，此地忌也。

既避三忌，犯此忌者，既致疾病，子必短壽。」

「彭祖云：『奸淫所以使人不壽者，未必鬼神所爲也。或以粉內陰中，或以象牙爲男莖而用之，皆賊年命，早老速死。』」

然後是關於其他禁忌的幾段引文，包括禁女人月經期間、重病後或憋尿時與之性交。書中還引用了《洞玄子》第十五條第一行。我譯了以下這段奇特的話。

「《素女經》曰：『五月十六日，天地牝牡日，不可行房，犯之，不出三年必死。何以知之？但取新布一尺，此夕懸東牆上，至明日視之，必有血，切忌之。』」

在《洞玄子》的其他引文之後，緊接下去是《千金方》的引

151

152 文。由於類似信仰亦見於其他國家，故這一引文會使人類學家發生興趣。

「凡熱病新瘥，及大病之未滿百日，氣力未平復，西以房室者略無不死。熱病房室名爲陰陽易之病，皆難治多死。近者有士大夫，小得傷寒，瘥以十餘日能乘馬行來，自謂平復，以房室即以小腹急痛，手足拘拳而死。」

「治之方，取女褲衣附毛處燒，服方寸匕，日三。女人病，可取男褲如此法。』」

二十五、斷鬼交

《玉房秘訣》：「采女云：『何以有鬼交之病？』彭祖曰：『由於陰陽不交，情欲深重，即鬼魅假象，與之交通。與之交通之道，其有勝自於人，交則迷惑。諱而隱之。不肯告以爲佳，故至獨死而莫之知也。

若得此病，治之法，但令女與男六，而男勿寫精，晝夜勿息，不過七日必愈。若身體疲勞，不能獨御者，但深按勿動，亦善也。不治之，煞人不過數年也。

欲驗其事實，以春秋之際，入於深山大澤間，無所雲爲，但遠望極思，唯念交會陰陽。三日三夜後，則身體翕然寒熱，心煩目眩。男見女子，女見男子，但行交接之事，美勝於人，然必病

153 入而難治』。」

二十六、用藥石

此節開列了許多丸散處方，包括治愈五勞七傷、陰痿不起及其他與房事有關的病痛。由於這些處方和處方包括的藥味與《洞玄子》書末所列非常相近，所以這裡只翻譯了其中特別有趣的一

段。

　　這是一段出自古醫書《銀驗方》的奇特引文。該書逐字引用了一篇與辦案有關的文書，即一貴族婦人殺死其男奴的供詞。書中插入這一文書，是因爲它提到一種使人返老還童、精力旺盛的方子。我們還很難斷定這一文書的眞實用意，這個女人提到這個藥方也許是爲了引起辦案者的好奇，因而對其案情有所寬赦。

　　「益多散。『女子臣妾再拜上書皇帝陛下，臣妾頓首頓首，死罪死罪。愚聞上善不忘君。

　　「妾夫華浮年八十房內衰，從所知得方。」

　　「方用：

　　　生地黃，洗薄切一廿，以清酒漬令浹。

　　　浹乃千搗爲屑十分。

　　　桂心，一尺准二分。

　　　甘草，五分炙。

　　　術，二分。

　　　乾柒，五分。」

　　「凡五物，搗末下篩治合後食，以酒服方寸匕，日三。」

　　「病華浮合此藥，未及服之，沒。故浮有奴，字益多，年七十五，病腰屈發白，橫行傴僂，妾怜之，以葯與益多，服廿日腰申，白髮更黑，顏色滑澤，狀若卅時，妾有婢字番息、謹善二人，益多以爲妻，生男女四人。益多出飲酒醉歸，趣取謹善，謹善在妾傍臥，益多追得謹善，與交通，妾覺，偷益多，氣力壯動，又微異於他男子。妾年五十房內更開，而懈怠不識人，不能自絕斷女情，爲生二人。益多與妾、番息等二人，合陰陽無極。時妾識恥與奴通，即煞益多。折脛視，中有黃髓更充滿，是以知此方有驗。陛下御用膏，髓隨而滿，君宜良方。臣妾死罪，稽首再拜以聞。」

　　此節末尾是幾個使男人陰瘺之方，可使正常男人變爲閹人。

在這些處方中，麋脂的作用最突出，據說對男子的性能力影響極大，切不可近之。

二十七、玉莖小

此節包括《洞玄子》第十六條的處方及其他書的幾條引文。

二十八、玉門大

同上而論。

二十九、少女痛

此節包括三個治療初次性交血流不止的方子和兩個治療初次性交當時和之後疼痛不止的方子〔據原書，前者應為兩個方子，後者應為三個方子——譯者〕。

三十、長婦傷

此節包括幾個治療婦女因性交而陰戶傷痛紅腫的藥方。以及治療因性交而頭疼和下部出血的方子。

房中書的評價

上述材料反映了紀元初七個世紀裡比較重要的中國古代房中書和有關文獻的橫斷面。少數引書可能成書於八世紀（因為丹波康賴錄其書於日本在九八二年，是成書的下限），但對它們的內

容恐怕沒有多影響。第十四節所引醫書《千金方》應當屬於唐代，下章還要進一步討論。

這些材料證實了我在第三章末尾所做的論斷，即這些房中書基本上都屬於指導正常夫妻性關係的書。我說「正常」，當然是指相對於中國古代社會結構來說的正常。這些材料中談到的夫妻性關係必須以一夫多妻的家庭制度爲背景來加以考慮。在這種制度中，中等階層的男性家長有三、四個妻妾，高於中等階層的人有六至十二個妻妾，而貴族成員、大將軍和王公則有三十多個妻妾。例如，書中反覆建議男子應在同一夜裡與若干不同女子交媾，這在一夫一妻制的社會裡是鼓勵人們下流放蕩，但在中國古代卻完全屬代婚內性關係的範圍。房中書如此大力提倡不斷更換性伙伴的必要性，並不僅僅是從健康考慮。在一夫多妻制的家庭中，性關係的平衡極爲重要，因爲得寵與失寵會在閨閣中引起激烈爭吵，導致家庭和諧的完全破裂。古代房中書滿足了這一實際需要。它們對這個對男人及其妻妾的幸福健康至關重要的問題提了出來，總的說來是很明智的勸告。

這些房中書十分強調男子要理解女子的性需求和性行爲。書中以水火爲譬，向男性家長講解男子和女子性高潮前後體驗上的基本區別。接著，書中又把這一比喻用於性結合之前的準備活動，教男子在每次性交前應如何逐步使女子作好準備。書中反復告誡，如果雙方沒有達到情緒上的完全一致，男子切勿強迫自己或對方進行性行爲。

在對性行爲本身的描述中，讀者可以看到書中總是強調在每次性交中使女子達到性高潮的重要性。同樣有意義的是，書中細緻入微地描述了性交中男子如何估量女子快感程度的標誌，這可參看《醫心方》引文第七、八、九節。確實，如上所述，一般人都相信，男子用陰莖吸取達到性高潮時的女性陰道分泌物會有益於男子的性能力；而同時，制定這些規則的人心裡也確實考慮到

156　了女子得到性滿足的權利。

雖然我應照例把這些古老的中國理論留給更有資格的讀者用現代醫學加以檢驗，但在這裡值得注意的是，《醫心方》中關於「五征」的描述與金賽（A.C.Kinsey）《女性性行為》（*Sexual Behaviour of the Human Female*，費城與倫敦1953年）中的「性反應與性高潮的生理」節第六○三、六○四、六○七、和六一三頁在細節上完全一致。這應當歸功於中國古代性學家的觀察力。

當然，性交的治療作用大多是虛構的。與其說這些信念是基於生理學的事實，倒不如說是基於巫術的考慮。但是現代醫學可以同意它的總原則，即和諧一致、雙方滿意的性關係對於男女雙方的健康幸福是非常重要的。同樣，所謂一個精心安排的正常的性交過程可以治愈因性挫折或縱慾造成的各類失調，這一原則似乎也含有眞理的萌芽，尤其是應用於神經病方面的時候。

在房中書中，正如在整個古代中醫學的領域中一樣，到處都貫穿著天道觀的因素。例如，讀者可以注意講優生學的部分，注意它反覆勸告男子要根據季節變化調整性生活。另外，對性交吉利時辰的選擇和對四季性交要採取相應方向的規定（參考《洞玄子》第十五條）都是基於這樣一種信念，即男子的體能是與自然的運行緊密相聯的。

《醫心方》引文講鬼交之病的第二十五節很有趣，因爲在西方民間傳說中有許多與這一信念相同的地方。應該注意的是，這些古代文獻還未提到變人作祟的狐狸精。衆所周知，這一信念在後來的幾個世紀中在中國廣爲流傳，並在中國小說中起了重要作用。這一點在第七章末尾還會再次講到。

講藥物的部分還有待於古代中醫學研究者作進一步考察。書中提到的大部分藥材在今天中國和日本的藥店備有的藥材當中都可找到，因此可以用來進行分析。據我所知，這些古代壯陽藥並

不含有有害成分。選擇這些成分似乎是由於它們的滋補作用，比如較高的蛋白質含量；或者僅僅由於它們的外形容易使人產生聯想，如肉蓯蓉（Boschniakia glabra）形如勃起的男性生殖器。同樣鹿角也屬於後一類。而相反，明代書中提到的有害春藥，如用斑蝥（Telini fly）配的藥，就會引起慢性尿道感染。

157

最後，我不妨再說一遍，書中沒有提到性倒錯（sexual aberrations）。甚至連近似後來中國文學常見的反常現象，如給男子口交（penilinctio）、給女子口交（cunnilinctio）及肛門交（introitus per anum feminae）等，在這些早期作品中也沒有發現。

在《醫心方》所收集的引文中，有少數孤立的片斷與婚內性關係無關。它們顯然出自一部道家內丹派的房中書。在這部書中，性行爲主要被看作是延年益壽的一種手段。

這些材料把性結合說成是「戰鬥」，這一觀點在西方文獻中也廣爲人知。而中國人特有的觀點是，「勝利」屬於在性交中順利獲得對方元氣以補自己元氣的一方。

在中國的文獻中，性交往往被叫做「戰鬥」。這個比喻借自司馬遷《史記》卷六五所述著名戰略家孫子（公元前6世紀）的一則軼事，吳王命孫子用其後宮之女一百八十人示範他的戰略原則。於是孫子把她們分爲二部，各以王之寵姬一人爲「率」。操練開始，衆女子大笑，不聽指揮，孫子不顧吳王的極力反對，當場將二「率」斬首。這使吳王懂得了軍隊必須有鐵的紀律，因此欣然任命孫子爲將。用指性交的謔語如「花陣」、「吳營」都是借自這個軼事。它們帶有滑稽色彩，但並不意味著雙方應當相互仇視或彼此傷害。雖然在有些道家著作中，可以看出對異性的某種敵意，但這與道家對女性一向採取的關心體貼的態度並不一致。

《醫心方》引文的第一節首次提到道家的這類說法：

素女曰：「御敵家當視敵如瓦石，自視如金玉，若其精動，當疾去其鄉。御女當如朽索御奔馬，如臨深坑下有刃，恐墮其中。」

158　　　還有兩段《玉房秘訣》的引文，它們提到沖和子，這顯然是一部煉內丹之書的作者。

《玉房秘訣》：「沖和子曰：『養陽之家，不可令女人竊窺此術，非但陽無益，乃至損病，所謂利器假人，則壞袂莫擬也。』」

「又云：彭祖曰：『夫男子欲得大益者，得不知道女子爲善』。」

「沖和子曰：『非徒陽可養也，陰亦宜然。西王母是養陽得道之者也，一與男交而男立損病，女顏色光澤，不著脂粉，常食乳酪，而彈五弦❿，所以和心繫意，使無他欲。又云：王母無夫，好與童男交，是以不可爲世教，何必王母然哉！』」

「又云：與男交，當安心定意，有如男子之未成。須氣至乃小收，情志與之相應，皆勿振搖踊躍，使陰精先竭，其處空虛，以受風寒之疾。或聞男子與他人交接，嫉妒煩悶，陰氣鼓動，坐起惕悸，精液獨出，憔悴暴老，皆是也。將宜抑慎之。

「又云：若知養陰之道，使二氣和合，則化爲男子。若不爲男子，轉成津液，流入百脈，以陽養陰，百病消

159　　除，顏色光澤肌好，延年不老，常如少童。審得其道，常與男子交，可以絕谷，五日而不知飢也。」

「以上五條，第一、二條出《養陽》，第三、

四、五條出《養陰》。——譯者〕

說到女子化爲男子，我們的話題又回到《醫心方》第廿三節關於陰陽人的論述。

應該注意的是，蒙古人種的婦女一般說來比其他種族的婦女陰蒂發育得要小。因此中國人討厭大陰蒂，對這種生理現象充滿疑惑。從《醫心方》引文看來古代中國人認爲有些女人的陰蒂隨月圓而變大。因此人們認爲，這時她們必與（另一）女子交合，否則會死。月漸缺時，陰蒂又恢復到原來的大小，這時，她們必與男子交合，否則不能活。因此這種人兩周爲女，兩周爲男，並且據說生性極端淫蕩⓫。

政治家兼醫師褚澄（主要活動於約480年）這樣解釋陰陽人的現象：

> 男女之合，二情交暢。陰血先至，陽精後衝。血開裹精，精入爲骨，而男形成矣。陽精先入，陰血後參，精開裹血，血入居本，而女形成矣。陽氣聚面，故男子面重，溺死者必伏。陰氣聚背，故女子背重，溺死者必仰。走獸溺死者伏仰皆然。
>
> 陰陽均至，非男非女之身，精血散分，駢胎品胎之兆⓭。

明代作家徐應秋有另一種理論。他在《玉芝堂談薈》卷二中記載了不少歷史上的陰陽人。他說，他認爲陰陽人往往注定要生陰陽人，並說咸寧（275～279年）、太康（280～289年）年間男子同性戀盛行時，曾生出過許多陰陽人。

如上所述，中國人對這些不幸者深爲疑惑，視之爲「妖」，認爲他們會犯下邪惡之罪。明代作家張景在他的著名刑事案例集

160

《疑獄集》續集卷八中記錄了一個案例⓭。說是宋咸淳年間
（1265～1274年），浙江有戶人家請了一個尼姑來家教女兒繡
花。有一天發現他的女兒有了身孕。她告訴父母說那尼姑實為一
男子並與她同床，曾親口對她說：「妾有二形，逢陽則女，逢陰
則男」。父親帶尼姑見官，當堂告他誘奸其女。但尼姑矢口否
認，法官讓人驗身，證明確為女子。監獄的女看守讓赤身裸體的
尼姑躺在地上，然後讓狗去舔用鹽肉水漬過的陰部。因此，尼姑
的陰蒂遂漲大，大小和形狀皆如陰蒂。這個陰陽人才承認曾誘奸
過許多別的姑娘，終於被斬首。

變態性行為

由於《醫心方》的引文幾乎涉及到中國性關係的所有領域，
所以現在我們應當暫且放下歷史的線索，接著考察一下性倒錯，
以便為性學家提供一幅更為完整的圖景。在中國古代的普通老百
姓當中反常和病態的現象極為少見，因此對於一般讀者來說，這
種話題並不像在許多其他古代文明中那樣令人反感。

男人中的虐待狂（sadism）並不多見，清代以前的文獻只有
少數孤證。我這裡舉一個例子，是出自宋代學者魏泰（主要活動
於約1080年）所編名詩籤注集《臨漢詩話》。他說，呂士隆知宣
州，喜歡為了一點小事就鞭笞官妓。該書又說，但是後來當他愛
上一位來自杭州的名妓後，在她的請求下停止了這種行為。這件
事使著名詩人梅堯臣（1002～1060年）寫了下述諷刺詩（正是因
為這首詩，魏泰才寫了上面這件事）：

161　　　莫打鴨，
　　　　打鴨驚鴛鴦。

> 鴛鴦新向池中落，
>
> 不比孤洲老禿鶬。
>
> 禿鶬尚欲遠飛去，
>
> 何況鴛鴦羽翼長❶❹。

　　鴛鴦戲水總是成雙成對，因此在中國成爲美滿姻緣的傳統象徵。詩人提醒呂士隆（禿鶬）當心不要嚇跑了那位名妓（鴛鴦），因爲他遠不是一個標準的美男子，而她也很容易另覓新主。

　　呂士隆鞭笞妓女也許算不上真正的虐待狂，而僅僅是一種極端殘酷。在我看來，虐待狂一詞不應泛指以殘暴取樂，而是專指以施痛苦於他人而獲得性快感。中國史書記載著許多極端殘酷的例子，但是，其中僅有少數例子是說施暴者從中得到了性滿足。必須記住，東方的殘酷標準與我們不同，不論是在法庭上和軍隊裡，還是家中，爲微不足道的理由處人以酷刑是相當常見的。

　　性交中男子施痛苦於女子的情況在房中書中絲毫未見，在色情文學中也很少碰到。有一個例子見於晚明色情小說《金瓶梅》。書中描寫一男子爲提高性快感如何在性交前把三個香碼兒放在女人身上，一個在兩乳間，一個在肚子上，一個在陰阜，然後點燃〔參看《金瓶梅》譯本卷三103—104頁，又卷四59頁；係指《金瓶梅》在國外的譯本，下同——編者。〕但在這兩個例子中，女子都是自願服從的，並且該書認爲這也增加了女子的性快感。但是一般說來，即使是輕微地施痛苦於女子，像咬女子的脖頸或肩膀這類行爲也是極爲罕見的。下面我們還要提到一個例子，見於《趙后遺事》。在這方面，中國的性習俗比古印度的性習俗要好得多。在梵文房中書中有關於打、抓、咬的詳細描寫❶❺。

　　相反，女子對女子施行性虐待的情況則經常被提到。動機大多是嫉妒和對情敵的報復。我要引用的下述段落見於清代早期小

162

說《隔簾花影》第三十二回⓰。有位宋夫人發現她的丈夫在外暗地養了一個情婦。她帶上僕人找上門，把那個姑娘帶回家來。她讓人剝光姑娘身上的衣服，暴露於堂上，親自動手用馬鞭把姑娘打得渾身是血，並且剃光了她的頭髮。小說把宋夫人描寫成一個頗有男子氣的婦人，她喜歡著戎裝外出，並且武藝高強。因此宋夫人除了對她的情敵進行報復之外，還從對她的凌辱中感到性滿足，使她作爲一個女人的失敗感得到補償。我想這才是我們找到的一個虐待狂的眞正實例。還有兩個女子對女子施虐以補償其性失意的類似例子見於小說《金瓶梅》。第一個一例子是金蓮鞭笞和抓撓迎春KK（參看《金瓶梅》譯本卷一110－111頁），第二個例子是金蓮鞭笞丫環秋菊（《金瓶梅》譯本卷二62－64頁）。

　　但是這樣明顯的例子極爲少見。大多數男子對女子及女子對女子施虐都只能用當時嚴酷的法律和習俗而不是性倒錯來解釋。

　　受虐狂，即從虐待和凌辱、特別是異性的虐待凌辱中獲得性滿足，在清代以前的中國文獻中其實並不存在。我們只是從一些怕老婆的故事中略見其端倪。例如，宋代作家朱彧（約公元1100年）在他的《萍洲可談》（《說庫》本，七頁背）中提到與著名學者和官史沈活（1030～1094年）有關的一個典型例子。沈娶一婦人張氏。她常常抽打他，並揪他的鬍鬚，把他弄得滿臉是血。她還虐待他的親屬，但是沈從不與她抗辨。及張氏卒，沈鬱鬱寡歡，想投水自盡。在讚美男子氣和具有尚武精神的女主人公的清代小說當中，也可見到其他一些受虐狂的痕跡。我可以舉出十九世紀的小說《兒女英雄全傳》，在這本書裡，作者對女主人公的男子氣派和豪爽作風津津樂道。她能用手搏劍鬥打敗男人，並「像男人一樣站著撒尿」⓱〔見《兒女英雄全傳》第九回——譯者〕。

　　在本書上文和四八、六二和九二頁頁我們已對男子同性戀做過簡短討論。這裡仍須補充的是清代學者趙翼（1725～1814年）

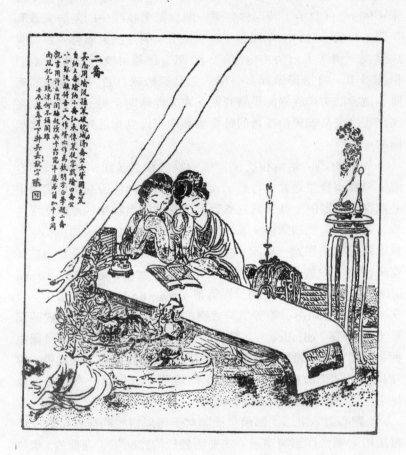

插圖6　二女共讀

在他的《陔餘叢考》卷四二中對男子同性戀的說明．他說北
宋（960～1127年）時期曾有過一個靠做男妓謀生的階層，政和
年間（1111～1117）年頒布了一項法令，對這些人處笞一百並罰
以重金。南宋（1127～1279年）時期，這種男妓仍在活動,他們
招搖過市，打扮得像婦女一樣，並且組織成行會。但趙翼補充
說，這標誌著同性戀的最盛時期，在其他時期，男子同性戀除在
文化程度很高或成份混雜的社會集團中可以見到之外，是不大明
顯的。

　　如前所述，恰恰相反，女子同性戀相當普遍，並被人們容
忍。只要不發生過頭的行為，人們認為女子同性戀關係是閨閣中
必然存在的習俗，甚至當它導致為了愛情的自我犧牲或獻身行為
時，還受到人們的讚揚。著名明代作家李漁（1611～約1680年）
曾就此題材創作過一部叫《怜香伴》的戲刻，本書下文三○二頁
還要詳述。除去普通的互慰手段如相互手淫（fricando altera
alterius pudenda）、相互弄陰蒂（tractando cltorida）、口
交（cunnilinctio）等等，同性戀的雙方可能還應用一種雙頭淫
具（double olisbos），它是一種用木頭或象牙制成的帶棱短
棍，並用兩條綢帶繫在當中。她們把此淫具放入陰道，以帶子綁
在身上，使不致脫落，儼若男子的陰莖，既使另一女子得到滿
足，也通過磨擦使自己得到快感⑮。

　　《醫心方》第二十四節也提到女子用以自慰的淫具，勸人不
可濫用。明代作家陶宗儀（主要活動於約1360年）在他的《輟耕
錄》卷十中對一種用來製造春藥和淫具的植物作有如下描述：

　　　　韃靼田地野馬或與蛟龍交，遺精入地。久之，發
　　起如筍，上豐下儉，鱗甲櫛比，筋脈連絡，其形絕類男陰，
　　名曰鎖陽。即肉從容之類。或謂裡婦之淫者就合之，一得陽
　　氣，勃然怒長。土人掘取，洗滌去皮，薄切晒乾，以充藥

貨，功力百倍於從容也[19]。

同一種類的植物顯然也見於明代色情小說《株林野史》[20]。它描寫了一種必須在使用前用熱水浸泡，讓它漲大變硬，如同男性生殖器的淫具。《株林野史》稱之為「廣東膀」。

明代小說《金瓶梅》則描寫了另一種女子用來手淫的東西，即「勉鈴」（「勉」亦作「緬」），據說「出自番兵」。這是一個空心的小銀球，在性交前放入陰道[21]。清代學者趙翼在《簷曝雜記》中這樣寫道：

> 又緬地有淫鳥，其精可助房中術，有得其淋於石者，以銅裹之如鈴，謂之緬鈴。余歸田後，有人以一鈴來售，大如龍眼，四周無縫，不知其真偽，而握入手，稍得暖之，則鈴自動，切切如有聲，置於幾案則止，亦一奇也。余無所用，乃還之。

明代學者談遷說，男人亦用此物。他在《棗林雜俎》「勉鈴」條（「器用」節最後一文）下說：

> 緬鈴，相傳鵬精也。鵬性淫毒，一出，諸牝悉避去。遇蠻婦，輒啄而求合。土人束草人，絳衣簪花其上。鵬翾之不置，精溢其上。採之，裹以重金，大僅為豆。嵌之於勢，以御婦人，得氣愈勁。然夷不外售，夷取之始得。滇人偽者以作蒺藜形，裹而搖之亦躍，但彼不搖自鳴耳。

166

上述描寫證明，「勉鈴」正是日本「琳之玉」（rin-no-tama）的原型和根源。「琳之玉」是人工製造供女子用以自慰的工具，在日本被列入「張形」（hari-kata）一類東西。「琳

之玉」常常見於西方著作的描寫，並在十八世紀應用於歐洲㉒。它們是用薄銀片做成的小球，成對使用，其中一個裝有一滴水銀，另一個裝有金屬舌，在被搖動或碰撞時會震顫發聲。把這對小球放入陰道，用薄紙團塞住，當女子移動大腿或搖動身體時，小球的搖動和聲響便會造成快感。顯然中國的「勉鈴」與「琳之玉」在構造和用法上十分相似，所謂鵬精之說當然是穿鑿附會的。看來爲這種發聲小球，中國人還起有自己特殊的名稱。小說《金瓶梅》八十三回在談及一系列性輔助工具時，在「勉鈴」的後面，也提到「顫聲嬌」，看來這只能是指發出聲響的球狀物而不可能是其他東西。

讀者會發現中國人樂於相信這樣一種假說，即所有這些輔助工具都是來自域外。所謂「韃靼田地」、「蠻兵」、「緬鈴」、「廣東膀」（這個詞是一位江蘇籍的作家所用，在他看來，廣州並不是中國本土）之稱。我們所說的「French letters」〔英俚語「避孕套」，直譯為「法國信」——譯者〕和「Letters anglaises」〔法俚語「避孕套」，直譯為「英國信」——譯者〕是與此類似的現象。

與動物自願發生性關係，而不是像本書第三章所引王建的宮女是出於強迫，這樣的獸行在淸以前的文獻中是極其罕見的。唐代學者李隱所著《瀟湘錄》提到一個叫杜修已的男人，他的妻子與一大白狗性交，生一畸形兒（見前書，《說庫》本3—4頁）。這似乎是已知最早的一個例子，因爲我在後來的文獻中所看到的所有例子均與此大同小異。

在周王國和漢帝國宮廷中盛行的亂倫很快便幾乎絕跡了。刑律把亂倫列入「禽獸行」，犯有這種罪行的人要用一種最殘酷的方法處以死刑㉓。

關於排糞尿狂的材料（scatological material）僅見於明代的一些色情小說，而且主要與性行爲有關。我指的是作者不厭其

煩、津津樂道描述精液和陰道分泌物的章節，然而這些多見於春畫而不是色情小說，比如《金瓶梅》中實際上就不大有這種描寫。該書僅有兩段關於排糞尿狂的描寫，而且寫的都是同一件事，即男子排尿在女子口中。見《金瓶梅》譯本卷三，三一二頁：「西門慶要下床溺尿，婦人還不放，說道：『我的親親，你有多少尿溺在奴口裡，替你咽了吧，省得冷呵呵的，熱身子你又下去凍著倒值了多的。』」還有「摟著睡到五更雞叫時分時分散。老婆又替他吮咂，西門慶對她說：『你五娘怎麼替我咂半夜，怕我害冷，連尿也不叫我下來溺，都替我嚥了。』老婆道：『不打緊，等我也替爹吃了就是了。』這西門慶真個把泡脬尿溺在老婆口內。」除去這類材料，排糞尿狂的材料實際上是一無所有。

古代中國人對大小便的生理反應並無禁忌。男子夜間使用的夜壺（磁或青銅制，形狀類似我們的醫用便盆）及女子的便桶公開置於臥室，使用時也不避僕人。史書記載提到，有人一邊蹲廁，一邊會朋友，並且據說許多政治家和學者都有在廁上讀書寫作的習慣。記錄這些事實的人對他們的這種工作熱情非常嘆服，顯然認爲把熱情表現在這種地點是無可非議的。

對於自然本能很少抑制同樣表現在直到明代仍存在於中國的一種習俗上，即當主人小便時，要由一名女僕陪伴，端著水盆和毛巾供主人便後淨手。直到近年，這種習俗還存在於日本的舊式茶屋中。我從中國文獻中引用兩個例子，在這兩個例子中，這種習俗都導致了性交的發生。

宋學者秦醇在他的《趙后遺事》（趙后即漢成帝之妻，公元前32～前7年）中記述了趙后追憶她與漢成帝初識的經過。當時她僅是一名侍女。

遣妾侍帝，竟承更衣之幸，下體常污御服，

妾欲爲帝浣去，帝曰：「留以爲憶。」不數日備後宮，時帝齒痕猶在妾頸。今日思之，不覺感泣。

第二個例子是中國歷史上發生在唐太子（後來的高宗，650～683年）與其父親的妃子武則天之間的一件很有名的事。當太子的的父親生病時，太子守候在病榻旁。太子暫時離開去小便，武則天陪伴著他，雙膝跪地端上一盆熱水供他洗手。於是太子故意開玩笑，把水濺到武則天的臉上，吟道：「乍憶巫山夢裡魂，陽台路隔豈無聞。」，而武則天亦和曰：「樣錦帳鳳雲會，先沐金盆雨露思。」〔原文似是意譯《如意君傳》，此據《如意君傳》還原——譯者〕。由於「雨露」包含了性聯想（見本書38頁），所以也就明顯地表達了求歡的含義。太子是否接受了這一挑逗，是個存在爭議的問題，但老皇帝死掉後，他卻真的把武則天召入後宮，後來對她寵遇非常。她就是臭名昭著的武后，下一章我們還要詳細講到她。

雖然由一個女子陪男子上廁所極爲普遍，但人們卻反對由一群美女如此侍候。《晉史》卷九八在寫到王敦（四世紀，《中國傳記詞典》2238）的傳時說，以豪奢著稱的大官石崇（《中國傳記詞典》1709）總讓十幾個艷裝美女立於廁上侍候客人「更衣」。大多數石崇的客人都反對讓這些女子在旁侍立。但王敦是個暴慢之人，竟毫不遲疑地當著這些女子脫衣。而當這些女子責罵他時，他把她們趕出了後門〔見《晉書·王敦傳》。此記述有誤，原乃「乃開後閣，驅諸婢妾數十人，並放之」，是指另一件事——譯者〕。

169　　在道家煉丹書中，有時會偶然發現用糞尿作實驗的描寫，但這些描寫顯然帶有醫學或方劑學研究的性質。就我所知，僅有一個例子可以解釋爲排糞尿狂，即《六硯齋筆記》卷四之二記第二十五題所述道士擅長控制糞便的行爲。該書是明代學者李日華（1565～1635年）的一本札記。

　　同樣我也不敢肯定明代學者楊儀（主要活動於約1540年）在他的《高坡異纂》中記錄的奇事是否可以算作排糞尿狂。他說學者李茂元（1521年爲進士）曾遊洛陽附近著名的溫泉，這是唐代楊貴妃洗澡的地方。李茂元洗澡時發現池子裡的石頭上有紅色斑點，傳說這些斑點是楊貴妃的經血。他一看到這些斑點便頓時「心動」。浴罷，他乘轎回客舍，忽見一婦人之手掀簾而入，而又突然消失。當夜有一婦人見於其室，自稱乃楊貴妃的亡魂，因其動心於石上紅斑而來。這個鬼魂到處跟著他，直到李終於病歿（《說郛》本8頁正）。這個故事可能含義頗多，我只好把他留給性學家去做恰當分析。

　　以上是我們對中國文獻各主要分支進行廣泛調查所揭示出的有關性變態的資料。讀者會同意，這些材料證明，總的看來，古代中國人的性生活應當說是正常和健康的。

註　釋

❶見《迷樓記》，唐無名氏撰，略述煬帝的放蕩生活。又唐顏師古（581～645年）《大業拾遺記》。

❷關於《素女經》和《素女方》，只有一個被刪改過的、殘缺不全的版本保存下來。其內容只不過是講一系病和治療它們的藥物。參看著名校勘學家孫星衍（1753～1818年）一八八五年《平津館叢書》中所收一八一〇年版。孫星衍還編過一本名爲《玄女經》的書（印於1884年），內容類似擇吉成婚的曆書。同樣的書亦見於《說郛》，名爲《太乙經》。《說郛》還印了《玄女房中經》。該書只不過是一個宜於行房的日期表，　錄自《千金方》。《千金方》是唐代醫師孫思邈（在第七章中還要討論）的醫學著作。　在孫星衍編的《素女經》中，某些段落尚可視爲原書佚文，但所謂與玄女有關的其他書卻與古房中書《玄女經》的原本毫無共同點。

❸一九三一年，與《醫心方》內容相仿的一本雜鈔被收入日本的《續群書類叢》中。這部雜鈔題爲《衛生秘要集》，由政治家藤原公衡（1264～1315年）編纂，並於一二八八年由醫生丹波行長進呈宮廷。它有十八節提到《洞玄子》中引用的一系列性交術語，並附有注釋和假名讀法。這些材料證明我在《秘戲戲圖考》中的有些考證是不正確的。「瓊台」是指陰蒂（日文作「雛尖」），「玉理」是指陰戶下陰唇相聯處，「金沟」　是指陰戶上部，「辟雍」指左右兩側。這裡的譯文已在相應的地方作了訂正。

❹Herbert Franke教授在他爲《秘戲圖考》一書寫的書評中指出，這個姿式是指神話中的動物「比目魚」，它由兩條魚組成，尾巴是共同的，但頭和身體是分開的。他提到一幅繪有這種動物的畫，見E. Chavannes *Mission Archeologique dans la Chine septentrionalo*，Vol.I,Plate 97。

❺《衛生秘要抄》的本子更好，因此我在《秘戲圖考》中的譯文據它做有訂正。

❻《衛生秘要抄》中「秋狗」字前加有「九」字，這尤疑是正確的，因爲它

使這介名稱與前面所述姿式相符。由于我在《秘戲圖考》一第中直譯過来的《醫心方》意又也不清楚，所以這裡我合出一介新的譯法，它根據表示狗的性交姿式的名稱做了部分猜測。

❼神話中的兩座山峰，據說爲昆侖山的一部分，神人居其上。

❽老子是哲學家，傳説是《道德經》的作者。

❾此段是指五行和曆法的相配。甲乙日屬「木」爲春。而丙丁日爲夏，屬「火」；庚辛日爲秋，屬「金」；壬癸日爲冬，屬「水」。

❿關於鼓瑟可以使人沉思的作用，參看拙作 *The Lore of Chinese Lute*，見上文68頁註［13］所述。

⓫同樣的看法也見於日本。日本用「兩形」一詞（futa－nari）表示陰陽人。

⓬參看褚澄《説郛》重印本《褚氏遺書》第一節［《四庫總目》云：「疑宋時精醫理者所著，而僞托澄以傳。」──譯者］。《褚澄傳》（《南齊書》卷二三和《南史》卷二八）説他曾任郡守，後任尚書，並娶皇帝的女兒爲妻，詳細提到其醫術有神奇療效的幾個例子。他的書中有一些引人注目的醫學理論，值得進一步研究。

⓭參看拙作 *Táng-yin-pi-shih*，pp.31－32。

⓮參看《臨漢詩話》，收入《龍威叢書》第三集卷八第二十頁背。

⓯參看Vātsyāyana的*Kāmasūtra* Part II, ch. 4,5,7及Richard Schmidt的德文譯本（Berlin 1912）p.p. 152－189。又Richard Schmidt的*Beiträge zur Indischen Erotik, das Liebesleben des Sanskritvolkes, nach den Quellen dargestellt*（Berlin 1911），p. 356－395。書中記載了一個男人殺死女人的案例。還有Kalyānamalla的Anangaranga及F.F. Arbuthnot和R.F.Burton英文譯本（Paris, Librairie Astra, s. d.）p. 112－123。後期的印度色情文學中也充满了性虐待狂的描寫。我隨便挑一段十五世紀毗濕奴派詩人Vidyāpati對Krṣṇa和Rādhā愛情故事的描寫，見Ananda Coomaraswamy和A. Sen譯：「我的愛人灼乾了我的嘴唇／在夜的慾恩下，拉户吞下了月／他用指甲撕扯我的雙乳／就像獅子撕扯一頭大象。」

⓰小説《金瓶梅》的續篇。F. Kuhn的德文譯本，名爲*Blumenschatten hi-*

nter dem Vorhang（Freiburg 1956）。這裡引用的片斷見V. Kean出版
的英文版（London 1959）p. 525。

⓱參看F. Kuhn所譯這本乏味小說的德文譯本*Die Schwarze Reiterin*（Zü-
rich 1954）p. 297。

⓲雙頭淫具見《秘戲圖考》Plate VIII所畫，其使用見用書Plate II。 看來有
意義的是，陰戶的一個相當常用的稱呼是「雞冠」。這很容易使人作出這
樣的結論，即帶雞冠樣皺褶的漲大的小陰唇在中國非常普遍，以至被人們
認爲是正常陰戶的特點。這一事實是否可以進一步證明在婦女中廣泛存在
著手淫，應由性解剖學的專家來判斷。

⓳與《酉陽雜俎》和《五雜俎》中內容相同的段落見Eberhard的《中國古代地
方文化》，p. 92。

⓴這段和相似的段落在《秘戲圖考》pp. 146－148被譯出。

㉑參看《金瓶梅》譯本vol. I, p. 222。該書中，提到「番兵」的那首詩被略
去。

㉒Richard F. Burton在他的*Arabian Nights*譯本所附後記中說:「在北京
遭劫時，後宮〔原文作the Harims，疑爲the Harems之訛——譯者〕中
放有一些小球，樣子比舊式步槍子彈稍大，用薄銀片制成，內有類似gre-
lot的活動的小銅丸， 女子把它們放入陰唇，在床上上下運動就會感到其
樂無窮。」（The Heritage Press ed., New York 1934, vol. VI p.
3770）。關於這些東西在歐洲的傳播，見Otto Stoll的*Das Geschlechtsle-*
ben in der Völkers-pychologie（Leipzig 1907, p. 995）及Joest Chri-
stian的文章*Onanisme*收入*Dictionnaire Encyclopédique des Sciences*
*Medicales*等。

㉓見拙作*T'ang－yin－pi－shih*，p. 112。

第七章　唐

（公元618～907年）

藝妓和藝妓制度

長達三個世紀之久的唐代是中國歷史上最輝煌的朝代之一。無論從政治實力上看，還是從文化成就上看，中國都無疑是當時世界上最偉大的帝國。

在唐以前的動亂年代中就已進入中國的豐富多彩的中亞、印度及其他國家的外來因素，至此已被消化，融合成為統一的、兼收并蓄的中國文化。如果說中國的國家體制是在漢代定型，那麼唐代則給中國文化打上了從此不可磨滅的印記。

唐首都長安（今西安）是個繁華城市，它是亞洲最大的文化中心之一，被中國其他城鎮爭相效仿。長安城的大小約為三〇平方英里。城市中心為包括無數院落、樓閣、佛塔、亭台、園林的宮城所佔據。宮城四周，街衢縱橫，各以著名的寺廟為界。來自世界各地的人都雲集於此。印度佛教徒與景教徒和道士摩肩而過，撒馬爾罕的商人與蘇州的絲綢商接踵而行。來自全國各地志在進取的人也雲集於此，年輕的學者為考取進士來參加三年一度的科舉考試，浪遊的武士來尋找雇主，詩人和畫家來尋找有錢的贊助人，政客們來尋找有勢力的靠山。為了招待各種各樣尋歡作樂的人，酒肆妓院盛況空前。而道德風尚卻江河日下。

正是年輕的文人爲這個縱情聲色的世界確定了基調。他們研習儒家經典，只是爲了通過科舉考試，而不是要身體力行。他們的慣例是，每一位中試的考生要在靠近皇宮東南角的妓院區平康里（也叫北里）請客。未中試的考生往往寧願留在這種氣味相投的環境裡，也不願回家去見父老鄉親的怒容。當時的文獻生動地刻畫了這個煙花世界，其中的人物類型也常常見於西方：屢試不中的考生、當舖老板、寄生食客、鄉下的土財主、妓院的保鏢、老鴇和拉客者。

北里的姑娘，從目不識丁的妓女到粗通文墨、能歌善舞的藝妓，等級不一。其中大多是從窮人家買來的，也有一些是掠來的，還有一些是自願淪落煙花界。她們一旦身陷此地，便須入籍而住進高牆深院之中，按等級分配住所。然後她們還要接受各種嚴格的職業技巧訓練，少不了要挨假母（俗稱鴇母）的鞭笞。只有受雇去官家的宴會上招待客人，或者在固定的日子裡去附近著名的保唐寺做法事，她們才可外出。每逢這些日子，名妓們乃盛裝而出，在陪媼和丫環的簇擁下前往。城中的花花公子也集於寺中，艷羨這些花團錦簇的女子，想趁機結識她們❶。

在這個奇妙複雜的天地之中，多才多藝外加美貌才是最高標準。一聯佳句便可成其大名，一個錯字便可毀其一生。由於每個藝妓和妓女都盼望被有身份的客人贖出，作妻作妾，因此都竭力迎合年輕文人心目中的這種最高標準。據說許多藝妓都擅長作詩，而且她們的詩有不少留傳下來。不過，通常這些所謂的女詩人，每人名下僅有一兩首詩，使人懷疑：她們的貢獻充其量可能只是一偶得的佳句或一巧妙的構思，只是經過喜歡獻殷勤的崇拜者加工才得以成詩。這些詩似乎只有少數是眞的，儘管它們並非上乘之作，卻也間接地使我們窺見到她們悲喜交集，流光溢彩的生活。下面我譯了一首詩，是一個藝妓所寫，她把此詩連同她的一束秀髮贈給離別的戀人。

自從別後減容光，
半是思郎半恨郎。
欲識歸來雲鬢樣，
爲奴開取縷金箱。

————《全唐詩》之二卷第五十四頁正

還有一首是平康里的著名藝妓趙鸞鸞所寫：

擾擾香雲濕未乾，
鴨領蟬翼膩光寒。
側邊斜插黃金鳳，
妝罷夫君帶笑看。

————（同上書，第六十頁背）

偶爾也能見到佳句，如藝妓徐月英（見**插圖7**）所寫的聯句：

枕前淚與階前雨，
隔個窗兒滴到明。

————（同上書，第六十一頁背）

僅有兩名藝妓留下了較有價值的詩集。一個是長安魚玄機，另一個是成都薛濤。唐代是詩的黃金時代，著名的男詩人寫下了無數詩篇，其中他們也以女子的口吻表達感情。但這些詩千篇一律，令人乏味，總是用些老套子描寫一模一樣的痛苦，常常令人感到虛偽做作。而在魚玄機和薛濤的詩裡，我們看到的卻是兩名有才華的女詩人在抒發自己的情感。在前幾個世紀中也

插圖7 唐藝妓徐月英

有幾個女子寫詩，但她們每人只留下了一兩篇詩作，況且許多學
者還懷疑它們是否可靠。可是，上面所說的這兩名藝妓所留下的
約五十篇詩作，它們的風格和內容都帶有鮮明的個性，顯然是可
靠的作品。由於她們的經歷與詩作反映了那個時代的婦女地位和
性關係，所以，我們在這裡要稍微詳細地討論一下這兩位藝妓。

　　魚玄機（約844～868年）生於首都長安的一個窮苦人家。由
於容貌美麗，擅長歌舞和追求享樂，她很快就與一伙尋歡作樂的
年輕學者打得火熱。和他們在一起，使她對文學大開眼界並開始
作詩。她很快就出了名，以至可以靠情人供養，而不必正式入籍
為娼。當她還很年輕時，有個年輕學者李億娶她為妾，赴考之後
攜她返回故里。但他的妻子不喜歡丈夫的新歡，接著是令人焦躁
不安的爭吵、調停、別離，後來他們才重新團聚。讀過她的許多
詩篇（肯定寫於這段時間），你會感到魚玄機是個個性鮮明的多
情女子，她決不輕易放棄她所鍾情的男子。她的詩顯得生動活
潑，別出心裁。她看不起當時愛情詩中慣用的陳辭濫調。這裡我
們翻譯了一首她在一次離別中寫給李億的詩：

174

> 山路敧斜石磴危，
> 不愁行苦苦相思。
> 冰銷遠硐怜清韻，
> 雪遠寒峰想玉姿。
> 莫聽凡歌春病酒，
> 休招閑客夜貪棋。
> 如松匪石盟長在，
> 比翼連襟會肯遲。
> 雖恨獨行冬盡日，
> 終期相見月圓時。
> 別君何物堪持贈，

泪落晴光一首詩。

——（《全唐詩》之二卷十第七十五頁背）

175　但是李億厭倦了這個要求甚高的女人，兩人的關係終於斷絕。魚玄機轉而對道敎發生興趣，進京城的咸宜觀當了道姑。當時許多尼庵和女道院都名聲不好。它們不僅是虔誠少女的避難所，也是寡婦和無家可歸的離婚女子的收容處，同時不願入籍爲娼而響往自由生活的放蕩女子也投奔於此。這裡常常有歡宴酒席。因爲用酒食待客有利可圖，寺院住持往往加以默認。在咸宜觀中，魚玄機遇到一位當時有名的年輕詩人溫庭筠（主要活動於850年）。他的出名不僅是因爲詩寫得好，而且也是因爲他的生活放蕩。她愛上了他，一度形影不離地伴隨他浪跡四方。但是她拴不住這個放蕩不羈的詩人，終於被他拋棄。下面是當時她寫給溫庭筠的一首詩的前半段：

苦思搜詩燈下吟，
不眠長夜怕寒衾。
滿庭木葉愁風起，
透幌紗窗惜月沈。

——（同上書，第七十六頁背）

魚玄機在咸宜觀恢復了放蕩的生活，接待所有風雅的年輕文人和官僚，有許多風流韻事。但隨著年老色衰，她的名氣漸消，有勢力的保護人紛紛離她而去。她窮愁潦倒，捲入與基層警官的糾紛之中。最後她被指控（可能是錯誤的指控）鞭打女僕至死，因而被判刑處死。

藝妓薛濤（768～831年）的個性和經歷與魚玄機形成鮮明對照。她出身於長安城中一個殷實的家庭，父親爲官，使她受到文

學方面的教育。她九歲便能賦詩。傳說有一次她父親讓她寫一首關於樹的詩，她寫了一聯：「枝迎南北鳥，葉送往來風。」其父大為不快。因為他從此聯中發現他的女兒天生有好色的氣質。父親帶她到四川省就任，竟死在那裡，這使她陷入困窘之中。由於她喜歡奢華，又有姿色，便在成都入籍為娼，不久便因才貌出眾而名聲大噪。當時的一些著名詩人遊四川，往往都要登門求見，如白居易（772～846年）及其至友元稹（779～831年）。她與後者關係更深，分手之後很久仍有書信往來。她還被唐代大將軍韋皋（745～805年）所寵愛，儼若他的夫人。韋皋在四川作了許多年節度使，他顯然給她留下了大筆財產。韋皋死後，她隱居在成都附近浣花溪之別墅，專心致志於吟詩作畫，並因發明一種詩籤而出名，後人稱之為薛濤籤。她活了很大年紀，成為四川一帶的獨領風騷之人。 176

薛濤是一個成功者的範例（見**插圖**8）。她顯然深知如何處理自己的風流韻事，並不讓激情妨礙實際利益。有一次她因醉酒而得罪元稹，便寫了十首傷感的詩給他，以表達自己的後悔和難過，重新贏得他的寵愛。她的詩比魚玄機的詩更為工巧，充滿當時的各種時髦典故，但也比較淺薄，缺乏那位道姑詩中的才智和感染力。 177

下面我譯了她謁巫山廟時寫的一首詩。她把這裡的景致與本書上文三八頁所說宋玉所做賦中的巫山相比。

> 亂猿啼處訪高唐，
> 路入煙霞草木香。
> 山色未能忘宋玉，
> 水聲猶是哭襄王。
> 朝朝夜夜階台下，
> 為雨為雲楚國亡。

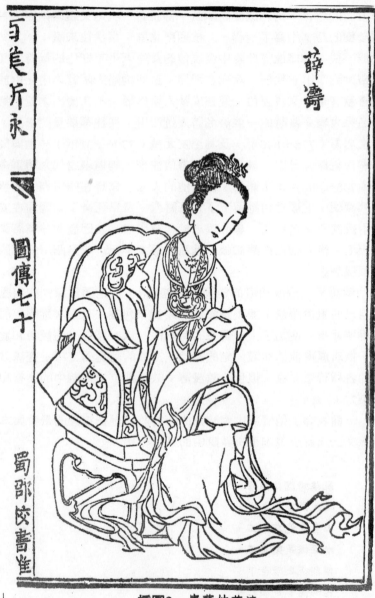

插圖8 唐藝妓薛濤

惆悵廟前多少柳，

春來空斗畫眉長。

　　　　　——（同上書，第六十三頁背）

　　藝妓的存在已經成爲一種社會制度，無論在長安還是在外　178
省，都是風雅生活不可或缺的一部分。每一位在場面上走動的官
吏和文人除妻妾外都攜帶一兩名舞女作爲隨從，這已成爲風尙。
當妻妾留在家中時，男人寧願帶這些舞女到各地去，讓她們唱歌
跳舞，爲宴會助興，和替客人斟酒，活躍談話氣氛。著名詩人李
太白就有兩名這樣的舞女，白居易前後也有好幾個舞女，甚至連
古板的儒家學者韓愈（768～824年）也有一名舞女形影不離。無
數描寫與朋友出遊的詩篇都有題目如「攜妓遊某地而作」。

　　他們趣味相投的另一個原因是這些姑娘都酒量驚人。因爲必
須指出的是，在唐代和唐代以前，酗酒是一種尙可容忍的一般缺
點。在宴會上無論男女往往都飲酒無節，甚至在宮廷和御前亦如
此，街頭常有醉漢爭吵鬥毆。就這點而言，中國的生活方式在
明、淸之際是完全改變了。酒精消耗量大爲減少，酒醉街頭被視
爲恥辱。十九世紀來華的外國人對中國的良好印象是街頭無醉
鬼，甚至港口城市也是這樣。而唐朝的情況卻遠非如此。

　　藝妓制度是由於社會原因所造成，正是這些原因使這種制度
在以後的幾個世紀中經久不衰。在第二章中，我們已經知道藝妓
制度是起源於周代，當時王公畜有成群的「女樂」；並且我們還
了解到，擁有這種「女樂」後來已成爲社會地位顯赫不可缺少的
標誌。在第三章中，我們還知道了當經濟形勢的變化使畜養女樂
嚴格限制在統治者的範圍之內時，商業性的妓院卻爲所有掏得起
錢的人提供了職業藝妓。

　　雖然藝妓的作用在不同時期側重點有所不同，但可以肯定的
是，人們首先看重的是其社會作用，其次才是在性方面的作用。

唐代文學提到藝妓，主要把她們看作是京城和大城市（仿效大都
179　市的社會風尚）中花花公子的相好；而同時在中上等階層的日常
生活中，藝妓也相當重要，但不那麼惹人注目。官吏、文人、藝
術家和商人的社會活動主要是在家外的酒樓、寺廟、妓院或風景
區進行。這類聚會不僅是在同伙中消愁解悶的主要手段，也是官
方和商業事務不可缺少的一部分。每個熱衷於為了保住或晉升職
位的官員總要頻繁不斷地不斷地宴請他的同事、上司和下屬；每
個關緷的商人也要在宴會上洽談和議定重要的買賣。唐代，妻妾
是可以參加這種聚會的（雖有某些限制）❷，但真正無拘無束的
氣氛只有靠專業藝妓才能創造出來。一個官員只要能給他的上司
或某個勢力的政客引見精心物色的藝妓便可確保升遷，一個商人
也可用同樣的手段獲得急需的貸款和重要訂貨。顯然自己的女眷
是不宜為這種隱秘的目的服務的。毋庸贅述，除去某些不同之
處，即使在現代西方社會也有這種情況存在。十三世紀後，理學
說教同蒙古佔領造成的感情因素，引起實行兩性隔離的趨勢日益
加強，在私下和公開聚會上對未經婚配的藝妓的需要便比以前更
加迫切了。

　　高級藝妓的賣淫組織得很好。妓院老板被迫統一於行會中，
向政府納稅。反過來，他們也像其他商業企業一樣有資格受到政
府的保護。如果一個女孩撕毀合同，就會受到政府起訴。儘管妓
院老板和他們的打手完全可以由自己來應付這類事情。而另一方
面，妓女們也可以告發凶殘的或不公正的主人，一般她們總是通
過某個有勢力的崇拜者插手其間來達到目的。雖然在藝妓中也有
魚玄機這樣的「業餘藝妓」，如前所述，她並不入籍為娼，而是
自己處理自己的事務，但這是例外。業餘藝妓為官方所不滿，因
為她們不受控制，也不納稅。假如魚玄機是正式入籍的職業藝
180　妓，她的官司可能不會落得如此下場。

　　藝妓被認為是一種正當職業，在社會中得到認可，並沒有什

麼不光彩。與下等娼妓相反，她們不受任何社會資格問題的限
制。每個城市都以它的藝妓爲榮，她們經常出現在一切公開的慶
祝活動中。在第八章中我們還會看到，在宋代，她們在諸如婚禮
一類儀式中也有其固定的作用。當然每個藝妓的最終目標是被一
個愛她的男人贖出，但那些找不到丈夫的藝妓照例也得養起來，
當她們年老色衰不能接客時，便留在妓院中，依靠年輕姑娘敎音
樂舞蹈爲生。

　　在註册的妓院裡，姑娘們要按才能高低來分類。主要靠色相
招客的通常是最下一等。她們只能合住一套房子，並受老板的嚴
格監督。能歌善舞和具有文學天才才能成爲上等妓女。她們大多
有自己的臥室和客廳，雖然也必須聽命於妓院老板，但享有更多
的行動自由，並且可以挑選客人。走紅的姑娘故意對求歡的客人
拿勢對老板也有好處，因爲這可以提高她們的身價，使她們在出
席宴會時可以索價更高。更有甚者，只要一個藝妓一旦出了名，
她被富有的保護人贖出的機會也增加了，這對她本人和她的老板
都有好處。

　　贖買名妓是一項破費不貲的買賣，但即使完全撇開感情的動
機不言，對買方來說，這筆買賣也是一項划算的投資。因爲聰明
伶俐的妓娘在她們參加的宴會上總是注意傾聽人們的談話，並對
這些談話表現出一種恰到好處的興趣，因而能夠搜集到許多官場
和商界的內部消息。如果她們喜歡贖她們出去的男人，她們就會
向這個男人提出許多有價值的建議。另外，如果這個姑娘曾與某
位要人有過親密關係，買妓者常常因此得到他的特殊照顧。這個
過去的保護人對現在的保護人會有一種慈父般的關心，並且樂於
幫助他。特別是如果他能順溝溜須，曲意奉承說：儘管他竭力討
她的歡心，但她總是舊情難忘……。在中國的詩中，這種描寫已
是司空見慣。

　　除去社會因素外，事實上，肉慾的滿足也是藝妓制度持續不　181

衷的原因之一，但我們仍然有充分理由認爲這是第二位的因素。
首先，那些能夠結交藝妓的人至少屬於中上階層，因此在家中也
有妻妾多人。既然如前所述，他們有義務給妻妾以性滿足，那就
很難期望一個正常的男人竟是因性慾的驅動而與外面的女人發生
性交。當然人們會有調換口味的願望，但這只能算是偶然的胡
來，並不足以說明他們與職業藝妓整天廝混的動機。瀏覽描寫這
一題材的文學作品，你會得到這樣一個印象，除了必須遵守某種
既定的社會習俗之外，男人常與藝妓往來，多半是爲了逃避性
愛，但願能夠擺脫家裡的沉悶空氣和出於義務的性關係。換句話
說，原因其實在於他們渴望與女人建立一種無拘無束、朋友般的
關係，而並不一定非得發生性關係。一個男人可以與藝妓日益親
暱，但並不一定非導致性交不可。而且如果他終於厭倦了這種關
係，他可以中止它，就像開始時一樣輕而易舉。當然在這個「風
花」世界裡，也會有狂熱的愛情出現。這種愛情往往會引起悲劇
性的衝突。但一般說來，這種糾葛只是例外。

很多男人對藝妓的這種超然態度常常使人聯想到，爲什麼在
名妓的傳記中，總是對她們的社會成就格外重視。她們的歌舞技
藝和善於應對總是被首先提到，而動人的姿色總是放在第二位。
甚至頗有一些著名的藝妓姿色並不出衆。這也說明了，在中國詩
文中，作者對他們與藝妓的關係的描寫爲什麼總是充滿傷感的情
調。這部分文學作品給人的印象是，這種關係常常帶有柏拉圖式
的味道。它還進一步說明了，爲什麼大多數崇拜者總是熱衷於長
期而複雜的求愛。顯然他們的目的與其說是與意中人同床共
寢（未能做到這一點，往往既不會使求愛者怨恨，也不會招人恥
笑），還不如說是追求一種優雅的娛樂和在風月場中揚名。

182　　　我認爲在男人與藝妓的關係中性交只佔次要地位，這一觀點
還可從高級妓女的經濟狀況得到證實。一個女孩一生有兩次可賺
大錢。第一次是在她作爲處女初入妓院掌握了接客技巧並破身之

後，爲她破身的客人必須付一大筆錢，並在女孩的屋裡舉行一次
豪華的宴會。第二次是在她被贖出時。不過，妓院的日常收入卻
是靠在妓院內包辦筵席和由藝妓在這些宴會或其他地方的宴會上
待客賺來的錢。與姑娘過夜所付的費用僅佔妓院總收入的一部
分。當然，事實上這裡也有供傾心的客人同姑娘性交的一般設
備。但儘管與下等藝妓過夜比較容易，可是要染指多才多藝的一
流藝妓，卻是件相當複雜的事。首先需要帶見面禮表示求愛，取
得老板和姑娘本人的同意。然後，謹慎的求愛者無論在什麼情況
下都要首先弄清這個姑娘是否同什麼有勢力的人發生過關係。因
爲你若想同這樣的女子睡覺，就得聽憑她的擺佈，你永遠摸不准
她是否會把這種求愛告訴她當時的保護人或如何向他講，雖然有
些保護人會認爲這是討好，但另一些人卻會認爲是冒犯。似乎老
板和姑娘都不去特意鼓勵發生性關係，因爲這類收入甚至比侍宴
的收入還少，相反的，卻會冒使姑娘生病或懷孕的危險。

關於性病，我們在第十章中將會看到：顯然梅毒是十六世紀
才傳入中國。但是這一時期的醫學文獻卻表明，在唐代和唐代以
前有一些較輕的性病存在，尤其是淋病。文中精確地描述了男女
生殖器官典型部位的慢性潰瘍、尿道狹窄和類似淋病的症狀。雖
然這些小病當時還沒有被認爲是由性交傳染，但唐代的醫生確實
認識到，正是墮落的亂交助長了傳染病的傳播。

由於藝妓會懷孕，大多數接生婆都熟諳某些殘酷的流產方
法，如果有小孩生下來，老板往往會讓人照料，雖然殺嬰也是常
見之事。所有這些因素合在一起，全都說明把客人與藝妓的性交
限制在最低限度內是很有必要的。

以上我們只講了上等藝妓。但在唐代和唐代以前可能還存在
著爲滿足平民的性需要的下等廉價妓院。然而，由於這類去處不
在文人和史學家注意的範圍之內，所以在當時的文獻中實際上並
沒有留下任何有關材料。只是在宋代和明代的文獻中才偶爾提到

183

這類機構，這點我們將在第八章中看到。

也許這種低級妓院是來源於官辦妓院或與之有關。官辦妓院的姑娘主要從三種女子中招來，即(1)判爲官妓的女犯人；(2)犯人的女性親屬，她們受到「籍沒」的處罰，即將犯人的所有近親都變爲奴隷；(3)女戰俘。這些女子因而淪爲「社會賤民」，成爲一個特殊的社會群體，她們的身份要由法律來確立，其成員要遵守各種資格規定，如不得嫁給其他階層的人。因此這些妓女的地位與藝妓有根本不同，藝妓的爲奴不是根據法律裁定，而是基於私人的商業交易，而且只要被贖或還淸主人的債務，她們還會重獲自由。可是淪爲「社會賤民」的妓女卻注定要爲軍隊和各種文職部門的下層官吏服務。當然這些女子的命運是可怕的，她們要想逃脫這種悲慘的生活，只能等待政府大赦，或者被某個大官看中，帶她回家。正如我們將在第八章中所看到的，宋代官員可以從政府購買或租用這類女子。

然而人們的印象是，商妓和官妓的界限並不總是可以截然劃分的，在不同的時間和不同的地點往往難以確定。中國妓女的歷史是個很少有人了解的問題。還在十八世紀，日本就已出現過若干涉獵面廣而且資料翔實的日本妓女史，但清代文人過分假正經，妨礙了他們對中國妓女做同樣的歷史研究。他們充其量只不過是去寫一些隨筆短文，描寫從前或後來某些名妓的生活。希望有一天會有一位現代學者對這個複雜問題做專門研究。

這種研究一方面應該包括商妓和官妓的關係，另一方面應涉及宮女的選送。古書通常只籠統地說「被送入宮」。似乎宮女是由外省、外國和蕃邦所選女子，或一心想巴結皇上的顯赫家族的女兒，以及內府募選的女子所組成。內府官員總是遍訪全國，搜尋姿色佳麗、多才多藝的女子，甚至對商妓和官妓也並不歧視。當他們搜羅到一大批這種女子，便由太監和保姆加以分類。最佳者選送入宮，精於藝者輸於教坊，其餘派做宮中雜役。不過，我

要重申，這裡所說只代表我從中國文獻當中得來的一般印象，它們還有許多保留，有待於做進一步的專門考察。

住房、家具和服飾•武則天與楊貴妃

各種能使生活過得舒適愉快的設備發展很快。在中亞的影響下，人們開始使用一種折椅，人們也坐雕花髹漆的矮凳。在漢代和六朝時期，這類家具僅有一兩英寸高，只不過像是用木制框架加高的席子（見**圖版**3），可是現在卻有了兩、三英尺高的真正的凳子和軟椅，可用來坐或倚靠。另外，還有各種各樣的矮桌和木櫥。地上鋪草席和地毯，人們仍然脫鞋進屋。在屋裡他們穿厚底襪在地上走，這種厚底襪與日本的tabi 不無相似。牆和天花板皆彩繪，活動屏風上繪有字畫。

當時的繪畫和葬俑使我們對唐代服裝有一個大致印象。男女的外衣即長袍與以前相同，夏為單衣，多為夾衣。衣袍裡面，男女都穿長褲。

女子的長袍與日本的和服相仿（和服實際上是來源於唐裝）❸。但除此之外，唐代女子還穿一種類似圍裙的外衣，在胸以下用一條綢帶繫住。這種圍裙似乎並未傳入日本，但在今天的朝鮮，卻仍然是女子服裝中不可缺少的一部分。

圖版6是唐代畫家周昉所作畫卷中的一部分。周昉主要活動於約八〇〇年，尤以人物畫著稱。畫中表現的是一婦人盤腿而坐，置琴其上，正在調琴。她用右手調柱，左手試弦。旁邊有一女僕侍立，手擎托盤。婦人一身室內打扮，穿著剛才提到的那種圍裙式的外衣，衣服顯然是用粗布做成。頭髮盤成髮髻。女僕繫著一條腰帶，在腰上纏繞數圈，在前面打結。這種腰帶是日本obi 的原形。日本婦女繫它是在背後打一個精巧的蝴蝶結，但

185

是舊式的藝妓服裝卻仍像唐代的中國服裝那樣，把結打在前面。

　　圖版7也是周昉所作畫卷的一部分，表現的是一個宮女正在嬉戲。畫中的宮女正在用一柄長把的塵尾逗弄小狗。她裡邊穿一件繡花絲綢長袍，外著淡紅色絲綢圍裙，胸以下用一條窄綢帶繫緊。外面還罩著一件寬鬆的半透明的長袍，透過長袍裸露的肩膀依稀可見，肩上披一條錦緞披帛。在敦煌發現的唐晚期和宋初的繪畫中，身著禮服的女人肩上常有一條長長的披帛，一直拖曳至地❹（見**圖版11**）。這種長披帛似乎在女人禮服中已成為必不可少的一部分。頭髮高高盤成髮髻，上面插一朵大花，前面懸掛珠串。釵很簡單，只能看到伸出頭髮之外彎曲的一端。請注意畫上毫不掩飾的袒胸露肩和用鈷藍畫成的兩簇眉毛。

186　　　　嘴唇上塗著唇膏，臉頰上和眼睛下塗著一大片顯眼的紅斑。紅靨和黑靨，點在額頭、下巴和臉頰上。據一個唐代作家的說法，靨本來是用來遮蓋烙印的，他說嫉妒的妻子出於怨恨或為了懲罰某一過失會在妾的臉上烙上烙印❺。女人還常常用黃油膏在額上點一個月牙形的「美人痣」，叫「黃星靨」或「眉間黃」❻。這種風氣一直延續到明代，明代的著名藝術家唐寅（1470～1523年）畫的女人，額上幾乎都有這種黃點。但這種風氣似乎在清代逐漸消失。此外作為個人的裝飾，婦女還戴耳環、項鏈、手鐲和戒指。

　　值得注意的是，女子的脖子是裸露的，大部分胸部也常常裸露在外。尤其是舞女更是如此。葬俑也證明她們只穿一件開胸的薄衫，在胸部下面用一條帶子繫緊，下為拖曳的喇叭狀褶裙。袖子極長，飄甩的長袖在舞蹈中很重要，並常常見於詩文描寫。**插圖9**是一個胸部半裸的舞女。但其他葬俑證明，女子常常袒胸而舞。顯然唐代的中國人並不反對袒露頸部和胸部。可是在宋代和宋以後，胸部和頸部都先是用衣衫的上緣遮蓋起來，後是用內衣高而緊的領子遮蓋起來。直到今天，高領仍是中國女裝的一個顯

著的特點。

男人在屋裡穿寬鬆肥大的褲子，外著帶長袖的袍子。右襟掩左襟，用一條綢帶從腰間繫緊。所以男女服裝基本上是相同的。出門時，男子還要加一件長袍，比裡面那件稍小，好讓衣襟的上緣在頸部露出，它的袖頭也露在外面，常常卷起，好像寬寬的袖口。他們把自己的長髮盤起在頭頂打結，用簪子別好，上面套上緊繃繃的烏紗網，在後腦勺繫緊，髮網繫帶的兩端或者下垂，或者漿過像翅膀一樣伸出。他們還佩戴同樣材料做成的烏紗帽，形狀大小各異。所有這些頭飾在屋裡一直戴著，即使在臥室之中狎戲亦不除去，除帽只是在上床時。有些春宮畫甚至表現男子在床上行房也戴著帽子，但是這也許是故作詼諧。 187

男子的正式服裝是在其他長袍外再罩上一件錦緞或絲綢繡花的長袍，頸部有寬而高的領子豎起，腰部的皮帶以玉片或角片為飾。帽子的形狀、長衫的式樣和腰帶的類型代表了他們的官階，正像各種腰牌一樣。高級官員的帽子繡花描金，前面正中嵌玉或寶石❼。 188

圖版8是日本人臨摹唐畫卷《地獄十王》的一部分，一位地方官騎在馬上，有兩個衙役相隨。他頭戴雙翅官帽。外衫帶高領，顏色較淺的內衫下擺可見。敦煌壁畫所見穿官服的男子畫像可以證明，淺色的內衫總是從外衫旁邊的叉口露出。值得注意的是寬鬆的褲子一直垂到馬靴上。兩名衙役穿著較短、類似上衣的外衫和草鞋。前面的持棒，後面的拿著長官的劍。

地位高的男女都穿翹頭的鞋靴。女子纏足的習俗這時還不存在。讀者要想進一步了解唐代後期男女服裝的情況，可參看本書下文二三六頁有關宋初服裝的描述。宋初服裝與唐代晚期的服裝大體相像。

至於當時人們理想的美男和美女，你會注意到，男人追求的是赳赳武夫式的外表。他們喜歡濃密的鬍髯和長髭，崇尚強健的

插圖9　唐舞女俑線圖

體魄。文武官員都學習射箭、騎馬、劍術和拳擊，擅其術者倍受讚揚，當時的繪畫，如**圖版6、圖版7**中周昉的畫，說明男人喜歡健壯結實的女子，臉圓而豐腴，乳房發達，腰細而臀肥。這種嗜好也見於古代日本，平安時代畫卷中的女子正如唐代繪畫中的女子一樣豐腴。然而，這一理想來很快就改變了。北宋時代，人們開始喜歡苗條的女子。大詩人蘇軾（更爲熟知的名稱是蘇東坡）看到周昉的一幅女人畫像時曾說：

　　書生老眼省見稀，
　　畫圖但怪周昉肥❽。

　　在第十章中我們將看到，明代末年，男性美和女性美的理想標准是走了另一極端，並一直流行於其後的淸代。瓜子臉、弱不禁風的女子被認爲最美。而德川時代的日本人再一次附合了這一風氣，這可以從後期浮世繪中的瘦弱女子看得很淸楚。

　　唐朝的宮廷生活空前豪奢。按宮廷禮儀，各種有音樂舞蹈助興的宴會常年不斷，宴會上喝掉的酒數量驚人。宮中專門划出一個特殊場所訓練這些宴會所需的舞女、樂師、戲子和雜技演員，這一場所叫做「敎坊」，除中國藝人之外，還有數以百計的中亞、印度、朝鮮和印度支那的歌手和舞蹈家也住在其中。

　　統治者一度喜歡道敎，後來又喜歡佛敎，宗敎慶典皆盛大隆重。儒家經典被官方指定爲科舉的依據，儒家學者對國家事務有極大的影響力。但在宮廷和平民百姓的日常生活中，他們的敎義卻沒有多大作用。

　　皇帝的性關係要服從於比以前更爲繁縟的儀文規定。後宮女子數量的日益增多使精細的簿記成爲必要：每次性交的日期和時辰，每個女子的行經日期及懷孕的最初徵兆，都要詳細記錄下來。必須採取特殊的辦法以防把她們弄混。張泌（主要活動於約

940年）在《妝樓記》中說開元初（713～741年）每個與皇帝睡過覺的女子臂上皆鈐有一特殊印記「風月長新」（指男女戲嬉）。印記是用一種肉桂油調成的印泥蓋上去的，難以以擦掉（《龍威叢書》本，7頁正）。沒有這種印記，宮中女子便無法證明曾有幸於上。同書還提到一些表示行經的美稱，如「紅潮」、「桃花癸水」和「入月」。宮中性關係的氣氛是無拘無束的。皇帝常常與女子在宮中裸浴。

由於君王與女子嬉戲易遭暗算，所以採取了嚴密的安全措施。所有通向內寢的門全部上閂，並有重兵把守。為了防止女子襲擊皇帝，宮中舊例，凡與君王同床的女子均被裸體裹於被中，由一太監背入。用這種方法，她便不可能隨身攜任何武器到達那裡。此例肯定存在於明、清時期，但也許起源還要早得多（見《清朝野史大觀》，上海1921年，卷一，112頁）。

女子的臥房正像以前一樣是陰謀的巢穴，每個女子都竭盡全力來討君王的歡心。有兩位女子以其美貌和個性而爬到最高地位，在中國歷史上出了大名。

第一個是武曌，當她還是太宗之妃時便以上文一六八頁所說的方法而與太子有私。及其幸於高宗，竟殺死自己的兒子，反誣是皇后和皇帝的另一個寵妃所為。皇帝因此把這兩個女子投入獄中，於六五五年立武　為后。但他仍不能忘情於這兩個被廢黜的后妃，故武曌把她們拖出牢房，重笞，斷去手足，沉入酒缸。皇帝一死，武后篡奪了全部權力，以鐵腕統治全國。她的私生活極為淫蕩。皇帝在世時，她曾勸他在臥榻四周安上許多鏡子，常常在白天與他嬉戲其間。有一次，帝獨坐，名將劉仁軌（601～685年）來見。仁軌見帝坐於鏡間，大恐，曰：「天無二日，土無二王。臣獨見四壁有數天子，不祥莫大焉」［見《少室山房筆叢·藝林學山》四——譯者］。帝乃使人去鏡，但他一死，武后又開始幹她的各種風流勾當，重新安放了這些鏡子。她想必是個精力過人

190

的女子，近七十歲時，她還與一個叫張昌宗的年輕人鬼混。這個
年輕人給她做了八年情夫，常常塗脂抹粉出入宮中。關於這位老　191
皇后的風流韻事，楊廉夫有詩刺之，曰：

> 鏡殿青春秘戲多，
>
> 玉肌相照影相摩。
>
> 六郎酣戰明空笑，
>
> 隊隊鴛鴦漾綠波。
>
> ——［見《少室山房筆叢·藝林學山》四——譯者］

「六郎」指張昌宗，「明空」表面上指鏡子，而實際上是指
武后。因為「明」字和「空」字相疊正好就是她自創用來表示其
名字的「曌」字❾。總的說來，她是一個非凡的女人。儘管她淫
蕩而殘酷，卻治國有方。

第二個成功的例子是楊貴妃。她名叫「玉環」，本是明
皇（712～755年）之子的妃子。明皇作為藝術和文學的贊助人很
有名。據說楊貴妃是個冰肌玉膚的絕色美人，但卻正如當時的風
尚，稍胖。不久，她被老皇帝據為己有，受到寵愛，位益尊，七
四五年封貴妃。明皇對她百依百順。她的三個姊妹亦入後宮而見
幸，一個堂兄被任命為大臣。皇帝愛欣賞她沐浴時的玉體，為她
在陝西的一個溫泉勝地建造了華清宮，每年都攜她前往。但當安
祿山叛亂時，她的好運卻不幸中斷。七五六年，叛軍近抵首都，
皇帝攜後宮出逃。途中，他手下的兵衆非要楊貴妃的頭，因為他
們一致認為，這個女人乃國運衰落的禍根。皇帝只好把她交出
來，她與她的姊妹一起被殺。當安祿山被勤王的軍隊擊敗後，明
皇得歸，但他卻無法忘掉楊貴妃，遺恨終生。這個悲劇在白居易
的著名詩篇《長恨歌》中有生動描寫，清代戲曲家洪昇　192
（1645～1704年）也寫了一部描寫此事的偉大劇作《長生殿》，

至今猶流行於中國的舞台上❶。

至於公主，她們的婚姻構成了政府內外政策的一部分。駙馬選自忠於皇上的名門子孫，或政府所欲懷柔羈縻的外國統治者。不少公主遠嫁外邦藩酋。她們在那裡往往過得很不愉快。最典型的例子是細君公主。她在約公元一〇〇年嫁給烏孫王，到達後寫了一首在中國文學中很著名的思鄉詩（見《中國傳記詞典》2346）。不過，公元六四一年唐文成公主與吐番王松贊干布的婚姻倒是一個成功的例子。這一政治聯姻使漢藏之間的緊張關係得到改善。她在西藏居住的四十年間，為這個高山王國引進了許多中國文化的東西。

有時為了策略上的考慮，王子也娶外國公主為妻。著名的例子是突厥默啜汗想招唐王子入贅。廷臣認為這是一個非禮的要求，但是武后卻想把她的從弟武延秀送給可汗以達成妥協。但可汗只想要出自唐朝皇冑的王子而把可憐的武延秀囚禁了起來。

房中書：《房內補益》與《大樂賦》

唐代的作家，無論是寫嚴肅的文學題材還是輕鬆的文學題材，都可以自由地討論性問題。不僅上述各種房中書廣泛流傳，而且還有新的作品問世。《大樂賦》（見下）除了引用《洞玄子》和《素女經》這類著名的舊房中書之外，還引用了內容已不知其詳的《交接經》。

193 　　在《新唐書·藝文志》（卷五九）中，絕大部分舊房中書皆收於醫書類。其三十四頁正（乾隆版）提到《彭祖養性經》一卷和張湛《養生要集》十卷（見上121頁）。其三十六頁正列有葛氏《房中秘書》一卷（見上121頁第四種）和張鼎輯衝和子《玉房秘訣》十卷。衝和子曾見於《醫心方》引文。房中術在唐代很明確

是作爲醫學的一個分支。

因此，唐代的大部分醫書都有專門講房中術的章節。不過，有些作家在詩文中也以戲謔的口吻插入一些性描寫用來逗樂。唐代文學中的這類體裁與房中書中的嚴肅討論無關，但卻爲中國色情文學開了先河。

有位唐代醫師對他所知的性問題做了廣泛討論，見於醫書《千金要方》。其有關章節題爲《房內補益》，似可譯爲「*Healthy Sex Life*」（健康的性生活）。

該書作者是著名道教醫師孫思邈，他生活於公元六〇一～六八二年。孫氏原稿分爲三十卷，印於宋代（1066年），並於元代（1307年）重印。明代還出現了九十三卷本，一五四四年由學者兼官僚喬世寧出版，並於一六〇四年重印。明本亦重印於日本。這段版本史表明，此書在中國國內和國外的醫學界是何等風靡。

以下是關於《房內補益》節內容的大致說明，爲了方便讀者，茲分爲十八段。

　　一、論曰，人生四十已下，多有放恣。四十以上，即頓覺氣力一時衰退。衰退既至，衆病蜂起，久而不治，遂至不救。所以彭祖曰：「以人療人，真得其真。」故年至四十，須識房中之術。

　　二、夫房中術者，其道甚近，而人莫能行。其法一夕御十人，閉固爲謹。此房中之術畢也。

　　非恣務於淫佚，苟求快意。務存節恣，以廣養生也。非苟恣強身，以行女色，以縱情意，在補益以遣疾也。此房中之微旨也。

194

接下去一段是講年輕時要房事有節，以及不射精的重要性。第四段是描寫適於與之性交的女子的特徵，與舊房中書所述一脈

相承。例如，它說：「凡婦人不必須有顏色姸麗，但得少年未經
生乳，多肌肉，益也。」第五段指出性交準備活動的重要和倉促
性交的危害。第六段是強調頻繁更換性交伙伴，可翻譯如下：

> 六、人常御一女，陰氣轉弱，爲益亦少。陽道法
> 火，陰家法水。水能制火，陰亦消陽。久用不止，陰氣逾
> 陽，陽則轉損，所得不補所失。但能御十二女，而不復施瀉
> 者，令人不老，有美色。若御九十三女而自固者，年萬歲
> 食。

　　第七段和第八段是講一步詳細論述這一點。第九段是特別有
趣的一段，因爲它詳細討論了「回精術」，其文曰：

> 九、凡欲施瀉者，當閉口張目，閉氣握固。兩手左
> 右上下，縮鼻取氣，又縮下部，及吸腹，小偃脊脊，急以左
> 手中兩指，抑屛翳穴，長吐氣，並琢齒千遍。則精上補腦，
> 使人長生。若精妄出，則損神也。

195
> 　　《仙經》曰：令人長生不老，先與女戲，飲玉漿
> 。玉漿，口中津也。使男女感動，以左手握持，思在丹田中
> 有赤氣，內黃外白，變爲日月，徘徊丹田中，俱入泥垣⓫，
> 兩半合成一。因閉氣深內，勿出入，但上下徐徐咽氣。
> 情動欲出，急退之。此非上士有智者，不能行也。
> 　　其丹田在臍下三寸，泥垣者在頭中，對兩目直入。
> 內思作日月，想合徑三寸許，兩半放形而一，謂日月相
> 揄者也。雖出入，仍思念所作者勿廢，佳也。

　　上面這段話，下文還要作詳細討論。接下去我們可以發現，
第十段是用寥寥數語概括上述各段。第十一段列舉了控制射精的

好處，然後是與《醫心方》引文第十九節相仿的一個表。第十二段和第十三段講了一個很有名的故事，這個故事在中國醫書中常常被引用：

十二、凡人氣力，自有盛而過人者，亦不可抑忍。久而不泄，致生癰疽。若年過六十強，有數旬不得交合，意中平平者，自可閉固也。

昔貞觀初（６２７～６２９年），有一野老，年七十餘，詣余云：「數日來陽氣益盛，思與家嫗晝寢，春事皆成，未知垂老有此。爲善惡耶？」余答之曰：「是大不祥。子獨不聞膏火乎？夫膏火之將竭也，必先暗而後明。明止則滅。今足下年邁桑榆，久當閉精息欲，茲忽春情猛發，豈非反常耶？竊爲足下憂之，子其勉歟！」後四旬發病而死。此其不慎之效也。如斯之輩非一，且疏一人，以勗將來耳。

十三、所以善攝生者，凡覺陽事輒盛，必謹而抑之，不可縱心竭意，以自賊也。若一度制得，則一度火滅，一度增油。若不能制，縱情施瀉，即是膏火將滅，更去其油。可不深自防所患？人少年時不知道，知道亦不能信行之。至老乃知道，便已晚矣，病難養也。晚而自保，獲得延年益壽。若年少壯而能行道者，神仙速矣。

十四、或曰：年未六十，當閉精守一。爲可爾否？曰：不然。男不可無女，女不可無男。無女則意動，意動則神勞，神勞則損壽。若念真正無可思者，則大佳，長生也，然而萬無一有。強抑鬱閉之，難持易失，使人漏精尿濁，以致鬼交之病，損一而當百也。

然後第十五段列舉了行房日期和地點的禁忌，與《醫心方》

196

引文的第二十四節相似。第十六段是講優生學，第十七段列有婦女易於受孕的詳細日期表。作爲最後一段的第十八段是講一些其他的禁忌。如，水銀不可靠近女子的陰道，否則會造成不育；男子應避免接觸生鹿肉，否則會造成陽萎。

上述引文表明，孫思邈的考察與舊房中書的內容完全相符。不過，他的文章中有三點是新的。

197　　首先，孫氏提出，對男子來說，四十歲是一個重要關頭，它是男子性生活和整個身體狀況的一個轉折點。這個觀點是舊房中書所未見。

第二點，我們從上文已知，房中書建議在性交中用壓迫尿道的辦法來防止射精（《醫心方》引文第十八節）。而孫氏認爲壓迫屏翳穴亦有同效。屏翳穴是古針灸學的術語。講針灸術的書列舉了人體表面的幾百個「穴」，在穴位上用針刺或艾灸可以治病消痛。屏翳穴位於右乳上約一吋，亦稱「陽中有陰」〔屏翳穴乃會陽，此誤以屋翳穴當之──譯者〕。另一個被認爲與男子性反應有直接關係的穴位是三陽穴，位於腿部距足跟以上八吋，灸此穴會減弱男子的性能力⓬。

第三點，孫氏說「回精術」的過程會使男女之精─即日月之象在腦中會合。這意味著若性交得，會使男子達到一種「抱雄守雌」的精神狀態，因而長生不老。這個觀點也是舊房中書所未見。

另一篇唐代作品對「回精」術也有耐人尋味的描述。它見於一個叫鄧雲子的人爲道士裴玄仁所寫的傳記之中，見於道書《云笈七籤》的傳記部分（《四部叢刊》本第二七冊，卷一〇五）⓭。由於這段文章文體艱澀，充滿道教術語，我的譯文是有待改進的。

199　首先它說此法當擇日而行，並應選在後半夜，是時雙方均不得飲酒或食油膩，否則有害無益。其文曰：

　　當精思遠念，於是男女可行長生之道。其法要秘，非賢勿傳。使男女並取生氣，含養精血，此非外法，專採陰益陽也。若行之如法，則氣液雲行，精醴凝和，不期老少之皆返童矣。凡入靖，先須忘形。忘形，然後叩齒七通而咒曰：「白元金精，五華數生。中央黃老君，和魂攝精。皇上太真，凝液骨靈。無上太真，六氣內纏。上精玄老，還神補腦。使我會合，鍊胎守寶。」祝畢，男子守腎固精鍊炁，從夾脊朔上泥丸，號曰「還元」。女子守心養神，煉火不動，以兩乳炁下腎，夾腎上行，亦到泥丸，號曰「化真」。養之丹局，百日通靈，若久久行之，自然成真，長生住世，不死之道也。

　　這段話是把性交當作延年益壽的不二法門來描述，其目的並不在於獲得子嗣，而僅僅在於使男女雙方同樣受益。無論男人或女人，都不應達到高潮，此法是一種煉丹術，借此男精女血才能升華爲氣，沿著脊柱上行。它把這一過程說成是對男女雙方同樣有益，這是比較罕見的。正如我們在上文所見，通常其他文獻總是強調這一過程對男子如何有益，而對於女子，則只限於說它會激起陽氣的活躍。

　　明代有些醫書用圖來表示男子身體上的脈絡。這種脈絡叫「黃河」，使精沿著這條路上升叫「黃河逆流」。插圖10所印是明《性命圭旨》中的一幅畫。「黃河」通常皆作從頭頂順脊柱而下，直至生殖器，在「倒流法」中，精卻是從生殖器順脊柱而上，直至頭頂的穴位。此圖標出了這一脈絡中最重要的幾個部位。首先精至於腎，用一個半圓表示。按中國人的看法，腎對男女性生活有重要作用。通向腎的入口叫「幽關」，出口叫「密戶」。與腎相對，在身體前面標有臍，臍下有「命門」與「生門」，即前列腺和精囊。腎以上的脊柱叫「五堂關」。再往上有

200

198

插圖10 「生命之流」

三根神經通向心臟。然後「黃河」經「髓海」即後腦，至於「泥丸」穴，即頭頂上元氣的頂點。

同書的另一些圖，畫的是善於回精的道士，行法時頭頂若有日月出現。

熟悉梵文文獻的人會發現，孫思邈所描述的「回精」術與密教，特別是瑜伽術中的貢荼利尼（Kundalinl-yo-ga）［貢荼利尼是瑜伽密宗教義中的宇宙活力——譯者］極為相似。中國的房中秘術和印度的房中秘術，兩個體系之間肯定存在某種歷史聯系。但是，現在要追溯這種聯系未免離題太遠，對此有興趣的讀者可以在本書附錄一中找到有關材料。

唐代流行的房中書中繪有各種性交姿式的插圖。這可由諸如唐《大樂賦》中提到的插圖本《素女經》得到證明。據我所知，這些插圖沒有一部保存下來。雖然日本常常可以為我們提供在中國早已散失或癈棄的材料，但在這一問題上也幫不了忙。日本保留的最早的春宮畫卷是《灌頂之卷》，也叫《小柴垣草紙》。這一畫卷為十六張一套，畫的是平安時代（781～1183年）一朝臣與一婦人性交的各種姿勢，並附有日語註釋。其最早摹本出自十三世紀的畫家住吉慶思之手，但據說這一摹本是據公元九〇〇年的原本。畫卷約為日本風格，帶有所有日本古代和後期春宮畫的特點，畫有誇張放大了的性器官。另外，畫上的註釋沒有提到中國的房中書。因此，儘管在平安時代日本人往往模依中國風格，但這個特殊問題卻是一個例外。

然而，除房中書所附插圖之外，唐代已有不附註釋文字的單行春宮畫卷。約一六〇〇年，上文所說著名唐代畫家周昉所作此類畫中的一幅畫為晚明畫家張丑得到。張丑不但是一個有創造性的藝術家，還是一個了不起的古書畫收藏家。一六一六年他出了一本帶注的自藏書畫圖錄，叫《淸河書畫舫》，這本書至今仍常常被中國繪畫藝術研究者所引用。由於檢查制度，張丑不敢把他

對周昉春宮畫的描述收入《清河書畫舫》中，但近代考古學家鄧
之城卻發現了該書注文的一個抄本，把它收入一九二三年出版的
《骨董瑣記》卷六。

張丑說，周昉的畫是用彩色畫在絹上，題爲《春宵秘戲
圖》。他是從太原王氏買來。顯然它畫的是一個帝王與他的一位
妃子正在做愛，有兩個女官在幫忙，還有兩個女官侍立在旁。下
面是張丑對這幅畫的解釋。

乃周昉景元所畫，鷗波亭主（即元代著名畫家趙孟
頫，1254～1322年，也以其春宮畫著稱）所藏。或云天后，
或云太真妃，疑不能明也。傳聞昉畫畫婦女多爲豐肌秀骨，
不作纖纖婷婷之形。今圖中所貌，目波澄鮮，眉嫵連卷，朱
唇皓齒，修耳懸鼻，輔靨頤領，位置均適，且肌理膩潔，築
脂刻玉，陰溝渥丹，火齊欲吐❹，抑何態穠意遠也。及考妝
束服飾，男子則遠游冠、絲革靴，而具帝王之相；女婦則望
仙髻、綾波襪，而備后妃之容；姬侍則翠翹束帶，壓腰方
履，而有宮禁氣象。種種點綴，沉著古雅，非唐世莫有矣。

夫秘戲之稱，不知始於何代。自太史公撰列傳，
周仁以得幸景帝入臥內，於後宮秘戲而仁常在旁❺。杜子美
制宮詞，亦有「宮中行樂秘，料得少人知」之句，則秘戲名
目其來已久，而非始於近世耳。

按前世之圖秘戲也，例寫男女二人相偎倚作私
褻之狀止矣。然有不露陰道者，如景元創立新圖，以一男御
一女，兩小鬟扶持之，一侍姬當前，力抵御女之坐具，而又
一侍姬尾其後，手推男背以就之，五女一男翾戲不休。是誠
古來圖畫所未有者耶。

第二段和第三段可以說明晚唐儒家對色情材料的壓制和檢查

是何等有效。一六〇〇年前後，像張丑這樣在行的鑑賞家對古房中書竟至一無所知，否則他便不會對周昉在一幅春宮畫中表現一男數女表示驚訝了。而且顯然他也不知道文獻中還有其他許多地方也提到了「秘戲」一詞。

唐以前，色情文學通常都帶有說教性。無論房中書或道家丹書，都不是用來取悅讀者的。而在唐代，以詼諧的口吻寫性題材的色情文學也有了市場。此類中短篇小說廣爲流傳。不過，在隨後的幾個世紀中，它們絕大部分都被刪除或銷毀了。敦煌的發現使我們對這一時期色情題材書籍的多樣性有了一個大致瞭解。這些手稿中的一部分現存於不列顛博物館的斯坦因（Stein）藏品中和巴黎，一部分在中國和日本的私人手中。其中有一件最重要的手稿可以從一部精美的印本中找到，這就是《大樂賦》。

此件是伯希和（P.Pelliot）發現的，現存於巴黎的敦煌藏品中。中國的巡撫端方（1861～1911年）請人把它拍攝下來，一九一三年著名古物收藏家羅振玉（1866～1940年）把它作爲《敦煌石室遺書》的一部分在北京出版了一個珂羅版。有個自題「騎鶴散人」的學者在書後加有跋尾。

這件手稿保存不佳。顯然抄寫它的唐代抄手是個文化不高的人，他並不理解原文的內容。因此文中充滿訛誤脫衍。文末缺，但顯然僅缺大約一頁左右。

上文講《醫心方》時所提到的近代學者葉德輝對這個珂羅版做了仔細研究，於一九一四年在《雙梅景闇叢書》中發表了一個加有注釋的釋文。他訂正了許多訛誤，但仍留下大量工作有待完成。我在《秘戲圖考》卷二印有葉氏釋文，連帶我的校正，爲讀者方便，分爲十五節。這便是下述譯文所據之本。

這篇短文的全名是《天地陰陽交歡大樂賦》。上有「白行簡」（卒於826年）的署名，即唐代大詩人白居易的弟弟。我看不出有什麼充分的理由可以像珂羅版跋尾題寫者那樣懷疑白行簡

203

是否爲作者。白行簡名氣不大，並不值得二三流作家借用他的名字以提高身價。

此文文風優美，而且還提供了許了有關唐代風俗、習慣、俚語的饒有趣味的資料。下面是個內容提要：

《大樂賦》

第一、二節先述天地陰陽交會之道。男女交接爲人之大樂。官爵功名徒增傷悲。故作者打算不避煩細，儘述性交之快樂。「始自童稚之歲，卒乎人事之終，雖則猥談，理標佳境。具人之所樂，莫樂於此，所以名《大樂賦》。至於俚俗音號，輒無隱諱焉，唯迎笑於一時」（《秘戲圖考》75頁10-13行）。

第三，講男女從出生到青春期的變化。「忽皮開而頭露（原注：男也），俄肉併而突起（原注：女也）。時遷歲改，生戢戢之烏毛（原注：男也）；日往月來，流涓涓之紅水（原注：女也）」（《秘戲圖考》76頁3-4行）。注文爲白行簡自注，用小字直接書於相應段落下。

及男孩女孩發育成熟，乃擇偶、交換聘禮。

第四，講新婚之夜，「於是青春之夜，紅煒之下」（《秘戲圖考》76頁12行）。「乃出朱雀，攬紅褌，抬素足，撫玉臀。女握男莖，而女心忐忑；男含女舌，而男意昏昏。方以津液塗抹，上下揩擦。含情仰受，縫微綻而不知；用力前衝，莖突入而如割。觀其童開點點，精漏汪汪。六帶用拭，承筐是將，然乃成於夫婦。所謂合乎陰陽，從茲一度，永無閉固」（《秘戲圖考》76頁13-14行，77頁1-4行）。

第五，爲對性交過程更爲詳細的描述。「或高樓月夜，或閉窗早暮，讀素女之經，看隱側之鋪。立鄣圓施，倚枕橫布。美人乃脫羅裙，解繡褲。頰似花團，腰如束素。情宛轉以潛舒，眼低

204

迷而下顧。初變體而拍搦，後從頭而拗揉。或掀腳而過肩，或宣 205
裙而至肚[16]。然更嗚口嗍舌，礙勒高抬。玉莖振怒而頭舉，金沟顫懾而唇開。屹若孤峰，似嵯峨之撻埴；湛如幽谷，動趦趄之雞台[17]。於是精液流澌，淫水洋溢。女伏枕而支腰，男據床而峻膝。玉莖乃上下來去，左右揩挃。陽峰直入，邂逅過於琴弦。陰乾斜衝，參差磨於谷實。莫不上則下刺，側拗傍揩。臀搖似振，屘入如埋。暖滑焞焞，□□深深。或急抽，或慢硉。淺插如嬰兒含乳，深刺似凍蛇入窟。扇簸而和核欲吞，衝擊而連根盡沒。乍淺乍深，再浮再沈。舌入其口，屘刺其心，濕達達，鳴欋欋。或即據，或其捺，或久浸而淹留，或急抽而滑脫。方以帛子乾拭，再入其中。袋闌單而亂擺莖逼塞而深攻。縱嬰嬰之聲，每聞氣促；舉搖搖之足，時覺香風。然更縱枕上之淫，用房中之術。行九淺而一深，待十候而方畢[18]。既恣情而乍疾乍徐，亦下顧而看出看入。女乃色變聲顫，釵垂髻亂。慢眼而橫波入鬢，梳低而半月臨肩。男亦彌茫兩目，攤垂四肢，精透子宮之內，津流丹穴之池。於是玉莖以退，金沟未蓋。氣力分張，形神散潰。顒精尚濕，傍粘晝袋之間，扁汁猶多，流下尻門之外。侍女乃進羅帛，具香湯，洗拭陰畔，整頓褲襠。開花箱而換服，攬寶鏡而重妝。方乃正朱履，下銀床，含嬌調笑，接撫徜徉。當此時之可戲，實
同穴之難忘」(《秘戲圖考》77頁5行-79頁1行)。 206

這段話進一步證明房中書是爲夫妻寫的指南，並證明《素女經》的插圖本曾被廣泛應用。應當注意的是，文章中有些話是逐字逐句引自《洞玄子》和《素女經》。

第六，講男子與姬妾性交。此節最後一行云：「回精禁液，吸氣咽津。是學道之全性，圖保壽以延神」(《秘戲圖考》79頁12-13行)。這段文字是插在男人與姬妾性交的描寫中，而不是插在與妻子性交的描寫中，這再次證明與前者性交主要是爲了增強男子的性能力以保證他與妻子性交射精時能懷上健康的孩子。

第七，盛美夫婦四時之樂。從文學的角度看，這是此文的絕妙之處，它細膩地描寫了閨閣之中的男歡女愛。

第八，專寫帝王的性歡樂。有趣的是，從這一段看來，關於與君王同床之優先權的禮規並不總是被嚴格遵守。它寫道：「然乃夜御之時，則九女一朝；月滿之數，則正後兩宵。此乃典修之法，在女史彤管所標。今則南內西宮，三千其數。逞容者俱來，爭寵者相妒。矧夫萬人之軀，奉此一人之故」（《秘戲圖考》82頁1-4行）。

第九，描寫鰥居的和飄泊在外的男子的性壓抑。由於沒有正常的性生活，他們寢食俱廢，形銷神散。

第十，講放蕩男子如何潛入陌生女子的閨房偷香竊玉。八三頁第五行用嘲謔之語描寫女子對狂徒入戶偷情的反應：「未嫁者失聲如驚起，已嫁者佯睡而不妨。」此節末尾是描寫在外面非法野合。「或有因事而遇，不施床舖。或牆畔草邊，亂花深處。只恐人知，烏論禮度。或舖裙而藉草，或伏地而倚柱。心膽驚飛，精神恐懼。當匆遽之一回，勝安床之百度」（《秘戲圖考》83頁8-10行）。

第十一，具有賀拉斯（Horace）〔古羅馬詩人──譯者〕的詩句「愛婢亦何羞」的味道。它援引幾位迷戀婢女之古代名人為例，盛美與婢女交歡之樂。

第十二，旁徵博引，描寫醜女。

第十三，講佛寺中的非法性交。剝奪了正常性關係的年輕尼姑只好與中國和印度的和尚私通。「口雖不言，心常暗許。或是桑間大夫，鼎族名儒，求淨捨俗，髡髮剃鬢，漢語胡貌，身長屬粗，思心不觸於佛法，手持豈忘乎念珠」（《秘戲圖考》84頁12-14行）。

第十四，此節援引歷史上的著名例子（主要為第三章開頭所提到的漢代皇帝）講男子當中的同性戀關係。原文訛誤較甚。

第十五，手稿最後一節只剩不多幾行。它顯然是講農民和鄉間的性關係。

唐代色情傳奇：《游仙窟》、《神女傳》
● 狐狸精的描寫

葉德輝所印此文的末頁使我們注意到，此文所引男女做愛時所說的甜言蜜語後來仍一直沿用。例如他提到女子稱男子為「哥哥」，男子稱女子為「姐姐」。參看《秘戲圖考》八六頁。

第四節提到的破身之後用來擦拭陰部然後用籃子放起來的「六帶」含義不詳，若無抄誤，當指世界其他許多地方也遵守的這樣一種習俗，即把染有破身之血的手巾保存下來，用以證明新娘是處女。元代史料《輟耕錄》卷二八有一詞，調寄「入夢令」，便提到這一風俗。它是寫給一個男子的。此人在新婚之夜發現新娘不是處女。

208

> 今夜盛排筵宴，
> 准擬尋芳一遍。
> 春去已多時，
> 問甚紅深紅淺，
> 不見，不見，
> 還你一方白絹。

在該文末頁結尾處，葉德輝提到兩篇偽色情書，即托名漢代的《雜事秘辛》和托名唐代的《控鶴監記》。我同意葉氏定此二書為偽作，故本書未採入。據信前者是明代學者楊慎（1488～1559年）所作，後者是清代作家袁枚（1716～1797年）所作。

　　有一部可靠的唐代色情傳奇《游仙窟》是張鷟（657～730年）所作。他是一個有名的風流男子。此書在中國久已失傳，但被中國的藏書家和地理學家楊守敬（1839～1915年）重新發現於日本。這是一個平淡無奇的愛情故事，但長處在於文風優雅。它提到一個年輕學者曾經迷路而入一山中，在山中發現一美麗聰明的女子，便與她共度良宵。全書十分之九都是寫兩人詩歌互答。故事結尾處對兩人的交合，描寫十分簡短，但其所用術語卻足以證明，作者十分熟悉房中書。

　　另一部可靠的色情傳奇是《神女傳》，爲唐代作家孫頠所作。這個故事講的是漢武帝（公元前140～前87年）常常在柏梁台祭享一個仙女。當他的著名將軍霍去病生病時，武帝勸他祈禱仙女，求除其病。仙女變成一個美麗的姑娘出現在將軍面前，求與之合，被他憤怒拒絕。此後病乃益重，不久便去世。後來仙女向武帝說出其中奧秘，謂將軍陽氣虧損。她本想以自己的陰氣補其陽氣，無奈爲之拒絕，以是致死。這個故事清楚地反映出房中書及其採陰補陽的理論影響之大。

209　　同樣的觀念也見於短篇故事《志許生奇遇》。此書收入《香艷叢書》第十一集卷三。它講的是，有一個姓許的清秀俊俏的書生，出門打獵時常在一棵大樹下歇息。那樹卻原來是一個山精的家，山精的女兒愛上了許生，並在夜間與他相會。他們在仙宮里舉行了豪華的婚禮。後來她不得不離開許生，書中寫道：「女郎雅善《玄》、《素》養生之術，許體力精爽，倍於常矣。」

　　最後我要從上面提到的《神女傳》中引一個故事，題目是《康王廟女》。它寫得色而不淫，略帶感傷，恰爲當時盛行色情故事的風格，而且從此一直很流行。它講的是一個年輕學者叫劉子卿，隱居名山，攻讀學業。他在山上種了各種珍奇花木。然後是：

文帝元嘉三年春，臨玩之際，忽見雙蝶，五彩分明
，來遊花上。其大如燕，一日中或三四往復，子卿訝之。一
夕，月朗風清，歌吟之際，忽聞扣扃，有女子語笑之音。子
卿異之，乃出戶，見二女各十六七，衣服霞煥，容止甚都，
謂子卿曰：「君常怪花間之物，感君之愛，故來相詣。」子
卿延之坐，謂二女曰：「居止僻陋，無酒敍情，有慙於
此。」一女子曰：「此來之意，豈求酒耶？況山月已斜，夜
將垂曉，君子豈有意乎？」子卿曰：「鄙夫惟有茅齋，願申
繾綣。」二女東向坐者笑謂西坐者曰：「今宵讓姊。」因起
送子卿之室，謂子卿曰：「郎閉戶雙栖，同衾並枕，來夜之
歡，願同今夕。」方曉，女乃去。及夕，二女又至，留妹同
寢。卿問女曰：「我知卿二人非人間之有，願知之。」女
曰：「但得佳妻，何勞執問。」自此姐妹每旬更至，如是數
年。後子卿遇亂歸鄉，二女遂絕。盧山有康王廟，去所居二
十里餘，子卿一日訪之，見廟中泥塑二女神，並壁間畫二侍
者，容貌依稀，有如前遇，疑此是之。

210

這個時期的許多愛情故事都講到狐狸。最常見的主題是某男
在一種神秘的環境下遇見一個美麗的少女，並鍾情於她。後來她
現了原形。有時雌狐會給這男人好處，有時又會加害於他，甚至
殺死他。從那時以來這個主題在中國的消遣文學中一直十分流
行。

狐狸精的故事可謂源遠流長。在第一章中我們已注意到早在
周代人們就認為狐狸元氣充沛，因為它們住在洞穴中，接近大地
的繁殖力，因此人們都相信狐狸壽命很長。《詩經》中提到狐狸
是狡詐的動物（第63首《有狐》和第101首《南山》），而漢代和
六朝文獻中也有很多資料是講狐有超自然的神力，特別是能使人
生病和引起各種災禍。有時狐喜歡捉弄人，很像歐洲民間故事中

的「瑞納德」（Reynard）。有關文章見德·格魯特（J.J.M. de Groot）的《中國宗教體系》（*The Religious System of China vol. V book II, Leyden 1907*）第五七六頁以下。

狐狸在夢中作祟的特殊形象是後起的，而在唐初以前還沒有充分發展起來。有一本志怪小說《玄中記》，作者不詳，但顯然作於唐初，其中有下面一段話：

> 狐五十歲能變化爲婦人。百歲爲美女，爲神巫。或爲丈夫，與女人交接。能知千里外事。善蠱魅，使人迷惑失智，千歲即與天通，稱天狐。

男女之事中的狐狸傳說在四世紀的作家干寶寫的志怪書《搜神記》中有更詳細的記述，但此書的眞僞是可疑的。我們今天所見的這本書恐怕絕不會早於唐以前。可以當作反證的事實是，《醫心方》的引文並未提到狐狸在夢中作祟，這似乎說明，狐狸傳說中的性描寫在唐以前並未被人們廣泛接受。根據唐代史料《朝野僉載》所說，在唐代初期出現了一種與求子儀式有關的帶有本土性質的狐仙崇拜。大約在同一時間，狐仙崇拜的性含義傳入日本。在日本，人們把狐與稻荷（Inari）即護稻女神聯繫了起來。

不管情況是否如此，在唐代，人們認爲狐狸會在夢中作祟和蠱惑男女的信念得到了廣泛傳播。它甚至一直保留到今天，特別是在中國北方。

《中國唐代散文》提到一些唐代故事，是講狐狸如何變人（卷一，112頁，卷二，235頁、256頁），尤其是變成年輕漂亮的女子誘惑男人（卷二367頁），以及狐狸精如何使人生病（卷二225頁）。據說雌狐專門愛住在埋有年輕姑娘的古墓裡。這樣它們就能進入死者的屍體，使之復活，以迷惑男人。唐代大詩人白居易

就寫過一首關於雌狐的有趣詩篇。不過在他看來，一個眞正的女
人比裝人的雌狐更能夠毀滅男人。詩云：

> 古冢狐，妖且老，
> 化爲婦人顏色好。
> 頭變雲鬢面變妝，
> 大尾曳作長紅裳。
> 徐徐行傍荒村路，
> 日欲暮時人靜處。
> 或歌或舞或悲啼，
> 翠眉不舉花顏低。
> 忽然一笑千萬態，
> 見者十人八九迷。
> 假色迷人猶若是，
> 真色迷人應過此。
> 彼真此假俱迷人，
> 人心戀假貴重真。
> 狐假女妖害猶淺，
> 一朝一夕迷人眼。
> 女爲狐媚害即深，
> 日長月增溺人心。

要想弄淸爲什麼人們認爲狐狸具有特殊的性暗示，恐怕必須
把兩種因素結合起來：第一，古人認爲狐狸元氣充沛；第二，認
爲狐狸天生喜歡捉弄男人。

註　釋

❶有關平康里及其居民的詳細描寫見唐孫棨《北里志》，*TPL* vol. I. p160對此做有簡短討論。有一部研究平康里著名藝妓李娃的有趣的書是戴望舒（Tai Wang-shu）的*Notes sur le Li-wa-tchouan*，用中文出版，附法文摘要，見*Mélanges Sinologiques*（French Institute of Peking, 1951），文中還有一張平康里的地圖。

❷唐代巳婚女子享有高度自由，可從饒有趣味的*Ballad of the Wayward Young Wife*（P. Demiéville 據敦煌唐寫本編成，此寫本曾以*La nouvelle mariée acariâtre*爲題收入*Asia Major*，New Series vol. VII, London 1959, p. 59sq）一類書得到證明。這個已婚少婦不理家務，一個人在市場上閒逛，侮辱她的丈夫和公婆，稍不如意便摔盆打碗。最後經雙方同意，其夫與她離婚，擺脱了她。Demiéville指出，在敦煌發現的唐代俗文學抄本中還有許多件與此性質相似。

❸日本男子穿的和服也是依據中國的服裝。中國服裝與日本服裝的基本區別在於內衣。中國男子和女子穿貼身長褲，而日本男子穿fundoshi或兜襠布，女子穿koshimaki，即一塊纏在臀部並下垂至脚的布，有些像印度尼西亞的莎籠（sarong）。有些學者把這些內衣作爲日本種族中含有波利尼西亞血統的證據。

❹Aurel Stein爵士於一九〇六年在敦煌（甘肅邊境上的一塊綠洲）發現一古代寺廟群，牆壁中藏有約公元一〇〇〇年時的寫本和繪畫。他得到其中的一部分，現藏於不列顛博物館。次年法國漢學家Paul Pelliot也到這個遺址爲法國的漢學研究所購買了大批文物。Aurel Stein爵士於一九一六年再次返回又購買了一批。其餘部分由中國政府接受，但有一部分卻輾轉成爲中國和日本的私人藏品。這些東西大部分出自唐代，爲比較研究提供了無比珍貴的資料。例如，我們知道，圖版7所印周昉畫的局部，即使不是原本，也至少是酷肖原本的摹本，因爲畫中女子的服裝與敦煌畫卷所見

宮女的服裝若合符契（參看Y. Harada *A Study of Clothing as appearing on Paintings from the Western Regions*，日文見*Memoirs of the Toyo-bunko* 卷4，東京1925年，圖版17之1）。

⑤參看段成式（卒於863年）《酉陽雜俎》·（《四部叢刊》）本卷八第四頁背。

⑥清代學者俞正燮（1775～1840年），當時著名的女權主義者之一，在其《癸巳存稿》卷四中詳盡討論過這個黃點的來源和歷史。

⑦「帽花」正好在兩眉中間的上方，具有神秘含義。有趣的是應當指出，嵌在琵琶「鳳額」上行話叫做「琴寶」的玉片被認爲是整個樂器上最關鍵的一點。正像樂器的各個部件的名稱是指人體的各個部分一樣，這個玉片也是人體的對應物。（參看拙作*The Lore of the Chinese Lute* Tokyo 1940, p.98sp.）。特別奇怪的是，通過實驗，我發現，當我用技術手段放大琴的聲音時，對准麥克風的最佳部位就是「琴寶」。如此看來，此點確實是一個很重要的振動關節。

⑧見明代學者胡應麟（1550～約1590年）《少室山房筆叢》中的《藝林學山》卷四論周昉之文。

⑨參看上引胡應麟書同卷。類似的明代引文參看《秘戲圖考》169頁。

⑩《長恨歌》曾幾度被譯爲英文，如W. J. B. Fletcher的*More Gems of Chinese Poetry*，（Shanghai 1933, p.p.122-130）。有關評論見於*TPL* vol.II p.120。戲曲《長生殿》由Yang Hsien-i（楊憲益）和Gladys YANG譯爲英文，名爲*The Palace of Eternal Youth*（Peking 1955）。

⑪這個技術術語在本書附錄一中有論述。

⑫要想詳知針灸的有關情況，可看G. Soulié de Morant的*L'acuponcture chinoise*（Paris 1939～1941）。

⑬這一段是由令人懷念的法國漢學家Henri Maspéro所發現，他是研究道教的大權威。他在Les procédés de nourrir le Principe Vital etc.（見*Journal Asiatique* 1937, p.386-387）中翻譯過此段。Maspéro在文中指出，雖然原書說裴玄仁是漢代人，但傳記卻寫於唐朝。它曾作爲一篇獨立的作品錄於《宋史·藝文志》「道家類」（乾隆版卷二〇五第十五頁正），

並且由於《明道藏》將提到房中術的地方悉加刪汰，所以這裡所譯的一段也被略去。「此非不規於正」一語似為明代竄入。我的譯文與Maspéro的譯文略有不同。

⑭文中有「火」（屬86部）「齊」（屬210部），意為「火候」和「丹」，但這裡張丑無疑是把它看成譯文中的含義［指陰蒂——譯者］，因為他對房

中書中的古老術語並不熟悉。

⑮《漢書》卷四六《周仁傳》中説，周仁由於某種疾病而陰萎。當他因此變得像個太監時，皇帝遂把他當作同性戀的對象。

⑯書中有「宣裙」一詞，可能指「撩開裙子」。但是因為前面幾句話説女子已經褪去裙子，所以我猜想「裙」在這裡是指包皮，尤其是因為它不僅指「裙」，而且也指「龜殼的邊緣」。

⑰文中有「鷄台」一詞。我認為「台」字系「舌」字之誤。「鷄舌」與上文第六章註、［3］提到的「雛尖」是一樣的。「台」與「舌」在草書中很容易混淆。

⑱即《醫心方》引文第九節描寫女子反應的十微。

第八章　五代和宋

212

（公元908～1279年）

五代・李煜・纏足

　　九世紀末，南方大規模的軍隊叛亂震撼著唐王朝，朝廷的威望一落千丈。由草莽英雄黃巢（《中國傳記詞典》，847）領導的起義軍向北推進，於八八一年占領首都長安，皇帝被迫出逃。八八四年，起義失敗，但獲勝的將領卻勢力大增，皇帝反而失去威望，淪爲傀儡。他們割據稱雄，其中有一個將軍並迫使唐代的最後一個皇帝於九○七年退位。歷時三個世紀的強盛的唐朝從此滅亡。

　　隨後是一個軍閥紛爭，西北蠻族入侵中國的混亂時期。不過，此時中國文化的內聚力已獲得長足發展，使這一分裂不可能持續太久。僅僅經過五十年的動亂，帝國又在宋朝的統治下重建統一。

　　有些被宋朝將領滅掉的短命王朝和小國，曾以它們的文們成就而著稱。這裡必須提到的是孟昶（《中國傳記詞典》，1514）的小國。他於九三五年成爲四川「後蜀」的第二個統治者，而於九六五年被迫向宋軍投降。他有一個妃子徐夫人，號稱「花蕊夫人」，後來成爲有名的大詩人。她留下一部很長的詩集《宮詞》〔五代前蜀主王建之妃與後蜀主孟昶之妃皆號「花蕊夫人」，傳

世《宮詞》乃前一「花蕊夫人」所作，此據《全唐詩》註，不確——譯者〕，這裡翻譯了其中的一首，它生動地描寫出後宮女子嬉戲的一瞬間：

213
　　　　殿前宮女總纖腰，
　　　　初學騎乘怯又嬌。
　　　　上得馬來纔欲走，
　　　　幾回拋鞚抱鞍橋。

　　　　　　　　　　　　——《全唐詩》之二卷十第六頁正

　　下面還有一首詩是寫她自己的心情：

　　　　清曉自傾花上露，
　　　　冷侵宮殿玉蟾蜍。❶
　　　　擘開五色銷金紙，
　　　　碧鎖窗前學草書。

　　　　　　　　　　　　——同上書·第八頁正

　　還有李煜（937～978年），即南唐的第二個統治者，他是中國最偉大的愛情人之一。正是他充分意識到詞這種詩體具有極大潛力。中國的古典詩詞通常是用文言寫成，詩行長度相等，每句通常包括五字或七字。而詞增加了行數和字數，只受詞牌限制，句子可以長短參差，並允許口語化的表達，所以更能表達細膩的感情。

　　李煜是一位多愁善感的才子，他熱衷於音樂、舞蹈和美女，而無心過問政治和軍事。宋朝將領殺死他，並結束了他的短命王朝。他是被宋代開國皇帝的俘虜而死，儘管作為一個政治家，他是失敗了，但作為一個詩人，他卻贏得了長久的勝利：宋代及其

後各個朝代中，所有中國詩人都承認他應屬於最偉大的詞家，他所開創的詞風，直到今天仍爲所有專寫愛情題材和浪漫題材的詩人所爭相效仿。

下面是他的四首愛情詩詞。這些詩詞可用以抵銷上章所譯那些赤裸裸的色情描述。前三首是寫李煜自己的感情，第四首則是擬他的一個鍾情女子。可惜的是，譯文只能再現這些詩詞的內容，但卻無法表達這些詩詞抑揚頓挫的韻律。這種韻律使李煜的詩詞顯得一氣呵成，意味雋永。

214

浣　溪　沙

紅日已高三丈透，
金鑪次第添香善，❷
紅錦地方隨步皺。

佳人舞點金釵溜，
酒戀時拈花蕊嗅，
別殿遙聞簫鼓奏。

菩　薩　蠻

銅簧韻脆鏘寒竹，❸
新聲慢奏移纖玉。
眼色暗相鈞，
秋波橫欲流。

雨雲深繡戶，
來便諧衷素。

215

宴罷又成空，
夢迷春睡中。

喜遷鶯

曉月墜，
宿雲微，
無語枕頻欹。
夢回芳草思依依，
天遠雁聲稀。

啼鶯散，
余花亂，
寂寞畫堂深院。
片紅休埽儘從伊，
留待舞人歸。

菩薩蠻

花明月暗籠輕霧，
今宵好自郎邊去。
剗襪步香階，
手提金縷鞋。

畫堂南畔見，
一晌偎人顫。
好爲出來難，
教君恣意憐。

李煜對本書論及的題目很重要，這不僅因爲他是一位偉大的
愛情詩人，而且還有另一個原因。就是他原原本本介紹了婦女纏
足的風俗，這種風俗後來在中國的性生活中一直非常重要。

宋元史料對纏足歷史的看法很愼重，當時纏足已是一種廣爲
流傳，完全確立的習俗。宋元時期的作家說，他們從唐代和唐以
前的文獻中找不到有關纏足的直接線索，而且從這一時期的繪畫
中也未發現纏足婦女。他們引用李煜及其寵妃窅娘的故事來解釋
纏足的起源。據說李煜爲窅娘製造了一個六英尺高的大蓮花，又
用布帶把她的腳纏起來，使她的尖足仿佛月牙，讓她在蓮花上表
演他喜歡的舞蹈。因此，窅娘一向總是被畫成纏足的形象。如**插
圖11**所示，窅娘正把右腳放在左膝上，用布條纏裹。據說窅娘纏
足竟引起了普遍的羨慕，所有婦女都爭相仿效。

儘管有人懷疑是否眞是從窅娘才開了纏足的風氣，但是文獻
的和考古的證據卻表明，這一習俗確是在這一時期或其前後，即
唐、宋之間約五十年的時間裡出現的。這一習俗在以後許多世紀
裡一直保存，只是近年來才漸漸消亡。現在在中國還偶爾能看到
纏足的老太太，但年輕婦女和姑娘卻不再纏足，故可以預料，用
不了多少年，纏足將蕩然無存。

與宋元作家採取的正確歷史觀點相反，明代，人們喜歡把一
切現存習俗都視爲古已有之，這種傾向也影響到明代對纏足歷史
的看法。明代作家對古文獻有關婦女腳、鞋的記載拚命穿鑿附
會，想以此證明纏足早在周、漢即已存在，其說皆屬無根之談，
可置之不論❶。

儘管這一習俗的歷史並沒有提出什麼特殊難題，但要斷定爲
什麼自從出現纏足，女人的腳在中國的性生活中便有了非常特殊
的作用，卻很困難。

從宋代起，尖尖小腳成了一個美女必須具備的條件之一，
並圍繞小腳逐漸形成一套研究腳、鞋的特殊學問。女人的小腳開

217

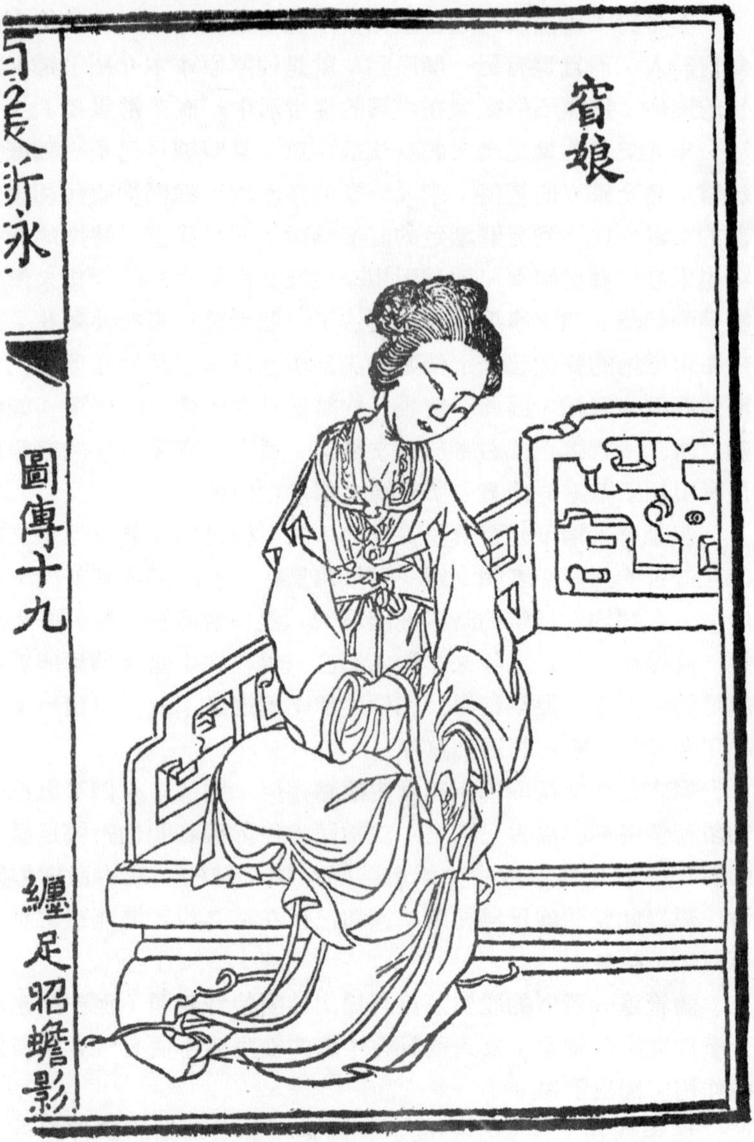

插圖11 窅娘纏足

始被視爲她們身體最隱秘的一部分，最能代表女性，最有性魅力。宋和宋以後的春宮畫把女人畫得精赤條條，連陰部都細緻入微，但我從未見過或從書上聽說過有人畫不包裹腳布的小腳。女人身體的這一部分是嚴格的禁區，就連最大膽的藝術家也只敢畫女人開始纏裹或鬆開裹腳布的樣子。禁區也延及不纏足女人的赤腳，唯一例外的是女性神像，如觀音。女僕像有時也如此。

女人的腳是她的性魅力所在，一個男人觸及女人的腳，依照傳統觀念就已是性交的第一步。幾乎每部明代或明代以後的色情小說，都以同樣的方式描寫這一步。當一個男子終於得以與自己傾慕的女性促膝相對時，要想摸淸女伴的感情，他絕不會以肉體接觸來揣摸對方的情感，甚至連她的袖子都不會碰一下，儘管他不妨做某種語言上的探試。如果他發現對方對自己表示親近的話反應良好，他就會故意把一根筷子或一塊手帕掉到地上，好在彎腰撿東西的時候去摸女人的腳。這是最後的考驗，如果她並不生氣，那麼求愛就算成功，他可以馬上進行任何肉體接觸，擁抱或接吻等等。男人碰女人的乳房或臀部或許還說得過去，會被當作偶然的過失，但摸女人的腳，卻常常會引起最嚴重的麻煩，而且任何解釋都無濟於事。

有位中國近代作家寫了一部長達五卷的書，專門研究與女人纏足和小鞋有關的學問❺。這門學問研究用女人的小鞋划拳行令賭酒，女人小鞋的名稱和式樣，一系列有關纏足的文言表達，等等。他還輯錄了古今許多傑出作家有關這一問題的評論，但對纏足與性的關係，或與小腳有關的嚴格禁忌，卻根本沒有做出令人滿意的解釋。

禮節的標準當然要遵從習俗，而習俗又受古怪的時髦風尙的影響。這可以解釋，比如說，爲什麼唐代的中國人並不反對女人袒露脖頸和胸部，而宋代和宋以後的中國人則視這種暴露爲下流，因而推廣高領上衣。但是，僅由風尙的變遷並不足以解釋有

219

關小腳小鞋的禁忌。

有些作家試圖把纏足與女人的陰部聯繫起來，他們斷定纏足會引起某種特殊的陰阜和陰道反射，但這一理論已被醫學專家明確否定。另一些人提出的更籠統的理論則斷言儒家助長了這種習俗，因爲它有助於限制婦女的行動，使她們足不出戶，因此，纏足也就成爲婦女端莊淑靜的標誌。這種理論也過於牽強，完全不能令人滿意。

按照我的看法，這個問題只能從心理分析的角度來解決，恐怕要從戀鞋癖（Shoe-fetichism）入手，我把這個問題留給性學專家。

纏足的技術問題也超出了本書的研究範圍，讀者可參看醫學觀察者的有關描述❻。這裡所能指出的僅僅是，少女在很年輕的時候就把腳一道道緊緊纏住，使大腳趾向回彎，其餘四個腳趾向腳底彎。越裹越緊，直到把腳擠成尖角形。從**插圖12**X光照片的線圖中，我們可以看出這種裹法所造成的畸變。用這種方法，把腳的主要部分擠到腳踝，留在下面的那一小部分就可以伸進小鞋裡去了。隆起的腳踝則用裹腿遮蔽，裹腿的式樣經過許多世紀變化相當大。從**插圖13**可窺見這類服飾之一斑，它們在中國的色情藝術和色情文學中起過重要作用。

插圖13-A畫的是一個扎裹腿和穿鞋的女人，她身上僅穿著這兩件，其他地方是赤裸裸的。該圖採自約一五五○年的春宮畫集《勝蓬萊》（見《秘戲圖考》圖版X所印）。裹腿是用素綢做成的，下面鑲有花邊，婦女穿上袍子，花邊會從下面露出來，蓋住鞋面。裹腿是用一根帶子繫在小腿上的，帶子的兩端拖垂至地上。正如**插圖18**所印明代書籍插圖所示，女人折起裹腿裡面的邊。**插圖13-B**所示爲裹腿的另一種式樣，出自一六○○～一六五○年的畫集，如《花營錦陣》和《江南銷夏》（見《秘戲圖考》所印）。這些裹腿顯然是用漿硬的布制成的，用帶子在略近腳踝上部的地

221

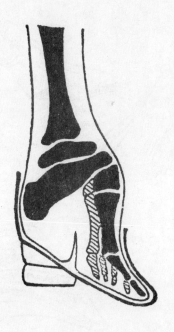

插圖12 小腳透視圖線描

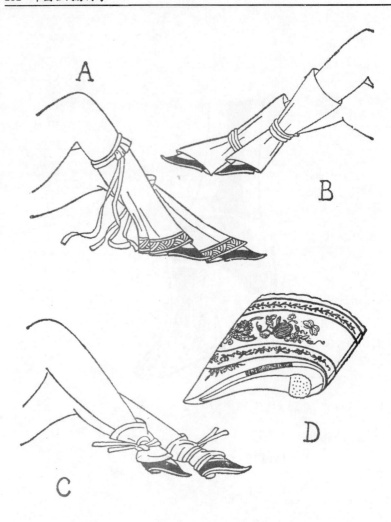

插圖13 女子裹腿的不同式樣和小腳

方繫緊。由於沒有畫出帶子的兩端，所以無從知道它們的繫法。
最後，**插圖**13-C畫的是約一九○○年時的款式，出自近代著
作《探菲錄》。**插圖**13-D所畫是當時女人的鞋子，鞋上繡有蝴蝶
和西瓜，出處相同。

春宮畫上的女人凡在席子上或有侍女可以看見的地方性交，
總是穿著鞋子和扎著裹腿。鞋子和裹腿只有在遮有帳幔的床上才
脫下，裹腳布也只在浴後才更換。

人們常常誇大纏足對婦女健康的直接不利影響。其實對中國
婦女健康的總體趨勢來說，由纏足而派生的影響才是最嚴重的問
題：纏足使女人對舞蹈、擊劍以及纏足時代以前女性從事的其他
體育活動興趣銳減。對故意把人體扭曲變形這一點，我們不妨把
眼光放得更遠一點，注意一下十九世紀西方觀察者的看法，他們
中曾有人就纏足發表看法說：「不僅（中國）人的思想，而且他
們的身體也被反自然的習慣摧殘和扭曲了」❼。但這位觀察者卻
未免健忘了，在同一時代，他家裡的妻子和女性親屬也正由於束
腰過緊而使心肺大受其苦。儘管纏足引起了很多痛苦，但通常所
有時代和所有種族的婦女都會為追求時髦而樂於承受這些痛苦。
一六六四年，當滿族婦女被禁止仿效漢族婦女纏足時，她們竟憤
憤不平。

在藝術領域，纏足所導致的令人遺憾的後果是，它中斷了偉
大而古老的中國舞蹈藝術。宋代以後，仍有一些著名的美人和妓
女以演唱技巧和彈奏樂器的技巧被人稱譽，但偉大的舞蹈家卻越
來越少見了。在朝鮮和日本，從中國引進的這種藝術一直持續發
展，直到今天在歌舞伎中仍興盛不衰。可是與此相反，在中國本
土，舞蹈藝術的發展卻停滯不前，日益瀕臨滅亡。

理學・道家內丹派的房中書

在宋初的幾個崇尚藝術的皇帝在位期間，唐代的放蕩生活仍在繼續，但儒學的復興開始影響男女間的自由交往，性關係也被經書上的大量嚴格規定所限制。

儒家的復興並不是一下子發展起來的。在唐代，有些儒家學者就已發現，他們若想使自己的學說獲得普遍支持，就必須擴大它們的影響。宋代有兩位哲學家，周敦頤（1017～1073年）和郡雍（1011～1077年），他們從道教中借用了一些概念，因而成爲一種混合思想體的奠基者，這個體系通常被稱爲理學。他們以體現在《易經》中的系統爲基礎，制訂了一種新的理論。他們把宇宙中的陰陽兩種作用力解釋爲元初統一物，即「太極」的兩個對立面。他們用陰陽循環相剋相生生動地刻畫了這一體系的基本概念，這種循環也就是太極。從此，如本書前面所說，這一主題在中國哲學和實用美術中一直起著重要作用。太極環以八卦，已成爲中國裝飾藝術最流行的主題之一。

另一些理學家進一步完善了這個體系，但集大成者，乃是宋代著名的哲學家和政治家朱熹（1130～1200年），他是眞正的理學之父。

朱熹借鑑了道家煉丹術和佛敎，特別是禪宗（日語讀爲Zen），因而給儒學增添了它始終缺乏的神秘因素，從而吸引了更多的學者和藝術家。而同時，他對經書的注釋卻嚴守儒家教義，甚至比漢代經說走得更遠。他強調女性的低下和嚴格的兩性隔離。禁止表現婚床之外的一切異性之愛。這種固執的態度特別表現在他對《詩經》中愛情詩歌的注釋上，他把這些愛情詩歌解釋爲政治寓言。朱熹爲理學作爲唯一的官方宗教奠定了基礎❽。

　　從那時以來，理學就成了官僚政治的教義。一方面，明確規定的意識形態爲統一而有效的國家管理確立了穩固的基礎；而另一方面，它又助長了政府極爲嚴格的專制獨裁，包括建立檢查制度、思想控制和其他許多說不清道不明的東西。明清時代，對「不敬」的指控，爲當局清洗他們的政敵和思想危及國家安全的人提供了藉口。 224

　　宋代統治者自己並未實踐他們正式支持的這一學派的原則。作爲個人而言，正從前的漢代皇帝，他們對道敎更感興趣。他們醉心於長生不老藥，並把大量時間花在後宮嬉戲之中。當時的宮中實錄還提到《秘戲圖》，表明他們在煉道家的內丹。從那時起，一般色情畫往往被叫做「春宮畫」，亦簡稱「春畫」。

　　房中書上的教導仍在宮廷內外實踐，但此時有些作家已提出告誡，反對這些原則。宋代作家王楙（1151～1213年）對統治者和士紳的性習慣做了長篇討論，見《野客叢書》卷二九第一條。在描述了皇帝習慣與極多的女人性交之後，他繼續寫道：

　　　　今貴公子多蓄姬滕，倚重於區區之藥石，伐真氣
　　而助強陽，非徒無益，反以速禍，雖明理君子如韓退之，有
　　所不免。情欲之不可制如此，故士大夫以粉白黛綠，喪身殞
　　命，何可勝數。前覆後繼，曾不知悟。

　　多產的宋代作家曾慥（號至游居士，主要活動於1150年前後）在《道樞》中收有《容成篇》一卷（參看本書70頁所列第一種書）❹。在該書中他也痛斥了道家內丹派的房中術。他的批評是直接針對他的同代人崔希范寫的《入藥鏡》。《入藥鏡》的一個徹 225 底刪節的本子見於一四四四～一四四七年出版的《道藏》，這個本子後來重印於《道藏輯要》。該書由道士王道元、著名作家李攀龍（1514～1570年）和明代學者彭好古做注。這個糟糕的刪節

本只包括三卷，每卷十八行，斷爛不可卒讀。不過曾慥知道該書完整的原貌。曾慥的引文（刪節本中已蕩然無存）可以證明，《入藥鏡》是一部道家煉內丹的書。曾慥說：

> 吾嘗得崔公《入藥鏡》之書，言御女之戰，客主恍惚，同識不同意，同邪不同積，同交不同體，同體不同交，是爲對鏡不動者也。夫能內外神交而體不動，得性之道也。動，則神去性衰矣。不染不著，則留其元物，使氣定神住，和合成形，入於中宮，鍛去其陰，而存其陽焉。紅雪者，血海之真物。本所以成人者也，在於子宮。其爲陽氣，出則爲血。若龜入時，俟其運出而情動，則龜轉其頸，閉氣飲之，而用摘引焉。氣定神合，則氣入於關，以轆轤河車挽之，升於昆侖，朝於金闕，入於丹田，而復成丹矣。至游子閒而大叱曰：崔公果爲是言哉？吾聞之，古先至人，未嘗有也。昔張道陵黃赤之道、混氣之法，蓋爲施化種子之一術耳，非真人之事也。然及陸之變舉，則亦不復爲此矣。清靈真人曰：吾見行此而死者也，未見其生者也。……

從這段文字來看，直到宋代，三世紀黃巾軍所倡導的戒條在道家的圈子裡仍在流行。「黃赤」這個術語在記載黃巾軍教義的古老文獻中並未提到，本書附錄一將討論其含義。

「龜」字的含義變化

226　　應當注意的是，古書把男性生殖器稱爲「龜」，這顯然是因爲其長頸和尖頭類似這種器官。龜還會引起其他性聯想，但長期以來，這些聯想卻無損於它作爲元氣和長壽之象徵的地位。只是

從明代起，龜的性暗示才令人不可接受，因而龜才退出觀賞美術和實用美術的範圍，「龜」這個詞才在上流社會成為禁忌。我們之所以會對追溯龜的象徵意義退化的歷史感興趣，只是因為它間接說明了儒家禁慾主義的發展。

正如我們在第一章中所看到的，龜殼早在殷代就被用於占卜，龜被視為元氣之所在，十分神聖。在第二章中也提到，龜在古代曾用以表示北方，常常再現於觀賞美術和實用美術當中。石龜一向被用作碑刻的趺座，印章也常常雕有龜紐，並且作為長壽的象徵，人們還經常用龜來裝飾花瓶、盒子和其他物件。另外，龜字還常常見於人名，例如著名唐代詩人和品茶專家陸龜蒙（卒於881年），宋代作家彭龜齡（1142～1206年）等等。龜齡這個詞還被用於壽幛，祝壽時可隨便張掛在牆上。不過，大約公元一三〇〇年前後，這種動物的地位便衰落了。

清初作家王士禎（1634～1711年）認識到這一事實，但並不知其所以然。他在《池北偶談》卷二二《名龜》中說：

> 麟鳳龜龍，並稱四靈，漢唐宋以來，取龜字命名者，不可勝紀。至明，遂以為諱，殊不可解。

清代學者趙翼（1727～1814年）在《陔餘叢考》之《諱龜》一文中（卷三八倒數第五條）也討論到這一問題。他一上來就引用了宋代史料中浙江人避免使用「鴨」這個字的有關記載，因為據說這種禽類是靠同性交配而繁殖。接著，趙氏說，「龜」這個字在他那個時候也是忌諱，因為它往往是指男人縱妻行淫。他列舉了從元代以前的史料中摘出的大量有關材料。這些材料證明，元以前人們並不避諱「龜」字，常把這個字用於名號。他還引用了上引王士禎的話，也承認並不知道為什麼龜字會變成禁忌。不過他還引用了元代史料《輟耕錄》。在該書中，一個破落古老家族

227

的狀況被說成是「宅眷多爲撐目兔，舍人總作縮頭龜」。由於按照流行的觀念，兔子會因望月而懷孕，這第一句的意思是指這一家的姑娘淫亂無度。而由於烏龜縮首，是指它害怕露臉，就像我們西方說的「鴕鳥政策」，第二句則意味著這家的男人對他們女人的醜事故作不知。趙氏得出的結論是，在元代，龜字就已含有作賤別人的性含義。

稍後，清代作家兪樾（1821～1906年）在他的《茶香室四鈔》卷六第十一頁正，除引用王士禎的論述，還引用了明代學者徐𤊹《徐氏筆精》中的論述，在該書中，徐氏斷定龜在宋代和宋以前並不是禁忌，但他說他也不知道龜究竟是從什麼時候變成禁忌的。他還說，在他的時代，仍有人取龜字爲名，儘管很少。兪樾從徐氏的解釋中得出結論說，在明代，龜字還沒有完全成爲禁忌。我還可以補充的是，有些明代的印章仍然雕刻有龜紐，而且還有一些明代的木匾也刻有「龜」或「龜齡」等字。

明代後期的長篇小說和短篇小說中都把龜當成粗俗下流的罵人話。它變成了中國罵人語彙中的一部分，用以暗示某人或其父母有違背倫常的行爲。龜，特別是烏龜，被用來罵拉皮條的人。吉爾斯在他的《漢英詞典》中，收有「龜公」一詞，意爲「戴綠帽子」。這也就是說，「龜」的含義就是表示「默許妻子與人私通（或從中獲利）的男人」，並引申爲被妻子蒙在鼓裡的男人。

在論龜之文後面的另一篇筆記，趙翼還討論了「王八」一詞，在一般說法中這個字也和龜一樣是用來罵人的。趙翼指出，在較早的文獻中「王八」一詞就已偶然被用來指強盜和放蕩的人，他還入了一個異讀的詞「忘八」。他解釋說，這個字的意思是說「忘禮、義、廉、恥、孝、悌、忠、信八字也」。王八在今天是用來罵那些作惡的流氓惡棍。而「王八蛋」也是下流的罵人話，它是指被罵者的父母有不正當行爲。把烏龜的圖形或「王八」一詞畫在或寫在屋子的外牆上或路邊，含有下流之義。吉爾

斯在上述詞典中把這些圖畫和詞語解釋爲「禁止小便」，這恐怕
是一種派生的解釋。

總結上述材料，我傾向認爲，元代以前已形成流行的看
法：(1)把龜與男性生殖器聯繫起來；(2)假定動物可用鷄奸的方式
繁衍；(3)把龜縮視爲丈夫默許他的妻子與人私通。我認爲這些侮
辱性的含義與龜之作爲「靈物」而受人尊崇一直是並存的。甚至
在元代，當理學禁欲主義廣爲傳播，任何問題全都與性禁忌拉扯
在一起，進而把龜排除在一切莊重的語言和藝術之外的時候，人
們也沒有把龜從碑座上撤下來。人們一旦正式把龜看作下流之
物，自然它也就成了一種流行的罵人話。它的性聯想被強調突
出，而舊有的、受人尊崇的含義則隱退了。在清代，絕沒有人會
希望給自己的孩子取個帶龜字的名字，或在屋裡擺上帶龜字的
書，也沒有人會使用以龜做裝飾的印章或其他物件〔此說不
確－譯者〕。不過，還應補充的是，在南方各省，中國古代的習
俗要比北方和中原保存得更好。龜在南方還有象徵長壽的神聖意
義。例如，在廈門，人們把糕點制成龜形，在新年的第一個星期
中用來祭天，同樣的糕點也用於做周年❿。日本也用這些東西：
正像元代以前的中國，龜在日本也受尊崇，並且直到今天，日本
仍用龜做觀賞美術和實用美術的共同主題。

在這段題外話後，我們再回過頭來重新討論宋代的性生活。

房中書•裸體

一般來說，宋代文獻很少提到房中書，似乎房中書的影響開
始有所衰退。但《宋史•藝文誌》還是少量著錄了這類書。在道
家類卷二〇五我們可以看到《五牙導引元精經》一卷。此書未能
保存下來，但顯然與煉內丹有關（見前引十二頁正）。還有鄧雲
子爲一位法術高明的道士寫的傳記（見前引十五頁正）。其中包

含了傳授煉內丹的一些說法，該書尚存於《道藏》中，已經在上文一九九頁做過翻譯。還有上面提到的《入藥鏡》三卷（見前引十六頁背）。此外還有《養生要錄》三卷（見前引十九頁背）。該文可能節自《漢書》已經提到的卷數較多的《養生要集》〔這裡的《漢書》，是《隋書》之誤——譯者〕。醫類（見前引卷二〇七）也提到《養生要錄》（見前引二十一頁背）。這本書也肯定是一部房中書。這裡所說的頁碼是據《宋史》乾隆版。

宋代前半期，與性有關的事尚可在較大的範圍內自由談論，房中書的原理也仍被付諸實踐。這一點可由宋代學者和官吏張耒（1054～1114年）的《明道雜誌》續中的兩段話得到證明。

首先，張耒提到說，他曾碰見過一個在他看來是精通道術的人。這是個叫王江的雲遊道士，他是個大酒鬼，看起來像個瘋子，身材短小肥胖，把頭髮梳成高髻，上面插著花。有一大官禮遇王，向他請教房中術，但他拒絕回答（見前引《說郛》版十一頁背）。

接著，張耒又說，他還遇見過一位叫劉幾的將軍。儘管他已七十歲了，但看上去仍像個年輕人。當張氏問他靠什麼辦法達到這一點時，「幾挈余手曰：『我有術欲授子，以是房中補導之術。』余應之曰：『方困小官，家惟一婦，何地施此？』遂不復授」（見前引《說郛》版十七頁背）。

宋代前半期，儒家的道德標準在大眾生活中的影響還不十分明顯。清代學者兪樾在他的《茶香室四鈔》（卷九第十六頁背）中引用了兩段早期史料，提到宋代在公共場合下表演的婦人裸相撲。這類相撲是嘉祐年間（1056～1063年）京城宣德門附近舉行的節日慶典的一部分，各類雜技演員都在那裡獻技。皇帝和他的後宮嬪妃經常參加節日慶典，觀看這些裸體女人，並以銀子和綢緞獎賞獲勝者⓫。據說，著名政治家和歷史學家司馬光是堅決反對這種下流習俗的，曾奏請廢止這種體育運動⓬。

230

　　雖然男女袒露裸體，包括同浴，因與儒家的禮儀相左而遭反
對，但後來有人卻發現了一些巫術思想的偶然線索，即裸體特別
是暴露生殖器可以祛凶避害。十七世紀早期，殘暴的軍閥張獻忠
（1605～1647年），作爲當時四川省的主要軍事統治者，「曾將
被屠殺的裸體女屍暴露於被圍攻的城外，想用它產生魔力，防止
守城者的炮火。」（見帕森的文章《論明末起義》 *Attitudes to-
wards the late Ming Rebellions,* 載《遠東》卷六，1959年，180
頁）。而且在淸代男女裸體性交的圖畫還被廣泛地用做護身
符（見本書第331頁註47）。不過，我還沒有發現宋代也有這類信
仰。也許，它們是伴隨性禁忌的發展而出現。這些禁忌後來愈演
愈烈，日益籠罩著人們的性生活。

三種不同等級的妓院制度・宋代婚俗

　　在第七章討論唐代妓女時，我們曾指出，要想洞悉妓女的各
個級別以及它們在當時社會結構中的地位是很困難的。但對宋代
的情況，我們的瞭解則有所改善。有三篇文章，是由目擊者所記
述的南宋京城杭州的生活，它們爲這一題目提供了合適的材料。
　　古物鑑賞家周密（1232～1308年）在《武林舊事》卷六中把
妓院分爲三個等級。他先寫的是最低的一等，即爲窮人和士兵服
務的普通妓院，其次是帶有各種設備的酒樓，最後寫的是有高級
藝妓招待的上等娛樂場所。
　　該文把低等妓院叫做「瓦子勾欄」，「瓦子」或「瓦舍」的
含義很不淸楚。大概是指用瓦蓋成。「勾欄」的意思是「遮
欄」，漢代文獻中就已經出現過這個詞，是指安頓娼妓居住的房
屋。顯然，周密認爲這些低等妓院不值得做進一步討論，他有意
不提它們的地點。爲了進一步瞭解瓦舍的情況，我們必須轉而看

231

看另一部同時期的史料《都城紀勝》。該書是由一位號耐得翁的
學者寫於一二三五年。他說：

> 瓦者，野合易散之意也，不知起於何時。但在京
> 師時，甚爲士庶放蕩不羈之所，亦爲子弟流連破壞之地。

宋代學者吳自牧所編的筆記集《夢粱錄》卷十九云：瓦舍，
乃是臨時泄欲之所，價廉如瓦，易聚易散。不過，這似乎是一種
派生的解釋。瓦子是杭州一個市場的名字，很可能低等妓院最初
就坐落在那裡。《夢粱錄》還說，皇帝駐蹕於杭州與紹興之間
時，軍隊曾在城外設立過一些瓦舍，招集妓樂，供士兵暇日娛
樂。接下去，又重述了《都城紀勝》中講到的情況，即一般士庶
也逛這些妓院。後來的史料表明，宋代供軍隊使用的妓女是從當
地妓院中招募而來，拿月份而不是固定薪水●。顯然，瓦舍起先
是一種專供低級軍官和士兵享用的特殊官辦妓院，當時一般平民
是不允許去商業性妓院的。但後來，一些富人家的浪蕩子弟爲尋
求新的刺激也常來光顧這些地方。上引後面的同一材料說，宋代
的官妓制度是重新組織起來的。已經定罪的男囚的眷屬和戰爭中
的女俘虜被作爲妓女分配給各路府衙門，那些把眷屬留在家鄉或
京城的當地官員，可向政府租用這些妓女。如果他們調任時想帶
走這些女人，加付租金後也是可以的。

232　　　也許這裡應補充的是，明代的長篇小說和短篇小說中偶爾提
到士兵、水手和市井無賴光顧的的低等妓院。當時，這種人被稱
爲「嫖」。這種最下等的妓女之所以被人看不起，不僅是因爲她
們是罪犯或罪犯的親屬，而且還因爲她們缺乏高等妓女的技藝。
因此，「嫖」就成了一個粗俗的罵人詞彙。

周密在《武林舊事》一書中描述了瓦舍或下等妓院之後，接
著寫了名爲「酒樓」的等級較高的妓院。

　　周密把這些酒樓分爲兩類，一類是官辦的，叫「官庫」，另一類是私營的。第一類由戶部點檢所控制，最初只供應酒和下酒菜，不管正餐。周密列舉了十一家這類酒樓的名字，每家皆設有少數可供點喚的官妓。姑娘們總是濃妝艷抹。節日的慶典總是在那裡舉行。這些地方往往爲府中的人所佔據，外人是難得光顧的。

　　周密還列舉了十八家私營的妓院，它們是眞正的餐館，同時有陪客的女人。他說：

　　　　每樓各分小閣十餘，酒器系用銀，以竟華侈，每處各有私名妓數十輩，皆時裝袨服，巧笑爭妍，夏月茉莉盈頭，香滿綺陌，憑欄招邀，謂之賣客。又有小鬟，不呼自至，歌吟強聒，以求支分，謂之插坐。

　　接著，周密又列舉了這些地方令人驚異的各種食品。這裡沒有固定的菜單，一群跑堂和小販每人手持一個裝有精美食品的盤子，在桌子間穿流不息，顧客可以隨意點他們喜歡吃的菜。周密很驚異於這些侍者的記憶力，他們可以記住上百種顧客點的菜而毫無差錯。這種服務制度今天仍可在有些廣東人開的餐館中見到。值得注意的是，在廣東，有些中原和北方已經廢除的習俗仍然保存下來。周密用下面的話來概括這一段：

　　　　歌管歡笑之聲，每夕達旦。往往與朝天車馬相接，　　233
　　雖風雨暑雪，不少減色。

　　上述另一部宋代史料《都城紀勝》還進一步提供了下面這些與酒樓有關的情況：

庵酒店謂有倡妓在內可以就歡，而於酒閣內暗藏
臥床也。門首紅梔子鐙上，不以晴雨，必用箬籠蓋之，以爲
記認。其他大酒店倡妓只伴坐而已。欲買歡，則多往其居。

顯然，經常光顧這些酒樓的是些中等階層的商人和低級官
吏。

論述過第二種妓院之後，周密又繼續講到了第三種也就是他
稱之爲「歌館」的最高一等妓院。這類妓院位於一個叫做平康里
的地區。它得名於本書第一七〇頁所說唐代京城的著名妓院區。
顯然，這些歌館也被稱爲茶坊。在中國，現在這個詞是指賣茶的
舖子，但在日本「茶屋」（cha-ya）一詞卻仍具有中國古代買情
之所或普通妓院的含義，而完全不同於女郎屋（jorō-ya）。

這些歌館是擅長詩詞歌舞、有技藝的妓女之所居，常來光顧
的都是些高官、富商以及本人有錢或受有錢人捧場的文人墨客。
周密記述得很清楚，上這些地方是要花很多錢的。客人剛一進
門，喝第一杯茶，就要付幾千錢，叫「點花茶」。再登樓飲上一
杯酒，又要付幾貫錢，叫「支酒」。只有經過這些程序，姑娘才
會出來讓客人挑選，酒食才送上，宴會才開始。除去這些娛樂，
還有其他許多額外開支。娛樂的每一道程序都有許多固定的儀
節，需要加付小費。例如，如果一個客人想召另一家歌館的姑娘
來陪，姑娘就得叫一乘轎子，還要穿上合適的衣服，哪怕她住的
地方就在街對面，也要這樣。而另一方面，它對顧客的服務也是
最上乘的，房屋極盡奢華。所有的家具都是高質量的，內陳精美
古玩。一切都爲客人安排得舒適周到，冬有火箱取暖，夏有冰盆
消暑。周密以下述之言作結：

蓋自酒器，首飾、被臥、衣服之屬，各有賃者。故
凡佳客之至，則供具爲之一新，非習於遊者，不察也。

　　這些宋代史料爲我們清楚地說明了這一時期的三類妓院。儘管它們描寫的只是南宋京城杭州和杭州附近地區的情況，但如果剔除某些地方特點，它們也可以代表宋王朝其他地區的情況。

　　正像唐代一樣，高等妓院的妓女構成了社會生活的一個必要組成部分，她們也參加私人聚會和各種慶典。上述《夢粱錄》卷二十對杭州的婚禮和有關習俗做了詳盡敍述，從中可以看到，高級妓女在婚禮上有專門指定的位置。下面略述大意，它爲研究中國婚姻習俗的歷史提供了有用的史料。

　　由媒人安排兩家先非正式地交換庚帖，看其生辰八字是否相配，如果相配，就可以正式換帖。庚帖的內容包括許多細節，如最近三代家庭中頭面人物的正式名稱爵位和官銜，兒女的生辰日期，住在一起的親屬的名單，全部家產的清單。而新娘方面還要加上一份嫁妝的清單，以及出嫁時所分財產的說明。如果這些條件雙方都滿意，未來的新人便可以在一個安排好的宴會上見面，仔細地相看對方，這種儀式叫做「相親」。他們相互敬酒，如果新郎對新娘滿意，就把一個金髮簪別在她的頭上，如果不滿意，新郎就送給新娘兩匹綢緞。如果一切雙方都滿意，便可交換禮物，擇吉成親。交換過幾次禮物之後（其中許多禮物具有象徵意義，例如一對暗示多子的金魚❹），在擇定的日子裡，新郎便帶著許多人，包括雇來的妓女和樂師，去迎娶新娘。到了新娘上轎，在一群手執花燭的妓女簇擁下，排排場場進入新郎的家中。新娘正是由這些妓女領入洞房，而新郎則由主婚人帶進，然後合巹結髮。儀式完畢，他們才被帶到堂前，在堂前新娘要正式見過新郎的家人，拜過祖先牌位。

　　後來，這種儀式有過幾次重大變化。在明代的中國，未來的新人在結婚之前見面似乎已逐漸被廢止。後來，只有在新娘拜過堂後，除去蓋頭，新人才有可能直接面對面。但在日本，舊式婚禮卻一直流傳至今，稱相親爲mi-ai。

235

住房、家具和服飾

　　宋代，中國的內地發生巨大變化。唐代中等階層的住房是由明廳構成，明廳由可移動的屏風分隔成小間，與之相反，宋代的房子則是用固定的牆來分隔。由於有更多的牆面可以利用，所以可以在顯眼的地方懸掛卷軸書畫作為室內裝飾的一部分。地面用石板鋪砌，冬天覆以地毯。人們進屋用不著再脫鞋，也不必席地而坐，木雕的高桌椅已普遍使用。

　　此時床架比以前更像是一個隔開的小間。它是一個高度與房間相同的隔斷，用帶窗格的硬木做成。隔斷後面放著垂掛帳幔的床，窗邊留有足夠的地方放梳妝台和茶几。隔斷前面也用帳幔遮掩。由於兩種用具的引入，使睡覺的舒適感大大增加。一種用具是「竹夫人」，為一三英尺長的竹籠，在盛夏酷暑之夜，可以把它放在兩腿之間，減少大汗淋漓之苦。中國移民把它帶到了過去的荷屬東印度和東南亞的其他地區，在那裡，英文叫法是「荷蘭妻」（Dutch wife）。另一種用具是「湯婆子」，即一種冬天用來暖床的銅熱水罐。專門用來暖腳的比較小的熱水罐叫「腳婆子」。按清代學者趙翼的說法，這兩種樸實無華但卻極為有用的物品是源自宋代，參看《陔餘叢考》卷三三第十五條，該書引用了許多宋代作家的作品。

　　似乎北宋時期（960～1127年）的男女服裝與唐代後半期式樣頗為相似。**圖版**11畫的是一個身著禮服的婦人。這是一幅很大的地藏菩薩像的局部，據題記作於公元九八三年，發現於敦煌。這裡印出的局部表現的是一個畫在右下角的女供養人。全畫可從寇恩（W.Cohn）的《中國繪畫》（*Chinese Painting*）（菲頓出版社，倫敦，1948年）**圖版**31查到。婦人舉起的手中捧著

236

一個盛有聖水的小瓶。從畫上我們可以注意到，寬袖，長而拖曳
的袍子和肩上披著的寬幅披帛，披帛的兩端一直垂到地上。頭飾
極為精巧，兩絡叫做「鬢」或「蟬鬢」的頭髮自鬢角下垂，帶兩
串小花，或念珠。這兩絡頭髮對中國的男人有著特殊的魅力，他
們常常在愛情詩中提到它，把它比之為輕雲。一把彎梳插在前面
的頭髮上，左右各有三枚釵，釵的突出的尾部有精致的圓鈕。假
髻上戴著用箔做成的髮飾，作翹尾鳳形，並用同樣材料做成的
花，這些裝飾在**版圖**13中可以看得更清楚。臉上有兩塊很顯眼的
胭脂痕，正好在眼睛底下，額頭正中有三個丹點。

　　把這幅畫與**圖版**12中一千年後日本花魁（oiran）或高級藝
妓的形象比較一下是很有意思的。這是著名套色版畫家英山於約
一八四〇年畫的江戶鶴屋（Tsuruya）花魁立花桔（Tachiba-
na）。可以看出，二者有驚人的相似：它們都有拖曳的袍子，長
而寬鬆的袖子，特別是帶蟬鬢的精巧頭飾，前面插著梳子，帶精
致圓鈕的斜突的釵。這再次確切地證明，中國古代的一些習俗，
在日本仍然保存下來。

　　版圖13畫的是男女供養人，是另一幅敦煌壁畫的局部，原畫 237
主要表現的是有兩位侍者陪伴的觀世音，是用彩色畫在絹上，據
題記作於公元九六八年，即北宋初。此畫表明，當時男子的服裝
與唐晚期的服裝的一樣的。我們可以注意到官員的帽子上有漿過
的帽翅，長袍緊領，腰帶上鑲有玉片，男人手持一帶柄熏爐。

　　似乎整個北宋時期，男女服裝的式樣一直相差不大，只是隨
後的南宋時期（1127～1729年），才有了明顯的變化。這並不令
人感到意外，因為朝廷從汴梁遷到南方的杭州，意味著社會和文
化環境發生了徹底的變化。不過，這些服裝款式的變化，也許只
能做泛泛的介紹。在現階段，我們關於中國服裝史的知識是貧乏
的，這個問題過於被人們忽視❺。傳世的宋代繪畫大多都是複製
品，恐怕在細節上已被複製者肆意竄改。加上表現人物形象的和

大致可信的宋代作品並不一定非得畫出畫家所在時代流行的衣服式樣。事實上，大多數畫家都寧願畫古裝人物和古代背景。甚至今天，中國的肖像畫家依然常常畫著明代服裝的現代人物。因此，我做出下述評論時是有所保留的。

南宋時期有一種寬袍大袖的趨勢，無論男女，都穿後擺曳地的寬袍。由於此時服裝式樣已經定型，女人裸露脖子和胸部是不體面的，所以，女人開始在衣衫裡面套上一件短上衣，前面扣扣，帶緊身高領。唐代流行的圍裙式外衣似乎已被廢除，但我們發現，這一時期的女人在外面的袍子上還有一種罩衣，前面敞口，用兩根長得過分，一直拖到地上的帶子繫緊，見**插圖4**和**插圖8**。有時，這種罩衣還做成短上衣的式樣，如**插圖7**所示。在**插圖8**和**插圖11**中，還能看到帶精緻大鎖的金項圈。這種金項圈也叫長命鎖，在南宋時期，似乎已逐漸風行。它是一種護身之物，表示把長存的精神和幸福牢牢鎖住，不斷賜福於戴著它的人。今天，人們常常把金的或銀的長命鎖送給新生嬰兒，在陰曆二月十九日，即釋迦誕辰之日，給他們戴上，用一根繩子掛在脖子上。在明代，成年婦女仍帶這種項圈。顯然，婦女總是經常戴著這種吉祥物，即使是在不穿衣服進行性交時也是如此。（可參見《秘戲圖考》**圖版15**）。

南宋時期，女人使用胭脂比從前更為講究。臉頰上只淡施紅色，再也見不到任何像唐代和北宋時期那樣，在眼瞼下重施丹點的女人肖像了。作為一件怪事，我要提到約公元一○○○年時北方遼代婦女保存的一種習俗。清代學者俞正燮在《癸巳存稿》卷四第九頁背引用了一些較早的史料，說這些女人臉上塗滿黃色油膏，嘴唇塗得猩紅，眉毛描黑。這種妝扮叫「佛妝」，顯然，這是因為它的樣子如同面無表情的金身佛面。這種特殊的妝扮並不是不可能具有性暗示，它可能暗示女人為密宗的薩克蒂（Sakti）〔印度教性力派崇拜的最高女神──譯者〕，即男人的女性配

238

偶，在性行爲中可以增加男人的元氣。見本書附錄一關於薩克蒂
的討論。

李清照

在宋代，雕版印刷術取得很大進步。書籍可以大量印刷，數
量遠遠超過從前的手鈔本。這一進步促進了知識的傳播。

婦女讀書識字也有了更多的便利。中等階層家庭的女孩，除
照例學女紅之外，一般也學習讀書寫字。從那時以來，我們發現
不少已婚婦女精通文學的例子，女詩人已不再只是見於娼妓歌女
之中。很多婦女還以精通書法和繪畫而見稱。值得說明的是，唐
代和唐以前，書法一向被認爲高於繪畫，是有學問地位的男人才
可能從事的筆墨藝術。繪畫也一向被認爲是一種專門技巧，主要
是匠人的工作，而不是藝術家的工作。不過在宋代，水墨畫已發
展起來，這是一種用寥寥數筆狀其神態的印象派畫法。由於這種
與書法同源的繪畫看來很適合由文人階層去創作，所以它很快就
成爲男人和女人的時髦消遣。宋以前，人們只聽說過因文學成就
而著稱的女子，但從宋代起，人們卻會見到許多女畫家的名字。

許多文人士大夫的妻子對丈夫的文學藝術活動饒有興趣。當
時正像現在一樣，共同的興趣爲美滿姻緣打下了堅實基礎，並且
從那時起，中國的歷史記載還提到許多由共同的文學志趣而結成
美滿姻緣的例子。

有一個女子寫下了自己的婚姻生活。這就是宋代女詞人李清
照。她號易安，主要活動於約一〇八一～一一四〇年。

李清照是在一個清貧但很著名的書香門第長大的。其父爲著
名詩人李格非，其母則是學者兼官僚王拱辰（1012～1085年）的
女兒。她十九歲與一個熱衷古物研究、名叫趙明誠的年輕儒生結

239

為夫妻。他的抱負是要編成一部對所有傳世重要金石銘文進行考釋的書。故他任官職之後，在他的夫人李清照的幫助下，把全部餘暇都投入到這類研究中。

不幸的是，他們生活在一個政治動蕩的年代。北部邊境上的金國日益強大，屢犯宋土，迭敗宋軍。一一二七年，他們征服了宋的北方，占領了宋都汴梁（今開封）。皇帝被迫南遷，建新都於臨安，即今杭州。這標誌著南宋的開始。直到公元一二七九年，蒙古人占領整個中國，南宋才結束。

李清照的丈夫死於宋朝政府南遷之際，他給李清照留下了他們的藏書、古物及嘔盡一生心血的《金石錄》手稿三十卷。其後，她雖一直處於顛沛流離之中，但總是想設法，盡力保存亡夫留下的珍貴藏品，時刻把丈夫的手稿帶在身邊。當她終於在杭州定居下來時，她便開始著手整理這些手稿並為之寫了一篇後敘，備言這部書所歷經的種種磨難。這篇後敘還是一篇簡明扼要、感
240 人至深的生平自傳，它那樸質無華的純情可以稱得上是偉大愛情的見證。下面我從這篇後敘中摘錄幾段話，它們多少反映了他們婚姻生活的某些情況，以及她對丈夫和他的著作的態度❿：

> 余建中辛巳始歸趙氏，時先君作禮部外郎，丞相時作吏部侍郎，侯年二十一，在太學作學生。趙李族寒，素貧儉。每朔望謁告出，質衣取半千錢，步入相國寺，市碑文、果實歸，相對展玩咀嚼，自謂葛天氏之民也。
>
> 後二年，出仕宦，便有飯疏衣練、窮遐方絕域、盡天下古文奇字之誌。日就月將，漸益堆積。丞相居政府，親舊或在館閣，多有亡詩逸史、魯壁汲冢所未見之書，遂盡力傳寫，浸覺有味，不能自已。後或見古今名人書畫、三代奇器，亦復脫衣易市。嘗記崇寧間，有人持徐熙《牡丹圖》求錢二十萬。當時雖貴家子弟，求二十萬錢，豈易得邪？留

宿間，計無所出而還之。夫婦相向惋悵者數日。

後來，趙明誠官職晉升，有能力購買更多的書籍和稿本，以至逐漸形成一小批可觀的藏書。

> 竭其俸入，以事鉛槧。每獲一書，即同校勘，整集簽題。得書畫、彝鼎，亦摩玩舒卷，指摘疵病，夜盡一燭爲率。故能紙札精緻，字畫完整，冠諸收書家。
>
> 余性偶強記，每飯罷，坐歸來堂烹茶，指堆積書史，言某事在某書某卷第幾葉第幾行，以中否角勝負，爲飲茶先後。中即舉杯大笑，至茶傾覆懷中，反不得飲而起。甘心老是鄉矣，故雖處優患困窮而志不屈。

241

然而戰爭形勢不斷惡化，當時，趙明誠亦被派往靠近前線的山東任職。

> 聞金人犯京師，四顧茫然，盈箱溢篋，且戀戀，且悵悵，知其必不爲己物矣。

一一二七～一一二九年，宋朝軍隊敗退南方，趙氏一家也隨之輾轉遷徙。每次搬家，他們都要丟棄或賣掉一部分他們把玩已久的書籍和古物。一一二九年夏，趙明誠受到偏安杭州的皇帝召見，被任命爲浙江吳興知府。由於形勢日益惡化，他決定先把妻子送到安全的地方，然後隻身赴任。他們乘船同行一段路程。

> 六月十三日，始負擔，舍舟坐岸上，葛衣岸巾，精神如虎，目光爛爛射人，望舟中告別。餘意甚惡，呼曰：「如傳聞城中緩急，奈何？」戟手遙應曰：「從衆，必

不得已，先去輜重，次衣被，次書冊卷軸，次古器，獨所謂
宗器者，可自負抱，與身俱存亡，勿忘也。」遂馳馬去。

她從此再也沒有見到她的丈夫。他到達皇帝的軍營後即染病
而亡，留給妻妾的財產僅夠維持生活。三年裡，她在中間地帶到
處奔波，有時住在朋友家，有時住在親戚家。也許正是在這一時
期，她寫下了下述《采桑子》。

242

> 窗前種得芭蕉樹，
> 陰滿庭中。
> 陰滿庭中。
> 葉葉心心，
> 舒展有餘情。

> 傷心枕上三更雨，
> 點滴霖霪，
> 點滴霖霪，
> 愁損北人，
> 不慣起來聽❿。

漸漸地，她變賣了所有財產，連最後僅存的一點古物也被強
盜掠去。但她一直小心翼翼地保存著丈夫的手稿。一一三二年，
當五十二歲時，她終於在杭州定居下來，在那裡編定手稿，寫下
後敍。在後敍結尾處，她承認命運就是如此：

> 然有有必有無，有聚必有散，乃理之常。

　　後敍寫於一二三四年。當手稿付梓之後，她再度離開了杭
州。她究竟死於何時何地，已不得而詳。

註　釋

❶指用來給硯台滴水的小容器。〔即硯滴──譯者〕

❷有關這種獅子型香爐的各種細節，請參看上文107頁。A. Hoffmann把香
獸誤譯爲「pieces of incense in the shape of animals」（一炷動物形狀
的香）參看他在 *Die Lieder des Li Yü*（Cologne 1950 ,p.31）一書中所
譯該詩。在中文文獻中可用以說明其正確含義的引文查見《佩文韻
府》「香獸」條。

❸笙是由一個形狀像半個葫蘆的音箱構成，上面豎有一些細竹管，功能有如
西方的管的管風琴。管子裡面是銅簧，當演奏者堵住管上的孔吹氣時，銅
簧就會振動發聲。

笙是最吸引人的中國樂器之一，不幸的是它在宋代已不大流行，以至近年
來只有很少的人能演奏它。不過笙在日本一直流行，現在中國也開始研究
它。

❹清代學者俞正燮（1775～1840年）在其筆記集《癸巳類稿》卷十三第十一
頁的注文中對中國文獻中與纏足有關的材料做了綜合考察。

❺姚靈犀《採菲錄》卷一至三，一九三六年出版於天津，卷四出版於一九三
八年，卷五（續編）出版於一九四一年。這是一部詳盡收錄古今材料的
書，附有大量照片和插圖。它還詳細介紹了清末民初的反纏足運動，以及
女人小鞋的製作和裝飾。卷三重印了明代畫家仇英的一幅春宮畫，畫的是
一間臥室，畫面上男人正和女人開玩笑，不給她鞋，而女人則坐在床上，
正用裹腳布纏足。兩人都穿戴整齊，色情因素在畫面是暗示性的。

❻早期描述見 *Small feet of the Chinese femalesfl rcmarks on theorigin of
the custom of compressing the feetfi the extent and effects of the
practice; with an anato-mical description of a amall foot*（in The
Chinese Repository, vol. III.no. 12 of April Canton 1835）。還有H.
Virchow的 *Das Skelett eines verkrüppelten Chinesinnen Fuszes*（in

Zeitschrift für Ethnologie, vol.XXXV, 1903, p.266-316）和E. Chava-nnes在*Tôung Pao*（通報）and series vol. IV（1903）p.419的書評。Chavannes引用了中國考古學著作《金石索》作者的説法，他説早在李煜之前，纏足女人的形象就已出現在青銅鏡鑑和浮雕上。但Chavannes承認這種所謂的形象並不可信。它們表現的只是女人有比男人更小的腳，而並不説明有真正纏成蹄形的足。Chavannes在其書評結尾引用Montai-gne的話，説因纏足而致殘的女人相當淫蕩，這更是毫不沾邊。

各種醫學觀點集中在Ploss和Bartels的*Das Weib in der Natur und Völkerkunde*（ ed. by von Reitzenstein, Berlin 1927 ）vol. I, P.290-300中。

此外還有J.J. Matignon的*La Chine Hermetique，superstition crime et misère*（ Paris 1936, first published in 1902，under the title「Super-stition，Crime et Misère en Chine」）中的「A propos d'un pied de chinose」一章。作者曾在北京行醫多年。雖然它是用一種冷嘲熱諷的態度寫成，但卻是以作者的實際觀察爲基礎，包含了許多約一九〇〇年前後中國性生活的有用材料。在專門的醫學出版物中，也許還有更晚的文獻。

❼引自上一條註釋中提到的*The Chinese Repository*一書的第1頁。

❽對理學的精辟論述見Needham的*SCC* vol. II, p.455sq。

❾《道樞》的前七卷被重印於商務印書館的《叢書集成》中，這是個抽出別行的本子，題目是《至遊子》，作者不詳。顯然這七卷正是以這種面貌流行於明代（見1566年姚如循序）。但奇怪的是《叢書集成》的編者並未弄清此即《道樞》的一部分。

❿見J.J.M. de Groot的*Les Fêtes annuellenments célébrées a Emoui*（ in Annales du Musêe Guimet, Paris 1886, ch.1 ）。

⓫引自明代學者張萱的《疑耀》。《疑耀》見《岭南遺書》之二，這一史料在本書寫作時已很難找到。

⓬引自清代作家喬松年的《夢蓭亭札記》，這一史料在寫作當時也很難找到。

⓭這一説法是根據元代學者徐大焯《燼餘錄》註。我是按俞樾《茶香室四

鈔》卷九第九頁正和近代學者鄧之誠《骨董鎖記》卷四第十八頁正所引。
後者並未引用該書原文。

⑭魚在中國是非常古老的多子象徵。參看C. Hentze的 *Le Poisson comme symbole de fécondité dans la Chine ancienne*（ in Bulletin of the Royal Museum, Brussels 1930 ）。

⑮有關這一問題的文獻很少，可以舉出Alide和Wolfram Eberhard的 *Die Mode der Han-und Chin-Zeit*（ Antwerp,1946；Eberhard,LAC p.223-230 ），J.G. Mahler的 *The Westerners among the figurines of the T'ang Dynasty of China*（ *Serie Oriental Roma* 》CHII： *A study of Chinese costume in its relationship to the figurines*)（ Rome 1959 ）。

⑯本書所據後跋原文見《四部叢刊》本（附校勘）趙明誠《金石錄》卷五。

⑰胡適《詞選》（商務印書館，上海，1928）178頁。

第四編

蒙古統治與明的復興

元和明，公元一二八〇～一六四四年，文學藝
術中的性表現

第九章　元

（公元1279～1367年）

245

元代的性習俗：功過格•元曲•三姑六婆和太監等

　　成吉思汗的繼承人是一些貪得無厭的征服者，當他們把注意力轉向中國時，首先想到的是如何用最短的時間虜獲最多的戰利品。蒙古人不僅在北方強制推行嚴酷的軍事統治，而且於一二七九年打敗了南宋的最後一個皇帝後，蒙古人還把這種軍事統治擴展到全國，並一直延續到一三六七年。忽必烈汗建都北京，他身邊有許多蒙古和其他異族的謀臣，後者當中有著名的威尼斯旅行家馬可•波羅。派往各省的軍事長官也往往是異族人，例如阿拉伯人賽典赤•贍思丁（Seyyid Edjell）曾任雲南行省平章政事，大大推動了伊斯蘭教在中國西南的傳播。

　　對中國人來說，這是一種從未有過的經歷。雖然也曾有過部分國土處於異族統治之下的時候，但至少其他部分總還在中國人手中，受中國王朝統治。況且，從前的異族政權一向傾慕中國文化，很快就會接受中國的語言和習俗。但蒙古的佔領似乎預示了中國和中國文化的結束。蒙古人蔑視中國的一切，他們只想用殘酷的手段榨取這個國家的財富，把中國當作軍事基地，去侵略滿洲、朝鮮、日本和印度支那等鄰國。

　　因此，中國人發現自己面臨著一個被佔領國所面臨的全部問題。愛國者組織了抵抗運動，如著名的白蓮會；而有些人卻爲了一己的私利而向蒙古人搖尾乞憐；還有些人與蒙古人合作，是因爲他們認爲只有合作才能緩和殘暴的異族統治。爲了避免在城內遭受凌辱，許多人還撤入人跡罕至的深山老林。其餘的士大夫和知識分子也想設法轉移出去。

　　他們最擔心的事情之一是如何保護他們的家眷免受征服者的246 糾纏。被軍事當局指定安排蒙古士兵住宿的房東想設法把他們的家眷關在自己的房間裡，並且開始越來越讚賞儒家關於把婦女隔絕起來的規定。有人推測，正是在這一時期，中國人的假正經已顯露苗頭，他們開始竭力掩飾其性生活，使外人無法窺知。

　　這一時期有兩部道德說教性質的作品，生動反映了當時流行開來的過分虛情矯飾，這兩部作品都屬於「功過格」一類，即列有善行及惡行的表格。這些表格的每一條都加有用功過分值表示的道德評價。例如「救人一命爲五百功」，「殺人一命爲千過」。一家之長可以定期查表計算自己的德行。

　　此類表格在嚴格的儒家信徒和偏執的道教徒和佛教徒中同樣流行。事實上，儘管這裡討論的功過格主要是儒家的，但它也被收入道家的《道藏輯要》中。這兩種功過格的作者據說是呂岩，也就是人們熟知的呂洞賓。他是一個官員，生活在約八七〇年前後。據說他找到長生不老藥，成仙而飛升。這當然純屬虛構。當呂岩正式成爲道家衆神中的八仙之一後，許多怪誕的和色情的故事就被編派到他身上（見下277頁和285頁）。表格的風格和內容顯然是元代的，肯定不是唐代的。它們是由明代學者編成，如著名詩人陶望齡。陶氏於一五八九年中過進士。

　　第一種功過格，也是最詳細的功過格是《十戒功過錄》。它共分十節，每節討論出家人十戒的各種功過，如「戒殺」、「戒盜」等。這裡我們要討論的只是第三節，即「戒淫」。它的開頭

是一個列有一般性過失的表格，這是一個用倫理判定是非的有趣
例子。我把這些內容摘列如下表：

犯罪對象 罪過的性質	婦	孀婦 閨女	僧尼	娼妓
「暴淫」，恃財恃勢，誘劫成淫，情愛實情者。	爲五百過。僕婦爲二百過	爲千過。婢女爲五百過	爲無量過。	爲五十過。奪人所愛及淫器恣肆之類
「痴淫」，情好纏綿，死生不解者。	爲二百過。僕婦爲百過。	爲五百過。婢女爲二百過。	爲千過。	爲五十過。
「冤業淫」，本非有意，境地偶逢，彼此動情，不克自持者。	爲百過。僕婦爲五十過。	爲二百過。婢女爲百過。	爲五百過。	爲二十過。
「宣淫」，既犯淫戒，復對人言者。	爲五十過	爲百過。	爲二百過	爲五過。
「妄淫」，意有所求，邪緣未集，妄稱有私者。	爲五十過	爲二百過	爲二百過	爲十過。

　　對此表的背景作細緻分析需要用很長的篇幅從社會學角度進
行討論。這裡我只限於討論其最突出之點。

　　純粹出於肉慾而缺乏深厚情感是最差一等，但妓女是例外，
因爲社會賦予她們的職能就是滿足肉慾。如果這一行爲是出於純
情，罪過程度可減輕，但痴情迷戀妓女卻比較嚴重，因爲這證明
其人生性放蕩。至於男女前世有緣，命中注定要相見和相愛，因
而導致私通，罪過更輕。

　　當犯罪對象爲僧尼時，記過極多。這肯定爲了迎合信仰佛教

247

和道教的讀者，多少帶有人爲色彩，並不反映普通中國人的眞實好惡。與此相反，人們認爲對孀婦和閨女施暴非同小可，則是事實。這是因爲中國人把對死者的崇拜和每個女人爲男人綿延嗣統的神聖職責看得極爲重要；認爲誘奸孀婦就是冒犯死者的亡靈，而誘奸閨女則使她日後難爲人妻。另外，孀婦和閨女比已婚婦女受到的保護要少，所以無端中傷她們比中傷已婚婦女也更爲嚴重。

248

妄稱與娼妓性交（記十過），其嚴重性相當與人議論眞實犯有這種罪過的兩倍，其原因是，人們會說，前者雖然自己並沒犯罪，但卻慫人作惡。

接下去是一個表，用以表示儒家關於一家之長對其妻妾所施性行爲的嚴格規定，茲翻譯如下：

廣置姬妾	爲五十過
愛妾棄嫡	爲十過
致妾失禮於嫡	爲十過
談及婦女容貌姸嬢	爲一過
遇美色流連顧盼	爲一過
無故作淫邪想	爲五過
夜起裸露小遺不避人	爲一過
淫夢一次	爲一過
不自刻責，反追憶摹擬	爲五過
習學吹彈歌唱	爲二過
學成	爲二十過
看傳奇小說	爲五過
善戲笑	爲二過
非婦女前	亦爲一過
若以有心調笑者	爲十過

家藏春工册頁一頁	爲十過
行立不端，傾側取態	爲五過
非婦女前	亦爲一過
有心獻媚者	爲二十過
非親姐妹，手相授受	爲一過
有意接手，心地淫淫者	爲十過
危險扶持者	非過
扶持時生一邪思	仍作五過
途遇婦人不側避	爲一過
正視之	爲二過
轉側視之	爲五過
起妍媸意	爲十過
焚佩淫香	爲一過
擅入人家內室	爲一過
交一嫖賭損友	爲五十過
早眠遲起（即有多淫之意）	爲一過
縱婦女艷妝	爲一過
看淫戲一次	爲一過
倡演者	五十過
對婦女作調笑語，雖非有意	亦作五過
若有意者	爲二十過
見婦女作調笑語，不以正色對之	爲一過
因其調笑而起私邪之念者	十過
對婦女極口稱讚其德性者	非過
極口稱讚其才能者	一過
極口稱讚其女工者	二過
極口稱讚其智慧恩德者	五過
在婦女前傳述邪淫事者	爲十過

249

有心歆動者	爲二十過
穢褻不堪者，即無心	亦爲二十過
惟辭涉動戒，言中能起人羞惡之心者	非過
在婦女前吟詠情詩艷語者	爲五過
有心歆動者	爲二十過
讚嘆情深語艷者	爲十過
惟語關勸戒者	非過
在婦女前談及巧妝艷飾與時花翠裙襖者	爲一過
於婦女前多作揖遜謙恭者	亦爲一過

　　最後一條以及不可稱讚女人優點的幾條，是說男人不應妨礙女人得到謙恭的美德。這幾條已兆示了明代十分流行但有失偏頗的名言：「女子無才便是德。」最後，這一表格還充分表達了儒家狹隘的觀點，即與配偶性交只是爲了履行他對家庭和國家的神聖職責，享受性交的樂趣則是下流的。

　　第二個功過格是「警世功過格」，更短，也更嚴苛。茲選譯如下：

違拗祖父母父母	千過
敗一良家婦女節	千過
致一人死	千過
賣婢作娼	千過
溺女	千過
造淫書、艷曲、淫畫（刊刻刷印者同）	千過
排擠一德行人	五十過至五百過
譴及閨閫子女	三十過
戲語謾及聖賢佛仙	三十過
談淫褻語	十過

250

放火燒人房屋	五百過
用謀圖娶寡婦、尼姑爲妻妾	五百過
寵妾棄妻	五百過
墮胎	三百過
因邪色者	加倍
誘一人嫖	三百過
誘一人賭	三百過
致一人賣妻	三百過
妻虐婢妾不能檢制	百過至三百過
至死者	千過
錮婢不嫁	二百過
嫖妓及男淫一次	五十過
寅淫戲一場	二十過
飮酒至醉	一過
男女混雜無別	三過
棄字紙一片	五過
以不淨手翻書	三過
以書籍字扇置枕席間	三過

[高羅佩譯文，順序、行款不盡符合原文，所記過數亦間有微誤——譯者]

　　認爲與神開玩笑比對女人開玩笑罪過要輕，可能是指前者會施以報應而後者不會。奇怪的是，對造淫書、淫畫等處罰竟那麼重，這顯然因爲考慮到這些東西戕害男人之心，正像殺死他們本身一樣。至於錮婢不嫁一條，由於主人對僕人儼然如同他們的家長，所以在婢女達到結婚年齡時，他就有責任爲她們選擇合適的丈夫。最後三條是作爲一種怪癖而特別加上去的，它表明中國人對寫下來的東西十分尊重。在許多中國城市中，人們可以在街上

看見一些石刻容器，上有銘文：「敬惜字紙」。這些石刻容器是由一些虔誠的人所設。他們按期把過往行人丟棄在其中的字紙掩埋掉。

特別值得注意的是，這兩種功過格都一再警告人們不可欣賞輕浮的歌曲和戲劇表演。這一點在當時很典型，因為正是在元代，消遣性的文學才繁榮起來。現在我們要講的是這一現象的背景。

很多宋朝官員因為不願意為沒文化的蒙古人和其他異族佔領者服務，所以辭官不就。中國文人本身是為做官才讀書，而現在卻不求官做，而一二八四～一三一三年間，蒙古人廢除了科舉考試，就連舉子們也不得不放棄攻讀。作為這種非常狀態的一個後251果，有一種喜歡輕鬆娛樂的趨勢迅速發展起來，特別是在比較年輕的文人當中。戲劇，在此以前曾被當作是沒有文化教養的大眾的一種粗俗消遣，而現在卻成了文人最熱衷的娛樂活動。有才學的人把古老的愛情故事改編成劇本，而傑出的詩人則為戲劇腳本撰寫華麗的色情詩句。正是在這一時期，「曲」得到了很大發展。「曲」是「詞」的變種，同樣適合於寫愛情詩。它們在中國舞台上顯得非常突出。元代是中國戲劇的偉大時代。

當時有兩部著名戲劇，即《西廂記》與《琵琶記》。它們都是以愛情為主題的戲劇。《西廂記》是根據第七章中提到的唐代詩人元　的愛情傳奇而改寫的。主人公是個年輕書生，他為專心攻讀而在一座寺院裡租了一間房子。隔壁住著一個寡婦，身邊有個漂亮的女兒。當強盜威脅這兩位鄰居時，年輕的書生出來保護了這個寡婦。他愛上了寡婦的女兒，但一開始寡婦的女兒對他的親近舉動卻毫無反應。經過一番曲折的求愛之後，她才終於答應與他相見，並且終成眷屬❶。

《琵琶記》是特別有意思的，因為它寫的是一個同時愛著兩個妻子的男人的感情衝突。主人公是漢代著名的學者蔡邕

（133～192年），他在家鄉娶了一個才貌出衆的姑娘叫趙五娘。婚後他進京趕考，把年邁的父母留給妻子照料。他考中了狀元，不得已又與一位高官的女兒成婚，這位姑娘也才貌出衆，令他喜愛。他聽信了別人的話，以爲遠方的家鄉一切均好，而其實卻是相當困窘，儘管他的第一個妻子想盡了一切辦法，把家產變賣一空來養活公婆，他們還是死了。因此，趙五娘才決定進京尋找自己的丈夫。她歷盡千辛萬苦，沿途靠彈琵琶爲生，最後終於到達京城。她偶然碰到蔡邕的第二個妻子，但並不知道她是誰，兩人成了好朋友。有一天，趙五娘的身份被發現了。但最後卻皆大歡喜。蔡邕的第二個妻子被趙五娘對公婆的敎敬深深感動，讓他們倆團圓了，而皇帝則恩准蔡邕可以同時有兩個夫人。

　　這些戲中的女角多半是由妓女充任。所以從那時起，演戲也就成了藝妓和妓女日常訓練的一部分。元代有一位只知其姓黃的學者寫了一篇《靑樓記》。該文描述了不下七十個藝妓的經歷，她們當中有許多就是因爲擅長唱歌和演戲而出名的❷。

　　從《靑樓記》的這些小傳可以看出，這些女子的一生是多麼坎坷不平，它們反映了那個時代的動蕩不安。有些歌女被富人買去做妾，然後又把她們推給另一個人的私人戲班，最後或者嫁給戲班主人，或者輾轉重操舊業。另一些女子則成了道姑，在帝國的各大城市間流浪漂泊，一會兒當演員，一會兒當妓女，聊以爲生，最後窮困潦倒，或被漢族官員，或被蒙族官員收爲姬妾。書中也談到男演員，他們職業低賤，收入菲薄，妻子和女兒常常不得不靠賣淫來補貼家用。

　　男女藝人們還專門從事於街頭說唱，這種藝術形式之所以風靡一時，除去價格低廉，大槪還在於它使人們可以冷嘲熱諷，借題發揮，發洩他們對佔領者的共同怨憤。這種下里巴人的藝術形式在中國文學中注定要發揮重要的作用。因爲它促進了一種非常接近口語的文學傳播媒界的發展。在此之前，所有詩文都是用陳

252

陳相因，精雕細琢的文言寫成。可是現在，由於蒙古官吏和其他
異族謀臣既無時間也無願望去掌握這種極爲困難的文言，所以統
治者與被統治者之間的口頭交流和書面交流便用一種官話來進
行，這種官話是以簡單的日常口語爲基礎混合而成的。除去劇作
家，正是說書人使這種新的、充滿活力的語言完善化了。而且，
正是這些街頭說唱的故事，爲後來的中國長篇「小說」奠定了基
礎。直到十九世紀，小說家們在他們的小說中還保存著這種街頭
說書的風格。每一回的結尾總是「欲知後事如何，且聽下回分
253　解」，或者諸如此類的話。

　　這一時期反映妓女和藝妓的生活故事是饒有趣味的，中國文
學的這一體裁從唐代到二十世紀的頭十年一直興盛不衰，我們希
望它能受到西方譯者更多的關注❸。這裡我要講的是《青樓記》
中妓女樊事眞的故事。

　　樊事眞是京城中一個才貌出衆的妓女。她深受一個姓周的漢
族官員的寵愛，周非常喜歡她。當他必須離開她去南方時，她起
誓說，寧可亡其一目，也絕不背棄他。可是周走後，樊事眞卻被
迫與一個有勢力的政客相好。當周回到京城再來看她時，她拔下
一根簪子向左眼扎去。她的這一眞誠舉動深深地打動了周，使周
再也沒有離開過她。

　　馬可·波羅說，在京郊住有不下兩萬名妓女，她們也接待外
國人，見莫爾和伯希和的譯本（倫敦，1938年）卷一，二三六
頁。

　　當時的許多文獻常提到女人纏足。元代作家陶宗儀（主要活
動於約1360年）在《輟耕錄》卷十曾寫過一條有關纏足的札記。
他說，直到宋熙寧（1068～1077年）、元豐（1078～1085年）年
間，纏足的習俗仍不大常見，但在他所處的時代，女人卻以不纏
足爲恥。

　　在該書卷二三中，陶宗儀還提到由崇拜纏足發展而來的蓮癖

（shoe-fetichism）。他寫到，有個富有而放蕩的男人常常舉辦
宴會，在宴會上，客人常用妓女的小鞋來喝酒。這種酒杯叫
做「金蓮杯」。

　　房中術仍很流行，不過它的原理卻不再像以前那樣公開和自
由討論了。陶宗儀在《輟耕錄》卷十四中對房中術的使用提出警
告。他說：

> 今人以邪辟不經之術，如運氣、逆流、採戰之類，
> 曰房中術。

　　然後他又引用了《漢書‧藝文誌》所錄房中書的注，最後　　254
解釋說，把「房中」一詞理解爲「女人」之義是非常錯誤
的。

　　在同一卷中，陶宗儀還對青春期和月經做了一些討論。
他說，姑娘到達結婚年齡舉行的儀式，正如第二章中所見的
「及笄」，叫做「上頭」，但他說，這個詞也被用來指年輕
妓女的破身。

　　接著，他還告誡人們要小心九種職業的女人，如果讓她
們經常出入閨閣，就會給他們的家眷帶來惡劣影響和數不清
的麻煩。此條的題目爲「三姑六婆」，其文曰：

> 三姑者，尼姑、道姑、掛姑。六婆者，牙婆、媒
> 婆、師婆、虔婆、藥婆、穩婆也。蓋與三刑六害同也。
> 人家有一於此，而不致奸盜者，幾希矣。若能謹而遠
> 之，如避蛇蝎，庶乎淨宅之法。

　　人們一般都認爲尼姑和道姑會引誘家裡女人學壞並給私通的
男女傳遞口信。這一點在第十章中還要詳細討論。

　　「牙婆」，據上述宋代史料《夢粱錄》，是替達官貴人和有錢人物色姬妾或丫環的女人（見上引同書卷十九第六條近尾處）。「媒婆」顯然並不是爲正經婚姻牽線搭橋所必須的正式媒人，而是幫放蕩的男人安排私通的老太婆。在小說中，這類女人大多是賣梳子、脂粉和其他女人用品的老太婆，她們可以隨隨便便地進入女人閨閣之中。但我們並不清楚爲什麼穩婆（接生婆）也被列入這些令人討厭的女人當中。

　　《輟耕錄》卷二八還有一條也很重要，是講太監的。其文曰：

255
　　　世有男子雖娶婦而終身無嗣育者，謂之天閹，世俗
　　則命之曰黃門。晉海西公嘗有此疾，北齊李庶生而天閹。按
　　《黃帝鍼經》曰：「人有具傷於陰，陰氣絕而不起，陰不能
　　用，然其鬚不去，宦者之獨去，何也？願聞其故。」歧伯
　　曰：「宦者去其宗筋，傷其衝脈，血寫不復，皮膚內結，唇
　　口不榮，故鬚不生。」黃帝曰：「其有天宦者，未嘗被傷，
　　然其鬚不生，其何故也？」歧伯曰：「此天之所不足，其任
　　衝不盛，宗筋不成，有氣無血，唇口不榮，故鬚不生。」

　　這段引文，正像許多古醫書和古房中書一樣，也是以黃帝和他的某個老師或伴侶問答的形式寫成，但在這段話裡，對話者是歧伯，即傳說的醫術發明者。

　　爲太監所動的手術是很殘酷的，手術是用鋒利的刀子把陰莖和陰囊一起割掉。馬提格農醫生（Dr. Matignon）曾對一八九〇年前後住在北京宮門附近的一個行家定期所做的這種手術做了詳細描述。他的職業代代相傳，索價甚高，這筆錢可以等到被手術的人在宮中謀得職位後分期償還。讀者若想進一步了解手術後的處理，亦可參看馬提格農醫生的著作，從中還可看到一張手術後疤痕的照片。可以有把握的說，早期使用的方法與前者所述並沒有多大區別。馬提格農醫生還說，手術發生意外的情況較少，

死亡人數爲3～6％。但是很多太監卻長期受著慢性膀胱失禁和其他疾病的折磨❹。

這些慢性疾病，加上生理缺陷帶來的自卑感，可以部分地解釋我們從中國歷史和文獻中看到的太監的怪癖性格，他們通常傲慢自大而生性多疑，好動肝火，喜怒無常。他們渴慕奢華的生活。儘管他們中的許多人似乎不是酒徒，但卻是聲名狼籍的老饕。他們的性無能得到了許多補償，而且似乎已經徹底逆來順受，認命知足。雖然大多數太監是在很小的時候爲了進宮而被父母閹割，但也有少數成年人是主動自殘的。因爲一個太監肯定能在皇宮或王公府邸中找到一個輕閑而有利可圖的差事。一旦立住腳，他們便討個老婆來侍候他們，並收養兒子來繼承香火。另外，太監還結爲朋黨，相互照應，相互提攜。

太監在整個中國歷史上曾起過很重要的作用，他們在宮廷內部結爲朋黨，常常對國家大事有重大影響。他們能夠自由出入後宮，對宮中女人們的流言蜚語和陰謀詭計瞭如指掌，因此摸透了皇帝的情緒、弱點和嗜好。太監比執政大臣和其他高官更接近皇帝。後者通常只有在上朝或重大慶典上才能見到皇帝。因此皇帝常常委託太監去執行秘密使命，讓他們看所有重要的國家文件。太監們都很懂得如何利用他們的特殊地位去謀取私利。當他們不能直接對皇帝施加影響時，就通過皇后或其他後宮嬪妃從中挿手以達到目的。太監們的權力可以大到左右國家局勢，往往給國家帶來災難性的後果，最後也殃及自身。這是因爲他們雖然知道所有的宮廷內幕，但對各省和域外的情況卻只有間接了解。在漫長的歲月中，他們在宮中形成了一種帶有沙文主義和狹隘反動傾向的頑固核心。儘管有些太監作爲個人，也曾促進過公共福利事業的發展，還有一些人是有才幹的領導者，如一四〇五年著名的明代南洋遠征，就是由一個太監率領的。但是作爲一種制度，它卻是罪惡之源，對中國的政治、經濟的影響是極其有害的。

管道升《我儂詞》‧忽思慧《飲膳正要》

蒙古人的強大統治貌似長久，但旋即衰落。全憑馬上功夫而缺乏文化背景的政治權力經不住挫折的打擊。蒙古人取得了最初的勝利，但以後卻遭到許多失敗。在北亞和中亞的大草原及華北平原上，蒙古人幾乎戰無不勝，但他們卻受不了南方炎熱潮濕的氣候，也完全不適應海戰。他們的軍隊一挫於印度支那，再敗於對日大海戰，而終負於遠征印度尼西亞。這些挫折使蒙古人懂得了必須向中國人學習，他們開始採取一種比較寬宏的態度，爲中國的文人士大夫提供更好的職位。於是一些能幹的中國人便出來爲元朝做事，其中有幾個人還以文學藝術成就而知名，儘管他們喪失氣節，令史學家側目。

當時第一流的學者和藝術家要屬趙孟頫（1254～1322年），他是一位大書法家、畫家和藝術品收藏家。他的夫人管道升（1626～1329年）幾乎與之齊名。由於她是家中的獨女，所以她的父親非常溺愛她，使她受到很好的文學教育。她是一個富於獨創性的女詩人，並擅長畫竹。她二七歲時與趙孟頫結婚，那時她的丈夫已是京城中的高官。人們一向把他們的結合說成是美滿姻緣，夫妻都受到蒙古朝廷的隆遇，官爵顯赫。管道升的作品很少流傳下來，其中出名的一首是<我儂詞>，這是她因丈夫要納妾兩人發生爭吵而寫下的一首很詼諧的詩：

你儂我儂，
忒煞情多。
情多處，
熱似火。

把一塊泥，

捻一個你，

塑一個我。

將咱兩個一齊打破，

用水調和。

再捻一個你，

再塑一個我。

我泥中有你，

你泥中有我。

我與你，

生同一個衾，

死同一個廓。

　　按照後來的傳說，趙孟頫頗多艷遇，並擅長畫宮畫。在下一章中，我們將從明代一部色情小說中引用一段話，這段話敍述了他所畫的三十六式。

　　元代後半期，有些蒙古人也掌握了一點中國文化，並從事文學活動。例如，有一部講養生術的醫學小書保存下來，作者爲御醫忽思慧。一三三〇年，他以此書進呈皇上。書名爲《飲膳正要》，前有著名學者和官吏虞集（1272～1348年）所作的序。該書詳細介紹了蔬菜和肉食的食用特點，它簡捷明快的文風，使之成爲一本流傳甚廣的參考手册。一四五六年，該書重印，前並有明代第七個皇帝代宗所作的序。

　　該書開頭說：

　　　　夫上古之人，其知道者，法於陰陽，和於術數，食飲有節，起居有常，不妄作勞，故能而壽。今時之人不然也，起居無常，飲食不知忌避，亦不慎節，多嗜欲，厚滋

味，不能守中，不能守中，不知持滿，故半百衰者多矣。

　　夫安樂之道，在乎保養，保養之道，莫若守中，守中則無過與不及之病，春秋冬夏，四時陰陽，生病起於過與，蓋不適其性而強。故養生者，既無過耗之弊，又能保守真元。

　　　　　　　　　　——《四部叢刊》本，卷一，十四頁背

　　接著，忽思慧還告誡人們，眼睛充血時，（同書十六頁正），特別是喝醉酒時切忌行房（同書二十五頁正）。在十七頁背〔十七頁背是十六頁背之誤——譯者〕，他說：「避色如避箭，避風如避讎。」

　　這部書還對產前護理有明確指導。總的來看，這些內容都是出自古房中書：孕婦應避免用力過度、爭吵以及過分激動，堅持吃無刺激性的食物，只看使人賞心悅目的東西，等等。從下面這些簡單的指導亦可看出作者的一般常識：「遠唾不如近唾，近唾不如不唾」（十六頁背），以及「凡清旦刷牙不如夜刷牙，齒疾259　不生」（十七頁正）。

喇嘛教的房中術

　　忽必烈汗和繼承他而統治中國的蒙古人都是喇嘛教的信徒。當時，北傳大乘佛教中的金剛乘從印度傳入西藏又傳入蒙古，在蒙古十分盛行，特別是性力（Female Energy）崇拜。

　　忽必烈身邊也有許多密教術士（Tantric adepts）並由八思巴授時輪曼荼羅（Kāla-cakra-maṇḍala）❺，按密教的嘿金剛（Hevajra-vásitā）儀式封爲世界君主。在喇嘛教的畫像裡，大多數神像都被畫成與女性配偶性交的樣子，其姿勢爲「父母」，

藏語叫「雅雍」（yab-yum）〔藏語原意為「父母」，印度、尼泊爾、西藏佛教藝術中男神與女性配偶合歡的形象——譯者〕。據說密教術士就是靠這種雙修法，通過與女性配偶性交來超度自己。這一問題在本書附錄一中還要詳細討論。對於引出下文所述蒙古宮廷中的性儀式及中國人的反應，以上的簡短評述恐怕已足夠了。

忠君的宋代學者鄭思肖（主要活動於1290年）在《心史》❻中提到，北京鎮國寺中有一座佛母殿。這個殿裡有許多大型喇嘛神像，皆作與女性配偶擁抱性交狀。鄭氏生動地描述了那裡令人恐怖的淫樂和用女人殺祭的血淋淋的場面。但對他的這番話，讀者必須注意，鄭思肖仇恨和蔑視蒙古征服者，很可能有所誇張。另外，他對喇嘛教也顯然一無所知，故而把手中抱著裸體配偶的牛頭神（Yamāntaka）和其他長著動物頭的神像，都當成是在這種儀式上進行獸奸。不過他的這段話卻清楚地證明，密教在蒙古人的統治下確實很興盛。

《元史》卷二〇五皇帝寵臣哈麻的傳記中，描述了宮中舉行　260的密教儀式。它證實了鄭思肖的說法。

其文曰：

　　亦荐西蕃僧伽璘真於帝。其僧善秘密法，謂帝曰：「陛下雖尊居萬乘，富有四海，不過保有見世而已。人生能幾何？當受此秘密大喜樂禪定。」帝又習之，其法亦名雙修法。曰演撲兒❼，曰秘密，皆房中術也。帝乃詔以西天僧為司徒，西番僧為大元國師。其徒皆取良家女，或四人或三人奉之，謂之供養。於是帝日從事於法，廣取女婦惟淫戲是樂。又選採女為十六天魔舞。八郎者❽，帝諸弟，與其所謂倚納者❾，皆在帝前，相與褻狎，甚至男女裸處，號所處室曰皆即兀該❿，華言事事無礙也。君臣宣淫，而群僧出入禁中，無所禁止。

　　在討論明代之前，這裡還可以提前講一下，密教的雙
神（double　deities）崇拜已被中國人所接受，並且在元朝滅亡
後又持續了好幾個世紀。明代學者田藝蘅（主要活動於1570年）
在其《留青日札》卷二八中收有一篇《雙修法》，在這篇文章中，
他引述了上譯《哈麻傳》的大意。然後道：「自是此法遂行，今
猶不絕」（The perverted sexual disciplines nowadays pra-
ctised by married couples originated from this）〔《留青日
札》卷二八《雙修法》無此句，這裡是據英文原文翻譯——譯者〕。這
種斷言當然完全沒有根據。從前幾章我們已經知道，房中術純屬
中國概念並且我們在附錄一中還盡量證明，中國的房中術不但不
是仿自印度，反而正是密教房中修煉的源泉。

　　在《留青日札》卷二七《佛牙》一文中，田藝蘅描述了明皇宮
中大善殿中的密教神像。他說，一五三六年學者夏
言（1482～1548年）曾向皇上奏請拆毀這些神像。說：「其所為
男女淫藝之像者，名曰歡喜佛，傳聞欲以教太子，蓋慮長於深宮
之中，不知人事故也。」

　　自來夏言的奏疏並未引起注意，因為明末，這些神像在宮中
儀典中仍然起著重要作用。這一點已由明代學者沈德
符（1578～1642年）在《敝帚齋餘談》中所證明。他說：

　　　　余見內庭有「歡喜佛」，云自外國進者。又有云
　　　故元所遺者。兩佛各瓔珞嚴妝，互相抱持，兩根湊合，有機
　　　可動，凡見數處。大璫云：「帝王大婚時，必先導入此殿。
　　　禮拜畢，令撫摸隱處，默會交接之法然後行合卺。」蓋慮睿
　　　稟之純樸也。

　　　　　　　　　　　　　　　　　　　——收入《香艷叢書》

　　由此可知，密教神像的作用完全如同房中書中的插圖，即用

以傳授性交方法。

　　當蒙古皇帝在北京的皇宮裡鑽研密教的房中秘術的時候，中國人卻已在南方揭竿而起。這種反抗是由有錢的愛國者和士兵領導，最初彼此互不相干，但蒙古人沒有採取果斷的措施，因而這種反抗運動在中國將領的領導下迅即蔓延。蒙古政府被內部的勾心鬥角弄得四分五裂，已失去統治的信心；其士兵也被養尊處優的生活所削弱，早已失去當年的雄風。舉國上下遂起而驅逐和殺戮他們所痛恨的蒙古官吏及其他異族親信。中國人的軍隊進軍北方，佔領了北京，最後一個蒙古皇帝逃走了。一三六八年，將領朱元璋定都南京，建立明朝。

262

註　釋

❶《西廂記》已由Henry. H. Hart巧妙地譯成英文，題目是 *The West Cha-mber*（ Stanford University Press 1936 ）。《琵琶記》的譯本有M. Ba-zin的法文縮寫本 *Le Pi-pa-ki, ou Histoire du Luth* Paris, 1841 ）和V. Hundhausen的德文全譯本 *Die Laute*（ Peking, 1930 ）。類似主題也見於清代小説《玉嬌梨》，有St. Julien所譯法文本 *Les Deux Cousines*，（ Paris 1864 ）。另外五部關於愛情和藝妓的元代戲劇有H. Rudelsberger 的德文縮譯本 *Altchinesische Liebbes-Komödien* （ Vienna 1923 ），它們是《駕鴦被》、《玉鏡台》、《謝天香》、《鐵拐李》和《黃粱夢》。不過查閱這些劇作時，讀者務必記住，中國戲劇要比我們的戲劇更加強調聽、看，而不是閱讀。但這些劇本卻爲研究性關係和社會關係提供了很好的材料。

❷《青樓記》曾被印入各種叢書，包括《香艷叢書》。不過，最好的版本還是上文123頁中所説的葉德輝《雙梅景闇叢書》中的本子。

❸有些部分帶有史料性質的關於唐代藝妓的記述見於 *TPL* vol.II，如關於藝妓李娃（ p.154 ）和楊娟（ p.169 ）。

❹上引Matignon書的 Les Eunuques du Palais Impérial de Pékin 章及G. Carter Stent的文章 Chinese Eunuchs（ 見 *Journal of the Royal Asiatic Society: N. China Branch no. XI,1877* ）。

❺關於時輪儀式，見G. N. Roerich的西藏編年史 *De-ther Snon-po*（ The Blue Annals ）（ *Royal Asiatic Society of Bengal Monograph Series no. VII, Calcutta 1949* ），vol. II, p.702。關於喜金剛儀式，見P. H. Pott 的材料豐富的著作 *Yoga en Yantra*（ Leyden 1946 ）p. 74，書中提到不少有關文獻。

❻見《心史》「大義略敍」節（ 北京1936年重印本 ）129-130頁。

❼H. Franke和R. Stein在他們對 *ECP* 的書評中已提出這些譯名的蒙文讀法。

❽十六天魔。密教諸神中有許多以「十六」爲一組的神，但這組特殊的神卻從未提到過。我也未能搞清「八郎」的來龍去脈。但我推測，十六當是代表十六個密教女魔，她們與代表其男性配偶的男人性交，一對女魔共一個男人。

十四世紀的學者陶宗儀所著《元氏掖庭記》還增加了一些材料，說這十六個跳舞的姑娘都把頭髮梳成許多長辮，頭戴象牙冠，身穿帶金流蘇的大紅袍，同時手上還拿著用人頭骨製成的酒杯（kapāla）。這一描述強調的是舞蹈的密教特徵，但並沒有什麼材料是講「八郎」。

❾文中的i-na也許是蒙文「ainak」的譯名。

❿這個詞或與象頭神（god Ganeśá）有關。象頭神在曼陀羅經咒中專門被稱爲 vināyaka。

第十章　明

（公元1368～1644年）

263

明代的性習俗

　　朱元璋作爲明朝的開國皇帝而建號「洪武」。爲了平定天下和使滿、蒙、朝鮮四夷歸附，他在位期間，費盡心力，東征西討，一帆風順。故及其歿，中華帝國的版圖甚至比唐朝還大。

　　洪武皇帝還仿效漢唐，重整綱紀，恢復了蒙古佔領時期一度中斷的傳統科舉制，爲帝國的龐大文職部門選募賢良。在此基礎上，他建立了一個主要由儒生擔任官職，簡練精悍、高度集權的政府，即一種使管理有條不紊、行之有效的強大官僚體制。

　　不過，這種中央集權的官僚體制在很多方面不同於唐代和宋代。以前的軍事佔領留下了不少野蠻影響。蒙古官員的飛揚跋扈在年輕的中國文人身上打下了烙印，所以一旦掌了權，他們便起而效仿蒙古人頤指氣使的作風。首先皇帝本人就是一介武夫，出身微賤，缺少文化教養，而且處理的主要是軍事問題。因此，他鼓勵嚴刑苛法，對案件快辦重判，聽任官吏對百姓作威作福。這在政府的各級官員中助長了一種傲慢之風，這種風尚使當時來華的外國考察者大爲震驚。

　　儘管皇帝本人很偏愛佛教，但爲國家計，他還是採用宋代的理學作官方唯一認可的教義。蒙古統治時期，佛教曾在國家的庇

護下大爲流行，現在許多對此憤憤不平的正統儒家學者總算揚眉
264 吐氣了。他們中有個叫吳海的人，甚至向當局呈文，名爲《書
禍》，建議銷毀所有古代非儒家之書如楊朱和墨翟的書，以及佛
家和道家的書❶。他的過激建議並未引起重視，不過統治當局確
實開始對非儒家思想持懷疑態度，他們多次建立審察制度，採取
措施實行思想控制。這種控制起初還比較鬆弛，但後來卻越來越
嚴，到明代末年，常常令人感到壓抑不堪。

　　部分是因爲逆反於蒙古統治者對中國文化的蔑視，部分是因
爲他們剛剛解放，民族情緒太強烈，明代產生了一種對民族遺產
的過分推崇，這雖導致了所有藝術的大復興，但也造成了一種對
獨立思考的壓制。只要誰敢懷疑朱熹理學學派的經說，或認爲儒
家的習俗和道德標準未必傳之於古，就會被認爲沒有愛國之心。
一股研究古書和金石的熱潮席捲了文人士大夫階層（其中不少是
出於業餘愛好），誰不加入就會被斥爲非我族類。這句罵人話現
在比上幾個世紀還要難聽。

　　明代是中國文化空前繁榮的時期，但它也爲隨後在清代發展
起來的閉塞和停滯播下了種子，並在很長時間裡對整個中國文化
的進一步發展產生了不利影響。

　　不過，在若干世紀裡，明代文化的優點一直很突出。這是一
個生活風尚追求富麗堂皇的時代。明人是傑出的建築師，他們建
有許多宏偉的宮殿、宅第和別墅，內陳漂亮的家具，這些家具不
僅堅固耐用，而且設計構思也完美無缺，那種簡潔明快、典雅莊
重的風格是後人再也無法企及的。天才的藝術家們在書畫方面創
立了新的風格，他們的作品不僅裝潢了富人的堂皇宅第，也美化
了清貧學者的淡雅書齋。追求生活風雅已發展成一種十足的崇
拜，人們寫了大量的書來描寫這類生活樂趣及其享受。

　　在官方的庇護下，儒家的信條開始滲透到人們的日常生活之
中。兩性的隔離和禁止婦女拋頭露面也開始認眞實行。

　　這一時期來華的西方人的觀察證實了這種從當時中國文獻中　265
得出的印象。葡萄牙傳敎士加斯帕・達・克魯茲（Gaspar da
Cruz）於一五五六年訪問過廣州。他把這個地方稱爲Cantam。
他對在街上見不到一個正派婦女感到震驚。他說：「她們通常深
居簡出，在廣州全城，除某些輕佻的妓女和下層婦女外，竟看不
見一個女人。而且她們即使外出，也不會被人看見，因爲她們坐
在遮得嚴嚴實實的（我們以前已講過的）轎子裡。任何人到家裡
也別想見到她們，除非是好奇，她們才偶爾從門帘後面偷窺外來
的客人」❷。另一個傳敎士馬丁・德・拉達（Martin de Rada）
在中國南方考察過幾年，他說：「女人都深藏閨閣，嚴守貞節，
除乾癟的老太婆外，我們很難在城裡和大地方見到女人。只有在
鄉村，愈是質樸淳厚的地方，反而才能經常見到女人，特別是她
們在田裡幹活的時候。她們習慣從小纏足，把所有的腳趾都扭到
大腳趾的下面，使腳完全扭曲變形」❸。從後面這句話可以看
出，纏足之風在明代後期流傳得何等廣泛。

　　聽聽著名傳敎士利馬竇（Matteo Ricci）（1583～1610年）
怎樣講中國人的妻妾，是很有意思的：「聘禮的儀式和慶祝也非
常之多。這些人通常很小就結婚，他們不喜歡結婚雙方的年齡相
差太大。婚約由雙方的父母包辦。雖然有時也會徵求他們的意
見，但不一定要徵得結婚當事人的同意。上流社會的人家只有門
當戶對才算名正言順。所有的男人都可以自由納妾，但對妾的選
擇卻不問社會地位和財產，唯一標準是她們的姿色。買妾也許要
破費上百兩黃金，但有時也相當便宜。在較低的社會階層裡，人
們只要願意，盡可以用銀子來買賣妻子。王（即皇帝──高羅佩
註）和王子們擇偶只看她們是否漂亮，而不問其血統是否高貴。
貴族女子並不渴求嫁給王，因爲王的嬪妃並無特殊的社會地位，
且被關在深宮之中，再也見不到自己的家人。況且，從衆嬪妃中
選擇正式配偶，是由專職的官員負責，在衆多候選人中，很少有

266 人能夠入選。」❶當然，所謂王的嬪紀並無特殊的社會地位，只是對後宮中不爲人知的下層女子而言。

　　女人的貞潔成了十足的崇拜，不論事出何因，寡婦再嫁都會遭人冷眼，離婚也是女人的恥辱。所以，出於雙方同意而離婚實際上比前一個時期要少。丈夫可以以七條理由單方面休妻，即(1)無子；(2)淫泆；(3)不事舅姑；(4)口舌；(5)盜竊；(6)妒忌；(7)惡疾。〔即「七出」——譯者〕。這些理由，除第一條對統治者和王公貴族無效外，對所有階層都是很正當的理由，另外還有三條不准休妻的理由：第一，是曾爲公婆守過三年孝的，第二，是娶時丈夫貧賤而後來變富貴的，第三，是無家可歸的。〔即「三不去」——譯者〕。

　　男人一般既對儒敎感興趣，也對道敎和佛敎感興趣，而女人幾乎全都偏愛佛敎。佛敎主張博愛、慈悲，宣揚衆生平等。這些敎義不僅滿足了女人的精神需要，而且圍繞著許多美麗的女性神祇，如大慈大悲、救苦救難的送子觀音，有許多令人眼花繚亂的儀式，使她們枯燥單調的日常生活變得豐富多彩。女人當中非常流行的是淨土宗。它宣揚淨土是由阿彌陀佛，即無量光佛所主宰，只要虔誠地念他的名號「阿彌陀佛」，任何人皆可往生淨土。「阿彌陀佛」是梵文Amitābha的中文譯音，它已成了女人表示驚訝、喜悅之情的口頭禪。男人在日常生活問題上則寧願請道士出主意。道士擅長爲起基動土看風水，爲婚喪嫁娶擇吉日。但尼姑由於其性別的原因，可以隨意出入女人的閨閣，則是女眷們最喜歡的指導者。例如，尼姑在家庭內部的儀式上主持祈禱，求使生病的孩子恢復健康和使不孕的女子懷孕生子。她們以專治婦女病的妙手郎中自居，替婦女身體上的毛病出主意，或被長期僱來，在閨閣中敎女孩讀書、寫字和做女紅。

267　　輿論對尼姑和尼姑庵夙無好感，明代小說和短篇故事過份渲染她們的所謂惡行。人們懷疑尼姑只是爲了幹下流勾當才信敎，

而尼姑庵則被說成暗地行淫之所❺。人們通常以爲尼姑登門，不是去給女人送春藥，就是去拉皮條。在本書第二五四頁我們已看到，有個元代作家就曾勸人們不可讓尼姑接近他們的家。況且人們懷疑，女人上尼姑庵，恐怕並不是去祈禱還願，也不是去參加宗教儀式，而是打扮得漂漂亮亮去勾引男人。

確實，眞心渴望過虔誠生活而信敎的女人畢竟較少。女孩往往是被父母不容商量就送進尼姑庵的，甚至還在她們出生以前這一切就已經決定了。爲了禳除災禍，父母常常發願讓尙未出生的女兒將來當尼姑；或者碰上女兒得了大病，爲了祈求康復，他們也會這麼做。尼姑庵還爲許多女人提供了避難之處，她們有些是因爲憎惡與未見過面的男人結婚，有些是爲了逃避冷酷的丈夫和暴虐的公婆，還有些是有同性戀嗜好或生性淫蕩，想找個安全地方與男人私通而不必像妓女那樣入籍爲娼。由於尼姑來自這樣一些不同的階層，所以不用說，尼姑庵的住持若不是生性堅強，庵裡的道德約束就會江河日下。

另一方面，必須切記的是，在中國古代，輿論主要是由男人一手製造的，而且依據的是雙重的道德原則。況且，女人放棄爲家庭生兒育女的神聖職責，而生活在一個獨立自主的團體裡，再也用不著受制於她們的男性親屬，單憑這種想法，對儒家來說，就已經是大逆不道。而明代小說和故事的作者也大多是儒家文人，他們實際上對佛家的一切都充滿偏見。佛家的僧尼是他們最好的攻擊對象。因此，閱讀這類文學作品，切忌籠而統之，要注 268 意他們對尼姑的橫加指責是摻有許多水分的。

房中書：《某氏家訓》、《素女妙論》、《既濟真經》、《修真演義》

　　在臥室裡，房中書的原理雖然仍在實行，但房中書本身卻不再像以前那樣隨便流行。人們覺得這類文獻雖則有用，但不宜拿來做公開討論。儘管正如上文所見，《宋史·藝文志》仍提到房中書，但《明史·藝文志》無論在道家類（此類收書甚少）還是醫書類卻一本也未著錄。當然這些著錄絕不能代表當時書籍流傳的實際情況，但它們卻可以說明哪些書是官方許可的，哪些不是。房中書，特別是具有道家性質的房中書，此時即屬於後一類。

　　許多明代文獻的有關材料證明，儘管房中書已不如從前那麼流行，但它們的原理卻仍然滲透在當時的性生活當中。以下我們將引用許多這類材料。首先值得注意的是一部強調房中術重要性的文獻，即寫於公元一五五〇年前後的《某氏家訓》的殘本。

　　按照中國的古老習慣，家長常常在晚年把自己一輩子的心得體會記錄下來，用以教訓自己的子孫。雖然這些通常叫做「家訓」的文獻主要只是供作者自家使用，但其中有些卻在中國文獻中成爲很有名的作品。例如，顏之推（531～591年）的《顏氏家訓》，儒家學者朱用純（1617～1689年）的《治家格言》和著名政治家和將軍曾國藩（1811～1872年）的《家訓》。另外，除這些正統的家訓之外，家長有時還寫一些秘不示人的東西，其中包含他們對家庭性生活的看法。這些東西被密鎖深藏，可能只是在兒子即將結婚時才拿給他們看。幸運的是，有一本這類書的殘本被偶然保存下來。

　　由於此書文辭不雅，可以斷定，作者當是一位沒有受過專門文學訓練的地主或富商。不過他肯定是一位很有頭腦，對婦女觀

察細緻入微的人。保存下來的四條家訓如下：

(1)上脫四字，或作「妻妾日勞」（ Wives and concub-
ines are daily occupied with ）督米鹽細務。首飾粉妝，弦
素牙牌，以外，所樂止有房事歡心。是以世有賢主，務達其
理，每御妻妾，必候彼快……（余脫去）。

(2)街東有人，少壯魁岸，而妻妾晨夕橫爭不順也。街西
黃髮傴僂一叟，妻妾自竭以奉之，何也？此諳房中微旨，而
彼不知也。

(3)近聞某官內妾，堅扃重門，三日不出，妻妾反目。不
如節慾，姑離新近舊，每御妻妾，令新人侍立象床。五六日
如此，始御新人。令婢妾侍側，此乃閨閣和樂之大端也。

(4)人不能無過，況婢妾乎！有過必教，不改必策，而策
有度有數也。俯榻解裩，笞尻五下六下，下不過胯後，上不
過尾閭是也。間有責妾，每必裋裸束縛掛柱，上鞭下捶，甚
至肉爛血流，是乃害彼害我，以閨門為刑房，不可不慎也。

——《秘戲圖考》卷二，90頁

對這一材料，我們不妨略做評論。第一條家訓強調的是，由
於女人的大部分時間都是在家裡度過，生活過於單調，唯一的消
遣是一起在屋裡玩各種流行於明代的遊戲，如彈琴、下棋、玩麻
將、打紙牌。因此性生活對她們來說，要遠比對她們的主人更為
重要。因為他在外面有各種各樣的樂趣，如工作、交朋友等等。
就我所知，這在當時是一種新鮮的想法。別的作家一般都認為，
婦女與世隔絕、生活單調乃是理所當然。

第二條家訓指出，對於大多數女人說來，男人的性交技術要
比他的年輕漂亮更重要。而性無能會使女人變得喜歡爭吵和難以
駕馭。儘管房中書亦有類似說法，但沒有此書講得這樣清楚。

　　第三條家訓證明，作者很善於揣摸心理。男人應當防止他的
妻子多疑，以爲新妾有什麼神奇魅力，足以奪寵。故主人應從一
開始就講淸她們的地位要優於新來者。當他爲新妾破身時，也叫
其他女人在場，好讓她們親眼看到她並不比她們別有所長。

　　從最後一條家訓可以看出，作者很替女人著想。他主張體罰
應適度，要施之於不會造成重傷的部位，女人應只裸露部分身
體。所謂痛打一絲不掛的女人，是乃害彼害我，這段話也許會被
解釋成擔心引起男人的虐待狂。但這無疑是很牽強的。作者的意
思更可能是怕男人在家裡擺出刑堂拷問的樣子會有損形象。不過
可能他也下意識地感到喚起潛在的虐待本能是很危險的。

　　這一文獻對研究中國明代的道德風尙很有價值。但願有一天
人們能獲睹這篇家訓的全文。

　　那時還出現過一些新的房中書。儘管在明代，它們只在一個
有限的範圍內流傳，但到後來的淸代，它們卻成爲嚴格審查制度
的犧牲品。只是在日本，才有少數這類明代文獻幸存下來。

　　這裡我們所要討論的第一部明代房中書是《素女妙論》。

　　它有兩種版本保存下來。第一種版本是帶插圖的雕版，出現
於文祿年間（1592～1596年）。此本小題作《人間樂事》和《黃
素妙論》。這個根據中國原本改編的日本版本，前面附有一些採
自明代色情小說的小幅春宮畫，欲知其詳，可參見澀井淸《元祿
古版畫聚英》卷二（東京，1928年）。第二種版本是中國原本的
手抄本，錄於約一八八○年。此本凡四二頁，每頁一○行，行二
一字。

　　此書是由《素女經》、《洞玄子》一類古房中書的片斷組成，
經改寫而連綴成篇，很多地方加有編者自己的觀點。全書是按傳
統的方式，即黃帝和素女問答的方式寫成。它的文風純屬明代平
庸之作的典型風格，拖沓而重覆，但總的說來曉暢易懂，它是一
部既無儒家色彩，也無道家色彩的實用書籍。儘管它也和古代房

中書一樣，強調保存精液和性交的治療作用，但它並沒有提到道家內丹派的房中術及其他有關的東西。就我所知，這是現存最爲完整的明代房中書善本。將來應把它全文翻譯出來。

一五六六年序的署名爲「摘紅樓主人」，謂此書不知何人所作，或云傳自「茅山道士」。茅山在江蘇省，早在漢代，就因道士所云而聞名天下。該書編者自稱「洪都全天眞」。書後有跋尾，日期爲一五六六年陰曆十一月，題爲「西園居士書於暖香閣」。此跋尾以集句的方式寫成。集句是一種中國特有的文字遊戲，即把文學作品中的名句集合成篇❻。

下面讓我們來看一下它的內容，但重點只是討論那些古房中秘書所未曾見到的段落。

頭五節涉及下述問題：(1)《原始篇》，討論性行爲的意義和 272 益處；(2)《九勢篇》，是《醫心方》第十二節所說「九法」的推衍發揮和加工潤色；(3)《淺深篇》，主要是據古房中書對此類技巧的描述，涉及女性生殖器各個部位的一系列術語；(4)《五慾五傷篇》，是據《醫心方》第七、第八和第十八節引文寫成；(5)《大倫篇》，也是根據古房中書的有關段落。

第六節爲《大小長短篇》，提供了某些新資料，其文曰：

帝問曰：「男子寶物，有大小長短硬軟之別者，何也？」素女答曰：「賦形不同，各如人面，其大小長短硬軟之別共在稟賦，故人短而物雄，人壯而物短，瘦弱而肥硬，胖大而軟縮，或有專車者，有抱負者，有肉怒筋脹者，而無害交會之要也。」

帝問曰：「郎中有大小長短硬軟之不同，而取交接快美之道，亦不同乎？」素女答曰：「賦形不同，大小長短異形者，外觀也；取交接快美者，內情也。先以愛敬係之，以真情按之，何論大小長短哉？」

帝問曰：「硬軟亦有別乎？」素女答曰：「長大而
萎軟，不及短小而堅硬也。堅硬而粗暴，不如軟弱而溫藉
也。能得中庸者，可謂盡善焉矣。」

——《秘戲圖考》132頁［此係卷二頁碼——譯者］

這一節又討論了怎樣用藥物使短小的陽具變長。素女告誡人
們不可亂用藥，她說：「兩情相合，氣運貫通。則短小者自長
大，軟弱者自堅硬也」（《秘戲圖考》133頁第5行）。結尾一段
是講陰門的不同位置，其文如下：

273　　帝問曰：「女子玉門有上中下之異，何也？」
素女答曰：「牝戶之美，非在位而在用也。上中下者各有其
異，要之順利而用之耳。中者四時均宜，百勢無防，以不偏
爲貴是也。上者宜冬，匡床繡被，男伏其上是也。下者宜
夏，竹蔭石榻，隔山取火也。斯乃御女器使也」❼。

——《秘戲圖考》卷一，124頁
［據《秘戲圖考》卷一，此段僅見上述第一種版本，故
卷二《秘書十種》未收——譯者］

第七節的題目是《養生篇》。它列有不同年齡的男人每週和
每月可以射精的次數。第八節即最後一節的題目是《四至九到
篇》，內容與《醫心方》第十和第十一節的引文酷似。至此，全
書結束。與古房中書不同的是，它不附醫方。

值得注意的是，此書把旨在壯陽補陰的性交與旨在受孕的性
交區別得很清楚。前者應靠性交本身和它的各種變化來提高興致
和相互的吸引力。而後者則相反，應以一種莊重的獻身精神來完
成。爲說明作者如何對待性交的這兩個不同方面，這裡我從第二
274　節和第五節各翻譯了一段。前一段是講九勢中的第八勢，後一段

則是講應用何種方式性交以獲得子嗣。前者特別有趣，因爲它證實了《洞玄子》第九條所說的第十五種姿勢，即一男如何御二女。這類姿勢偶爾也見於春宮畫册。

　　⑻魚唼式。令二女子一仰一俯，互摟抱以爲交接之狀。牝戶相合，自摩擦，則其魚口自開，猶游魚唼萍之形。男子箕坐其側，俟紅潮喘發，先以手探兩口相合處，將莖安其中間，上下乘便，插入兩方交歡。大堅筋骨，倍氣力，温中補五勞七傷。其法如游魚戲藻之狀，只以唼清吐濁爲要。

　　　　　　　　　　　　　　——《秘戲圖考》卷二，123頁

　　這段話使人覺得家庭中的女眷搞同性戀不僅是可以容忍的，而且有時甚至受到鼓勵。而講爲受孕而性交的那段話則說：

　　帝問曰：「夫婦之道，爲子孫之計。而今無子孫者何乎？」素女答曰：「三婦無子，三男無子。男子精冷滑者，多淫虛憊者，臨敵畏縮者，無子也。婦人性淫，見物動情者，子藏虛寒，藏門不開者，夫婦不和，妒忌火壯者，無子也。」

　　帝問曰：「若人無子，取之以何術乎？」素女答曰：「求子之法，按陰合陽合之數，用黃紗黃綾黃絹之屬，造衣被帳褥之類，以黃道吉日，取桃枝書年庚，放之卧內。又九月三日，取東引桃枝書姓名，插之床上。須察婦人月經已止過三四日。各沐浴炷香，祈天地鬼神，入帳中而爲交合。其時子宮未合閉，故有子也。御法，進退如法，洗心滌慮，勿戲調戲弄，勿借春藥，忽見春宮册。若犯之損父母，不利生子。」

275

　　　　　　　　　　　——《秘戲圖考》卷二，130頁6-12行

　　黃色是沃土的顏色，而日月交會的日子也叫「黃道」
⑧。桃，自古起一直就被認為是女性生殖器和生兒育女的象徵。
在西王母所住的西方樂土，長著蟠桃樹。這種樹的木頭被人認為
與生育有關，因此能驅凶避邪。人們用這種木頭製成符牌，上書
吉語，新年時掛在大門上，這就是後世門神的來歷。門神是一對
吃鬼的神，中國人把它們的畫像貼在屋子的大門上。另外，梅也
是生育力和創造力的象徵，因為春天它那多節而乾枯的樹枝又會
綻出新芽，象徵著嚴冬過後的萬物復甦。中國人床上的鋪蓋和床
圍的屏風上經常繡有梅花盛開的圖案，如**插圖14**所示。人們也用
梅花表示枕席之歡和年輕女人，而且後來性病也叫「梅毒」。但
與桃子不同，梅並不用來指女人的陰部。除去桃子，人們還經常
用另一種水果，即石榴，來指女人陰戶。同時石榴還有多子的含
義，兩種含義都來源於它的形象：淺紅色的果肉包著籽粒。瓜也
有同樣的意思，如「破瓜」一詞即指女孩已經成熟。中國的註釋
者也把這個詞解釋為「瓜字一分為二」，因為「瓜」這個字可以
看作是由兩個「八」字相疊而成，意思是二八一十六歲，即姑娘
可以出嫁的年齡。同理，「破瓜」一詞也用來指男子達到了八八
六十四歲。不過，我認為所有這些解釋皆屬派生的含義。我
想「破瓜」的本義應當指「切開的鮮紅的瓜」，乃是女孩初潮或
277　處女破身的象徵。

　　還可補充的是，芍藥和蓮花也用來指女人的陰戶，但它們並
無多子的特殊含義。

　　我們再回過頭來看上面討論過的那一段，其中有一點要注
意，就是往床帷上掛桃符的日期應是「陽」數三和九。所謂取東
引桃枝，可能是指用「東」來代表房東。

　　　帝齋戒沐浴，以其法煉內丹八十一日，壽至一百二

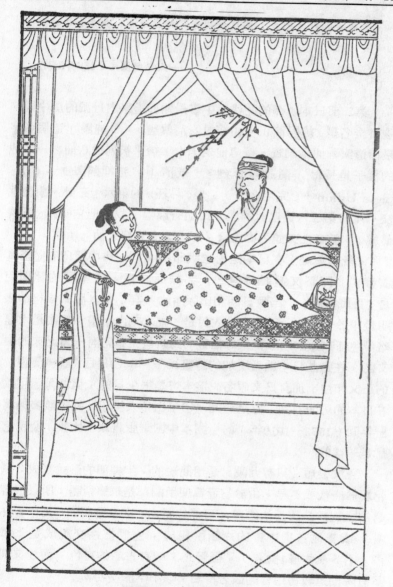

276

插圖14　中國的床架

十歲。而丹藥已成，鑄鼎於湖邊，神龍迎降，共素女白日升
天。

——《秘戲圖考》139頁5-7行

　　第二部日本所存的明代房中書是關於道家內丹派的房中術。
該書全名是《純陽演正孚祐帝君既濟眞經》。「純陽」這個名字
是指道家神仙呂洞賓。據傳他是宋人，後來被列爲八仙之一。他
的樣子是長鬚、高冠、佩劍。「既濟」，這裡翻譯爲「Com-
plete Union」（完全合一），是《易經》的第六十三卦，象徵性
交，本書第三六頁已討論過。爲節省篇幅，我們把它叫做《既濟
眞經》。該書注文題名鄭希賢，即「紫金光耀大仙」所作。

　　《既濟眞經》在日本是用雕版印刷，同一書中還印有《修眞
演義》，即下文還要討論的一部類似之書。這本書的總題目
是《百戰必勝》。出版日期和出版者均不詳，但其版式風格卻表
明是印於一八八〇年前後。內封是一幅木刻山水畫，然後是六幅
略帶色情味道的木版畫，每幅畫的對折頁上都附有一首乏味的中
文詩。在這些日本編者所加的詩畫後一～一〇頁爲《既濟眞經》
278 的正文和注，加有日文假名。這本書是很少見的，但偶爾還可以
在日本的坊間看到，它是一九一〇年由私人排印。我把該書與萬
曆年間（1573～1619年）的小開本中國雕版書做了比較，發現它
們是一樣的。

　　正文很短，只有九段，是用簡短的、半押韻的形式寫成，風
格屬於唐代或更早。由於它通篇使用的都是軍事術語，所以很容
易被誤認爲是講兵法的書。可能它是由《玄女戰經》（見本書75
頁）或其他古房中書的片斷所組成，它們把性交說成是「戰
鬥」（參看本書157頁）。儘管正文頗有古老的特色，而注文則
具有晚期道教房中書的顯著特點，似不早於明初。

　　此書是某些道家派房中術內丹的典型範例。男人要做到完全

固而不瀉，不射精，從而在性交「戰鬥」中「打敗」「敵人」，同時又誘發女人，使她達到性高潮，發出「陰氣」，供男人吸收。此類傳授很容易用軍事術語來表達，因為中國古代的兵學和內丹派房中術在基本原理上是相同的。第一，要利用對方的力量而節省自己的力量；第二，要先屈服於對方，而後再出其不意擒俘對方。這些原理在中國的拳術和劍術中也很重要，後來被日本人吸收，作為其著名防身術即所謂「柔道」的基礎。

該書開頭有一篇介紹性質的小序，在這篇小序中，注者鄭希賢說，他是從仙師呂洞賓那裡得到此書，呂洞賓對該書做了逐字逐句的解釋，鄭希賢採以入注。然後接下去的第一段是：

> 上將御敵，工挹吮吸，遊心委形，瞑目喪失。
>
> （注）上將，喻修真人也。御，行事也。敵者，女人也。初入房時，男以手挹女陰戶，舌吮女舌，手挹女乳，鼻吸女鼻中清氣，以動彼心。我宜強制而遊心太清之上，委形無有之鄉。瞑目勿視，自喪自失，不動其心。
>
> ——《秘戲圖考》卷二，91頁12行

接下去，正文有一段話是作「龜蟠龍翕，蛇吞虎怕」（93頁10-11行）。注文說，這個口訣包含了「敗敵」之術的精髓，因為它指出了男人要想防止射精和做到「回精」所應採取的四種動作。

279

> （注）瞑目閉口，縮手踏足，撮住谷道，凝定心志，龜之蟠也。逆吸真水，自尾閭上流，連絡不已，直入泥丸，龍之翕也。蛇之吞物，微微卹噬，候物之困，複吞而入，必不肯放。虎之捕獸，怕先知覺，潛身默視，必持必得。

————《秘戲圖考》卷二，93頁14行————94頁
1-4行

倒數第二段寫了「戰鬥」的最後階段：

> 我緩彼急，勢複大起。兵亦既接，入而複退。又吮其
> 食，把其粒，龜虎蛇龍，蟠怕吞翕，彼必棄兵。我收風雨，
> 是曰既濟。延安一紀，收戰罷兵。空懸仰息，還之武庫，升
> 上極。
>
> （注）大起，興濃也。彼興既濟，我當複入，深淺
> 如法，間複少退。又必吮其舌，把其乳，依行前番工夫，則
> 彼真精盡洩，而我收翕之矣。既濟者，既得真陽也。一紀，
> 十二年也。一御既得真陽，則可延壽一紀。武庫，髓海也。
> 上極，泥丸也。戰罷下馬，當仰身平息，懸腰動搖，上升泥
> 丸，以還本元，則不生疾病，可得長生。

這裡所要討論的第三種明代房中書是《紫金光耀大仙修真演
義》，爲了節省篇幅，可簡稱爲《修真演義》。全名的意思
是「紫金光耀大仙對修真養性含義的解釋」。因此人們認爲此書
是出自鄭希賢，即《既濟真經》的注者之手。

此書是以明版原書保存下來，用藍色油墨印在長幅橫軸上，
寫於一五九八年，爲東京澀井清先生所藏。第二個本子是在上述
日本重印的《百戰必勝》中。第三個本子與上述《素女妙論》在同
一日本抄本中。第四個本子爲一九一〇年排印，亦收有《既濟真
經》。

該書有署名鄭希賢的序，文曰：

> 漢元封三年，巫咸進《修真語錄》於武帝，帝不能用

，惜哉。書傳後世，微諳其術者，亦得肢體強健，益壽延年，施之種子，聰明易養。然有當棄有當忌，先知棄忌，方可次第行動。餘演其義，爲二十章，分功定序，因序定功。序固不可紊，功亦不可闕也。修真之士，當自得之。

　　巫咸是一個傳說人物，這裡顯然是與《素女經》中所說教授武帝的巫炎（參看本書137頁）弄混了。

　　該書第一、二節講的是序中所說的棄忌當知。它們講了應避免與什麼樣的女人行房，以及什麼情況下不宜行房，例如男人醉酒和感到虛弱疲倦時。第三節是解釋房中術爲什麼既能養善悟其術者，又能殺不悟其術者。第四節是講理想的女性配偶，這裡是用特殊的道家術語「寶鼎」來稱之。

　　後面的第五、第六和第七節列舉了宜於性交的各種徵兆，類似《醫心方》引文的第十和十一節。　　281

　　第八節講的是激發女子性慾的各種方法及女子的性反應。這段話的開頭是：

　　　　婦人之情，沈潛隱伏，何以使之動，何以知其動？欲使之動者，如嗜酒則飲以香醪，多情則餂以甜語，貪財贈以錢帛，好淫則歡以偉物。婦人之心，終無所主，能見景生情，無不動也。

　　　　　　　　　　　　　　——《秘戲圖考》卷二，100頁12行

　　第九節用很長的篇幅講男人如何使自己的生殖器強壯，即他應採用一種複雜的按摩法。，而這一段最後說：「若行採戰，先用絹帶，束固莖根」（102頁6-7行）。此種或類似輔助工具常見於明代色情小說。例如，《金瓶梅》一書的主人公西門慶所使用的一系列性輔助工具，其中有「藥煮白帶子」（上引同書第38章

），無疑也是用於同一目的。用來煮這種白帶子的藥也許是某種春藥。這些工具中還有「懸玉環」❾。有一幅這一時期的套色春宮版畫（《秘戲圖考》卷一圖版8）可以證明，這是一種玉環，套在勃起的陰莖根部，用一條白綢帶繞過兩腿，綁在腰上來固定它。這種玉環的一件實物標本見於圖版15中。它是用象牙製成，前面飾有浮雕的雙龍。龍的舌頭相互盤繞，形成一個凸起的螺旋。一方面，這個螺旋代表的是二龍正在戲耍的「夜明珠」（通常被認爲是太陽、生育力和魔力的象徵），但另一方面，這個螺旋當其進退移動之際，無疑又有刺激女子陰蒂的實際功用。繫環的綢帶是從龍尾之間的孔裡穿過。

282　　　第十節是進一步講男人在性交中應如何小心謹愼防止射精。其文曰：「初下手時，務遏除慾念。先用寬醜之爐演習，庶興不甚感，亦不至於歡濃，易制御也」（102頁10行）。第十一節是這一觀點的進一步發揮。其文曰：

> 凡得真美之鼎，心必愛戀。然交合時，須強爲憎惡，按定心神，以玉莖於爐中緩緩往來，或一局，或二三局。歇氣定心，少頃，依法再行，俟彼歡濃，依覺難禁，更加溫存，女必先洩也。其時可如法攻取，若自覺欲洩，速將玉莖掣退，行後鎖閉之法，其勢自息。氣定調勻，依法再攻，戰不厭緩，採不厭遲，謹而行之可也。
>
> ——《秘戲圖考》103頁2行

第十二節講的是防止射精的手段，正如房中書中所講的那樣，它是指兼用意念控制和壓迫尿道的生理手段。

奇怪的是，雖然實際上幾乎所有的房中書都詳盡地討論了「回精」法，卻沒有提到在性交的最初幾個階段中精液的「下降」。爲了彌補這一不足，這裡不妨插入一段明代史料中泛論道

家修煉的引文。這是一篇題為《聽心齋客問說》的短文，作者為萬尚父。該書於一九三六年由商務印書館重印，收入《叢書集成》卷〇五七五中。其第三〇條作：

> 客問元精與交感之精何以異？曰：非有二物。未交之時，身中五臟六腑之精，並無停泊處，卻在元氣中，未成形質，此為元精。及男女交媾，精自泥丸順脊而下，至膀胱外腎施洩，遂成渣滓，則為交感之精矣。

說完這段題外話之後，我們繼續來談《修真演義》。第十三節特別有趣，因為從中我們可以看出各種女性分泌物的醫療效用是怎樣被制定成一種特殊理論的。這一段話在明末一定廣為人知，因為色情小說《怡情陣》逐字引用過這一段（參看《秘戲圖考》卷一，129頁），而且色情散文和詩歌中也常常提到它❿。茲翻譯如下： 283

> 三峰大藥。上曰紅蓮峰，藥名玉泉，又曰玉液，曰醴泉，在女人舌下兩竅中出，其色碧，為唾精，男子以舌餂之，其泉湧出華池，咽之咽下重樓，納於丹田，能灌溉玉藏，左填玄關，右補丹田，生氣生血也。
>
> 中曰雙薺峰，藥名蟠桃，又曰白雪，曰瓊漿，在女人兩乳中出（見上文95頁），其色白，其味甘美，男子咂而飲之，納於丹田，能養脾胃，益精神，吸之能令女經脈相通，身心舒暢，上透華池，下應玄關，使津氣盈溢。三採之中，此為先務，若未生產女人，無乳汁者，採之更有補益。
>
> 下曰紫芝峰，號白虎洞，又曰玄關，藥名黑鉛⓫，又名月華，在女人陰宮，其津滑，其關常閉而不開，凡媾合會，女情姹媚，面赤聲顫，其關始開，氣乃洩，津乃溢，男

子以玉莖擊退寸許，作交接之勢，受氣吸津，以益元陽，養精神。

此三峰大藥也。

——《秘戲圖考》104頁12行

284　　　第十四節用很長的篇幅討論了男子「回精」術的要點。該節分爲五段，每段解釋一個字，因此這一節被稱爲《五字眞言》，這是典型的密教術語。

第十五節是再述性行爲的各個階段，始之以愛撫動作，而終之以採陰技巧。該節末尾云，這種技巧「在彼不甚損，在我大有益。陰陽相得，水火旣濟，御女之妙用也」。

剩下的各節是重覆和引申上述討論。第十六節再次解釋「回精」術，這裡使用了一個表示這種方法的新術語，即「黃河逆流」（109頁第8行）。第十七節討論性行爲的總意義。第十八節進一步論述男人從性交中可以獲得的益處，它把性交與老樹嫁接新枝相比，用以說明其論點，認爲只要男人能做到自我控制，則每次性交都會賦予他新的生命。第十九節還是講回精的益處。

最後，第二十節講的是使女人懷孕的方法。正像古房中書所講過的，性交應在月經之後的頭幾天進行，男女應同時達到高潮等等。

此書最後加有跋尾，同時提到《旣濟眞經》和《修眞演義》。跋云：

世宗朝，余受廕燕京。於時陶眞人以術見幸，跡其所爲，皆幻怪不經，獨採補爲有實際，故獻廟之享有遐齡，皆由於此。余慕其術，略近侍，購所藏秘訣，得純陽子師徒經義二書，遵而行之，初若難制，久出自然。六十年間，御女百餘，育兒十七，身歷五朝，眼見五代，今雖告老，房中

不厭。間一媾合，必敵數人。雖天逸我以年，而採補之功，

亦不可掩。語云：擅巧者不祥。且人生不滿百，倘一旦先朝

露，不忍二書失傳，爰付梓人，用廣大仙之德。願與斯世，

同躋彭老之年也。如曰此荒唐無稽，是自棄其壽也。其於餘

也何尤？

　　萬曆甲午春王正月，越人九十五歲翁書於天台之紫芝室

285

　　澀井清所藏明版有同樣的跋，但落款是「庚戌孟夏月陵人百

歲翁書於天香閣」。

　　除上述這兩種房中書之外，《道藏》中顯然本來有更多的類

似著作。人們可以從中找到如《黃帝授三子玄女經》、《呂純陽

眞人沁園春丹詞注解）等書。這些書原先無疑是論述煉內丹的，

但在一四四四～一四四七年間《道藏》重印時做了全面刪改。由

於當時佛敎已在很大程度上下降爲普通人的偶像崇拜，正統儒家

已不再認爲値得對它大加撻伐。但道家學派仍強烈吸引著許多文

人，因此，儒家官僚對道家學說一直盯著不放。如果道家被控犯

有從事「淫祠」的罪名，就會受到起訴和嚴厲懲罰。這就是爲什

麼當《道藏》印刷時，有關煉內丹的段落會被細心刪除的原因。

佛經則在很早以前就摒棄了密敎的內容。

色情小説：《金瓶梅》、《隔簾花影》・一個眞實的 愛情故事：《影梅庵憶語》・明代的人物畫像與 服飾

　　明代後半期，道家的房中秘術日益變成一種秘傳性質的東

西。古房中書漸漸湮沒無聞，而明代早期的房中書也印數有限，

故而一般學者對它們的內容只是略知一二，唯一對道家房中修煉

286　仍有深刻瞭解的還是道士和有色情癖好的一夥南京文人。關於這
些人，下文還要談到。

　　房中書的一般原理無疑仍在實行，但其具體原理和專門術語
在較大的範圍裡卻鮮為人知。這一時期寫這方面題目的學者對它
的了解大多只是耳聞，其中許多人對這些方法的效果也抱懷疑。
這裡可以引用學者汪價的看法。汪價主要活動於明代末年約一六
四〇年前後，以博學和風雅而知名。這段話見於他的《廣自
序》⓬。他說：

> 　　先祖遇一異人，授以龍虎吐納之法，習練四十年，
> 道成。夏月蓋重衾，臥燼日中，無纖汗。冬以大桶滿貯涼
> 水，沒頂而坐，竟日不知寒。余以骨頑無仙分，不之向學，
> 然於玄牝要訣，頗熟聞之，大要以寶神嗇精為主。世之愚
> 儕，縱情彫伐，以致陽弱不起，乃求助於禽蟲之末。蛤蚧
> ⓭，偶蟲也，採之以為媚藥。山獺，淫毒之獸，取其勢
> 以壯陽道。海狗以一牡管百牝，驚之助房中之術。何其
> 戕真敗道，貴獸而賤人也。且方士挾採陰之說，謂御女
> 可得長生，則吾未見蛤蚧成丹，山獺屍解，海狗之白日
> 衝舉也。

　　值得一提的是，汪價只說他是聽說過這些事，而沒有說到讀
到過這些東西。

287　　　在明末撰寫的許多一般性質的小說、短篇故事和劇本中，房
中書的影響並不明顯。雖或偶有色情描寫，但講性交場面也是用
一般詞匯，而不是用古房中書的專門術語。儘管它們對性生活的
研究遠不如當時的色情、淫穢小說）下面還要談到）更為重要，
但這些一般的文學作品對社會學的專門研究仍很有用處。特別值
得推薦的是《今古奇觀》中的一篇故事，名叫《賣油郎獨佔花魁

女》，它有很好的法文譯本⓮。故事講的是一個窮苦的賣油郎如何愛上一位名氣很大的美麗藝妓，最後怎樣以自己的一片痴情，終於如願以償，與她結爲夫妻。故事詳細描述了妓院裡的生活，有許多生動逼眞的對話。特別是對鴇母的刻畫，顯然是來源於生活。雖然場景是放在宋代，但對道德風尙的描寫則是作者當時，即明代末年的。

即使明代末年長篇色情小說（有別於淫穢小說）的作者，對講房中術和道家煉內丹的書也只有很模糊的了解。只要讀過中國文學中最著名的色情小說《金瓶梅》及其續集《隔簾花影》，就會得出這個結論。

《金瓶梅》淋漓盡致地揭示了一個中國大家族中人與人之間的隱秘關係，包括用散文和詩的形式對性交作最逼眞的描寫。但有關段落中的術語卻是出自當時的俚語，而不是房中書。並且儘管《金瓶梅》的主人公與家內和家外的許多女人都有性關係，既有良家婦女，也有普通妓女，但小說在任何地方也沒有暗示這些私通有壯陽卻老的作用。《隔簾花影》也是這樣。這部小說有一段曾用「九淺一深」這樣的話（第二回近尾處）來描寫性交，與房中書中的術語相似，但書中只說該技巧是出自《嫖妓》。儘管這兩部書的作者是誰現在尙有異議，但沒有人懷疑他們都是很有學問的人，就連他們也不熟悉古房中書，這一事實有力地證實了，這類書到明代末年在士林當中已鮮爲人知。

現在讓我們來詳細討論一下上述兩部色情小說，因爲它們爲研究當時中國私人生活和公衆生活的道德風尙和性習俗提供了大量信息。特別是《金瓶梅》，不僅是一部具有很高文學價值的小說，而且也是一部很重要的社會學文獻。幸好這部小說已經有了出色的英譯本，對於想進一步專門研究明代後期中國生活的人，此書是值得極力推薦的。⓯

這部小說用生動的白話描寫了富有的藥店老板西門慶和他的

288

六個配偶的生活。故事被寫成是發生在宋徽宗年間（1101～1126
年），即聲名狼籍的奸相蔡京（《中國傳記詞典》1971）當權之
時。但書中描寫的生活和習慣卻是作者當時即明代的。

正如作者在第一回中所說，他寫這部小說是要勸誡世人不可
追逐財富和世俗虛譽，特別是不可過分縱慾。財富和權力猶如幻
沫，而縱情聲色的結果則是：

> 二八佳人體似酥，
>
> 腰間仗劍斬愚夫。
>
> 雖然不見人頭落，
>
> 暗裡教君骨髓枯。

然後他繼續解釋說「懂得來時，便是閻羅殿前鬼判夜叉增惡
態」，「羅襪一彎，金蓮三寸，是砌墳時破土的鍬鋤〔以上引文
出明天啟《原本金瓶梅》，而為明萬曆四十五年《金瓶梅詞話》本所無
——譯者〕。

按照慣例，色情小說總是以這種警世之言開篇，但即使是在
這種特殊的地方，作者的話恐怕也是相當認真的。在《金瓶梅》
中沒有當時淫穢小說中特有的那種對淫穢描寫的津津樂道，即使
是在大肆渲染的段落裡，也是用一種平心靜氣的語氣來描寫。在
小說結尾處，放蕩的主人公和助主人公敗家的淫婦潘金蓮都倒了
霉。西門慶吃了潘金蓮餵的春藥，服用過量而亡，潘金蓮則被她
毒死的前夫的弟弟所殺。故事情節設計精心，人物和場景的描寫
簡潔明快而分毫不爽，對話運用得嫻熟自然，全書角色無不維妙
維肖。總而言之，這是一部可以列入世界最佳同類作品中的偉大
小說。

限於篇幅，本書無法進一步討論這部小說的內容，這裡只能
稍微談一下該書對性關係的描寫。

　　首先，人們會注意到病態現象極少。儘管西門慶被描寫成一
個淫慾無度的放蕩之徒，他最親暱的配偶潘金蓮也與之不相上
下，但虐待狂或類似的跡象卻反而只是出現在其他人身上。書中
有許多戲謔性質的反常舉動，許多拉伯雷式（Rabelaisian）的
幽默〔指粗俗的幽默——譯者〕和惡作劇，但它們卻主要是由於追
求新異，而不是由反常的本能而引起的。這也適用於西門慶與他
的家僕的同性戀關係。由於像西門慶這樣一個有錢有勢的男人很
容易被寫成肆無忌憚濫施虐待的色情狂，而不顧小說的真實性，
所以書中全無病態描寫才顯得十分突出。但作者之所以沒有想到
這類題材，顯然是因為在他那個時代和環境中還看不到這些事。
況且他還相當敏感，能夠暴露他所看到的所有其他弊端和惡劣風
氣。

　　關於這部小說中的反常行為，人們可以注意到的是，書中常
常提到給男子口交（penilinctio），即所謂「品簫」，而沒有提
到給女子口交（cunnilinctio）。後者似乎是專門實行於道教的
圈子中。相反，男子對女子的肛門交（Introitus per anum）卻
反覆出現。特別是有個女人（在《金瓶梅》中叫王六兒）竟喜歡
肛門交（pedicatio）和手淫勝於正常性交。「原來婦人有一種
毛病，但凡交媾只要教漢子弄她的後庭花，在下邊揉著芯子才
過，不然，隨問怎的不得身子。」（《金瓶梅》譯本卷二149頁，類
似的段落見卷二317頁）。還有「先令婦人馬伏在下，那話放入庭
花內，極力擤磞了二三百度，磞磞的屁股連聲響亮，婦人用手在
下操著祕心子，口中叫『達達』如流水。」（《金瓶梅》譯本卷四
82頁，拉丁譯文是據原本）。在其他色情、淫穢小說中也常常提到
與女子肛門交（參看《秘戲圖考》卷一索引「anal coitus」和圖版
19，卷三圖版4）。女子的臀部常在色情詩文中受到讚美，往往被
比為「明月」。如果在清以前的書中有某段色情描寫中提到所謂
「花枝」、「玉樹」、探「明月」通常就是指這種性行為。這類

290

含義在清代已被遺忘，但像「後庭花」和「翰林風」這些一般詞彙卻仍然被人們理解和使用。這種癖好在西方文獻中有時被歸結為天氣炎熱，因為在炎熱的地方陰道反射易於鬆弛，所以正常性交對人缺乏吸引力。但是據我所知，這種性行為不僅在梵文文獻中沒有，古典希臘的文獻中也沒有，而只出現於古羅馬的文獻中⑯。這個問題可以留給性學家們去解決。

《金瓶梅》一書涉及的其他問題，如性輔助工具、女子對女子的虐待、女子同性戀等等，在前面的各章中已經提到。

還有一位作者寫了《金瓶梅》的續集，叫《隔簾花影》。雖然此書成書較晚，但還是反映了明代的風俗習慣。《金瓶梅》中主要人物的活動線索仍在進展：西門慶賢惠的夫人和僕從中的積德行善之人都得到了善報，而壞人則受到了懲罰。雖然作為一部文學作品它不如《金瓶梅》，但這部小說對做進一步的專門研究還是很有用的讀物⑰。

不過，讀者應該時刻記住的是，這兩部小說中故事發生的環境乃是沒有文化的暴發戶的環境。這一階層是在明代末年的動亂中才顯露頭角。西門慶的文化程度幾乎只夠應付帳務往來，沒人幫助就不能閱讀公文。他和他的朋友們對藝術、文學或其他風雅之事都毫無興趣，他們的女人也是這樣。故作者在描寫他們的性關係時，只能限於描寫一種令人難以啓齒的肉慾之愛。西門慶對他的女人倒是有一種朱庇特式的愛（jovial　affection）〔朱庇特即宙斯，希臘神話中的主神──譯者〕，但深厚感情，特別是伴以精神之愛的感情，在該書中卻根本找不到。

要想對這一時期的性關係有一個完整的瞭解，讀者應看一下《影梅庵憶語》。這部真實可靠的生平記述，是由明代學者冒襄（1611～1693年）在他的寵妾董小宛死後寫成的。它也有出色的英譯本⑱。他們都生活在改朝換代的動亂時期，所以它不僅是一部感人的愛情故事，同時也是那個動亂年代如何影響到一個顯赫

家族由盛而衰的真實記錄。

　　冒襄初遇小宛之時，乃是士林所仰的風流人物，才貌雙絕。董小宛則是南京的秦淮藝妓，才貌亦遐邇聞名。她痴情迷戀這位才華橫溢的年輕學者，可他卻早已有美滿婚姻。況且她還受到一個達官貴人的糾纏。所以，花了一年時間把一切料理好，董小宛才以妾的身份進入冒襄的家庭。在冒襄活動的圈子裡，納個新妾遠不像在《金瓶梅》的主人公西門慶所在的環境中那麼簡單。西門慶若碰上一個中意的歌女，只要替她還了債，叫她捲上鋪蓋跟他走就行了。冒襄是這樣記述董小宛進入他的家庭的： 292

　　　　虞山宗伯送姬抵吾皋，時侍家君飲於家園，倉卒不敢告嚴君。又侍飲至四鼓，不得散，荊人不待余歸，先爲潔治別室，幬帳燈火器具飲食，無一不頃刻具。酒闌見姬，姬云：「始至，正不知何故不見君，但見婢婦簇我登岸，心竊懷疑，且深恫駭，抵斯室，見無所不備，旁詢之，始感嘆主母之賢，而益快經歲之矢相從不誤也。」

　　　　自此姬扃別室，卻管弦，洗鉛華，精學女紅，恆月餘不啓戶，耽寂享恬，謂驟出萬頃火雲，得憩清涼界，回視五載風塵，如夢如獄。居數月，於女紅無所不妍巧，錦繡工鮮，刺巾裾，如虮無痕，日可六幅。翦採織字，縷金回文，各厭其技，前無古人矣。

　　　　在別室四月，荊人攜之歸。入歸，吾母太恭人與荊人見而愛異之，加以殊眷。幼姑長姐，尤珍重相親，謂其德性舉止，均非常人。而姬之侍左右，服勞承旨，較婢婦有加無已。烹茗剝果，必手進。開眉解意，爬背喻癢。當大寒暑，折膠鑠金時，必拱立座隅。強之坐飲食，旋坐旋飲食，旋起執役，拱立如初。

　　　　余每課兩兒文，不稱意，加夏楚，姬必督改削

成章，莊書以進，至夜不懈，越九年。

293　　不久，她還參與了丈夫的文學創作，幫他眷寫文章，整理書籍和手稿。她對詩詞很有天賦，二人常常徹夜討論著名的唐詩集，推敲疑難之處。她從古書中輯錄所有關於女人服飾、歌舞的論述，以此爲樂，並編了一本叫《奩艷》的小書。

　　但好景不長。戰局的惡化使冒襄一家不得不輾轉遷徙。事實證明董小宛還是個十分講求實幹和糈力過人的女子，她把旅途中的一切安排得井井有條，當冒襄途中病倒時，她曾照料了他好幾個星期。有一次，時值嚴冬，在一座被戰火毀壞破敗不堪的城市裡，他們不得不以一所空房子爲棲身之所，周圍是一片戰火連綿的景象。因爲冒襄病得很嚴重，他們無法趕路。

　　　　更憶病劇時，長夜不寐，莽風飄瓦，鹽官城中，日殺數十百人，夜半鬼聲啾嘯，來我破窗前，如蛋如箭，舉室飢寒之人，皆辛苦齁睡，余背貼姬心而坐，姬以手固握余手，傾耳靜聽，淒激荒慘，欷歔流涕。姬謂余曰：「我入君門整四歲，早夜見君所爲，慷慨多風義，毫髮幾微，不鄰薄惡。凡君受過之處，惟余知之亮之。敬君之心，實逾於愛君之身，鬼神讚嘆畏避之身也。冥漠有知，定加默祐。但人生身當此境，奇慘異險，動靜備歷，苟非金石，鮮不銷亡。異日幸生還，當與君敝屣萬有，逍遙物外。慎勿忘此際此語。」噫吁嘻！余何以報姬於此生哉。

　　他們在一起生活了九年。小宛身體嬌弱，年僅二十六歲便去世，恐怕是死於肺結核。由於她被冒襄納爲妾時，只有十七歲，而據上所自陳，她在妓院裡生活了五年，可見她初入娼門當只有十二歲。通常雛妓破身是十五歲或十六歲。冒襄本人活了很久，

但直到暮年，仍不能忘情於董小宛。他獻給董小宛的這篇憶語，　294
文辭優雅，堪稱明代文學中的傑作之一。

　董小宛多病工愁、年輕早夭的形象，預示了清代視爲理想的
女子典型。而這種年紀輕輕而又弱不禁風的女子形象，在明晚期
的文學作品中就已漸流行。

　不過，當時的畫家還是更喜歡畫健壯的美女，即臉頰圓潤、
發育充分的豐滿女子。例如明代畫家唐寅（字伯虎，1470～1523
年）筆下的女子就是這樣。他以畫女人、包括裸體女人而著稱。
插圖15是他的一幅畫的木刻印本，很可代表當時所尙的那種成熟
而果斷的女子。春宮畫册中的裸體女人，總是畫得肌肉豐滿、乳
房大而結實、小腹滾圓、大腿肥厚。

　稍後，才可見到日趨苗條的傾向，特別是在明代第二個以畫
女人著稱的畫家仇英（主要活動於約1550年）的作品中。**圖版**16
和**圖版**17是他的兩幅畫，它們是用彩色畫在絹上，採自一本描寫
風雅生活的畫册，原爲清宮藏品。畫中的女人相當苗條，而且有
著瓜子臉。

　這種風格在日本也流行開來。在日本，元祿年間(1688～
1703年)的版畫家，特別是春宮版畫設計者筆下的女人也像中國
古典繪畫一樣畫成臉頰圓潤、身材豐滿。但十八世紀，他們更喜
歡浮世繪版畫中那種柳條腰、瓜子臉（urisane-gao）的形象。

　在**圖版**16和**圖版**17中還應注意的是，理想美男子的形象也在
改變。現在人們不再喜歡畫唐宋時期那種留鬍鬚的中年形象，而
喜歡畫沒有髭髯鬍鬚的年輕男子。當時，各種體育運動仍爲人們
所崇尙，年輕的讀書人學習拳擊、擊劍和射箭，騎馬和打獵也是
他們最喜歡的消遣活動。所以體格強健乃是一個英俊男子的公認
標誌。他們被畫成身高肩寬的樣子，並且在春宮畫册中，總是把
他們的裸體畫成胸脯厚實、四肢肌肉發達的樣子。

　作爲對照，我在這裡補充了兩幅版畫，畫中的形象代表著其

295

插圖15　坐在榻上、臂枕書上的女子

297

插圖16 少年

298

插圖17　少女

後清代流行的美男美女的形象。它們是改琦（1774～1829年）的 296
作品。改琦是一位以人物和花草見長的畫家。**插圖16**中的年輕男
子是小說《紅樓夢》中的主人公寶玉⓳。他是一個文弱、削瘦的
少年，總是鬱鬱沈思。**插圖17**中的少女是《紅樓夢》中無數精雕
細刻的女子之一。在滿族佔領時期，武術被佔領者所壟斷，作爲
對此的反應，漢人，尤其是文人階層開始認爲身體鍛鍊是粗俗
的，而體育才能只應屬於「清夷」及漢族的專業拳師及雜技演
員。中國人的這種態度變化無疑是人們日益迴避愛情中肉慾的一
面，而強調多愁善感、「才子佳人」式的愛情的原因。當時的小
說講，青年男子只要讀了未曾謀面的少女寫的詩便會慾火燃燒，
只憑漂亮的書信往來和詩歌贈答，兩人便可訂立終身之約。理想
的男人被描寫成文弱書生，多愁善感，面色蒼白，雙肩窄小，大
部分時間都泡在書本和花叢之中，只要稍不如意就會病倒。而他
的女伴則被描寫成柔弱的少女，略長而削瘦的臉上總帶著一種驚
訝的神色，溜肩膀、扁平胸，臀部窄小，胳膊瘦長，一雙長而過
分纖細的手。兩者都被描寫成非常亢奮，情緒變化無常，患有各
種眞實的或想像的疾病，往往年紀輕輕就早夭。

這種理想愛人概念的變化只能在一部講清代性生活的著作中
詳加討論。這裡請讀者參看上述《紅樓夢》以及《玉嬌梨》中的許
多原始資料就足夠了⓴。儘管後面這本小書不能同《紅樓夢》相
比，但對研究當時「才子佳人」式的愛情也能提供相當多的資料
了。

明代小說中的細節描述，包括當時的繪畫和插圖，以及將在
本章末尾討論的春宮版畫，所有這些資料都會使我們對明代著裝
及不著裝的形象有充分瞭解。

男人的貼身外衣是一條寬大的褲子，頗有些像今天中國人穿 299
的褲子。冬天，他們把褲腿在腳踝處繫緊，外面紮上綁腿，夏天
則放開。然後穿一件袖子又長又寬的短上衣，外面罩以薄長袍，

用一條綢腰帶在腰上繫緊。最外面還有一件長袍，往往帶襯裡，用皮帶繫緊。官員穿的是重彩的錦緞長袍，從顏色和式樣可以看出其官階，腰帶上鑲有玉片和珠寶。頭髮盤成髻，用簪子別住。他們在屋裡屋外都戴紗帽，只在床上才摘掉。

女人也穿寬大的褲子，但最貼身的穿戴卻似乎是「抹胸」，這是一種寬大的胸罩。前面用扣子扣緊，或從後面用帶子繫在兩邊。春宮版畫可以證明，如果她們不裸體性交時，這是除襪子外的唯一穿戴。**插圖**18是仇英爲《列女傳》（見本書上98頁）畫的插圖之一，畫的是一夥女人脫衣的各個階段。從圖中可以看到，褲子是用細繩繫在腰上，上下分別披在抹胸和襪子下面。

褲子和抹胸的外面，女人還穿一件短上衣，在前面扣緊，帶緊緊箍住脖子的高領。外面再套上幾件長袖的袍子，件數和面料隨季節和社會地位的不同而不同，腰上繫帶，兩端拖在前面。這些衣服的外面通常還要罩一件短上衣，前面用帶子打成精巧的蝴蝶結。腰帶上掛著裝香料的錦囊。她們把手帕和其他一些小件的梳妝用品放在內袍寬大的袖子裡。

淫穢小說：《肉蒲團》

現在，我們必須稍微講一下淫穢小說，這是明代末年在某些範圍裡極爲流行的一種文學形式。

雖然有相當多的淫穢小說都是當時所寫，後因清代有嚴格的審查制度，它們在中國大多散佚。然而，許多書在日本卻以明代原本或抄本的形式保存下來。另外，清代有些私人藏家還密藏著一些這類書籍，故當清代末年皇室權力衰落、文禁鬆弛時，還有民國初年，尤其是在上海，這些書又被重印。

但是，有一部淫穢小說在清代就不止一次被重印，一直流傳

插圖18　正在脫衣的女子

下來，相當著名，這就是《肉蒲團》❷。該書作者是李漁（號笠翁，1611～約1680年），他是明末最著名的作家之一，同時也是戲劇家、詩人、散文作家和品評女人、賞鑑風雅的專家。

　　李漁出身於書香門第，受過良好教育。本該走上仕宦之途，但初試以外卻從未得手。他的科場蹭蹬肯定是由於他不願趨附時尚，因爲他是一個博覽群書、才華出衆的作家。他留下了一部二十八卷的雜著集《李氏一家言》。他還寫過十個劇本和兩部短篇故事集，有些劇目至今仍是中國舞台上的保留劇目。他一生風塵漂泊，一六四四年滿清入主中國，使他絕望於功名。他決定靠筆墨爲生，帶著自己戲班中的一群姑娘，逛遍了大半個中國。他和他的戲班在達官貴人和有錢的捧場人家裡很受歡迎，常常在那裡一待就是幾個星期，他讓戲班上演他寫的戲，而自己參加主人的文藝活動。他的命運變化無常，有時很富有，有時又很貧窮，甚至不得不賣掉他最得意的女演員。但他總是充滿創見，特別是對室內裝潢和園林藝術有巨大影響。他在這一領域內的創見不僅在中國獲得普遍承認，而且在日本也被普遍承認。日本的家庭建築至今仍留有其傳授的痕跡❷。

302　　　他公開承認自己是一個好色之徒，一生與許多女演員、女樂師、藝妓和其他相隨的女子發生過關係。他的作品證明，他眞心實意地（儘管常常是短暫地）關心他所歡喜的女人，費盡心思去滿足她們在心理精神和物質上的需求。他對女性特點的洞察入微也反映在他的劇本如《憐香伴》中。該劇以女子同性戀爲主題。它講的是少婦石雲箋謁廟，遇見一個漂亮聰明的姑娘，名叫語花。她們彼此傾心相愛。石雲箋向她許諾，要設法讓其丈夫納她爲妾，好使她們永遠在一起。經過種種波折，石雲箋終於如願以償了。她的丈夫也十分滿意。劇中有許多優美的詩和對話，特別是這兩個年輕女子之間的對話寫得最爲精彩。

　　李漁在《偶集》的第三節《聲容部》中，細緻地描寫了理想的

女人：她的魅力、裝束和才藝。該書有一部分是個短文集，已由林語堂譯出。（參看他的＜女人的魅力＞（On Charm in Women），見《中國批評家》*China Critic*卷七，1936年）。艾伯哈德也有譯本（參看他的文章（Die Volkommene Frau），載《東亞雜誌》*Ostasiatische Zeitschrift*1939～1940年）。這些短文是李漁的傑作，他們用行雲流水、妙趣橫生的筆調寫來，包含許多有關當時閨閣生活的有趣細節。對我們現在的研究題目來說，特別重要的是他有關性關係的作品，見《偶集》第六節。例如他在該書中說，一個男人千萬不要傷害女人的感覺，與她初次性交更要格外小心。李漁強調說，這一點毫無例外地適用於所有女人，無論她們是處女還是寡婦，是良家婦女還是娼妓。因為初次性交的意義對女人總比對男人要大。無論他們的關係能維繫多久，也無論他們同床有多麼頻繁，他在性交中總是應當儘量保持初夜交歡那種小心試探的態度。

　　然而儘管他是這樣文質彬彬，卻還是寫了一部淫穢小說。這就是《肉蒲團》。此書於十七、十八和十九世紀在中國和日本非常流行。它詳細描寫了一個年輕而多才的讀書人未央生的艷史，以及六個與他相好的女人的艷史。教主人公幹些風流勾當的是個叫賽昆侖的竊賊。由於他幹這行常常得藏在別人屋裡過夜，所以各種性知識無所不曉。未央生照他所傳授的去做，通過各種體驗，進一步豐富了自己的性經驗。故此書其實不僅涉及了所有的性習俗，而且還不厭其煩、淋漓盡致地描寫它們。下面我們將看到，當時某些享樂過度、厭倦已極的文人非常熱衷於下流描寫，而李漁則直接或間接與此類圈子有關。幸而作為一個作家，他的偉大天才使他能把這部淫穢小說編成出色的故事，使它具有縱慾會使人覺悟的寓意。因此這部小說也叫《覺後禪》。該書微妙的寓義和優雅的文風使它在中國和日本大為流行。在這兩個國家中，該書曾屢次再版[23]。

303

《肉蒲團》中的許多段落顯示出李漁對心理現象的洞察力，並且從側面有趣地反映出那個時代男女之間的曖昧關係和性習俗。在這裡，我翻譯了第三回中的一部分。

未央生娶了一個著名學者的女兒叫玉香。她的父親使她受到很好的文化教育，但家教太嚴卻使她不懂人事。她是個漂亮姑娘，但對兩性關係卻一無所知。這使費盡氣力的未央生大為掃興：

> 對他說一句調情的話，就滿面通紅，走了開去。未央生極喜日間行事，好看陰物以助淫性，有幾次扯他脫褲，他就大喊起來，卻像強姦他的一般，只得罷了。夜間行事，雖然承當，都是無可奈何的光景，典見行房的套數，只好行些中庸之道，不肯標新取異。要做隔山取火，就說犯了背夫之嫌；要做倒澆蠟燭，又說倒了夫綱之體；要搭他兩腳上肩，也費許多氣力。至於快活之時，不肯叫死叫活㉔助男子的軍威，就喚他心肝命肉，竟像啞婦一般，不肯答應。
>
> 未央生見他沒有一毫生動之趣，甚以為苦，我今只得用些淘養的工夫，變化他出來。明日就書畫鋪子中，買一幅絕巧的春宮冊子，是學士趙子昂的手筆，共有三十六幅，取唐詩上三十六宮都是春的意思，拿回去，典與玉香小姐一同翻閱，可見男女交媾這些套數，不是我創造出來，古之人先有行之者，現有程文墨卷在此，取來證驗。起初拿到之時，玉香不知裡面是什麼冊，接到手中，揭開細看，只見開卷兩頁，寫著「漢宮遺照」四個大字。玉香想，漢宮之中有許多賢妃淑媛，一定是些遺像，且看是怎生相貌。及至揭到第三頁，只見一個男子摟著一個婦人，精赤條條在假山石上行事，就不覺面紅發起性來道：「這等不祥之物，是從哪裡取來的？玷污閨閫，快叫了丫環拿去燒了。」未央生一把扯

304

305

住道：「這是一件古董，價值百金，我向朋友借來看的，你若貼得百金起，只管拿去燒。若賠不起，好好放在這邊，待我把玩一兩日，拿去還他。」玉香道：「若是沒正經的東西，看他何用？」未央生道：「若是沒正經的事，那畫工不去畫他，那收藏的人，也不肯出重價去買他了。只因是開天闢地以來第一件正經事，所以文人墨士拿來繪以丹青，裱以綾絹，賣於書畫之肆，藏於翰墨之林，使後來的人，知所取法。不然陰陽交感之理，漸漸淪沒，將來必致夫棄其妻，妻背其夫，生生之道盡絕，直弄到人無噍類而後止。我今日借來不但自己翻閱，也要使娘子知道這種道理，才好受胎懷孕，生男育女，不致為道學令尊所誤，使我夫妻後來沒有結果的意思。娘子怎麼發起惱來？」玉香道：「我未信這件勾當是正經事，若是正經事，當初立法的古人，何不教人明明白白在日間對著人做，為何在更深夜靜之時，瞞了眾人，就像做賊一般，才行這件勾當？即此觀之，可見不是正經事。」未央生笑道：「這等說來，怪不得娘子，都是你令尊不是，把你關在家中，沒有在行的女伴，對汝說說風情，所以孤陋寡聞，不曉人事。」

又說了一會兒，玉香終於同意看畫冊。未央生讓她坐在自己的腿上一起看。書中繼續寫道：

那副冊子，與別的春意不同，每一幅上，前半頁是春宮，後半頁是題跋，那題跋的話，前幾句是解釋畫上的情形，後幾句是讚畫工的好處，未央生教他存想裡面神情，將來才好摹仿。

然後書中提到五幅畫的跋語。我只翻譯第五幅畫的跋語：第　306

五幅乃雙龍鬥倦之勢

> 跋云：「婦人之頭倚於枕側，兩手貼伏，其軟如綿，男
> 子之頭又倚於婦人頸側，渾身貼伏，亦軟如綿，乃已丟之
> 後，香魂欲去，好夢將來，動極近靜之狀。但婦人雙足未
> 下，尚在男子肩臂之間，猶有一線生動之意，然竟像一對已
> 斃之人，使觀者悟其妙境，有同棺共穴之思也。」

> 玉香看到此處，不覺騷興大發，未央生又翻過一頁，正
> 要指與他看，玉香就把冊子一推，立起身來道，什麼好書，
> 看得人不自在起來，你自己看，我要去睡了。

從此，玉香漸漸變成一個淫蕩的女人。後來，未央生又開始
追別的女人，最後捲入糾紛之中。他窮愁潦倒，出家當了和尚。
寺院的住持向他解釋說，他的一切放蕩都是他達到覺悟的必經之
路。他通過「肉蒲團」而得到了解脫。

江南妓女與梅毒・江南淫穢小說：《繡榻野史》、 《株林野史》、《昭陽趣史》

現在我們必須講一下明末其他淫穢小說產生的特殊圈子，它
們也是套色春宮版畫集產生的地方。為瞭解這些地方的背景，我
們必須簡要考察一下其歷史的發展。

約公元一五五〇年，大明王朝在維持了近兩百年的強盛統治
之後，開始顯露出衰落的跡象。永樂年間（1403～1424年），明
王朝臻於極盛。當時明朝軍隊直抵蒙古和中亞腹地，並征服了南
方的鄰國，強大的中國艦隊沿爪哇和錫蘭沿岸作戰。到永樂末
年，一四二一年，永樂皇帝把首都從南京遷到北京，在北京修建

了宏偉的宮殿。它們至今仍巍然屹立。

　　然而永樂皇帝的繼承者則缺乏他所具有的強烈個性和軍事才能，他們越來越受朝內的朋黨特別是太監的影響，後者的權力與日俱增，結果正像歷史上的先例：任人唯親和普遍的腐敗。從外表看，明王朝的聲威仍不減當年，因為其簡練精悍的管理機制組織得相當有效，所以儘管中央權力正在削弱，也仍然能夠正常運行，長期不受干擾。但是這個機器的齒輪正在鬆弛，要害位置不斷被宮廷內的朋黨所把持。經濟局勢惡化，邊境線上亦遭受挫折，使帝國的邊界被蠶食。正德皇帝（1506～1521年）曾打擊過太監勢力，但嘉靖（1522～1566年）、萬曆（1573～1619年）年間，太監卻又重操大權。精明強幹的大臣在一些得力下屬的支持下，延緩了大災難的發生，但腐敗卻蔓延開來。與此同時，朝氣蓬勃的通古斯血統的民族——滿族正在滿洲裡以瀋陽為都，統一成一個軍事政權。隨著實力的增長，他們開始覬覦南方富饒的明帝國。

　　當首都遷往北京時，有些藝術家和工匠也隨之前往。但大多數人還是寧願留在南京及其周圍地區，其中包括像杭州、蘇州和揚州這類風景如畫的城市。這個地區的傳統可以追溯到宋都南遷的一一二七年。作家和藝術家們認為這裡的環境比起爾虞我詐的北京更合口味。工匠們也留戀這個地區悠久的地方傳統和有利於手工藝製作的自然資源。所以，不僅大多數大作家和大畫家留在了南方，而且許多著名的印製書畫的雕版工匠和製造書畫用絹和毛筆的匠人也留在了南方。

　　在這個泛稱「江南」的地區㉕，住著一批有錢的鄉紳，他們的財源是食鹽壟斷和大運河上活躍的交通往來。大運河連接著帝國南北，是大多數官、私船隻所必經。另外這裡還住著不少富商，包括港口城市的富商。他們是靠發達的對日貿易而大發橫財。最後，這裡還住著許多從京城卸任、見過大世面的官員。他

310

插圖19　明妓院

311

插圖20　明妓院

們希望在寧靜的環境和宜人的氣候中安度餘生。所以這些有錢人
308 都贊助作家、藝術家和手藝人。他們喜歡三日一請，五日一宴，
過得輕鬆愉快，所以這一帶的藝妓和妓女也空前發達。

南京的妓院區中最出名的是秦淮，它是因位於秦淮河畔而命
名。姑娘們多數時間是住在設備豪華的水上妓院，即畫舫之中。
船板上有歌舞助興的豪華宴會，而客人則可以在船上過夜。明代
作家余懷（1616～1696年）留下了一篇憶舊之作，描寫秦淮一帶
才貌雙絕的姑娘，題目是《板橋雜記》❷。他把這個地方稱
爲「慾界之仙都，升平之樂國」。另一部講秦淮妓女的書是潘之
恆（主要活動於約1570年）的《曲裡志》，與他同時代的曹大章
則寫了《秦淮士女表》。後者還寫過一本講北京妓院的
書，叫《燕都妓品》❷。與秦淮「畫舫」齊名的是蘇州「畫
舫」，見於無名氏所作《吳門畫舫錄》；還有揚州的「畫舫」，
見於清代作家李斗寫的取材豐富的作品《揚州畫舫錄》❷。

309 這些書使我們清楚地了解到這些妓院區對江南文化生活有巨
大影響。所有當時的著名學者、作家和藝術家都經常光顧妓院，
使藝妓的才貌水準大增。從這些環境中發展起來的幾種新的唱法
和樂器演奏法今天仍很流行。

當然，這種歡樂的生活並不是沒有陰暗面。在以前的各個時
期中，與藝妓和妓女亂交根本用不著害怕會染上致命的性病而不
可醫治。正如我們在第七章中所看到的，有幾種淋病肯定很早就
已出現。但直到明代晚期以前，這種疾病的傳播卻始終也沒有達
到令人驚恐的地步。因爲中國人有講衛生的性習慣，所以傳染的
機會大大降低。我們從明代的色情小說中知道，男女在性交前和
性交後都要清洗陰部，用瓊脂凍一類潤滑物塗在生殖器的小傷口
和擦傷處，防止感染。男人偶爾也用一種叫「陰甲」的東西把生
殖器的頭蓋住，不過這主要是爲了防止女方懷孕而不是出於衛生
方面的考慮。然而，在十六世紀初，梅毒的流行卻給這種無所顧

忌的生活投下了陰影。

　　這種可怕的性病是怎樣出現和傳播開來，從當時的一些醫書中還可以查到❷。醫師兪辨在他的《續醫說》（發表於1545年）中討論到菝葜（sarsaparilla）的藥性時說：

> 　弘治末年，民間患惡瘡，自廣東人始，吳人不識，
> 呼爲「廣瘡」。又以其形似，謂之「楊梅瘡」。

　　他精確地描述了楊梅瘡及其伴隨症狀，並說明菝葜或水銀可以減輕病人的痛苦。他的觀察被當時其他醫書中的說法所證實。有些醫書還補充了一些特殊病例的臨床病史。

　　梅毒病的第二次流行發生在約一六三〇年，詳見醫書《霉瘡秘錄》。該書出版於一六三二年，作者是醫師陳司成。所有這些材料都把這種病叫做「廣瘡」或「楊梅瘡」。至於後面這個名字，由於中國醫生清楚懂得這種傳染病主要是由性交引起，所以我想，「楊梅」的叫法不僅是由於瘡的形狀和顏色，也與梅花引起的性聯想有關，這在本書二七五頁已提到過。不過「梅」亦可按同音寫成「霉」。現在「梅毒」（日文作bai-doku）在中國和日本仍是這種病的通稱。 〔312〕

　　然而這些事實卻主要爲醫生所知，普通人只是隨隨便便把梅毒當成天花、鼠疫等一類週期性爲害全國的可怕傳染病。

　　我們在第七章中曾說過，明代小說和短篇故事提到低級妓院和裡面的同居者當時是叫「嫖」。這裡有幾段西方觀察家對這一問題的評論。葡萄牙傳教士加斯帕·達·克魯茲（Gaspar da Cruz）講到他於一五五六年到廣州時見到的情景：「普通女人（即妓女——高羅佩注）絕對不許住在城裡。而在郊區，她們也只能住在指定的、除此之外不準居住的街道上。這點與我們是完全不同的。所有普通女人都是奴隸，她們從小就是按這一目的來

培養。人們把她們從她們母親那裡買來，敎她們彈琴和唱歌。那些最善於彈唱的女孩，因為掙錢最多，價碼自然也高。而不會彈唱的女孩，價碼則較低。主人不是糟蹋她們就是把她們賣掉。一旦住進普通女人街中，就會有王朝官吏把她們登記入冊，主人每年都要照例向這些官員交錢，而妓女也要每月向主人交同樣多的錢。她們老了，還要塗脂抹粉，打扮成少女一般。等到她們幹不了這類營生時，就可以統統得到自由，再不用對主人或任何人盡義務，而靠自己的積蓄生活」❸。在另一處，加斯帕・達・克魯茲還提到墮入風塵的盲女。他說：「盲女是普通女子，有人幫助穿衣服，塗脂抹粉，並靠賣淫掙錢」❸。我在中國史料中並沒有找到能證實這點的記載，可能加斯帕・達・克魯茲是把某個特例當成了一般通例。關於他所說的妓院都在城外的情況，只適用於下等妓院。至於較高級的妓院，包括提供有女人侍酒的飯館酒樓，則全都在城裡，例如唐代京城平康裡即緊靠皇宮。

　　有關性病和下等妓院的資料只能從中國的醫書和外國觀察者留下的筆記中查到。江南的高雅藝術家和文學家完全無視這種風花雪月的生活的陰暗面，一心投入對風雅生活的狂熱崇拜。但不能否認，恰恰正是通過他們的努力，明代的風雅文化才在江南達到登峰造極❸。

　　然而，儘管通過這些孜孜不倦的努力，使人們對風雅生活的崇拜達到無以復加的地步，但有些學者、藝術家已越來越厭倦寫雕琢堆砌的詩歌，與逢場作戲的妓女調笑顯得乏味透頂，美酒佳餚也完全倒了胃口。況且，從北方斷斷續續傳來的消息也透露出明朝氣數將盡，使他們意識到這些世俗享樂全都好景不長。有些人因感於這種末世的氣氛而遁跡山林，潛心佛理和道術。而另一些人則相反，他們狂熱尋求新的刺激，更加放蕩不羈。

　　後一夥人熱衷於骯髒下流的東西，他們用街頭巷尾粗俗下流的俚語寫淫穢透頂的小說，並用艷麗的色情詩句點綴他們粗俗的

文字。他們著力描寫令人反感的性交細節，以致大段大段盡是淫猥描寫。除去書中的詩寫得很有水平，尚可寬慰的是，這些小說從不求助於性虐待和其他心理變態的過分渲染：儘管這些作者早已厭倦了這些肉慾的享樂，但他們卻從未打算用鞭笞或其他施虐或受虐的行為來刺激肉慾。

這裡我們將討論這類的小說，其中每一部各代表一種特殊的體裁。

純粹的淫穢作品是《繡榻野史》。它是南京一位有才華的年輕詩人呂天成（約1580～1620年）所寫。在明代的最後幾十年中，這部書至少出過三個版本。著名學者李贄（1527～1602年）曾為之評點，他後來以異端邪說的罪名而被處死；同樣著名的小說家馮夢龍（卒於1644年）則校訂了該書。這部小說的情節極為簡單。它講的是一個名叫姚同心的秀才。姚同心有一個漂亮妻子［原書說姚妻容貌十分醜陋，此誤──譯者］，但同時與一個叫趙大里的秀才搞同性戀。姚同心的妻子死後，他又娶了一個淫蕩的年輕姑娘金氏（做姑娘時姓金）。金氏很快就與他的朋友趙大里私通。趙的母親是個年輕寡婦叫麻氏。麻氏迷上了姚同心。小說內容全是詳細描寫四人之間的淫亂關係，凡人所能想到的，幾乎應有盡有，姚家的丫環也偶爾摻合其中。最後，金氏、麻氏和趙大里皆早夭，而姚同心也幡然悔悟，出家為僧。這部小說的唯一價值全在它的口語化風格和每回結尾的詞曲；同時，它所用的許多俚詞俗語，從語言學的觀點看也很有趣。這部小說代表了這樣一種體裁，即情節在其中只是作為一連串淫猥描寫的框架❸。

第二部小說《株林野史》，也顯然是一部淫穢作品，但它有一個按古房中書的原理而精心安排的情節。它證明產生這些小說的特定社會集團的成員仍很熟悉古房中書。這些房中書，過去曾作為健康性生活必須遵守的規定而可隨意引用，而現在卻被視為禁果，因此吸引著尋求新刺激的人們。

314

關於《株林野史》的作者，除原書本身表明他肯定屬於上述呂天成那夥人當中的一個，我們毫無所知。這部小說在清代曾兩次被列入違禁書目，但民國初年在上海再度重印。我在《秘戲圖考》一九三～一九八頁曾選輯過一些典型的段落。

這部小說共有三十二回，故事的場景被置於遙遠的古代，約為公元前六〇〇年，即所謂周代的「春秋時期」。故事講的是鄭穆公有一個美麗的女兒，名叫素娥。她正當青春妙齡，夢見一位道士向她傳授房中秘術❽。他對素娥說：「我姓花名月，在終南山修煉一千五百年成仙，道號『普化眞人』，風流生成，陽亦不洩。我還有一術，能吸精導氣，與人交媾，曲盡其歡。又能採陰補陽，卻老還少，名『素女探戰之法』。今也當敎與芳卿。」夢後，素娥開始了她的風流一生。她先勾引年輕的表弟，然後又讓他與自己的丫環荷花發生關係，把道家秘術敎給他。不久她的表弟就精竭而亡，而這兩個姑娘卻採其陽氣而變得更加漂亮。後來，素娥被嫁給鄰國的陳靈公之子。他的宅中有一座名叫「株林」的花園，素娥和她年輕的丈夫常常在其中尋歡作樂。她給休生了個兒子之後，他亦精竭而亡，臨終前把嬌妻幼子託付給大臣孔寧。素娥與孔寧及孔寧的朋友大臣儀行父又發生了性關係。為了保住自己的地位，孔寧又安排素娥與她的公公陳靈公幽會。此後，這位國君也加入了株林的淫亂，荷花在其中也扮演了重要角色。二十年後，素娥和荷花看上去仍像少女一樣年輕，而她們的情人卻日益衰老。有一天，素娥所生已經長成赳赳武夫的兒子偷聽到陳靈公和他的兩個大臣在開玩笑，問他們誰是孩子的父親。素娥之子衝進去殺了陳靈公。兩個大臣亦出走避難於敵對的楚國。楚王早已打算進攻陳國，現在靈公被殺正好給了他一個藉口。素娥的兒子陣亡，素娥本人亦被俘。孔寧和儀行父又想叫她勾引楚王，但他們卻被素娥之子的鬼魂纏住。他們還未來得及實施自己的計劃，孔寧發了瘋，殺死了自己的妻子和孩子，然後自

殺。儀行父亦自溺而結束了自己的生命。

楚國有一個大臣名叫巫臣，精通探陰補陽的房中術。有一次他碰見素娥，並馬上看出她亦精通此類秘術。他想娶她為妻，但楚王已把她嫁給一個普通士兵，而她與她的丫環荷花也分開了。然後主要是講各國的縱橫捭闔。巫臣背叛楚王而投靠了他國君主，素娥和她的丫環也歷盡風險。最後，巫臣終於成功地當上了秦國的大臣，與素娥和荷花結合在一起。這三位精通房中修煉的人都得靠年輕的夥伴來補充元氣。巫臣讓一位秦國的年輕貴族及其夫人也加入他們的淫亂活動。這樣，株林又在秦國重建，不過這一次是兩男共三女。後來有個僕人背叛了他們，並向秦君告發。秦君派兵包圍了巫臣的住宅。那位秦國貴族和他的妻子被抓，而素娥、荷花和巫臣由於吸夠了元氣，已煉就「內丹」。他們騰雲駕霧，消失在空中，成為神仙。

所以，在這部小說中，古房中書的原理已淪為一種性榨取。

這一點在我們要說的第三部小說，即《昭陽趣史》中表現得更清楚，無論《繡榻野史》還是《株林野史》都沒有插圖。但《昭陽趣史》卻有不下四八幅全頁的插圖，大多畫的是色情場面。作者署的是筆名，但此書的內容亦表明，他與上述那個圈子也有關。此書出版於一六二一年。

這部小說的主要人物是一隻雌狐，她住在一個山洞裡，為群狐之首。她修煉道術無數年，想得到長生不老丹，但還缺少能補足其陰的「元陽」（即純正的男人元氣）。因此她化為美麗的少女，降臨人間，尋找合適的男性犧牲品。她遇見一個年輕男子。這個男子其實是隻燕子，在房中修煉上也很高超，但還缺少「元陰」。他們交合時，狐狸順利地偷取了燕子的元氣。當燕子發現他的配偶原來是隻狐狸時，勃然大怒，召集眾燕與之大戰。整個仙界都被這場狐燕大戰所震動。玉皇大帝乃出面干預，把兩個肇事者貶為下界凡人，作為懲罰。他們作為一對孿生姊妹降生於漢

316

代，是一位夫人與她丈夫的孌童生下的私生子。燕子精和狐狸精長大成人，都很漂亮，經過種種曲折，進入皇宮，當上漢成帝的妃子。皇上因與這兩個蕩婦淫亂而得病，最後並因服用飛燕（燕子精）給他餵的春藥過量而喪命。故事的結尾是，她倆被再次召至玉皇大帝面前，受到嚴厲懲罰，以儆效尤。

317　　　　這部小說有三種不同的因素交織在一起。主要情節是性榨取，這是對古代道術修煉的曲解。其次是狐狸傳說的因素。正如第七章末尾所解釋，這一傳說盛行於唐代，並在明清時代得到進一步發展●。第三是以歷史的形式講漢成帝（公元前32～前7年）和趙飛燕、趙合德姊妹的愛情。趙氏姊妹原為歌女，被選入宮後很快就成了成帝的寵妃（參看《中國傳記詞典》151）。這個愛情故事的浪漫情節在唐代傳奇《趙飛燕外傳》中已有詳細描寫。

　　　　在另一書中，我收集了所有可以證明這三部小說都是在同一背景、即南京享樂過度、厭倦已極的文人圈子中產生的證據●。在該書中我還說明了大型春宮畫冊的產生也正是基於這一背景。

　　　　在進一步討論這些特殊的畫冊前，我們必須講一下中國色情藝術的歷史背景。

明代春宮畫

　　　　上文我們提到過唐代和宋代的「秘戲圖」，以及以這種畫而知名的元代畫家趙孟頫。我們還知道明末小說《肉蒲團》也描寫了出自這位畫家的春宮畫冊。

　　　　我們對明代以前春宮畫的了解是很不夠的。我本人還從來沒有見過任何比明代更早的摹本，儘管有些畫自稱是仿自唐宋原畫，但卻具有明代色情藝術的所有特點。然而文獻資料，例如上文所二〇一頁引張丑對周昉所作畫卷的描述，卻使我們瞭解到，

這些春宮畫在唐代已與房中書分離開來，房中書中原來的插圖在
這一時期或其前後似乎已經散失。故而此後春宮畫已不再僅僅是
用於指導，而且也用於娛樂。

　　由於沒有可靠的樣本流傳下來，所以很難對明代以前色情藝
術的風格和藝術價值形成判斷。有一部約一六三〇年的春宮畫冊
叫《繁華麗錦》（見下），它與古房中書仍有密切關係。集中所
畫裸體人像很小，畫得也很粗糙。如果這些畫是翻印明代以前的
春宮畫，那麼我們只能得出結論說，這種藝術是相當原始的，而
且在解剖學的細節上有錯誤。

　　因此，可供比較的史料是很少的。儘管現代史料《骨董瑣
記》記載說❼，早在漢代的古墓中就發現過帶春宮畫的畫像磚；
並說這種畫也畫在貝殼上，但我卻從未見過眞正的實物。同書還
提到明代的瓷酒杯上也飾有春宮畫。中國論述瓷器的書說，這種
酒杯特別流行於隆慶（1567～1572年）和萬曆（1573～1619年）
年間❽。一九三六年我在北京見到的實物是宣德（1426～1435
年）年間的。這些杯子的口徑只有六厘米，杯子外面所畫的是一
對裸體男女正在性交，畫技非常拙劣。

　　明代中期，較好的春宮畫並不畫裸體。當時確實有些畫較大
的、有色情場景的畫，但畫中的人物全身都穿著衣服，風格是明
代晚期仇英的那種風格。**圖版16和圖版17**也許代表的仍是明代早
期的風格。如果這些畫家們想使他們的畫帶有更明顯的挑逗性，
便會加上幾筆使其略帶淫猥意味。例如有一幅畫，畫的是一對男
女倚窗眺望園中的景色，畫家就會在樹葉上畫上一對正在交尾的
昆蟲，或在草地上畫上一對正在交尾的小動物。或者他們還會畫
一女子在刺繡，旁邊坐著她的情人，或者一男子正在拿筆在硯中
蘸墨，旁邊坐著他的情人。由於「繡」有雙重含義，一義
爲「（女子）性交」，「書」也有雙重含義，一義爲「（男子）
性交」，所以這類畫就變得很有挑逗性。在清代的色情詩文

318

中，「愛繡」一類說法或指淫婦，而「貪書」或指男人迷戀性交。

下面要談的晚明版畫中裸體畫的發展可以表明，明朝末年以前，裸體畫一直是很原始的。如果這種繪畫以前曾有過較大的發展，那麼其實物必然是在明代以前就已失傳。

319 在表現女性裸體上達到比較熟練的只有象牙雕刻藝人。兩性隔離的規定甚至使醫生也不能面對面地給女患者看病。醫生只能讓女患者把手伸出床帳給她號脈。由於按古代的中醫學，脈搏實際上可以爲診斷任何疾病提供足夠信息，所以這種檢查也就成了一個醫生所要進行的一切檢查。可是爲了更準確地向醫生解釋女患者主訴的確切位置，病人的丈夫或女性親屬可以在醫生總是隨身攜帶的牙雕裸體女像上指出這些位置。這些「醫用象牙人」一般長約十厘米，作仰臥手枕頭後狀（見**圖版18**），這些明代象牙人有的做工精巧，可以看出有很好的女性解剖學知識⑲。

明代的春宮畫通常都裝裱成橫幅手卷，或作旋風裝折疊冊頁。前者大多是男女性交的連續畫面，畫有他們的各種姿勢。這種手卷高約十吋，長十至二十呎。原紙通常不超過八吋見方。它們作二四幅一套、三六幅一套或其他數字，每套的幅數各有典故（見上304頁），並在每幅畫的後面還襯以寫著艷詩的紙頁或絹頁。無論它們的藝術價值如何，這些手卷和冊頁的主人都不惜破費加以裝幀。手卷用綾子鑲邊，古錦爲護首，最後用玉或象牙雕成的別子別緊。冊頁以木夾板或外裱古錦的硬紙板爲封。小說《金瓶梅》第十三回末尾簡短描述了小說主人公西門慶的一件春宮手卷，據說這個手卷是從內府散出。書中說：

320 　　內府鑲花綾裱，牙籤錦帶妝成。大青小綠細描金，鑲嵌十分乾淨。女賽巫山神女，男如宋玉郎君。雙雙帳內慣交鋒，解名二十四，春意動關情。

　　這些明代早期和中期的春宮手卷和册頁滿足不了明代晚期江南畫家和文人圈子中那些享樂過度、厭倦已極的人。在上述他們寫的那些淫穢小說中，他們已經極爲逼眞地描寫過女人的美麗，而現在他們想的是把她們畫成裸體，畢現其隱秘部分的魅力。他們想畫各種姿態的裸體，比當時流行的卷軸、册頁畫得更精確，也更大。然而，以前沒有作品達到這麼高的標準。中國畫進入室內繪畫已有許多世紀的歷史，但唯獨肖像畫是例外，並不取材於眞人，更不用說照裸體的活人來畫。照裸體的活人來畫，我只知道一個例子（參看上文61頁）。

　　不過，有一位江南畫家對提高裸體女人畫的水平起了帶頭作用。這就是上文已經提到的著名畫家唐寅。他以嗜好醇酒婦人而聲名狼籍，並且總是喜歡不斷調換口味。有許多關於他如何同他看中的女子開各種玩笑，並終於得到她的風流軼事❹。他是江南著名妓院的常客，寫過一部講狎妓的書叫《風流遁》❹。

　　此書似乎沒有流傳下來，但我們有唐寅編的一部淫穢故事集，叫《僧尼孽海》❹。書中有二六篇或長或短的故事，講的是寺廟中的淫亂之事，並有一些艷詞點綴其間。作爲全書開頭的詞是：

　　　　漫說僧家快樂，
　　　　僧家真個強梁。
　　　　披緇削髮下光光，
　　　　妝出憑般模樣。

　　　　上禿牽連下禿，
　　　　下光賽過上光。
　　　　禿光光禿禿光光，
　　　　才是兩頭和尚。

321

> 兩眼偷油老鼠，
> 雙拳叮血螞蟥。
> 鑽頭覓縫喚嬌娘，
> 露出佛牙本相。

> 淨土變成慾海，
> 袈裟伴著霓裳。
> 狂言地獄狠難當，
> 不怕閻王算帳⑮。

　　詞中的性含義十分明顯，無庸解釋。此書的文筆極爲出色。書中使用的性詞匯皆出自古房中書和道家內丹派的房中書，可見在唐寅及其朋友的圈子裡，這些書仍在廣泛傳閱。我特別要講的是第七個故事「西天僧」。在這個故事中，唐寅講了哈麻向元帝推薦的一位蕃僧的種種行事（見上文260頁），並逐字逐句引用《素女經》中的「九法」，描寫他們的淫亂。「九法」已在上文141～143頁翻譯過。

　　無論就藝術才能還是個人嗜好來說，沒有人比唐寅更適合於畫春宮畫。他顯然說服了他的一些情人爲他作模特兒，所以才能把大幅的裸體畫畫得維妙維肖，足以顯示唐寅的觀察力。

　　幾年以後，著名畫家仇英繼而效仿，除去畫全身著衣的戀人，也開始畫裸體男女。

　　就這樣，南京圈子裡的人們在唐寅、仇英及其弟子的畫中，找到了他們所需要的範本。但是普通的裸體畫已無法滿足他們苛刻的要求。他們想用最合適的手段，使這些裸體畫的魅力能垂之永久，因而選中了套色印刷的方法。

　　套色印刷在他們以前很久就已應用。早在唐代，人們就已用
刻有裝飾圖案的雕版印兩色或三色的詩箋。紙店也用同樣的方法
印一些拙劣的求願畫，供四時節慶張貼在牆上。明代的出版商也
使用套色印刷，他們通常用黑色印書的正文，而用紅色或藍色印
眉注。直到明末，這種中文叫做「套版」的技術才得到了充分發
展。明朝的最後二、三十年，這種技術不僅在北京和北京周圍的
北方很流行，而且在南方古都南京一帶的江南地區也很盛行。在
北方，這種印刷工業的中心是天津附近的一個村莊叫楊柳青。它
生產的主要是宗教性質的畫、逢年過節贈送親友的畫和供人貼在
牆上做點綴的吉祥畫。這是一種毫無矯揉造作之氣的大衆藝術。
由於有穩定的需求，從整個清代一直至民國，這種印刷業在楊柳
青始終興盛不衰。

　　同樣流行的套版畫在江南也有生產。但除去工匠的作品，江
南還生產由大畫家和著名文人設計的更爲精美的彩色套版畫。正
是他們，使中國的套版畫發展到登峰造極的地步。

　　這種前所未有的成就，主要應歸功於胡正言（1582～1672
年）。他是南京的一位業餘篆刻家。他印過兩種套版畫集，今天
仍被認爲是絕妙佳品。一種叫《十竹齋畫譜》，是一個印有花果
和石頭的套版畫集，每幅畫都附有一首詩⓮。另一種叫《十竹齋
箋譜》，是一部精選的帶裝飾花紋的箋紙集⓯。在這兩部畫冊
中，胡正言充分利用了套版畫所有的豐富表現手法，刀法清晰流
暢，著色細緻入微。

　　這正是業餘春宮畫的作者們夢寐以求的表現方式。由於他們
當中有些人曾爲胡正言的畫譜題詩，所以顯然這位套版畫大師與
他們是有聯繫的，而他們也無疑曾獲益於他的藝術指導。他們既
然有了正確的範本和正確的技巧，便可著手印刷春宮畫冊，使這
些畫冊質量遠勝前人，達到很高的審美要求。最早的春宮畫冊約
作於一五七〇年前後，最遲的約作於一六五〇年前後。也就是

說，這種特殊的藝術只流行了八十年。但它所達到的水準卻從未被人超過。

所有這些畫冊的形式基本上都是一樣的，它們都是用長條的紙作旋風裝折疊，每一折頁的尺寸約爲十吋見方。畫冊通常有一個帶花紋裝飾的封面，然後是序，然後才是套版畫。每幅畫對折的半頁上都附詩一首，往往繕寫精良。

畫冊編者所選用的印刷技術比普通套印技術要難得多。衆所周知，中國印刷書籍、繪畫的傳統方式與西方使用的方式截然相反。他們是把雕版面朝上放，用滾子或刷子塗墨，然後把紙平鋪其上，使之與塗墨的部分相合。著墨的多少，施力的大小，都是中國印刷工匠的訣竅，只有經過耐心的試驗和長期的實踐才能掌握。如果要印套版畫，就得在同一張紙上連續用若干塊雕版。每種顏色各用一塊雕版。印刷工匠的主要困難是如何調整各種色塊的大小，但無論怎樣操作，色塊的邊緣也總有微誤。若是普通套版畫，這種微誤倒也並不影響它的美觀。普通套版畫有一種用單色印出的「大樣」，足以概括所畫物的主要特點。先印單色的大樣，然後再印其他色塊，直到把全畫印出。即使這些色塊與大樣並不完全吻合，畫面的完整也不會被破壞。

然而，春宮畫冊的編者想完全用線描而不是以色塊來印套版畫。也就是說，沒有控制整個畫面的大樣，畫面是由錯綜複雜的線條套印而成，每種線條各有自己的顏色。因此如果版套得不準，圖樣就會完全走形，使畫面遭到破壞。但是在這類印版的雕刻和印刷上投入的大量勞動還是收到了充分的效果。這種獨特的線描技術使畫冊的印製達到一種普通線描套版技術和色塊套版技術從未達到的審美高度。顯然，畫冊的編者意識到這種線描技術將使裸體畫避免流於粗俗，並使畫中人的曲線美更爲動人。似乎在這種特殊手法形成過程的早期，就發展出一種正確的配色傳統。裸體女人的面孔、頭髮，男人的鞋帽，以及身體的輪廓，通

常都印成黑色。其次最重要的是藍色，用來印衣服的輪廓和皺
褶、家具以及畫面的框線。再次是紅色和綠色，紅色多用來印桌
椅，而衣服的圖案、席子和屛風的花邊以及花草等等，則紅綠二
色都用。最後一種是黃色，用來印雜物，如茶杯、香爐、花瓶等
等。

　　約一五七〇～一五八〇年印刷的早期春宮畫册是用四種顏
色：黑色和藍色爲主，紅色和綠色用得較少，不用黃色。最好的
畫是印於一六〇六年至一六二四年，使用了五種顏色。這些畫代
表了套色春宮畫的全盛期，它只流行了約二十年。以後，這些五
彩畫册又用廉價的單色版重印，或全爲黑色，或全爲藍色。晚期
的畫册，設計和印刷皆用單色，大多爲紅色或黑色。一六四四年
清朝建立後，這種藝術完全絕跡。畫的原件現已極爲罕見。

　　現在讓我們來簡短介紹一下這些畫册中的五種，每種代表其
發展的一個階段。

明末江南春宮畫册：《勝蓬萊》、《風流絕暢》、《鴛鴦秘譜》、《繁華麗錦》、《江南銷夏》

　　最早的畫册之一是《勝蓬萊》。它收有十五幅畫，用黑、
藍、紅、綠四種顏色印成，印於隆慶年間（1567～1572年）。在
這一畫册中，人們可以注意到，它在描繪裸體人物時非常遮遮掩
掩，在大多數畫中，男女都還穿著一些衣服，只有臀部和生殖器
露在外面。人體的比例也不正確，一般上身與腿相比太短。書法
和附詩也很平庸。

　　此後數十年中，**繪畫的水平迅速提高**，畫册《風流絕暢》可
以證明這一點。該畫册收有二四幅畫，出版於一六〇六年。畫册

中的裸體畫得很精美，姿態也往往比較複雜。據序言說，這些畫是唐寅的作品，他的繪畫風格很容易辨認。

這裡我把畫冊的序言翻譯如下：

325
> 不佞非登徒子流**⑯**，何敢語好色事。丙午春讀書萬花樓中，云閒友人持唐伯虎先生《競春圖卷》來，把弄無倦。時華南美蔭主人至，謂不佞曰：「《春意》一書，坊刊不下數十種，未有如是之精異入神者，俊麗盛滿，亦曲盡矣。」因覓名繪手臨之，仍廣爲二十四勢。中原詞人墨客，爭相詠次於左，易其名曰《風流絕暢》，付之美剞劂。中秋始落成，苦心煩思，殆非一日也。不佞強之印行於世，以公海內好事君子。至若工拙，或與尋常稍有所差別耳，惟賞鑑者自辨云。
>
> 東海病鶴居士書
> 新安黃一明鐫
>
> ——《秘戲圖考》141頁［此是卷二頁碼——譯者］

我不知道這篇序言中的號是誰，也不知後面的署名是誰。雕刻這套印版的藝術家黃一明，是安微歙縣著名木刻世家黃氏家族中的一員。

圖版19是這部畫冊中的第七幅圖，畫中可見一個戴官帽的年輕學者夜裡正在書房的窗前打盹。他顯然已經伏在書上睡著了。他的情人站在他身後，手放在他的肩上。左邊是一個大青銅燭台，桌上有一小香爐、一花瓶和一茶杯，在後面的折疊屏風上畫著一幅山水畫。畫頁反面的詩是：

《喚莊生》

花暖香銷夜，

晝窗睡足時。

獨來應有意，

未去豈無私。

俯背情知重，

推身事亦奇。

喚醒蝴蝶夢，

山頭乘彩鳳。

恨殺那人兒，

魂飛身不動。

——《秘戲圖考》144頁12行〔此是卷二頁碼——譯者〕

　　這首詩的題目和第六行詩〔譯文第六行，中文原文為第七行　　326
——譯者〕，是出自周代哲學家莊子的一個著名典故。《莊子》第
二篇結尾云：「昔者莊周夢爲蝴蝶，栩栩然蝴蝶也，自喻適志
與！不知周也。俄然覺，則蘧蘧然周也。不知周之夢爲蝴蝶與，
蝴蝶之夢爲周與？」〔見《莊子·齊物論》——譯者〕。第七行〔中
文原文為第八行——譯者〕是用音樂家蕭史的典故，上文一一○頁
已提到。顯然，它是指這個女人猜疑她的情人正在夢中想著另一
個女人。

　　這一畫冊的第二十幅圖（見圖版20），畫的是「雲散雨收」
後的心境。男人和女人剛剛下床，正在穿衣。女人正在繫裙帶。
裙子是用很淡的黃色印成，因此在圖版上看不出來。男人拿著她
的外衣，正準備幫她穿上。床席的圖案織成卍字形，爲傳統式
樣。右面是一張桌子，上面有一古銅花瓶和一七弦琴。特別值得
注意的是重彩綿緞的床帳。附詩云：

《春睡起》

雲收巫峽中，

雨過香閨裡。

無限嬌痴若箇知，

渾宜初浴溫泉渚。

漫結繡裙兒，

似嗔人喚起。

輕盈倦體不勝衣，

杏子單衫懶自提。

春山低翠悄窺郎，

朦朧猶自憶佳期。

　　　　　——《秘戲圖考》148頁8行［此是卷二頁碼——譯者］

　　關於「雲雨」和「巫山」的性含義，見上文三八頁。第四行是指楊貴妃與皇帝在溫泉洗澡，見上文一九一頁所述。

　　遺憾的是，這兩幅畫是唯一適合發表在準備廣泛流傳的書籍上。不過，它們或許已經足以使讀者對這類畫的藝術水準有一大概瞭解。

　　這裡所要討論的第三種畫冊代表了套色春宮畫的頂峰。它的題名是《鴛鴦秘譜》，出版於一六二四年。它至少收有三十幅
327　畫，用五色印成，每幅畫都配有繕寫精良的詩。可惜的是這些畫和詩無一適合發表。不過我翻譯了它的序，序中包含了許多信息：

　　《易》曰：「男女構精，萬物化生。」至哉斯言也。奈何世人不能懲懲，竟以此為歡娛之地，而使生我之門，為死我之戶。噫！

　　趙翰林為十二釵暨六如六奇、十洲十榮等圖。其亦欲挽

末流之溺耶？空空子爲陳欲集，溺者其幾於振乎？

　　好事者大蒐諸集，得當意者次列如左，命之曰《錦春圖
》，僅三十局，庶乎不濫竽自恥也。至若態度之精研，毫髮
之工緻，又已饒之矣。

　　且也悟真者披圖而閱之，導欲以懲懲，生生不息，化化
無窮，豈徒愉心志、悅耳目而已哉！故曰：滿懷都是春，捨
茲其奚辭。

　　天啓四年歲次甲子牡丹軒主人題

　　關於空空子的書，我們無法知道更詳細的情況。顯然編者先
給這個畫册起名叫《錦春圖》，後來才改叫《鴛鴦秘譜》。重要的
是序文提到三種春宮手卷和它們的題目，以及它們是出自趙孟
頫、唐寅、仇英之手。看來，「而使生我之門，爲死我之戶」的
比喩，在當時是很流行的。在上文二八八頁，我們從《金瓶梅》
的序言中也見過這一比喩。

　　上述三種畫册，沒有一種與古房中書和道家內丹派的房中書
有直接關係。不過，現在我們要講的一種畫册，卻是道道地地的
插圖本道書，並有有趣的附詩。

　　這部道家春宮畫册的題目是《繁華麗錦》。它由四部分組
成，出版於約一六三〇年。第一部分的題目是《修術養身》。這
是道書《修眞演義》的改寫本。該書在本章開頭已充分討論。第 328
二部分的題目是《風花雪月》，內有十四幅性交圖，每幅畫都附
有兩首詩，第一首是曲，第二首是七言律詩。第三部分叫《雲情
雨意》，畫有三十六種不同姿勢，與前面的部分一樣，每幅畫皆
附有兩首解釋畫意的詩。最後，第四部分的題目是《異風夷
俗》，畫有十二種姿勢，亦有附詩。

　　正如上文泛論色情藝術時所說，這一畫册的裸體畫得比其他
畫册要小得多，畫得也很拙劣。並非沒有可能，此畫册在許多世

紀裡屢經傳寫，是對插圖本唐代內丹派房中書所做的一種相當晚
出的釋義。當然附詩是例外，顯然為明代編者所加。雖然從藝術
的觀點看，此畫册毫無可取，但從歷史的角度看卻很重要。不
過，在沒有掌握更多類似資料之前，這一問題還不能最後定論。

這一畫册的有些曲寫得相當好。由於語言幾乎是純粹的口
語，所以具有一種率真之情，使它自有一種特殊的魅力。茲譯一
首如下：

> 想起嬌佳，
>
> 寬褪春衫病轉加。
>
> 想著你腰肢似柳，
>
> 氣味如蘭，
>
> 顏色如花。
>
> 並無半點一毫差，
>
> 教人日夜心牽掛，
>
> 幾時同得醉流霞。
>
> 春宵一刻，
>
> 千金價。

——《秘戲圖考》卷一，200頁

這裡我們要討論的第五個，也是最後一個畫册，只有圖，沒
有文字。它的題目是《江南銷夏》，用單一的棕紅色印成。這是
我們所知明代套色春宮版畫中最晚的標本，年代大約在一六四〇
〜一六五〇年之間。

這一畫册設計水平極高，裸體畫得細膩準確。畫家對人物周
圍的環境也十分用心，特別值得注意的是其所畫精美的黑檀雕花
家具。不過，有幾幅畫顯得遮遮掩掩，標誌著它們是頹廢藝術的
作品。其他的畫，除去赤裸裸的逼真寫實之外，還顯出一種率

329

眞，使其免於淫猥。但江南畫册代表了一種旋即衰敗的藝術，代表了套色春宮版畫的最後階段。也許，這種藝術在它應該結束的時候而結束，乃是最好不過。它日益被一種遮遮掩掩的淫猥氣氛所主宰，這很難用它的高超藝術水平來補償。

關於南京圈子中產生的上述畫册和其他春宮畫册，其詳細說明和所附足以代表其各個發展階段的樣品圖，讀者可參看《秘戲圖考》卷一第二部分。這裡我只能做些泛泛的討論。

值得注意的是，畫中看不到鞭笞或其他任何虐待狂和被虐待狂的行爲。同樣有趣的是，它們也從未提到過男子同性戀。再者，如上所見，由於這些畫册的倡導者對其淫穢小說描寫排糞尿狂的細節津津樂道，所以此類因素在這些畫册中的缺少就顯得十分突出。他們對繪畫的審美判斷使他們不會把套色春宮版畫與不合審美趣味的東西攪在一起。

男女的裸體都以寫實的風格來畫，符合正常的解剖學比例。例如，沒有一幅畫像較早和較晚的日本春宮畫那樣，把男性生殖器畫得特別大。男性裸體都體格魁梧，肩寬頸粗，肌肉發達。男性生殖器總是畫成包皮翻起，龜頭外露，陰毛稀少，只蓋住生殖器周圍一小片。女性裸體是以豐滿的臀部和大腿爲特點，但胳膊細腿短。她們都有碩大的乳房，但並不偏愛某種樣式的乳房。有些是像西方古典繪畫中的那種堅挺、滾圓的乳房，有些是尖而下垂的乳房。特別典型的是，充分發育的陰阜與圓圓的小腹是分開的。陰毛稀少，只有一小片，大部分只在陰戶上方。如果畫出陰蒂，則畫得很小。男人和女人都腋毛稀少。

至於畫技，可以注意的是它把面部表情畫得很好，比如表現性高潮時的情緒，就極爲逼眞。雖然在一般的裸體畫法上稍有不同，但許多細部卻證明存在著一種固定的程式。如長期沿用的畫頭和手的嫻熟技巧，把嘴畫成V字形，下面有一點（參看**圖版19**和20），或在側面畫成V字型；肚臍的形狀則畫成像是字母A，

330

等等。在套版畫中，裸體是用黑色勾輪廓，只是偶爾才用紅色印生殖器。

　　爲了便於性學家作研究，我把這些畫裡所表現的性習慣列表如下。它是根據我所寓目的十二部當時的春宮畫册，共包括約三百幅套版畫。百分比爲每一類的出現頻率。

25%	正常體位，女雙腿分開，或勾住男腰，或把腳搭在男肩上。男臥女上，或極少數跪在女大腿間。
20%	女上位，騎或蹲伏男上，臉相對或頭足相對。
15%	女把腿倚在椅、凳或桌上，而男立其前。
10%	男自後挿入，女跪其前。
10%	肛門交（introitus per anum），男立，女斜倚高桌上，有一幅爲男坐板凳上，女坐男膝上，背對男。
5%	男女面對面側臥。
5%	男女蹲坐合歡，或女坐男盤起的雙腿上，在澡盆裡或圓墊上。
5%	給女口交（cunnilinctio）。
3%	給男口交（penilinctio）。
1%	反常體位，如一男與兩個或兩個以上的女人性交；一般所謂的「69」式；女來回搖擺…等等。
1%	女子同性戀。

　　還可補充的是，僅有約一半的畫是畫一對男女，而另一半畫畫的是有一個或更多的女人在場陪伴，觀察或輔助他們。

　　我想，性學家會同意上表是健康性習慣的良好記錄。特別是如果考慮到，在春宮畫上，設計者盡可充分表達其願望和發揮其想像，就更是如此。何況此表反映的性習慣還是在中國社會和文化正經歷著過度發展的階段，這時的道德標準正處於低潮。

　　儘管晚明套色春宮版畫數量不多，流行有限，但它們卻以高

332

插圖21　床架

超的質量對中國國內和國外的色情藝術產生了巨大影響。清代，
這些套版畫被當作中國春宮畫的範本。在約一七〇〇年中國南方
的書籍插圖中（見**插圖21**），以及北方天津附近套版畫中心楊柳
靑於一七〇〇～一八〇〇年生產的版畫中，其影響尤爲突出❻。
它們的構圖風格甚至從十九世紀和二十世紀中國港口城市出售的
低劣粗俗的淫穢圖畫中亦可辨認出來。顯然，在清代的頭幾十年
裡，明代的春宮畫册曾是秘密流傳，並且後來屢經複製。現在，
原本的明代套色春宮畫已成鳳毛麟角，僅有大約二十部左右，一
部分在中國，一部分在日本。

　　由於寧波和其他明代對日貿易的中心地處江南，所以春宮畫
册一經出版，很快就流傳到日本這個島國。在日本，元祿年
間（1688～1703年），日本出版商熱心研究和複製了這些版畫。
日本著名的版畫大師菱川師宜甚至用單色版出版了全本《風流絕
暢》的日文改寫本。這一本子的第一頁和圖20重印於澀井淸
的《元祿古版畫集英》的第一部分中（東京1926年）。甚至在晚
期浮世繪的版畫中，在技術細節上亦可見出中國春宮畫册的影
響，例如手和臉的畫法，特別是把嘴畫成水平的V字型。

　　因此，這些畫册本來是供一小夥享樂過度、厭倦已極的文人
取樂，記錄他們「風花雪月」、歡樂一時的生活。但即使在江南
齊梁繁華的末世社會被滿族征服掃蕩之後，它們仍然長存於世。
儘管這些套版畫公開描寫肉慾橫流的東西，但卻以其細膩的表達
和優雅的魅力而被人們列入色情藝術的珍品之中。

中國性觀念的最後標本

　　以上我們用較多筆墨描述了江南的色情文學和套色春宮版
畫，因爲在隨後的幾個世紀裡，再不曾展現過如此完整而坦露無

遺的性生活畫卷。況且，這幅畫卷的背景乃是代表著傳統中國文化處於頂峰狀態的環境。

江南地區的這些材料再次強調了決定中國古代性觀念的基本概念，即對人類繁衍的各個方面，從肉體結合的生理細節直到以這種肉體結合爲證的最高尙的精神之愛，無不可以欣然接受。由於把人類看作天地造化的仿製品，所以性交受到人們的敬仰，從不與道德上的罪惡感拉扯在一起。天地本身就尊崇肉慾，從不視之爲惡。例如，人們認爲雨水撒入田地和精子在子宮著床，富饒而潮濕的土地便於播種和女人濕潤的陰道便於性交，二者本沒有什麼區別。此外，在陰陽兩極的觀念中，女人注定位置次於男人，但是這個次要地位正像地次於天，月次於日一樣。她的生物功能並沒有什麼罪惡，反之，倒使她成爲生命之門。

至於那些寧願視女人爲死亡之門的江南男子，儘管他們棄天道而不顧，但他們棄絕淫慾不正暴露出他們希望未泯，還想通過「肉蒲團」上的禪悟以達到最後解脫嗎？甚至在當時最拙劣的淫穢作品中，字裡行間亦流露出一種渴望，竭力想保留和維持那已輕易拋棄和深惡痛絕的東西。最後，極端好色還導致了它與極端神秘主義合流，二者只靠「生死之間的一層薄紗」相隔。

上文說江南史料爲現代研究者全面了解尙未受到壓抑的中國性生活提供了最後一個機會。隨著明帝國的崩潰，這些情男慾女的尋歡作樂便銷聲匿跡，歡樂的氣氛也煙消雲散，性已日益成爲一種負擔，而不是快樂。一六四四年滿族征服中國後，中國人退而自守，他們把自己的家庭生活和思想弄得壁壘森嚴，竭力想在其政治獨立喪失之後，至少能維持其精神和文化的獨立。他們的確成功地把異族征服者拒之於自己的私生活大門之外。但這樣做的同時，他們是不是也把危險的東西關在了自己的門內，這個問題還是留給清代性生活的研究者去解決吧。

334

明朝的滅亡

　　明朝的滅亡應了中國的一句老話，即「美女傾國」。兩位明朝大將本來可以聯合起來共同阻止即將來臨的滿族征服，但他們卻爲了一個妾而爭吵失和。

　　北京的腐敗朝廷的營私舞弊，橫征暴斂，使得哀鴻遍野，怨聲載道，特別是在西北地區。一六四○年，民間的英雄李自成（1606～1645年）（《中國傳記詞典》，1226）在陝西揭竿而起。他是一個傑出的戰略家，很快就集合起一支強大的軍隊，挺進北京，許多不滿的軍官紛紛投到他的麾下。明代最精銳的軍隊在著名將領吳三桂（1612～1678年）（《中國傳記詞典》，2342）統帥下，正遠在北邊駐守，阻止即將來臨的滿族軍隊的入侵。所以朝廷調不出足夠的軍隊阻擋李自成的猛攻。一六四四年，李自成攻佔北京，明朝的最後一位皇帝自殺。李自成宣告自己爲新王朝的皇帝。

　　然而，在李自成佔領北京期間，吳三桂的父親被殺，寵妾也被李自成收入後宮。李自成拒絕把這個美女歸還給吳三桂，因此吳三桂乃斷然聯合滿族驅逐李自成。李自成被吳三桂和清人組成的軍隊擊敗，被迫逃離北京，並被殺死。

　　一旦進入中國，滿族人很快就在這個分裂的國家中佔了上風。他們沒打幾仗就入主中國北方，並把首都從瀋陽南遷北京，以便從這裡擊潰南方的頑強抵抗。當滿族軍隊開始在南方與忠於明朝的將領作戰時，滿族在北京的攝政王多爾袞（1612～1650年）與吳三桂，以及中國的謀臣洪承疇（1593～1665年）、陳銘夏（1603～1654年）等，一起制定了有關佔領地區滿漢關係的規定。規定禁止滿漢通婚。這一法令在整個清代一直行之有效，直

到一九〇五年才被慈禧太后撤銷。規定還指令漢族男子要穿滿族
服裝，剃頭留辮；而漢族女子的服裝和習慣則聽其自便。另一方
面，滿族女子亦不得穿漢族服裝或採用漢族纏足的習俗。由於沒
有這種美人的標誌，滿族婦女感到很懊喪，她們找到一個辦法，
就是穿木屐。因爲木屐底部有著漢族三寸金蓮小腳的形狀。

335

中國人又一次面臨長期的異族佔領，因而又極爲嚴格地把儒
家的兩性隔離原則重新搬了出來。由於決心至少使他們的私生活
不受滿族人的干預凡與性關係有關的東西和閨閣中事都成了嚴格
的禁忌。漢族官員勸本來很少有性禁忌的滿族主人把明代和明代
以前的色情書畫列爲禁書。沒有多久，滿族統治者在這方面甚至
比漢族人變得還要謹小愼微。這樣一來，便發展出一種唯恐洩露
其性關係的變態心理。這種恐懼症在過去四百年間始終是中國人
性觀念的特點。

滿族軍隊逐漸征服了中國南方，因而開始了清朝對中國的統
治，這種統治一直持續到一九一二年〔應作1911年，此誤──譯
者〕國民革命爆發爲止。

隨著清朝於一六四四年的建立，我們的綜述也該就此收筆。

中國文化的生命力

每當人們從中國的歷史背景來研究中國問題時，都會對兩個
突出特點感到震驚：中華民族驚人的恢復力和中國文化的強大內
聚力。在兩千多年的歷史中，人們一再看到，異族局部或全部佔
領下的中國或四分五裂的中國彷彿一夜之間就恢復了過來，在極
短的時間內就又變成具有同一文化的、統一的獨立國家。

這一現象使外國觀察者頗感驚異，但卻從不會使中國人驚
奇，他們認爲這是理所當然。中國人從不相信皇帝和他們的王朝

是長存永駐的，因為它們的命數大小全得看「上天下民」對它的要求如何。但他們過去和現在都毫不動搖地相信，他們的民族和文化是永存的。千百年來對皇上的頌詞「萬歲」並不用於神，而是用於人，用以指某一特定時期象徵其種族和文化的「萬民之主」。中國人有意把尊崇皇帝看作尊崇中國本身，看作是尊崇他們的民族和文化。在他們看來，只有民族和文化才配享其名，只有文明才會萬世長存。

336　　那些把中國文明定義為靜態的人，倘若只是說它的基本原則是靜態的，還可接受。中國人的生活觀是以在自然力的和諧之中生活這一概念為基礎，這種觀念在許多世紀中確實一成不變地延續了下來。但因為它的基礎確實是靜態的，所以一旦需要，中國人儘可以在上層建築中劇烈地改變其自身，或者承受由外族力量造成的劇烈變化。因此，這種基本上是靜態的文明實際上又是一種極為動態的文明。

　　無論在比較古老的時期還是比較晚近的時期，中國都對異族的影響做出過讓步。他們已意識到（儘管不情願）異族的文明確實有其可以吸收借鑑的地方，而且只要他們決心去做，也完全有這種能力。因為中國人相信更新，只要它本質上是自我更新；他們也相信成長，甚至包括剪枝和嫁接，只要大樹本身不受絲毫影響。他們願意接受外來影響，如果必要，甚至可以接受暫時的異族統治，因為他們對自己血統和數量上的實力信心十足，堅信自己無論在物質領域，還是精神領域，最終總會戰勝征服者。

　　歷史的進程似乎也證實了這種極端自信。其他的偉大文明均已衰亡，而中國的文明卻依然存在；其他的種族均已消失、流散或失去政治上的認同，而中國人卻生存下來，不斷繁衍，在種族與政治上可以認同。

　　歷史學家必須分析這種現象，研究這種現象背後的政治、經濟、社會和道德因素。可是在這樣做的時候，我們卻必須明白，

我們並不能洞悉文明成長與衰亡的終極原因，正如我們永遠不知道個人生死的終極原因一樣。

　　然而，就中國而論，對中國性關係即其生命的主要動機進行歷史考察，卻使我們相信，男女之間的精心調節（這點早在紀元初就在中國受到研究）是中國種族和文化長期綿延的原因。因為看來正是這種造成勃勃生機的平衡使中華民族從遠古一直延續至今，並不斷更新。

註　釋

❶楊朱和墨翟是著名儒家代表人物孟子（公元前371～前289年）的樹立派。

❷參看C.R. Boxer *South China in the Sixteenth Century*（Hakluyt Society. 2nd series no. CVI，London 1953），p.149-150。

❸C.R. Boxer p.282-283。

❹參看*China in the Sixteenth Century, the Journals of Matthew Ricci*（Louis J. Gallagher S. J.譯自拉丁文，New York 1953）p.95。

❺典型的例子是短篇小說《鴛鴦絲》〔即《醒世恆言》卷十五《郝大卿遺恨鴛鴦絲》——譯者〕。它出自明代小說集《醒世恆言》，出版於一六二七年，為多產作家馮夢龍所作。H. Acton和Lee Yi-hsieh的譯文見*Four Cautionary Tales*（London　1947）。本書還有一個特殊的插圖本，書名為*Glue and Lacquer*，儘管它的圖版藝術水平很高，卻使人對中國的裝束、習慣和內心造成完全的誤解。

❻晚明春宮畫冊《花營錦陣》（參看《祕戲圖考》卷一209頁）的序也是用同一種方式寫成，它完全是用經書裡的句子寫成。似乎淫穢文學的編者特別喜歡用儒經和佛經來描寫淫穢的東西。值得注意的是，在日本也有同一傾向。在日本有一部晚明中篇淫穢小說叫《痴婆子傳》，是一八九一年在京都用古活字版重印，保存於圓鏡寺，該寺就是印佛經的地方。把淫穢與神聖結合在一起似乎是一種青春期的特點，但人們恐怕很難把中國的和日本的文明叫做青春期的文明。無疑性學家們將會對這一現象做出正確的解釋。

❼參看R. T. Dickinson「人類性解剖學」（Baltimore 1933）p.42：「一般說，女性外生殖器的位置差異很大，陰門可能靠前也可能靠後，因此性交時的難易程度自然也不同。人們常常斷定這些差異是不同種族的特點。陰門靠後屬於近似原始種族的早期發育形式，尤其是東方人。」但這裡的

中文引文卻證明，陰門靠後僅僅是個體的特徵，而不是種族的特徵。我可以補充的是，與中國文獻的說法一樣，日語也區分出同樣的三種位置。近代東京俚語稱之為jō-hin（上品）， chū-hin（中品）和ge-hin（下品）；hin是shina（人品），這個字的誤讀，shina用來表示它的特殊色情意味。按照正常讀法，jō-hin的意思是「雅」，ge-hin的意思是「俗」，chū-hin則非雅非俗。

❽我在《秘戲圖考》卷一126頁譯文中沒有提到這一點。

❾參看 *CPM* vol. Ⅱ， p.157。在該書中這一專有名詞和「封臍膏」及「勉（緬）鈴」一般叫做「一弄兒淫器」。

❿《香艷叢書》第九集卷一重印了一篇奇文叫《溫柔鄉記》。它對「三峰」有長篇描寫，作者為梁國正，寫作日期不詳。「溫柔」是個文學用語，在清代多用於指肉慾之愛。此文是以地理學的形式研究女性身體，作者把女性身體寫成他所遊歷的某個國度，詳細描述了他所經歷的種種樂趣和危險。其中用來表示女性身體的各種解剖學部位的術語是從道家講煉內丹的書中借用，三峰在其中很重要。

⓫古書把男精看作白鉛。參看上文83頁。

⓬此書附有大量注釋，重印於一部名叫《美化文學名著叢刊》中。它是一部相當出色的近代叢書，其中收有許多有關愛情和風雅生活的作品，僅一卷，朱劍芒一九三六年出版於上海。

⓭關於蛤蚧（ phrynosoma sp.），許多文獻都有記載，顯然，人們相信其精力極其旺盛，是出自這樣一個事實，即蛤蚧交配時，即使被人捉住，也不會鬆開。人們把活蛤蚧放在酒壇裡， 擱上一年左右，然後把這種酒當春藥賣。

⓮G. Schlegel（ *Le Vendeur d'huile gui seul possède la Reine-de-Beaut'e, ou Splendeurs et Miseres des Courtizanes chinoises* ）（ Leyden and Paris 1877）。其中有一篇描寫一八六一年對廣東花船的採訪，並附有重印的中文原文。

⓯Edgerton的譯本見本書「書名簡稱索引」中的*CPM*條下。

⓰至少我不記得在梵文文獻中有這類記載，而R. Schmidt在*Bei-träge zur Indischen Erotik*中也没有提到過這些。我在H. Licht的*Sexual life in Ancient Greece*（London 1956）和他論述更爲詳細的著作*Sittengeschichte Griechenlands*（3 vls. Zürich 1928）中也都没有發現這類記載。儘管拉丁文獻曾反覆提到過它，有時把它當作使新娘在初次性交時免遭疼痛的一種權宜之計（Seneca *Contror* Ⅱ：「新婚夫婦若想減輕初夜的痛苦，即採取此法」；Martialis的著作XI，LXXVII：「肛門交是新娘爲了免於破身的痛苦而送給丈夫的贖禮」），有時把它作爲一種淫蕩的風俗（Martialis的著作XI，XLⅣ「Parce tuis igiture dare macula nomina rebus, teque puta cunnos uxor habere duos,」，同書XI，CⅣ：「pedicare negas, dabat hoc Cornelia Graccho」，等-），但Kiefer的*Sexual life in Ancient Rome*（London 1953）也没有提到過這種行爲。在閃族人當中，這種行爲也廣爲人知，常被人們引用的是*Romans* I-26，並且在較晚的阿拉伯人講愛情的書中也常提到它。

⓱參看上文162頁提到的F. Kuhn的德文譯本。

⓲Pan Tze-yen的*The Reminiscences of Tung Hsiaowan*，商務印書館，上海，一九三一年。譯本中附有中文原文。關於文人圈子中的愛情，我們還可舉出其他三部作品，儘管它們寫於清代，因此與此書描寫的氣圍不同。首先是著名風俗小說《紅樓夢》，有Wang Chi-chen的英文節譯本*The Dream of the Red Chamber*（London & New York 1929）. Bancroft Joly曾寫過一個更完整的譯本，但未完成（2卷，題目是*Dream of the Red Chamber* Hong Kong 1892）。到目前爲止，節略最少的譯本是F. Kuhn的德文本*Der Traum der Roten Kammer*（Insel Verlag, Leipzig，出版日期不詳），它大約譯出了這部長篇巨帙的三分之二，該譯本的英文版有Routledge & Kegan Paul所譯的*The Dream of the Red Chamber*（London 1959）. 其次是《浮生六記》。這是一個不大出名的清代畫家和詩人沈復（1763-1820年）的生平記述，是寫他早夭的妻子陳芸

等，Lin Yü-t'ang（林語堂）的譯文見*T'ien Hsia Monthly* vol.1（Hong Kong 1935）。還有《秋燈瑣記》，爲清代學者蔣坦對其愛妾秋芙的回憶。Lin Yü-t'ang（林語堂）在他的*The Importance of Living*（New York 1938）ch.10「Two Chinese Ladies」中曾翻譯過它的若干片斷。這三部著作的中文原文及詳細註釋見上286頁註［12］提到的朱創芒所編的叢書。

⑲見上條。

⑳《玉嬌梨》早在一八二六年就由Abel Rémusat以*Les Deux Cousines*爲題譯成法文。十九世紀下半葉，該書以其人物描寫的「考究」和最後同時與兩個情人結婚的情節而馳名於西方文學界。一八六四年Stanislas Julien發表了一個類似的譯本，隨後英文、荷蘭文和德文的譯本也相繼問世。《玉嬌梨》算不上一部偉大的小説，但它是這類作品的一個很好的典型。況且，其第十四回還有心理學的意義，因爲，主人公蘇友白愛上了女扮男裝的盧夢梨，他的一見鍾情明顯暴露出一種同性戀的傾向。

㉑在《秘戲圖考》和其他地方，我把這個題目錯譯爲*Human Coverlets*。「蒲團」除指床單，還指放在地板上的坐墊（日語叫「za-buton」），小説第二回，長老爲未央生所誦的偈語清楚地表明，這種平平的圓墊在這裡是供僧侶打坐的東西。

㉒參看拙作*Chinese Pictorial Art as viewed by the connoisseur* p.257 sq中對李漁藝術活動的詳細討論（*Serie Orientale Roma* Vol. XIX Rome 1958）。

㉓最好的中文版本是無名氏於一九四三年在北京出版的本子。它是色情叢書《寫春圖叢書》的一部分，但插圖畫得很糟。一九五九年，孜孜不倦的中國小説翻譯家Franz Kuhn博士發表了這部小説的德文全譯本，題目是*Jou Pu Tuan, ein erotisch-moralischer Roman aus der Ming-Zeit*（-1634）（Verlag Die Waage, Zurich）。

㉔日本社會學家宮武外骨發表過一篇短文，論述女人在達到性高潮時的叫喊。他證明這種叫喊幾乎總是提到死，因此給自己的文章起名爲《寂滅爲

樂考》（東京，出版日期不詳）。

　　另外還可參看A. A. Brill的 *Lectures on Psychoanalytic Psychiatry*（New York 1955）p.290：「那些對自然有興趣的人一向懂得生死的密切關係並描述它們。埃利斯（Havelock Ellis）說：『確實正如一向所說，對自然界的大部分東西來說，愛與死都只隔有一層薄紗。』在她受孕和懷孕的過程中，女性再現了或重新說出了她記憶中的女性崇拜時代的ecphoriates經驗，那時性交乃是終結點上的開始，而當它開始了，也就是說，死亡即將來臨。我經常聽男人們說，性交時，特別是在達到高潮時，有些女人會大喊：『啊，我要死了』或『你殺死我了』或『殺死我吧』，而她們冷靜下來時卻不能解釋這些話。我們難道不能把這種神秘的喊叫看作是對某種確實存在於比如說古生代，或在某些生物體中仍可見到的狀況的回憶嗎？」

　　還可補充的是，在古代中國有這樣的風俗，當兒子把新娘娶回他父親的家中，三日之內不得舉樂，這是因為「思嗣親也」。參看《禮記‧曾子問》卷一第二十頁及上文79頁。這種風俗亦可從生育和死亡的接近來加以解釋，儘管人們也許會認為它是「殺父繼承」的遠古時代的追憶，在周代文獻中仍留有這種痕跡。

㉕在唐代，江南是一個道的名字，大體轄有江蘇南部、浙江、福建、江西和湖南南部。不過，此後它多半也是指這一地區。

㉖重印於《香艷叢書》和其他叢書中。

㉗這三篇東西見《說郛》續卷四四。

㉘除上述北京、南京和江南城市中的妓院區，廣州和汕頭花船上的妓院也很有名。還在唐代，廣州就已是海外貿易的重鎮，擁有許多亞洲僑民，特別是許多阿拉伯人曾在當地定居。到明代，廣州成了東南亞的一大商業中心，因此夜生活非常繁榮。廣州的妓女和藝妓屬於一種特殊的少數民族，即所謂蜑家，也叫蜑戶。蜑家是華南土著的後裔，被驅趕到沿海，以捕魚，特別是採珠為生。他們受到各種身份限制，如不得與漢族通婚，不得在岸上定居。他們說一種特殊的方言，而且他們的女人從不纏足。這種女

人爲廣州珠江上停泊的成千上萬的花船提供了大量妓女。G. Schlegel以他在廣州觀察到的材料爲主發表過一篇論中國妓女的文章（ *Histoire de la Prostitution en Chine Rouen 1880* ）；這是根據用荷蘭文寫成的原文Iets over de Prostitutie in China（ Batavia 1866譯出 ）。儘管此文過分強調這一問題的陰暗面，歷史的部分也流於空泛的議論，但它至少有個優點，就是主要根據爲實際的觀察。同樣有名的是汕頭的「花船」，即「六篷船」或「綠篷船」。清代詩人和官吏俞蛟寫過一篇材料豐富，論廣州、汕頭妓院的文章《潮嘉風月記》，見《香艷叢書》第四集卷四，附有一個引用舊參考文獻的附錄。他記錄了當地的俚語和特殊的破身習慣。他說廣州的姑娘不如汕頭的姑娘品貌出眾，多才多藝，並引用著名詩人和風月老手袁枚（ 1716～1798年 ）的話來證明這一點。俞蛟還引用了清代學者趙翼的話（ 見上文163頁 ）。趙翼提到一件怪事，即汕頭的船除了開妓院，還在中國南方的水路中運送貨物和旅客，生意興隆。他說，有一次，一個狀元剛從京都得中歸來，搭了一條船，並未猜到這是一條花船。只是當大風把他的船篷吹破，有個只穿著紅緞乳罩的美女進來修理時，他才發現。路上他把這女人一直留在艙裡，分手後那女人遂自稱爲「狀元妻」，並且身價長了一倍。作者聰明地看出整個事情的結果可能是預謀好的。

㉙有關中國文獻在Keizo Dohi博士的出色著作*Beitrage zur Geschichte der Syphilis, insbesondere über ihrer Ursprung und ihre Pathologie in Ostasien*（ Tokyo 1923 ）中已經做過搜集和討論。

㉚上引C.R. Boxer之同書p.150-151。

㉛上引C.R. Boxer之同書p.122。

㉜參看我在《ECP》vol.Ⅰ「導言」中的詳細討論。

㉝有關《繡榻野史》的全部材料可從*ECP* vol.Ⅰ，p.128-132找到。

㉞這使人想到上述清代小說《紅樓夢》的開頭。書中的主人公寶玉也是在夢中獲知性秘密。晚明淫穢小說對清代小說有很大影響。

㉟晚期，在志怪小說集《聊齋誌異》中，有關於狐狸傳說的大量材料。該書有H.A. Giles的譯本，題目是*Strange stories from a Chinese Studio*（ London & Shanghai 1909）。M.W. de Visser的The Fox and badger in Japanese folklore，收入*Transactions of the Asiatic Society of Japan* vol.XXXVI（Yokohama 1909）。

㊱見*ECP* vol.I p.128-135。

㊲參看《骨董瑣記》（上文201頁提到的）卷四26頁背［應作25頁背——譯者］。*ECP* folio 169［此是該書卷二的頁碼——譯者］也引用一種明代史料來作同樣的說明。

㊳參看St. Julien *Histoire et Fabrication de la Porcelaine Chinoise*（Paris 1856）XLVIII和p.99的參考資料。

㊴有四件標本印入*Les Ivoires Religieux et Médicaux chinois, d'après la collection Lucien Lion*（Paris 1939）。明代學者沈德符（1578-1642年）在《敝帚齋餘談》中說，玉雕工匠常製做春宮雕像，供不應求，並說在福建省，牙雕工匠也製做男女性交的人像，具有很高的藝術水平（text ECP folio 170／5-6）。我沒有看到過這種明代製品的原件，但我過眼的清代雕像卻大多質量低劣。

㊵有關記述見於一部講唐寅私生活的筆記集，題目爲《紀唐六如軼事》，印入《香艷叢書》二十集卷四。

㊶參看《太平清話》。這是明代多產作家陳繼儒（1558～1639年）的一部筆記集。

㊷《僧尼孽海》似乎只以日文抄本的形式保存下來。我收藏的本子共有兩卷，每卷42折頁，抄手並不高明，但用紙卻裝潢精美。第一個故事的題目是《沙門縣獻》，最後一個故事的題目是《王和尚》。

㊸夜摩天（Yama）（中文叫閻羅王）是陰間之王，他掌管記錄世上（陽間）人間所犯的罪孽，以便在其死後給予相應的懲罰。

㊹有十六幅畫用彩色印入J. Tchichold的*Neue Chinesische Farbendrucke aus der Zehnbambus halle*（Basel 1943）。

㊺北京有一家專以經營套版畫出名的商店叫榮寶齋，一九五二年出過這個畫冊的一個重印本， 它是根據非常罕見的明代原畫重新雕版印刷。現代中

國版畫史專家鄭振鐸爲該畫冊寫了序言。

46 登徒子見詩人宋玉的賦（參看本書68頁註［12］）。

47 春宮畫不僅是爲性指導或消遣而作，而且也被用作護身符。性交代表處於頂點的給人生命的「陽」氣，畫有性交的圖畫據說可以驅走代表黑暗的「陰」氣。直到近些年還有一種風俗，特別是在中國北部，即把春宮畫繪在肚兜（嬰兒蓋肚子的三角巾）的襯裡上。書商也經常在店裡存放幾張春宮畫，用以避火消災；因此，「避火圖」一詞也就成了春宮畫的一種委婉的說法。在中國和日本，人們還把這種畫放在衣箱裡防蟲。日文中表示「春宮畫」的 kyotei-bon（篋底本）一詞，似乎就是指這一習俗，因爲它的字面含義正是「放在箱底的書」。

爲完整起見，這裡我還要說說帶春宮畫的「雙面折扇」。這種扇子初看是普通式樣的折扇，正面畫山水、花草，背面題詩。但每一股上都貼有一個雙格的紙條，如果按習慣的方式從左向右打開，紙條便掩著。但如果從右向左打開，每張紙條的反面就可以看見，所有的格子便拼出一幅春宮畫。特別是乾隆年間的這種折扇做得很好，它是根據晚明的套色春宮版畫式樣繪成的。

附　錄

附錄一
印度和中國的房中秘術

　　本書第六章討論了道家「回精術」的基本修煉方法，第七章則引用唐代醫師孫思邈的著作和其他唐代古書，對這種修煉方法的技術細節做了更爲詳盡的描述。孫氏說，用「止精法」激發起來的精子會沿脊柱上行；並說在丹田，這種「精氣」會變成赤日黃月，沿脊柱上行，至於頭頂的「泥丸穴」。按這些古書的說法，日月在「泥丸穴」合一是「精氣」的最後生成形態，即變爲長生不老丹。引用這些古書之後，我還順便說過，這些道術修煉與後來印度佛教和印度教房中秘術所實行的一種身心合一的修煉方法酷爲相似。這種秘術，通常叫做密教（Tantrism）❶。

　　在這篇附錄中，我打算對兩者的相似作更詳細地探討，首先是對佛教金剛乘（Vajrayāna）所倡導的修煉方法作簡短描述，其次是對印度教性力派（sāktas）的類似修煉活動作一說明。以　340
中印資料的比較爲基礎，我們將制定一個關於中印房中秘術歷史聯繫的理論。

佛教金剛乘的房中秘術

金剛乘，是眞言乘（Mantrayāna）的一種晚期發展形式。正如後者的名稱所示，大乘教（Mahāyānic doctrine）是以曼荼羅經咒（mantra）爲中心，對印度教和佛教的東西兼收併蓄，並雜糅進土著的非雅利安的巫術崇拜而形成。大乘教的信徒在接受這一大堆混雜的信仰和儀式的同時，也爲它增添了許多新東西，其中不僅包括印度本土的傳說，也包括外來的新思想。他們的主要哲學觀點是，終極眞理在於人體，因此「人體乃是認知眞理的最好媒介」（*ITB* 3頁）。這是因爲身體內含有「生命的火花」，通過入定這種火花會燃燒起火，使修行者在宇宙即虛空之中成爲法力無邊的人❷，非男非女，神人合一。

他們選擇「金剛」（vajra，漢語：金剛，日語：kongō，藏語：rdo-rje）作爲這種新教義的最高象徵。「金剛」即堅不可摧的霹靂，並與空性（śūnyatā）同義，即最終的不可摧毀的空。在佛像畫中，這種神秘武器被表現爲一種雙頭杵❸，兩端各有一股、兩股、三股或更多的刃頭。一直到金剛乘興起以前，這種武器之所以出名，只因爲它是因陀羅（Indra）[初爲雷雨之神，後爲戰神——譯者]手中的武器。故因陀羅亦稱「金剛手」（Vajrapāṇi）。而金剛乘的信徒卻把這種武器尊奉爲其整個教義的象徵。它成了印度教的陰莖柱即林伽（liṅga）的變型，吸收了後者的一切多重含義，包括直接代表男性生殖器的含義❹。從那以來，「金剛」一詞成了佛教密宗使用最廣泛的形容詞，被加在神名、書名、哲學術語和儀式用品名稱前，專門用於金剛乘的教義和實踐活動。

341

除了這一新的象徵以外，金剛乘還採納了一種新的、總領群

神的至上神，即阿提佛陀（Ādi-buddha），所有其他大小諸神
只不過是他的一部分。此阿提佛陀原與金剛薩埵（Vajrasa-
ttva）相同，在他之下，有五個佛陀群（kula），其中第一組是
以毗盧遮那（Vairocana）為首。由於人們把它當作阿提佛陀，
所以毗盧遮那也就成為金剛乘眾神中最大的神，稱為大日如
來（Mahā-vairocana）（中文：大日，日文：Dainichi），即
作為光明普照的太陽和創造力的最高象徵。他高居於「金剛界曼
荼羅」（Vajradhātu mandala）和「胎藏界曼荼羅」（Gar-
bhadhātu maṇḍala）即表現金剛乘密宗的雙重圓環的中心❺。
顯然，金剛乘信徒並不想用現成的日神，如蘇利耶（Sūrya），
或具有某些日神特點的毗濕奴（Viṣṇu）或濕婆（Śiva）來佔據
眾神之中的最高位置。因此，他們從許多表示太陽的梵文字眼中
創造出一個全新的神名，即毗盧遮那（來自詞根rue[意為光明
──譯者]）。它在印度教中被用作毗濕奴的名字，以及蘇利耶
的一個兒子的名字。毗盧遮那的含義是：「屬太陽的」。

　　金剛乘引入的第三種新因素是一種相當專門的房中秘術，它
所依據的原理是：通過基於「止精法」的入定過程，可以達到神
人合一和極樂。他們知道，在每一男子體內都有女性因素，正如
每一女子體內都有男性因素，因此力求在修行者體內激起女性因
素，實現一種神奇的交合，以克服雙性（sexual duality），達
到陰陽合一的理想境界。因為正如其他時代和其他地方的神秘主
義者一樣，他們以陰陽合一為人最接近於神的狀態。杜齊（Tu-
cci）說：「弟子通過性交而再現那創造性的時刻。但絕不能使
性交導致其自然的後果，而應該用止息法（pranayama）（古瑜
伽氣功術──高羅佩注）使精液逆行，不是順流而下，而是逆流而
上，直至頭頂，由此化為萬有的本源」（TPS 242頁）。

　　作為這一過程的基礎的金剛乘理論是，人體內的雙性存在於
脊髓左右的兩條經絡之中，它們分別叫做「女脈（lalanā　342

）和「男脈」（rasanā）。女脈代表女性創造力（śakti）、母、卵（rakta，「紅」），元音系列（āli），與月相對應；最後升華物爲空（śūnyatā）和般若（prajñā）。而男脈代表男性創造力（puruṣa）、父、精（śukra），輔音系列（kāli），與日相對應，最後升華物爲悲（karuṇā）和方便（upāya）。只要人體內存在這種雙性，就仍然處於輪迴（saṁsāra）之中，而與神分離。

爲了克服這種雙性，與女性配偶做想像或眞實交歡的修行者要凝心於「菩提心」（bodhicitta）。菩提心以萌芽狀態位於應身輪（nirmāṇa-cakra），即臍附近的穴位。從女子獲得的女性活力刺激起男子的菩提心，與他勃發未射的精液融合爲一種新的、強有力的氣，即所謂精滴（bindu，這裡指「精氣」）。精滴是由五大（即地、水、火、風和空）構成，正如人之胚胎。事實上它在修行者體內形成的過程與子宮中的正常受孕過程可以相比（參看ORC 21頁）。精滴打破了女脈和男脈的分離狀態，開啓出一條新的、無性的脈道，專門術語叫做avadhūtikā（清淨的脈道）。精滴沿這條脈道上行至法身輪（dharmacakra），即心區的穴位。從這裡再升至喉部的穴位，即報身輪（saṁbhoga-cakra），最後到達頭頂蓮花（uṣṇisa-kamala）。在這一上升過程中，精滴把其內含的五大融合成純一的光。在頭頂蓮花中，這種光使空和悲、般若和方便合諧地融爲一體，使修行者終於達到與神合一、與空合一，即叫做涅槃（nirvāṇa）或極樂（mahāsukha）的境界。

這種修煉方法的關鍵步驟是，第一步首先要從女性配偶獲得刺激以形成精滴。有些書把她說成是由凝心定慮產生的一種形象，與她的結合是一種精神結合。但更多的書卻說，她必須是個眞正的女人，甚至乾脆說「佛在女性生殖器中」（buddhatvaṁ yoṣit-yoni-samāśritam）參看本達爾（C.Bendall引《妙言

集》）〔the Subhasita-samgraha〕，載 *Muséon*，1903～1904
年），並說子宮實際上就是般若（參看 *ITB* 102頁以下及 *SM* 32
頁）。有些史料說這個女人應是修行者的原配妻子，但按另一些
史料的說法，他卻可以任選一個他喜愛的女子，甚至他們認爲選
擇一個出身卑賤的女子或一個賤民（pariah）即旃陀羅（caṇḍā-
lī）或杜姆比（ḍombī）更合適。涉及到這一點，必須注意的
是，avadhūtikā即中樞經絡，也叫旃陀羅或杜姆比。　343

　　以上所述證明金剛乘對更爲古老的佛教和印度教依賴之深。
三輪即「應身輪」（nirmāṇa）、「法身輪」（dharma）和「
報身輪」（saṁbhoga），當然是從佛的三身（kāya）而來，而
從菩提心上升的過程則是摹仿大乘教的「十地」（daśabhūmi）
，即成佛所歷的十個階位，它本身就是印度教瑜伽冥想的一種變
體。然而，作爲達到大徹大悟的一種捷徑，「止精法」的概念完
全是一種新因素，其形式在前金剛乘佛教中是沒有出現過的。

印度教性力派的房中秘術

　　由濕婆教性力派（Śaiva Śākta）實行的印度教的房中秘術
是基於同樣的原理。

　　正像金剛乘的信徒一樣，性力派的大部分哲學觀點也是藉自
於存世的古籍。他們的衆神是以一對雙神，即濕婆和他的配偶雪
山神女（Pārvatī）爲首。傳爲破壞和再生之神的濕婆本來是被
性力派當作日神，而雪山神女則被當作月神，是他的光輝的反
射。不過，她還是他的女性活力（śakti）；並且作爲宇宙創造
力的象徵，她還靠自己本身而成爲一個強有力的女神。自從她與
其他女神（其中有些顯然是非雅利安來源的女神）❻合併，便很
快把濕婆貶到了第二位。在許多後來的性力派經咒中，她是作爲

一個解答她丈夫提出的各種問題的指導者而出現，同中國古代房中書中與黃帝問答的素女頗為相似。最後，作為女性活力的最後象徵，她還成為大天女（Mahādevī），即以她的名字命名的體系的大神。

性力派把人體內含有雙性的兩條脈道分別叫做右脈（pingalā，相當於男脈）和左脈（iḍā，相當於女脈）。前者用紅色表示，代表濕婆、男性活力和日。後者用淺灰色表示，代表雪山神女、女性活力（śakti）和月。通過與想像的或真實的女性配偶用止精法性交而產生刺激，因而衝破這兩者的分離狀態，這一過程叫做貢荼利尼瑜伽（kuṇḍali-nīyoga）❼。這是因為行瑜伽術者體內蟄伏的女性活力被稱為貢荼利尼（「盤繞者」，或蛇）。貢荼利尼被激發之後，便創造出一條新的無性的脈道，叫做中脈（suṣumnā），而未射出的精氣便沿此脈道上升至腦。在腦中神與人的最後合一（advaya）化為濕婆與雪山神女的合歡。

在性力教中，上行的路線被分為六段，比金剛乘系統的分法多出兩段❽。圖版21是一幅北印度的繪畫，畫的是這六個階段。貢荼利尼蟄伏其中的最下面的輪位是一朵深紅色的四瓣蓮花，叫脊根輪（mūlādhāra），位於生殖器和肛門之間；貢荼利尼待在裡面，樣子作一條纏繞在林伽（代表男性的陰莖柱）上的金蛇。第二個輪位是一朵黃色的六瓣蓮花，叫力源輪（svādiṣṭhāna），位於生殖器的根部。第三個輪位是一朵灰色的十瓣蓮花，叫臍輪（maṇipūraka），位於臍後。第四個輪位是一朵白色（或紅色）的十二瓣蓮花，叫心輪（anāhata），位於心區。第五個輪位是一朵紫色的十六瓣蓮花，叫喉輪（viśuddha），位於咽喉之後。第六個輪位是一朵白色的兩瓣蓮花，叫眉心輪（ājñā），位於雙目之間。陰陽合的腦頂是一朵千瓣蓮花，叫梵穴輪（sahasrāra）。此即涅槃輪（nirvāṇa-cakra），即表示極樂（mahāsukha）的輪位所在。可以補充的是，每個輪各有

各的主宰神、音節和冥想方式。在 *SP* 中對此有充分描述。它是依據孟加拉著名密教術士布羅納難陀（Purṇānanda）於十六世紀寫成的一本性力派經咒《六輪形》（*Ṣaṭcakra-nirūpaṇa*）。

故在性力派的體系中，第一階段，即通過止精法激起女性活力並使精氣產生也是具有決定意義的。同樣，在這裡，這一神秘的誕生過程也與生理上的受孕完全一致，它被說成是白精（sita-bindu）和紅卵（śona-bindu）的融合，即由濕婆和雪山神女象徵的兩種創造力的融合（*ITB* p.116）。

正像在高級的金剛乘中一樣，右道（dakṣiṇācāris）性力派可以用入定的方式喚起貢荼利尼。有一篇經咒說：「我何需別的女人？我身中自有一個女人」（*SP* 295頁）。掌握這種精神「止精法」的人被叫做「精液上流的人」（ūrdhvaretas）。這個術語在古梵文文獻中也用來指那些完全克服了肉慾的人。「按照印度教的觀念，精液是以一種稀薄狀態而遍佈於全身。在意志力的影響下，它會在性器官中濃縮起來。要想成爲『精液上流的人』，不僅要阻止已經形成的精液射出，而且還要阻止它形成濃縮狀態，阻止它被全身吸取。」（*SP* 199頁，註〔1〕）。正像中國道教的類似修煉者一樣，性力派術士也認爲精液是最寶貴的財富。《訶陀瑜伽燈明》（*Haṭha-yoga-pradī-pike*）云：「知瑜伽者當保其精。耗其精者死，存其精者生」（*SP* 189頁，腳註❷）。「精液上流的人」用「看中的女神」（iṣṭadevatā）作精神上的配偶，他們所喚起的這種女神，其形象具有她的所有風采和特徵。如果他們用眞正的女人，則當爲已經充分接受此儀式之精神意義的已婚女子。

然而，左道（vāmācāris）性力派卻與無關的女子交合，正像在金剛乘中，人們喜歡用儘量低賤的女子來做這種事。左道瑜伽是超越好、壞之上的，亂交僅僅是他可能陷入的五種常見「罪惡」即酒（madya）、肉（māṁsa）、魚（matsya）、結

345

印（mudrā）和二根交會（maithunā）中的一種。它們被稱爲
五事（pañca-tattva）或五魔（pañcamakāra）。

　　十二世紀的穆斯林征服時期，金剛乘除在西藏、尼泊爾、中
國和東南亞的部分地區仍然流行，在印度實際上已消失。相反，
性力教在印度卻一直興盛，至今猶存，所以東方學家還可以對現
存的瑜伽師實行的房中術進行研究。第一個徹底開發這一領域的
研究者是伍德羅菲（John　Woodroffe）爵士❾。他在《蛇
力》（*The Serpent Power*）一書中，描寫了一個瑜伽師能把空
氣和液體吸入尿道和排出尿道，說：「這種本事不僅有清洗膀胱
的醫療效用，而且還是一種性交中採用的結印（mudrā）（此處
是指肉體方面的技術——高羅佩注）。訶陀瑜伽師（Hathayogi）
藉此吸入女子的活力，而不射出他的力或物質。這種方法被證明
對女子是有害的，會使女子『衰萎』。」（*SP*　201頁註〔1〕
）。請注意，這種技術與本書158~159頁所述中國古代道士所用
的技術很相似。還有，現今左道性力派實行的群交儀式也使人想
起本書八九頁提到的道家「合氣」儀式。在印度，這一儀式
叫「輪座」（gaṇa-cakra或cakra-pūjā）。即男女在深夜相聚，
飲酒，吃肉，念咒，然後由一裸婦人居圈中，向衆人致意。於是
所有在場的人都進行性交，每一男子或與看中的配偶進行，或與
抽簽決定的女子進行。在仍然保存有這一儀式的喜馬拉雅山地
區，人們用女人的胸衣來抽簽，這一儀式叫「尋找胸衣」（coli-
mārg）（參看*PSH*　15頁以下的描述，又*GKY*　172頁，*SHSH*　583
頁）。

　　儘管這種儀式常常淪爲下流的淫亂，儘管有些訶陀瑜伽師只
把女人當作達到利己目的的手段，但必須強調的是，正如道教在
中國一樣，總的說來，密教在印度也提高了婦女的地位。與傳統
的印度教相反，密教認爲女人的地位應與男人平等或甚至比男人
更高，密教徒是屬於早期反對薩蒂（suttee，即燒死寡婦）的人

（*PSH*　56頁）。《考拉瓦利經咒》（Kaulavālītantra）說：
「應向任何一個女人鞠躬，不管她是小姑娘，妙齡女郎，或老太
婆，也不管她是美是醜、是善是惡。絕不可欺騙女人，對她說不
義之言，對她行不義之事，亦絕不可打她。所有這些行為都會阻
止人們修成圓滿（siddhi）（即修行成功——高羅佩注）。」參見
阿瓦隆（A. Avalon）所印《樟頌》(Karpuradi-stotram)，　347
(收入《密教文獻》*Tantrik Tests*卷九，倫敦，1922年，23頁)❿。

中、印房中秘術的相互影響

　　如果我們現在重新檢查一下本附錄開頭引用的中國醫師孫思
邈和其他唐代作家所說的話，就會清楚地看到，他們所描述的道
家「回精術」是受印度密教的影響。

　　「精氣」的兩個組成部分被孫思邈描述為具有赤日和黃月的
形狀。正如上文所看到的，就我所知，這一點並不見於描述這種
修煉的道家文獻，卻見於密教。而孫氏把最後在頭頂合一的穴位
叫做「泥丸」。把「泥丸」直譯為「泥的丸」沒有任何意義。馬
伯樂認為這個術語是梵文涅槃（nirvāṇa）的中文轉寫❶，這無
疑是正確的。並且正如我們在上文已經看到的，在密教中，這個
穴位也叫涅槃輪，而且正是在這個穴位上，才能達到涅槃的極樂
境界。

　　另外，密教把術士體內「精氣」的形成與子宮中胚胎的形成
相比。這使我們想起上文八八頁的中文引文，它提到公元二世紀
道家實行的「下流修煉」中有「抱真人，嬰兒迴」。由於同一時　348
期的中國文獻沒有進一步解釋「嬰兒」，因此這裡不再進一步討
論。按上述密教教義，「抱真人，嬰兒迴」顯然是指通過止精法
造成「精氣」。「止精法」在中國古代也被看作與正常的受孕過

程相類似。並且在上文八〇頁我們已看到，三世紀的煉丹書《參同契》也把受孕視同煉成的丹，即鉛汞在鼎中煉就的混合物⑫。

　　由此我們看到，一方面，晚期的印度密教文獻影響了唐代的中國作家；另一方面，它們又受到二、三世紀中國文獻的影響。它把我們引導到本附錄所要討論的主要問題上來，即印中房中秘術之間顯然存在著這一聯繫的歷史背景。在中國方面，我們對可靠的歷史材料進行過清理，因為所有有關文獻都可以相當精確地確定其寫作時間。但在印度方面，卻留有許多不確定的地方，許多現代學者對基本文獻的斷代往往可相差幾個世紀。因此我們的首要任務就是要解決印度房中秘術的斷代這個關鍵問題。

印度房中秘術的斷代

　　哪怕只是粗略考察一下印度宗教思想的發展，也足以斷定以「止精法」為基礎的房中秘術在印度出現是比較晚的。古典印度教和小乘佛教（Hinayāna　Buddhism）都宣揚超脫輪迴是皈依者的最高目的，但為了達到這一目的，他們應當控制肉慾，當然不可性交。印度教經典以敬畏的態度看待性交，因為它象徵著大千世界的生生不已，因此男性性器官（liṅga）和陰戶（yoni）都是崇拜物，例如可參看《廣林奧義書》（Bṛhadāraṇyaka upanishad）卷六第四節。此書和其他同類文獻對性交在禮儀上的意義進行解釋，並附有建議，告訴人們如何進行才能得到健康的後代。這些書是講給家長聽的，而不是講給力求克服雙性的有道之士聽的。另外，梵文房中書比如約紀元初流行、代表印度教性觀念的《愛經》（Kāma-sūtra），也基本上是供家長參考的實用書籍。它們只強調做愛藝術的肉慾的一面，而絲毫沒有提到性交會有神秘含義並能使人超度⑬。相反，梵文文獻反覆說，為了

349

超度，壓制性慾是絕對必要的。肉慾是陷人於輪迴的最強有力的一環，是從世俗枷鎖中解放出來的最大障礙。　印度文獻有許多講著名苦行者的故事，說他們苦修苦行，幾乎出神入化，只因看了一眼美麗的女人便前功盡棄。同樣的看法也見於早期佛教和耆那教（Jaīnism）。後者更加強調節制慾望和極端苦行（參看 *WIL* 437頁以下，447～448頁等）。

　　這以後，雖然大乘佛教的衆神中吸收了許多新的女神，但卻並未把她們表現爲與男神合歡的樣子。眞言乘則引入更多的女神，有些可能是南方來的多子女神，另一些是北方來的女魔（dākinī）和女巫。在眞言乘的文獻中，表現有些女神教授人如何修成圓滿，使具騰空、喚雨、治蛇傷、蠱惑等法力，而不是教授人以密教的房中秘術。這種眞言乘的文獻於早期傳入中國，在中國受到認眞研習。但無論印度原本還是中國的譯本都未提到可以通過性交獲得法力。而且中文經注也未提到這一點，儘管正如我們在第五章《抱朴子》引文中所見，這類觀念在當時的中國已廣泛流行。

　　遍遊印度及其鄰國的中國的朝聖者法顯（317～420年）並未提到在當地發現過房中秘術。他對中國的學問造詣很深，必然熟知中國的房中書。假如他在印度發現類似的信仰，肯定會提到它與中國思想的聯繫，並利用它在他的同胞中傳教。無論中國的朝聖者玄奘（612～664年）還是義淨（635～713年）也都未提到在印度見過這類活動。他們的確提到了眞言乘的巫術和魔法，這些巫術和魔法在他們到過的許多地方非常流行，但他們卻根本沒有提到房中秘術。

　　除了這些默證之外，還有更多過硬的、積極的證據可以證明 350 金剛乘在印度出現得較晚。玄奘說，公元六四〇年前後，他到過那爛陀寺（Nālandā），即南比哈爾（S. Bihar）的佛教學術中心，他對寺中學生的虔誠、恭敬印象至深，並特別提到寺中教師

的思想高尚。義淨也崇敬地談到他於公元六九〇年最後在那爛陀
寺所見師生對戒律的恪守及他們聖潔的生活方式。然而，僅僅一
百年後，在跋拉王朝（Pāla dynasty）下，那爛陀寺卻變成了金
剛乘的學術中心。正是從這座寺廟，熱心的傳教者把房中秘術傳
到了尼泊爾、西藏、中國和東南亞的部分地區。人們可以由此斷
定玄奘和義淨目睹了非金剛乘佛教鼎盛時期的最後幾十年。當
時，金剛乘的教義正在成熟，它的傳播者也正在躍躍欲試。公元
六五八年以前，曾在印度遇見過義淨的另一個中國朝聖者無行，
在他寫自印度的一封信中曾說：「近來興起一種叫眞言乘的新的
宗教方法，受到全國尊崇」⓮。

　　這恰好與下述事實相吻合，即第一批印度密教傳授者到中國
是在八世紀的上半葉。善無畏（Śubhakarasimha）是於七一六
年到達唐都，金剛智（Vajrabodhi）是於七一九年隨不空金剛
（the Great Amoghavajra）到達廣州。不空金剛返回印度，但
又於公元七五〇年再訪中國。正如上一九三～二〇〇頁所引道家
的書籍所證實，這些傳教者把一批密教書傳入中國，它們被譯成
中文，爲中國學者所傳習。

　　根據以上資料，我們可以推斷，正是從公元約六〇〇年到約
七〇〇年，金剛乘在印度作爲眞言乘的一個新的分支發展起來。

　　這可與定爲金剛乘密宗出現的最早日期是相符的。最重要的
早期經咒之一《一切如來金剛三業最上秘密大教王經》（Guhy-
asamāja）與七世紀末、八世紀初的烏底衍那國（Uḍḍiyāna）
之王因陀羅普提（Indrabhūti）有關（TPS 212頁）。在這部經
咒中，我們發現金剛乘是一個界說明確的房中秘術體系（參看
WIL卷2，394頁以下），這點可由西藏史料進一步證實。因陀羅
普提也被說成是其他密教文獻的作者（SM 51頁），他的姐妹、
名氣相埒的女術士拉克希米伽拉（Lakṣ-mīnkarā）自號「成就
女神」（Advaya-siddhi），這個名稱即含有宣揚密教術士超然

351

於善惡之外的意思（ *SM* 55頁）。只要查一下《師承記》（ *guru-paramparā* ）——即傳播《如意輪總持經》（ *Cakra-samvara* ）和《大悲空智金剛王經》（ *Hevajra* ）所附佛教經咒的師徒們的傳授記——即可確認，第一批金剛乘文獻是成書於約公元六五〇～七〇〇年前後（ *SM* 40～44頁）。

至於性力派的經咒，儘管其中很多都自稱非常古老，然而經研究卻至今沒有一部是成書於十世紀之前，大多數比較出名的作品都是寫於公元十二世紀和十六世紀之間。因此，看來是性力派從金剛乘信徒那裡接受了「止精法」的房中秘術和對萬能太陽神的崇拜。瑜伽的修煉方法和女神崇拜也爲它準備了地盤⓯。而考古學的資料也指出，性力派比金剛乘的出現要更晚。位於康那拉克（ Konarak ）的裝飾有春宮畫的大日廟是建於約公元一二〇〇年（ *WIL* 卷一，535頁），位於班德拉康（ Bundelkand ）的具有類似裝飾的迦鞠羅訶（ Khajuraho ）廟宇是建於約公元一〇〇〇年⓰。

已知最早的抄本《成就法鬘》（ Sadhana-mālā ）有紀年可考爲公元一一六五年，它提到作爲傳統金剛乘崇拜中心的四個聖地（即pīṭha）（參看 *SM* 38頁， *BI* 16頁）。這四個聖地是伽瑪迦亞（ Kāmākhyā ）、　希里哈塔　（ Sirihaṭṭa ）、　烏底衍那　（ Uḍ-diyāna ）和普羅納吉里（ Pūrṇagiri ）。伽瑪迦亞即今卡姆拉普（ Kamrup ），靠近高哈蒂（ Gauhati ）。希里哈塔即今錫爾赫特（ Sylhet ），在達卡東北。也就是說這兩地皆在阿薩姆邦境內。第三個聖地烏底衍那，杜齊考爲斯瓦特（ Swāt ），在印度西北邊境上（ *TRS-S* 註［ 1 ］，324頁）。第四個地點尚未弄清⓱。

事實上有兩個中心是地處印度的東北邊境，一個中心（十分重要）地處西北邊界。我認爲這一事實對金剛乘的起源提出了一個言之有理的解釋。由於基於止精法的房中秘術從紀元初便盛行

於中國，而其時在印度卻毫無跡象，所以很明顯金剛乘的這一特
點當是經阿薩姆邦從中國傳入印度。而且與此同時，在西北邊界
以外還建立了許多出自伊朗人的日、火崇拜（sun-fire cults）中
心。這一事實也表明，金剛乘的第二個基本原則，即圍繞大日神
的崇拜，也是從外傳入印度的。

352

杜齊憑他對宗教問題的敏銳洞察力，用下面這段話勾畫出房
中秘術在印度興起的整個氛圍：「也許事實上，我們最好還是把
坦陀羅經咒定義爲印度人神秘直覺的表達。它是在歷史上的興衰
際遇和貿易往來使印度與希臘、羅馬、伊朗和中國的文明密切接
觸的某個時期裡，受外來的偶然影響，而由當地的流行思潮自發
催化成熟而日臻完善的。」（TPS 210頁）。如果這裡把「受外
來的偶然影響」改爲「受外來強烈影響的衝擊」，我想，我們就
有了一個目前所知最接近於歷史眞實的說法。

關於中國對它的貢獻，聖地伽瑪迦亞和希里哈塔爲中國房中
秘術傳入印度的可能途徑提供了一條線索。這兩個地點都位於阿
薩姆邦境內。這個邦是個巫術盛行的地區。當地婦女的地位比在
印度本土要高，並與中國來往密切。七世紀迦摩縷波（kāmarū-
pa）王巴斯卡拉跋摩（Bhāskaravarman）爲眞言乘術士，自稱
他的王朝是受封於中國，並與唐王朝經常來往（參看LTF）。而
且現已被證明，八世紀在蒲甘（Pagan）附近的寺院中正盛行性
儀式（參看杜羅伊塞爾 [Duroiselle] 的文章《緬甸阿里和密傳佛
教》「The Arlof Burma and Tantrik Buddhism」，《印度考古局年
報》Arch. Service of India, Annual Report 1915～1916年，79～93
頁）。因此該地區似是最明顯的銜接點。但是我們也不能忽視有
經穿越中亞的北路滲入印度的可能，並且同時也許還有從南方海
路而來的第三個銜接點⑱。

應當注意的是，金剛乘的傳說是把中國說成爲它的敎義發源

353 地。《樓陀羅問對》（Rudra-yāmala）卷十七說，梵天（Bra-

hma）之子、睿智的瓦西沙（Vaśiṣṭha）曾苦修無數年而未能見到至高女神顯現。於是他的父親勸他求取「中國修煉法」（pur-ecīnācāra）， 因爲至高女神樂於此道 （śuddha-cīnācāra-ratā）。於是瓦西沙在海邊苦苦修行，終於得見至高女神顯現。女神命他前往中國，說在中國他將學到眞知。瓦西沙遂往中國，在中國見佛陀身邊有無數的裸體術士，他們飲酒吃肉，與美女性交。瓦西沙睹此，心慌意亂，佛乃以性儀式及五魔之用的眞義授之。另一個極有權威的坦陀羅經咒《梵天問對》（Brahma-yāmala）也講到大體相同的故事（參看SM 140頁，SHSH 第八章，LIF）。顯然，這是一種對歷史事實的寓言加工⑲。

　　列維對《多羅經咒》（Tārā tantra）當中涉及中國影響密教產生的段落和類似的段落做了正確解釋（參看LTF）。杜齊反對這個論點，他說：「應當記住，Maha-cinakrama（cīnacara的另一種說法——高羅佩注）主要與對女性形象之神的崇拜有關，並熱衷於性的象徵意義，這種對性的象徵意義的崇拜使中國人非常反感，以至他們翻譯密教文獻時總是刪改那些與他們道德觀念相左的段落。」（TPR-N 103頁註〔3〕）。現代中國學者周一良在談到中國人對密教文獻著作的刪改時說：「性力崇拜在中國從未流行，中國的儒家禁止男人和女人之間有任何密切來往」（TIC 327頁）。我相信本書記載的事實足以證明杜齊和周一良是把十三世紀之前還沒有立足之地的壓抑和社會習俗錯誤地安到了唐代中國人的身上。最後，說術語至那（Cīna）和摩訶至那（Ma-hācīna）是指阿薩姆邦及其鄰近地區而不是中國本土的理論肯定也並不影響我們的論點，因爲它所能說明的只不過是，按這一含義使用這兩個術語的作者只是在中國思想傳入印度的第二階段，即在它們傳入阿薩姆邦之後才知道它們。

　　中國概念終於傳入印度乃是理所當然。但由於我們過於習慣把中、印的歷史關係看作印度思想一帆風順單向輸入中國的過

程，所以我們很容易忽略還有一種從中國輸入印度的相反方向的過程。

由於中國的房中秘術從紀元初就已存在，因此就出現了一個問題：為什麼這些中國秘術只是到七世紀才在印度立定腳跟。我相信答案應當是，在這以前，印度並不具備傳播和吸收這些新教義的條件。但是，在七世紀，特別是公元六四七年曲女城（Ka-nauj）的戒日王（Harsha）死後，印度開始進入一個內部紛爭接著是穆斯林入侵的時期。印度的宗教和哲學思想已經沒有發展餘地，人們受不了無數學派間的煩瑣爭論和相互攻訐，也受不了儀節規定的苛刻要求。與此同時，社會地位的差異也日益突出，許多人開始反抗種姓制度及其包含的社會歧視。正如杜齊所說：「正如在歷史變革的新紀元所常見的，對舊秩序的不滿總是與對一切新奇怪異事物的追求相伴隨」（*TPS* 211頁）。以反成規、反權威的道家為背景，中國的房中秘術在印度刺激了反現存秩序的密教的產生。密教蔑視一切宗教和社會傳統，踐踏一切被奉為神明的禁忌。它拒不承認種姓制度，公開宣揚男女平等。

儘管對於止精法是從中國傳入印度已沒有多大疑問，但我認為，作為金剛乘的第二個顯著特徵，即體現為大日如來的日神崇拜，使我們不得不轉向次大陸的另一邊，即西北邊境，特別是克什米爾（Kashmir）地區的斯瓦特河流域（Swāt valley）。除去在吐火羅斯坦（Tocharistan），受穆斯林壓迫而東逃的摩尼教徒興建了一座軍事要塞，還有幾個繁榮的城市，如伯勒赫（Balkh）和撒馬爾汗（Samar-kand），它們是東西方來往的輻湊之地。我們從中國的朝聖者慧超那裡瞭解到，七世紀時，撒馬爾汗是瑣羅亞斯德（Zoroaster）學說的中心，而且金剛乘的傳教者不空金剛也與此地有親屬關係（參看*TIC* 321頁）。杜齊說：「斯瓦特地區最有利的條件是，它非常適於各種思想的匯攏，地理位置正當溝通西方與東方、中亞、印度之交通要道的邊

緣；當時最活躍的宗教如佛教、摩尼教（Manichaeism）、景
教（Nestorianism），每種教派的起源國和接受國的精神傳統
和知識傳統都在這裡相遇，不是互相排斥，而是彼此接
近。」（TPR-S 282頁）。因爲，上述外來的教派，本質上都是
對日、火的崇拜，因此我想，正是從西北進入印度的伊朗人的影
響使金剛乘用一種新的、至高無上的「日神」作爲其衆神之首和
秘傳的中心。

　　對於中國和伊朗傳入的兩種思潮是以什麼方式相遇和怎樣在
吸收既有的大乘教的背景後又創造出新的教義，我們只能做某些
猜測。不過可以指出的是，印度的東北和西北邊境卻是巫覡方術
等古老信仰盛行的地區，因而爲上述新思想的成熟和獲得地方色
彩提供了合適的土壤。另外，應當記住的是，這兩個地域的活躍
的對外貿易往往是由僧侶兼商人來進行的，它促進了宗教思想的
交流。

　　關於這一點還可補充的是，儘管在這部分論述中，我一直使
用的是「金剛乘」這個名稱，但佛教密宗卻用許多其他名稱來表
示其教義。這些異名，據說往往可以指示金剛乘的年代序列並代
表它的各個發展階段。但這些名稱似乎更像是指幾乎同時在不同
地點傳播開來的不同的地方教派，它們後來才形成爲統一的體系。

金剛乘在印度的消失和傳入西藏

　　由此確立的房中秘術從此對印度後來各個時期的宗教生活一
直有決定性的影響，其中包括莫臥兒人（Moghul）和英國人的
統治時期，一直延續到今天。

　　在中世紀的孟加拉（Bengal），俱生派（Sahajīya）佛教
繼承了金剛乘的傳統，而變成毗濕奴教俱生派（Vaiṣṇava　Sa-

355

hajīyā）。在這一教派中，濕婆和雪山神女被黑天和羅妲
（Krsna-Radhā）所取代，對神的極端虔誠使肉慾之愛神聖化，
並爲某些印度最優美的抒情詩歌注入了靈感。而神歌手
（Baūl）教派，作爲俱生派與穆斯林的蘇菲派秘術（Sūfī-
mysticism）相結合的產物，也以其動人的穆勒師德（Murshi-
da songs）而著稱。至於佛教房中秘術的其他晚期分支，達斯庫
普塔（S.B.Dasgupta）已作了很好的描述（參看ORC）。

　　濕婆教性力派在西北的旁遮普和克什米爾繼續流行。據布里
格斯的傑出史料考證，其衆多分支，尤其是喬羅迦陀（Gora-
knāth）〔印度教瑜伽師名——譯者〕的教派，徒衆遍於全印度（
參看GKY）。

　　所有這些後期發展都不屬於本附錄的討論範圍。這裡我只講
一下濕婆的配偶雪山神女。在中世紀的印度，她的重要性在持續
增長。在性力教的影響下，她把古老的時母（Kālī）和難近
母（Durgā）這兩位可怕的女神（人們常以人牲來祭祀她們）吸
收在內，因而成爲大天女，即至高女神，甚至比她的丈夫、作爲
毀滅之神的濕婆還要可怕。作爲「大母」，她成了萬物所出的子
宮，並且主宰了萬物的生死。這個由濕婆爲至尊到雪山神女爲至
尊的轉變反映在性力派的文獻中。在早期經咒中，時而是以濕
婆，時而是以雪山神女作秘術傳授者。而在晚期文獻中，主要人
物卻只剩下雪山神女。早期講止精法的譯本是以濕婆爲日，雪山
神女爲月、爲日的反光，而晚期經咒卻正好相反，濕婆在書中是
蒼白的月亮，而雪山神女則成了太陽、成了毀滅的赤火（即kā-
lāgni）（參看ORC 272頁和ITB 156～157頁）。在八四頁，我們
曾講過，在中國也有類似的轉變。「青龍」本爲男性生育力的象
徵，後來卻變成女性生育力的象徵。

　　在印度，發展出一種對至高女神的特殊崇拜，她被表現爲可
怕的藍鬼或紅鬼，在她丈夫濕婆的身體上跳舞，濕婆除豎立的陽

物外只是一具蒼白的屍體（Śava）（參看**圖版22**）⑳。

　　如上所述，金剛乘在十二世紀的印度實際上已消失了。但是，其教理卻傳入西藏，與西藏當地的宗教信仰融爲一體，因而產生出有兩神交歡的畫像，即著名的雅雍（yab-yum）畫像的喇嘛教。喇嘛教又從西藏傳入蒙古，成爲忽必烈汗及其繼承者，即中國歷史上一個短命朝代的皇帝們的信仰。

印度房中秘術向中國的兩次回傳

　　綜上所述，中國古代道教的房中秘術，曾刺激了金剛乘在印度的出現，而後來又在至少兩個不同的時期，以印度化的形式回傳中國。

　　第一次，是在它於印度形成和出現之後不久，由印度密教的傳教者於唐代到達中國時傳入。由於在當時的中國，房中秘術的傳授仍然十分活躍，中國的學者意識到二者有共同點，因此把傳入的某些印度化的東西併入自己的宗教體系當中，證據見第七章所引的唐代文獻。

　　第二次是在蒙古統治時期（1280～1367年）。但當時道教房中秘術在喇嘛教的外衣下僞裝得很好，以至中國人並未意識到它是基於中國的原理，反而認爲它是外來的教義。我們在前面二五九頁已看到，十二世紀，中國學者鄭思肖曾描述過蒙古宮殿中的歡喜佛塑像和那裡舉行的性儀式，但他絲毫沒有意識到，這一切實際上僅僅是中國古代道家修煉的外來翻版。

　　最後，在上文二六一頁，我們曾提到，在明朝，這些保存在皇宮中的雅雍塑像是被用來指導皇家子女的婚姻生活。由於將這些塑像派作這類用途，皇帝無意中恢復了它們在古代的純屬中國先輩的本來作用，即作爲中國古房中書中描繪各種性交姿式的圖

357

畫和用來指導已婚夫婦的手段。這一點使中國古代房中秘術經過
複雜變形而造成的奇妙回路得以完成。

日本的有關材料

　　就我們的現有知識而言，我們在這篇附錄裡所講的東西很多
仍然純屬理論。為了進一步了解金剛乘興起的環境及其與性力教
的確切關係，我們還有待於獲得更多的佛教和印度教的密教文獻
並對它們進行比較研究。如果這種文獻的研究能與考古研究結合
起來，特別是在密教殘餘尚存的那些印度地區，那麼對於解決上
述歷史難題就會更為有利㉑。

　　不過，由於本書正文所集中的資料使我們可以對印度的密教
作重新探討，所以在此附志數語也許會有某些用處。我並不奢望
這會比制定一個初步的有效假設做得更多。

　　或許還可補充一點，對於進一步從中國的資料中發掘更多的
有關印度密教的材料，我們現在所掌握的中國佛經只能提供有限
的可能性。在明朝於十四世紀按理學原理重建獨裁之後，中國的
密宗極少有幸存之機。我們已經看到，獨裁政府慣用嚴苛的手段
對付所有被他們懷疑圖謀顛覆政府的「神秘」崇拜。官方對理學
358 偏執觀點的採納，使「淫祠」成為首惡。作為自我保護的手段，
中國的所有佛教教派都不得不儘量使他們的教義屈從於政府的偏
見，並像道教徒刪改道藏一樣，刪改佛經。所以要想完整地描述
中國密宗的性儀式，就必須轉而求助於日本的材料。

　　公元十一世紀，日本的任觀（ Nin-kan，1057～1123年 ）法
師創建了立川派（ Tachikawa ），把它當作眞言宗（ Shingon，
即眞言乘的日本譯名 ）的新分支，以及建立日本左道金剛乘的嘗
試。任觀法師宣揚，性交是「即身成佛」的手段，可行「五摩

事」等等。由於他的門徒集體參加有性儀式的聚會，日本官方乃出面禁止這一教派。不過，這個教派的活動顯然仍在秘密進行，因爲直到公元一六八九年，仍有一位正統的日本僧人覺得有必要抵制立川派的活動。

只有很少的立川派文獻可供研究，但這些很少的文獻足以證明，它們根據的是印度金剛乘經咒的直接翻譯過來的本子。這些譯本是在中國翻譯，由唐代到中國的日本僧人傳入日本，當時有關房中秘術的書籍在中國仍在自由流傳。這些立川派文獻，部分爲中文，部分爲日文，充分描寫了密敎儀式，並帶插圖。我可以指出畫有「性曼荼羅」亦名「大曼荼羅」（Mahāmudrā）的彩色繪畫，它可以被看作上文所述「胎藏兩界曼荼羅」的精義所在。它畫的是一男一女，除儀式規定的頭飾之外全裸，合歡於八瓣蓮花之上。女仰，男伏其上，而男人的姿勢與正常體位相反，轉180度，頭在女人兩腿間，女人的頭也在男人兩腿間。他們四肢伸張，以與蓮花的八瓣相合。男人的身體爲白色（有時爲黃色），女人則爲深紅色。他們的性器官相交處，標有密敎中表示萬物始終的音節a㉒。他們身體的其他部分也都標以眞言（參看《秘戲圖考》卷一圖版3b所印的這種曼荼羅）。

最有啓示的是一幅可以叫做「生命火花」的日本立川派圖畫（參看**插圖**22的線圖）。這是一個火焰圍繞的圓環，環內有黃色的日月，兩個梵文字母a彼此相對，分別爲紅白兩色。顯然，白色的a字爲精，紅色的a字爲卵。日月表示在修行者頭腦中男女兩性的精神結合，兩個字母a則表示這種結合的肉體方面。所以，這幅畫充分體現了密敎以「止精法」爲基礎、身心合一的修煉理論。 359

有些日本作家斷言，立川派的文獻純出任觀法師及他的弟子僞造。但是，旣然我們已研究過印度的經咒，也就知道立川派文獻與梵文史料在細節上是完全一致的，任觀法師肯定是利用了他

插圖22　生命的火花

在眞言宗寺院中所發現的出自眞本的古老中文譯本。

　　日本佛學家很不樂意出版有關立川派的資料。眞言宗的大百科全書《密敎大辭典》（ *Mikkyō-daijiten* ，三卷，京都，1933年）「 Tachikawa 」條對此有簡短概述，包括一幅大曼荼羅畫。研究這一題目的少數專門著作之一有水原堯榮的《邪敎立川派的研究》（東京，1931年）。這本書的第一三〇頁背的插圖有一幅更細緻的表現性曼荼羅的繪畫。水原氏還著錄了立川派的幾百種抄本的書名，其中部分爲中文，部分爲日文。這些抄本少數被印入日本的佛經，但多數卻仍然保存在日本許多佛寺的書架上，上面鈐印或寫有「禁止翻閱」（ ake-bekarazu ）的字樣。但願現代的日本佛敎徒能以知識的進步爲重，而不爲其虔誠之心所囿，將這些抄本公諸於世，使之爲學術界所利用。這些文獻無疑會給弄淸印度和中國的密敎史帶來很大幫助，並使許多爭論不休的問題得到解決。

註　釋

❶大部分東方學家都以「密教」（Tantrism）一詞泛指所有印度教和佛教的方術和巫術，如果接受這種廣義的理解，那麼即使《阿闥婆吠陀》也可叫做「密教的」（Tantric）。另一些人想把它的意義限於指一切所謂「坦陀羅」（Tantra）文獻中的學說，但這將意味著，它還涉及許多非宗教的問題，如語法和天文學。另一些西方作家還用這個詞隨便指印度宗教及其修行中一切不合道德和體面的東西。由於這種不加區別的使用造成了嚴重混淆，所以我寧可用「密教」和「密教的」等詞專門指印度教和佛教中視性交爲主要解脱手段的派別。在這一部分中我們將嚴格按這一含義來使用這個詞。

❷作爲一部有條不紊和出色的哲學背景提要，讀者可參看*TPS*中的「The Religious Ideas：Vajrayana」，p209sq。*ITB*提供了許多寶貴的技術細節，它是以對未發表的金剛乘抄本的研究爲依據。

❸許多印度學家認爲「金剛」是從希臘地區傳入，這一觀點是由A.Grün-wedel在Buddhist Art in India（London 1901）pp. 90sq.提出。不過，有人可能還認爲它是受了印度教僧侶的「婆羅門杖」（brahmadaṇḍa）的影響。S. Lévi從七～九世紀於庫車發現的眞言乘抄本引用了一些話，把這種杖說成是一種巫術中所用的眞正的魔杖；在印度尼西亞的巴厘（Bali）島上，婆羅門杖確實是一種金剛杵（參看P.H.Pott *Yoga en Yantra*，Leyden 1946, plate XV）。另一種值得考慮的可能是它與雷電和蘑菇的密切關係，後者是一種著名的陽物象徵。正像在其他許多國家一樣，在印度也認爲蘑菇（śilīndhra）的生長是靠雷電的作用。參看R. Gordon Wasson就這一題目所寫的材料豐富的文章，見*Antiquity and Survival* vol. Ⅲ. no.1（The Hague 1960）。

❹如金剛（vajra）亦稱maṇi「（不可摧毁的）寶石」。它穿透象徵陰户的

蓮花（padma）。一部密教書說：女根如蓮花，男根如金剛（strī-
-ndriyaṁ ca yathā padmam vajraṁ pumsendriyaṁ tathā）（Praj-
ñopāya-viniścaya-siddhi，*ITB* 106頁；又參看*WIL* vol. Ⅱ，p. 388）。
因此關於人們討論很多的喇嘛教徒祈禱時念的「寶石蓮花（oṁmaṇi pad-
me hūṁ）」是沒有多大問題的。由於房中秘術是金剛乘的精髓，所以不
必奇怪，這些既指用於神秘目的的性交，也指滿足肉慾的性交，由於形式
非常簡捷，因而在西藏的密教修行中也占有這樣的支配地位。

❺參看拙作*Siddham, an Essay on the history of Śānskrit studies in
China and Japan*（Nagpur 1955）p.49 sq.關於雙曼荼羅的詳細描寫。

❻見*PSH*第六章「Non-Aryan influences favouring Śaktism」，書中強
調了達羅毗荼人（Dravidian）的因素。

❼很奇怪的是，這一過程的最秘密階段的象徵仍然可以在今天印度街頭舞蛇
人的表演中看到。正宗的舞蛇人是乾婆陀瑜伽師（Kānphaṭa yogis），
即精通房中秘術者。他們在鄉下遊蕩，靠耍把戲、看手相等來斂錢，（見
GKY p.23）。吹葫蘆笛（gourdflageolet）使盤繞的眼鏡蛇抬起身子，本
來是研究喚起貢荼利尼的一種輔助手段。當瑜伽師發現，街上的人對此感
到驚訝並願意花錢觀看時，他們便把它也列為一種新把戲。以後舞蛇被各
種各樣走江湖耍把戲的人所接受，但他們自然不知道它的古老淵源。參看
上引Pott文p.31。

❽*ECP* plate Ⅲ中所印的孟加拉佛教繪畫肯定是來源於一個受性力派影響的
後起金剛乘教派，因為它畫有六個性力輪位。

❾他以A.Avalon為筆名發表了許多論性力教的書和文章，包括這裡引用的
*SP*和*SHSH*，他還編輯了*Tantrik Texts*叢書。該書第一次使重要的坦陀
羅經咒有了可以廣泛利用的梵文本，並大多附有帶注釋的譯文。John
Woodroffe爵士深入研究了這一問題，並收集了大量珍貴資料。不過，當
我們應用這些資料時，必須記住的是，來自各方面對他的激烈批評使他不
得不充當密教的辯護士，因此他往往過分強調此系統提高為哲學的方面，
而掩蓋它更多疑點的地方。另外，他還接受了老派印度學者的態度。他們

認爲，觀念本身才是最值得關心的東西，而它們的歷史淵源和發展卻是次要的。Payne正確地稱這種對歷史洞察力的忽視爲Avalon的作品的主要弱點（*PSH* p.61）。另外，他的書沒有一個好的索引也給實際應用帶來不便。

❿細讀這篇佛教和性力教房中秘術的概述，使讀者印象至深的是，它們與現代的精神分析理論有驚人的相似。人們確實值得從精神分析學的角度來考慮印度、中國和（中國的）西藏的房中秘術。除了如「利比多」（libido）與「薩克蒂」（śakti）在宇宙創造力的意義上有顯著相似之外，術士喚起「蛇力」亦可解釋爲想跨越個別意識與集合無意識二者界限的一種企圖。這樣就可以澄清爲什麼每個被穿過的輪位就是一個曼荼羅，即由它自己的神和咒語祐護的圓圈。因爲在術士通向無意識的曲折過程中，他必需有堅強的支持才能不屈從於毀壞他精神的離心傾向。看起來並不是沒有可能，精通房中秘術的術士通過他們的實驗朦朧地意識到無意識的恐怖，而這種意識導致了密教令人恐怖的（bhairava）神物顯現，它們的樣子猙獰可怕。把這些令人恐怖的樣子僅僅解釋爲守護修行者受免「外來」邪魅的影響似乎難以令人滿意。如果把它們看成未經開發的無意識領域中的不確定形狀，那麼也可以解釋它們在bar-do中的作用，bar-do即死與再生之間的中間狀態，在西藏的文獻中有詳細描述（參看W.Y. Evans-Wentz的 *The Tibetan Book of the Dead* Latest ed. London 1960）。

據我所知，這一方面的唯一嘗試是C.G. Jung對德國漢學家Richard Wilhelm出版的中國古書《太乙金華宗旨》的註釋（Richard Wilhelm翻譯和解釋的*The Secret of the Golden Flower*，附C.G. Jung用歐洲語言寫的註釋，London， 1st ed. 1931）。請特別值得注意的是Jnug所說臨床經驗表明：類似曼荼羅的畫有助於精神病患者克服神經緊張。不幸的是他們譯注的這部中國古書完全不適合於做如此詳細的分析。事實上它只是《性命圭旨》的一種摘編。《性命圭旨》是一部一六二二年編成的帶精美插圖的大型雕版哲學雜著（參看本書插圖2、插圖3）。雖然作爲一種把道教煉丹術與佛教的和理學的宗旨相結合的嘗試，這本原著是有趣的，但即使這本

書也並沒有爲從精神分析學角度考察中國房中秘術提供必要的基本資料。
爲此目的，我們必須轉向基本的著作，即古房中書及魏伯陽的《參同契》
一類著作。

⓫參看H. Maspéro *Le Taoisme*（ Musée Guimet, Paris 1950 ）p.93。

⓬上文提到的《性命圭旨》確實把「精氣」畫成修煉者丹田中的一個小孩，
而把「元眞」畫成同樣的一個小孩，飄浮在他頭頂的上方。

⓭在*ECP*　vol Ⅰ，101頁，我提出一個問題，即這些印度房中書爲什麼不提
房中秘術。在本附錄中我的進一步研究提供了簡單的答案：當時房中秘術
在印度還不存在。

⓮參看*TPS* p.225引Lin　Li-kouang論Puṇyodaya的文章，見*Journal As-
iatique*（ 1935 ）。譯文的中文原文是「近者新有眞言教法，舉國崇
仰」（ 參看索引中的中文字 ）。把「新」字加在「教法」前，這種先置的
修飾在中文中通常是用來使句子平衡。

⓯參看*SM* p. XLXVⅡ。 *WIL* p.401反對這一觀點，主要是因爲有大量濕婆
派的神、名稱和術語見於佛教坦陀羅經咒，但這似乎不足爲證，因爲佛教
和性力派密宗都是出自同一來源，比如前濕婆教性力派。

⓰這些廟宇中的春宮畫頗引人深思。見Hermann　Goetz的出色文章（ The
historical background of the great temples of Khajuraho ），（ 見
Arts Asiatiques,vol.Ⅴ, 1958 ）。

⓱或說即浦那（ Poona ），但我贊同SM page XXXⅥ所說這是靠不住的。
我們倒不妨認爲它是克什米爾的某個地點。

⓲承P. Demiéville教授提醒，使我注意到J. Filliozat的文章（ Taoisme et
Yoga ）（ 發表於*Bulletin Dan Viet Nam*，June 1949, Saigon ）。文中
指出泰米爾文獻提到一種南印度講印度賢人去中國旅行的古老傳說，並說
在馬德拉斯（ Madras ）和本地治里（ Pondicherry ）的泰米爾人地區也流
行一種傳說，稱這些賢人回到印度後傳授他們在中國所學到的東西。Fi-
lliozat還使我們注意到，有些論煉金術的泰米爾文獻提出的理論酷似中國
道家的玄學理論，而不像經典的印度學說；比如，他們把礦物分爲

雄、雌，這使人想起中國的陰陽分類法。

我們還必須考慮這樣一種傳說，即龍樹（Nāgārjuna）在南印度「鐵塔」（iron stūpa）從大日如來受金剛乘（*ORC* p.17）。雖然有些日本材料說這裡的「鐵塔」是指人身而不是地望（參看*TIC* p.281, note 47），但是有許多顯然與南印度有關的特點卻使人覺得需要對包括錫蘭在內的這一地區的密教進行一次專門調查。

[19] 在這個問題上，文殊師利菩薩（Mañjuśrī）從印度傳入中國，又從中國傳回尼泊爾的傳說（*WIL* vol. Ⅱ, p.401 note 1）還有待於進一步研究，還有下文所說關於中國思想進入印度引起的「回流」也一樣。

[20] 還可參看H. Zimmer的*Myths and Symbols in Indian Art and Civilization*（Washington 1946），其第五章和*PL.*66～69。

[21] 在這種地點進行這種聯合考察所能達到的出色成果可由G. Tucci教授的*TPS*和更近一些的*TPR-S*得到證明。

[22] 詳見*Hōbōgirn, Dictionnaire Encyclopédique du Bouddhisme dáprés les sources chinoises et japonaises*（1st fascicule Paris 1934）「A」條的解釋。

附錄二
《秘戲圖考》中文自序 *

　　中國房中術一道由來已久，《易》論一陰一陽，生生化化，其義深矣。其爲敎也，則著之於書，道之以圖，自漢以來，書圖併行，據張衡《同聲歌》可知也。蓋此術行而得宜，則廣益人倫，故古代希臘、羅馬、印度皆有其書，至今歐美醫士立房中術爲醫學一門，編著夫婦必攜兒女必讀之書，而中土則自漢已然，海外知之者鮮矣。夫男女構精，亙古不易，而人之所以視之，則代有同異。《漢書·藝文志·方伎略》特著房中八家，可知兩漢之時對於此道，視爲醫術之一，初不視爲猥褻之行也。其後六朝道家之行房益壽、御女登仙等說，復爲人所誦習，不以爲讀，觀《徐陵與周弘讓書》可證也。隋唐之時，佛敎密宗之儀軌傳來中國，交姤覺悟之說與道家合氣成仙之旨融洽爲一，馬郎婦觀音故事即其一例。自爾以來，此類著述浸多，敦煌出土《大樂賦》注所引，足備一隅。其後趙宋之時，程朱學興，據男女有別之義，遂謂房中一切均是淫事，以房中術爲誘淫之具。胡元肆虐中土，文士無所施展，乃多放縱於酒色艷詞。媟戲流行海內，而房室之讀得以稍寬，可謂此道不幸之幸也。及夫有明，宋學復興

，儒家拘泥亦甚，故此類書籍一時不振。明末，高人墨客多避閹
勢，卜居江南，殫精於燕閒雅趣，多改編《素女》、《玄女》等
經，並加講解，頗極一時之盛。暨滿清入主，制度服色爲之一
變。但閨門之內，卒不肯使滿人窺其祕奧。且淸之獎勵宋學，又
甚於明，儒者遂於此種圖書深藏不宣，後竟遭毀禁之厄。乾嘉之
際，所存者什一而已。

十八、十九世紀，訪華西人考察風俗，書籍旣不易入手，詢
人又讀莫如深，遂以爲中國房內必淫污不堪，不可告人，妄說誤
解因之而生。甚至近世西人所傳中國房室奇習，大抵荒唐無稽。
書籍雜誌所載，茶餘酒後所譚，此類侮辱中華文明之例，已不勝
枚舉。一則徒事匿藏，一則肆口誣衊，果誰之罪歟？

此種誤謬，余久所痛感，但以無證可據，訂正莫由。客年於
日本，搜羅佚書，偶得明刊房中術書數種，並明末繡梓春宮若干
冊。康乾間，此類圖書多流入日本，爲彼土文士畫家所珍。浮世
繪版畫實多取材於此，而德川幕府亦未嚴禁，故得保存至今。本
年夏，余於西京舊家購得萬曆雕《花營錦陣》春冊版本，尤爲難
能可貴，至是而資料略備矣。

余所搜集各書，除《修眞》、《旣濟》二種外，殆可謂有睦家
之實，無敗德之譏者。可知古代房術書籍，不啻不涉放蕩，抑亦
符合衛生，且無暴虐之狂，詭異之行。故中國房室之私，切無用
隱匿，而可謂中華文明之榮譽也。至於《花營錦陣》、《風流絕
暢》等圖，雖是軒皇、素女圖勢之末流，實爲明代套版之精粹，
勝《十竹齋》等畫譜強半，存六如、十洲之筆意，與淸代坊間流
傳之穢跡，不可同日而語。外國鑑賞家多謂中國歷代畫人不嫻描
寫肉體，據此冊可知其謬也。

此類圖書，今已希若星鳳，竊謂不可聽其埋沒，因不吝資勞
編成本書，命曰《祕戲圖考》，分爲三冊。首冊所輯，乃中國房
術概略，自漢迄明，並記春冊源流。中冊手錄各代祕書十種，並

撮抄古籍中記房中事者附之。下册則《花營錦陣》，用原版印成，俾留眞面。

　　蓋本書自不必周行於世，故限於五十部，不付市售，僅分送各國國立圖書館，用備專門學者之參稽，非以供閒人之消遣。海內識者，如有補其闕遺並續之以明末以後之作，固所企盼，而外國學者得據此書以矯正西人之誤會，則尤幸矣。編纂旣竣，特綴數言，以似中國學者、大雅君子，庶明余意云爾。

荷蘭高羅佩書於吟月庵
西曆一九五一年孟夏

《秘戲圖考》收藏簡表（遠東除外）

澳大利亞　喬治王醫院（悉尼大學）。

比 利 時　勒文大學圖書館。

法　　國　基梅博物館、國家圖書館、索邦學院。

德　　國　波恩大學、漢堡大學和慕尼黑大學。

英　　國　不列顛博物館、劍橋大學圖書館和牛津大學圖書館、倫敦大學東方和非洲研究學院圖書館。

荷　　蘭　皇家圖書館（海牙）、民族博物館圖書館（萊頓）、阿姆斯特丹大學圖書館、萊頓大學圖書館、烏得勒克大學圖書館。

印　　度　國際印度文化學院（新德里）、中央考古圖書館（新德里）、巴羅達國家博物館（巴羅達）。

義 大 利　義大利中遠東研究院（羅馬）。

瑞　　典　遠東古物博物館（斯德哥爾摩）。

瑞　　士　人類學研究所（弗里堡）。

美　　國　　國會圖書館、弗利爾美術館（華盛頓）、紐約大都會
　　　　　　博物館、波士頓美術館、精神分析研究所（芝加
　　　　　　哥）、性研究所（印第安那大學）、芝加哥大學圖書
　　　　　　館、哥倫比亞大學圖書館（紐約）、加利福尼亞大學
　　　　　　圖書館、密希根大學圖書館、哈佛大學圖書館、耶魯
　　　　　　大學圖書館、華盛頓大學圖書館（西雅圖）、斯坦福
　　　　　　大學圖書館。

書名簡稱索引

一

正文中出現的書名簡稱——譯者

BD　吉爾斯（H. A. Giles）《中國傳記詞典》（*A Chinese Biographical Dictionary*），倫敦和上海一八九八年；再版，北京一九三九年。此書雖有若干錯誤，但對研究清以前的傳記，仍不失爲最好的英文參考書。

CC　庫弗勒爾（S. Couvreur）《春秋左傳》譯本（*Tchóuen Tsiou et Tso Tchouan*）， 中文原文和法文譯本，三卷，巴黎一九五一年。

CPM　埃杰頓（Clement Edgerton）《金瓶梅》譯本（*The Golden Lotus*），據《金瓶梅》中文原文翻譯。四卷，喬治·路特萊奇父子（George Routledge & Sons），倫敦一九三九年。

CSK　嚴可均編《全上古三代秦漢三國六朝文》，唐以前散文匯編，一九三〇年石印本。

ECP　高羅佩（R. H. van Gulik）《秘戲圖考》（Erotic Colour Prints of the Ming Period, with an Essay on Chinese Sex Life from the Han to the Chíng Dynasty, B.C. 206-A.D. 1644）。卷一英文，卷二中

　　　　　文，卷三《花營錦陣》畫集。東京一九五一年。

Folio　《秘戲圖考》的頁數和欄數。

HYTS　《香艷叢書》。古今與婦女有關的作品匯集，內容涉及
　　　　　到婦女的事業、情趣、文學藝術活動、服裝、首飾和性
　　　　　關係等。其中收有許多清代禁書。一九〇九～一九一一
　　　　　年書刊檢查放鬆，國學扶輪社印於上海，共二十集八十
　　　　　卷。排印本，間有微誤。

LAC　艾伯哈德（ W. Eberhard ）《中國古代地方文
　　　　　化》（ *Lokalkulture im alten China* ）卷一（見《通
　　　　　報》*Tóung Pao*卷37補卷），萊頓一九四二年。

SCC　李約瑟（ Joseph Needham ）《中國科學技術史》（
　　　　　Science and Civili in China ）。卷一《導論》，劍橋大
　　　　　學出版社一九五四年；卷二《科學思想的發展》，同上
　　　　　一九五六年；卷三《數學、天文學和地學》，同上一九
　　　　　五九年。全書完成預計爲七卷。

SF　陶宗儀（ 約1360年 ）所編叢書《說郛》。據明本而非一
　　　　　九二七年排印本。

SPTK　商務印書館編《四部叢刊》，大型古書影印本叢書，上
　　　　　海一九二〇～一九二二年。

TPL　愛德華茲（ E.D. Edwards ）《中國唐代古文》。卷
　　　　　一《雜著》，見普羅布斯塞恩（ Probsthain ）的《東方學
　　　　　叢書》（ *Oriental Series* ），倫敦一九三七年；卷二《小
　　　　　說》，同上一九三八年。

二

附錄中出現的書名簡稱——譯者

BI　　巴達切利耶（B. Bhattacharyya）《印度佛教圖解，主要根據〈成就法鬘〉及同語族的密教儀典》（*The Indian Buddhist Iconography, mainly based on the Sādhana-mālā and cognate Tāntric texts of ritual*），加爾各答一九五八年第二版。

GKY　布里格斯（G.W.Briggs）《喬羅迦陀和乾婆陀瑜伽師》（*Goraknāth and the Kanphata Yogis*）收入《印度的宗教生活》（*The Religious Life of India*），加爾各答一九三八年。

ITB　庫普塔（S.B.Gupta）《密宗佛教導論》（*An Introduction to Tantric Buddhism*），加爾各答一九五八年。

LTF　列維教授（Prof. Sylvain Lévi）《庫車出土密教殘卷》（*On a Tantrik Fragment from Kucha*），載《印度史學季刊》（*The Indian Historical Quarterly*）卷七（1936年）。

ORC　庫普塔《孟加拉文獻的晦澀宗教的崇拜背景》（*Obscure Religious Cults as background of Bengali literature*），加爾各答一九四六年。

PSH　佩恩（E.A. Payne）《性力派引論及比較研究》（*The Śāktas, an Introductory and Comparative Study*），收入《印度的宗教生活》，加爾各答一九三三年。

SHSH　阿瓦隆（A. Avalon）《女性活力與男性活力》（*Shakti and Shākta*），有關性力派經咒的雜文和演講，修訂第

三版，馬德拉斯和倫敦一九二九年。

SM 巴達切利耶《成就法鬘》（*Sādhanamālā*），梵文原書，收入《蓋克瓦德東方學叢書》（*Gaekwadś Oriental Series*）卷二，巴羅達一九二八年。

SP 阿瓦隆《蛇力》（*The Serpent Power*），譯自兩部論拉耶瑜伽（Laya-yoga）的梵文書《六輪形》（*Shat-chakra-nirūpaṇa*）和《帕杜卡五章經》（*Pādukā-pañchakā*），附導言和註釋。第四版馬德拉斯和倫敦一九五〇年。

TIC 周一良（Chou Yi-liang）《中國密教》（*Tantrism in China*），載《哈佛東亞學報》（*Harvard Journal of Asiatic Studies*）卷8，一九四四～一九四五年。

TPR-N 杜齊教授（Prof. Giuseppe Tucci）《尼泊爾兩次科學考察的簡報》（*Preliminary Report on two scientific expeditions in Nepal*），收入《羅馬東方學叢書》（*Serie Orientale Roma*）卷十，羅馬一九五六年。

TPR-S 杜齊教授《斯瓦特考古調查的簡報》（*Preliminary Report on an Archaeological Survey in Swat*），收入《東方和西方》（*East and West*）新刊卷九，羅馬一九五八年。

TPS 杜齊《西藏畫卷》（*Tibetan Painted Scrolls*）卷一，羅馬一九四九年。

WIL 溫特尼茨（M. Winternitz）《印度文獻史》（*A History of Indian Literature*）兩卷，加爾各答一九二七年。

中文索引

　　此索引主要包括人名、書名、詞語及簡短的引文。爲簡明起見，帝王年號、小說故事中的人名及地名未收在內。索引中的頁碼均爲原書頁碼，頁碼後的「n」代表該頁註。

　　凡此所見各條，一般不再重見於總索引。

日文索引

總　索　引

譯　後　記

　　本書還未出版，就有許多關心本書的朋友有約在先，叫我無論如何別忘了送書給他們。但當時我卻只能漫加應承：假如書能出來，則當然，當然。

　　現在，本書即將付印，上海人民出版社的編輯倪爲國先生又催我寫這篇後記。看來眞的是時候了。好，那我就來訴訴翻譯過程中的苦惱，並講講朋友們的支持和幫助吧。

　　本書的翻譯是幾年前就已萌生的一個想法。大約還在一九八二年前後，我在中國社會科學院考古研究所見過此書，。當時，這本書還只是一本很普通的書，可以隨便借閱，所以我並沒有把它當回事，隨便翻翻也就還掉了。但幾年後，當我在自己的研究中，對中國古代的數術方技之學逐漸產生興趣，認識到此書對中國古代文化史和社會史的研究可能有重要意義，想要把它再次借出時，它卻已經升格爲善本。「別時容易見時難」，所以我想，乾脆還不如把它翻出來算了。

　　大約一九八六年初，我請考古所的劉新光先生幫助全文複印了此書。後來又請了郭曉惠、李曉晨和張進京合作翻譯此書。這三位先生，他們都很忙，只能用業餘時間來翻，如果找不到一家可靠的出版社，大家都賠不起時間。所以當時我們只是試著翻了一點，並沒有眞正展開工作。只是到一九八六年秋，當我們的想法被上海人民出版社接受，並正式列入出版計劃後，我們才全力

投入這一工作，一直工作到一九八七年九月。本書作者序和附錄
是由李零翻譯，一至五章是由李曉晨和李零合譯，六至七章是由
郭曉惠和李零合譯，八至十章是由張進京，李零和郭曉惠合譯，
索引是由郭曉惠整理，全書人名，書名和引文是由李零查對，並
由李零統校和潤色。在本書翻譯過程中，上海人民出版社的倪爲
國先生幾次往返於京滬之間，從譯文細節到內容質量都作了許多
技術性指導，也使我們得到很大的鼓舞。大家合作得很好。

　　翻譯此書，初看似乎並不難。它講的全是我們中國的事情，
譯起來應當最順手。特別是此書引文很多，我原以爲找來抄上就
是了，可以省掉很多功夫。哪裡想到，其實麻煩也就出在這裡。
第一，此書引文有不少都是出自高氏《秘戲圖考》卷二《秘書十
種》及其附錄，這些材料多係流失海外的珍本秘籍，不是國內找
不到，就是在圖書館裡深藏局，難以接近。第二，這些引文有不
少被譯成拉丁文，必須先把拉丁文譯出，才能與中文原文對上順
口。另外還有許多雜七雜八的東西，如各種野史、筆記，也是零
碎得很。有些作者又不注明出處，或者是注錯了。找起來，好苦
呀！

　　爲了解決中文史料的「回譯」問題，首先我們不得不向當時
在美國哥倫比亞大學訪問學的者高王凌先生求救。《秘戲圖考》
是非賣品，全世界只有五十部，我們國內沒有。我從本書附錄二
查到哥倫比亞大學圖書館藏有此書，遂請高王凌代爲複印。此書
在哥倫比亞大學也是善本，經過高王凌的一番努力，才終於破例
獲准，可謂幫了大忙。但是這也引起了一些麻煩。首先是複印件
寄回，竟被海關扣留，要收件人持證件和介紹信前往「說說清楚
」。我們去了兩次，做了許多解釋工作，然後上報審批，一拖就
是好長時間。幸虧接待我們的海關人員皆爲通情達理之人，能以
學術爲重，不爲俗見所囿。謝天謝地，這些材料才總算沒有被當
作「黃色書刊」而沒收。

　　其次，本書介紹的幾部明代小說，也是很大的麻煩。其中《金瓶梅》，在國內雖然比較好找，但英譯本用的是明天啓間的《原本金瓶梅》，第一回開頭有一段話爲《金瓶梅詞話》本所無。國內的影印本和潔本都是用《詞話》本，上面自然沒有這一段。我請敎了北京大學中文系的小說專家沈天佑先生，才把這件事弄清，那段話也是請沈先生查出。還有《肉蒲團》的第三回，在沒有得到高王凌先生的複印件之前，我曾到北京大學圖書館查閱。北大圖書館是全國明代色情小說最集中的地方，著名的馬隅卿藏書即在其中，我又是該大學的人，近水樓台，應該說是很方便了吧？然而眞去查一下，我的天呀，別提多可怕了，前後竟要經過三、四道審批。研究所開出介紹信，不行，還要經辦公室審批，副館長審批。副館長批了總行了吧？不行，還要打回來再找正館長審批。正館長不在，怎麼辦呢？沒有辦法，又把專門掌管此類書籍的負責人找來再審一遍。只是經過多次「提審」，反覆盤問，我才獲准查閱指定的那個第三回。雖然我很欽佩他們的負責態度，但仍然感到渾身的不自在，好像囚犯一樣，暴露在一片可疑的目光之中。所以，後來剩下的幾條材料，我乾脆還是請留學美國西雅圖華盛頓大學的傅雲起女士幫忙查找，抄好寄來。

　　在本書翻譯過程中，除去中文史料，書中還有許多拉丁文、法文、日文和其他文字，也求助於熟悉這些文字的先生。其中法文和拉丁文的翻譯，我們曾得到法國巴黎第七大學的魏立德先生、義大利的Vita Revelli女士慨然相助，日文則是請敎北京大學古文獻所的嚴紹璗先生。此外，本書附錄二有關印度的部分，很多梵文詞匯和有關知識，也都是「攔路虎」，多虧中國社會科學院南亞所的宮靜小姐和世界史所的劉欣如小姐幫助，我們才得以克服困難。

　　這裡特別應該提到，我國著名學者胡道靜先生，他以八十高齡冒酷暑通讀全書，對全書的內容和譯文質量給予很高的評價，

使本書得以順利出版，這使我們深受感動。

　　總之，沒有上述各位的襄助，本書是不可能與讀者見面的。所以在此，我們理當向他們表示深摯的謝意。

　　最後，我們希望指出的是，本書雖是一本寫給西方讀者看的書，但對中國讀者來說，卻有自我認識的意義。我們把它翻過來，重新介紹給中國讀者，說實話，並不是因為性問題近來已經成為一個熱門話題。相反，我們倒是希望，這本書對長期禁錮之後的過度敏感和興奮會有某種「冷卻」作用。

李　零

一九八八年十二月

桂冠圖書公司書目

當代思潮叢書　　楊國樞等主編

08701	①成爲一個人	宋文里譯	350元□A
08702	②資本主義的文化矛盾	趙一凡等譯	300元□A
08703	③不平等的發展	高銛等譯	250元□A
08704	④變革時代的人與社會	劉　凝譯	150元□A
08705	⑤單向度的人	劉　繼譯	200元□A
08706	⑥西方馬克思主義探討	高銛等譯	125元□A
08707	⑦性意識史（第一卷）	尙　衡譯	125元□A
08708	⑧哲學與自然之鏡	李幼蒸譯	350元□A
08709	⑨結構主義和符號學	李幼蒸選編	200元□A
08710	⑩批評的批評	王東亮等譯	150元□A
08711	⑪存在與時間	王慶節等譯	400元□A
08712	⑫存在與虛無（上）	陳宣良等譯	200元□A
08713	⑬存在與虛無（下）	陳宣良等譯	350元□A
08714	⑭成文憲法的比較研究	陳云生譯	350元□A
08715	⑮馬克斯‧韋伯與現代政治理論	徐鴻賓等譯	250元□A
08716	⑯發展社會學	陳一筠譯	150元□A
08717	⑰語言與神話	于　曉譯	200元□A
08718	⑱民主與獨裁的社會起源	拓　夫譯	350元□A
08719	⑲社會世界的現象學	盧嵐蘭譯	250元□A
08720	⑳社會生活中的交換與權力	孫非等譯	300元□A

國立中央圖書館出版品預行編目資料

中國古代房內考：中國古代的性與社會／高
　　羅佩著；李零，郭曉惠等譯．--初版．--臺
　　北市：桂冠，1991〔民80〕
　　　　面；　　　公分．--（桂冠叢刊；17）
　　譯自：Sexual life in ancient China
　　含索引
　　ISBN 957-551-455-6（精裝）

　　1. 性－中國－歷史

544.7092　　　　　　　　　　　　80004547

桂冠叢刊⒄
中國古代房內考
——中國古代的性與社會

著　　者／高羅佩（荷）
譯　　者／李零、郭曉惠等
責任編輯／黃昭琴
發 行 人／賴阿勝
出　　版／桂冠圖書股份有限公司
登 記 證／局版臺業字第 1166 號
地　　址／臺北市新生南路三段 96-4 號
電　　話／368-1118・367-1118
傳　　真／368-1119
郵撥帳號／0104579-2

排　　版／新翰中文電腦排版有限公司
印　　刷／海王印刷廠
初版一刷／1991 年 11 月
初版二刷／1994 年 4 月